김정은 시대 북한경제

성균중국연구총서 39

김정은 시대 북한경제

리춘르(李春日) 지음

성균관대학교 성균중국연구소 옮김

 선인

김일성광장

대동강 야경

려명거리 야경

류경안과종합병원

평양 야경

인민대학습당

천리마동상

평양기차역

과학기술전당

마식령스키장

평양가구전람회

평양국제건강 및 체육과학기술전시회

광복상업중심

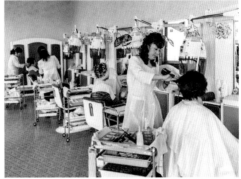

핸드폰 광고   미용실

조선옷 전시회

상점

노점상

외국어교육

음악교육

6.1 국제아동절

병진노선 선전화

보통강 강안 다락식주택

송화지구 주택 입주

한국어판 서문

•
•
•

느닷없이 발생한 코로나19로 인해 세계는 꼬박 2년 넘게 고통의 시간을 보내고 있다. 언제쯤 코로나 사태가 끝날지 기다리는 와중에 새로운 변이 바이러스가 계속 등장하며 전파력을 확대시키고 있어 올 한 해도 사람들의 불안감은 해소되기 어려워 보인다. 엎친 데 덮친 격으로 국제정세까지 예측불가의 상황으로 변하고 있어 전 세계의 국가들은 점차 국경을 높여가며 자국의 안전을 우선시하고 있다. 사람들은 자유롭게 오가던 시대를 그리워하지만 최근의 현실은 방역과 생존의 대립으로 갈등이 점차 고조되고 있다.

북한도 예외는 아니다. 북한은 지난 2년간 방역에 초점을 맞추고 다른 국가와의 모든 교류를 중단했다. 설상가상으로 수해까지 겹치게 되자 북한에서 힘들게 쌓아올린 경제순환 구조는 커다란 위기에 봉착했다. 2021년 조선노동당 제8차 당대회 개회사에서 김정은 위원장은 제7차 당대회에서 제기한 전략목표에 다다르지 못했다고 공개적으로 발표했다. 이는 북한의 지도자가 실사구시의 태도를 보였다고 해석할 수도 있지만, 그만큼 북한의 경제가 극심한 어려움에 직면했다는 점을 시사한다고 볼 수 있다.

2022년은 김정은 위원장의 집권 11년차에 해당한다. 사실 지난 10년간 북한의 내부사정과 경제상황이 어땠는지, 변화가 있다고 전해지는데 도대체 어떤 변화가 있었는지 궁금해하는 외부인들이 적지 않았다. 그동안 북한은 동북아 지역안보의 중심으로 이목을 끌었다. 핵실험과 미사일발사, 그리고 강대국 정상과의 빈번한 회담이 톱뉴스로 보도되며 젊은 지도자에 대한 다양한 추측과 함께 북한의 현실이 하나둘씩 외부에 공개되기 시작했다.

북한은 우리와 가장 가까운 이웃이며 정치, 경제, 문화, 생활 등 다방면에서 불가분의 관계를 맺고 있으므로 그들을 정확히 파악하고 변화를 면밀히 관찰해야 한다. 특히 북미정상회담이 두 차례 이루어지는 동안 북한이 미국과 비핵화 및 제재 해제 문제로 줄다리기를 하고, 동북아 지역의 평화적 분위기 조성에 북한이 중요한 행위자로 부상하게 된 현 시점에서는 더욱 그러하다. 북미정상회담이 결렬된 후 미국의 대통령이 바뀌었지만 북한에 대한 제재는 풀리지 않은 채 오늘까지 이어지고 있다. 북한은 다시 자력갱생의 구호를 내걸고 스스로의 힘을 키우기에 나섰다. 과연 북한은 돌파구를 찾을 수 있을까? 그들은 어떤 어려움에 봉착해 있으며 어떻게 난관을 헤쳐 나가고 있을까? 알고 싶은 것은 많지만 북한의 실제 상황을 제대로 파악하기가 쉬운 일이 아니라는 것 또한 기정사실화 되어 있다.

이렇게 세계가 주목하고 있는 북한을 나는 2007년부터 드나들기 시작했다. 김일성종합대학에서 경제학 박사과정과 박사 후 연구원 과정을 거치면서 매년 수차례 북한에 다닐 수 있었다. 돌이켜보면 어언 15년이란 시간이 흘렀다. 나는 이 과정에서 북한의 변화상을 직접 목격하게 되었고 그들의 생활 속에 자연스럽게 녹아들기도 했다. 자주 북한을 드나들면서 내가 마치 그들의 한 부분이 되는 느낌을 받을 때가 가끔 있었다. 물론 아직도 외부인으로 존재하는 것은 피할 수 없지만 그래도 나름의 친근감을 느끼고 그들의 삶을 이해하는 과정에서 남다른 경험을 할 수 있었다.

나의 박사논문은 「북한의 선군시대 경제건설노선과 실천」이다. 기본 내용은 김정일 국방위원장 시절 선군시대 북한의 경제발전 정책과 그 실현에 대한 이론적 연구였다. 선군시대 북한의 경제발전노선은 국방산업을 우선적으로 발전시키고 경공업과 농업을 발전시키는 것이었다. 이것은 북한이 외부세계와의 극심한 대결 속에서 경제발전을 위해 선택 가능했던 유일한 자구책이었다. 이러한 양상은 김정은 시대에도 찾아볼 수 있다. 김정은 시대의 북한경제는 크게 변화된 모습을 보였지만 여전히 계획경제를 축으로 하는 경제발전전략의 연장선상에 있으며, 근본적 전환은 아직 발생하지 않았다는 점에 주목할 필요가 있다.

2011년 12월 17일 김정일 국방위원장의 사망으로 국제사회에서는 북한이 곧 붕괴될 것이라는 추측이 난무했다. 그러나 김정은 시대가 열리면서 북한에 대한 세계의 시각이 바뀌기 시작했고, 그 결과 세계는 북한을 새롭게 인식해가는 과정을 거치고 있다. 김정은 집권 초기에는 경제건설과 핵무력건설을 동시에 진행한다는 병진노선을 제시하고 국방산업의 완성도를 지속적으로 높여나갔다. 이로 인해 미국을 중심으로 한 국제사회는 북한에 대한 제재를 강화했지만, 2017년 북한은 제재의 수준이 최고조로 높아졌을 때 핵무력건설의 완성을 선언했다.

2018년 북한은 역사적 전환이라고도 불릴 수 있는 과감한 조치를 수차례 시행하는 한편 김정은 위원장은 연이어 파격적인 행보를 선보였다. 2018년 4월 조선노동당 전원회의에서 '노동당의 중심사업은 경제건설'이라는 중대 결정이 발표되어 선군시대는 북한 역사의 과거로 남게 되었고, 경제건설에 총력을 기울이는 새로운 시대를 예고했다. 국제적 대북제재가 정점에 이른 시점에서 핵무력건설의 완성을 선언하고 이제 전면적인 경제건설에 돌입하겠다는 것이다.

2018년은 한반도에도 훈풍이 불던 시기였다. 평창 동계올림픽을 계기로 남북 간 고위급방문이 이루어지기 시작했고, 4.27 판문점선언, 9.19 평양공동선언, 남북군사합의 등 한반도의 갈등완화와 평화정착을 기대하게 만드는 사건들이 한 해를 장식했다. 특히 6월 12일 싱가포르 북미정상회담은 전 세계의 이목을 끌며 북미 간 70년의 적대관계가 풀릴 수도 있다는 가능성을 보여주었지만, 2019년 2월 28일 베트남 북미정상회담이 결국 결렬되면서 높아지던 기대에 찬물을 끼얹게 되었다. 이후 남북관계도 얼어붙었고 언제 다시 해빙 시점이 도래할지 누구도 예측할 수 없는 시간이 흐르고 있다. 2018년의 중요한 이벤트 중에서 북중 정상회담을 빼놓을 수 없다. 7년 만에 이루어진 두 국가 지도자의 만남은 김정은 위원장의 네 차례에 걸친 중국 방문을 통해 친근감을 과시하며 우호관계를 복원하는 효과를 낳았고, 이듬 해 시진핑 주석의 평양 방문으로 이어지면서 북중 친선관계가 공고하다는 점을 다시 한번 증명했다.

물론 아직도 미국을 중심으로 하는 일부 국가는 북한을 신뢰하지 않아 제재를 좀처럼 해제하려고 하지 않는다. 현재도 북한이 비핵화 의지를 확실하게 보여줘야 한다는 주장과 동북아 평화의 새로운 시대를 열기 위해 대북제재 완화를 검토할 때가 되었다는 상반된 주장이 공존하는 상황이다. 무려 70년이라는 분단의 현실을 안고 버텨온 한반도는 주로 첨예한 대립과 대결로 점철되어왔다. 한두 가지 이벤트로 평화를 불러오기에 무리일 것이라는 생각이 들 때도 있다. 상호 신뢰를 쌓는 과정이 아직 필요하며 시간이 좀 더 걸릴 것이라는 해석이 무난할 것이다.

국제사회는 항상 북한을 베일에 싸인 존재로 인식해왔다. 그러나 우리가 간과해서는 안될 대목이 바로 '이런 북한이 어떻게 어려운 난관을 극복해왔는가'이다. 초강도 제재 속에서 북한경제는 어떤 상황에 놓여 있었고, 어떤 대책을 강구하여 돌파구를 마련했는지 파악하는 것이 무엇보다 중요하다. 북한이 곧 무너질 것이라고 보는 비관적인 시각이 많은 만큼 이러한 궁금증을 풀어내는 것이 이 책의 과제라고 생각한다. 북한식 사회주의경제건설이란 무엇이며 자력자강을 주장하는 북한의 의도를 이해하려면, 북한이 실행하는 경제정책을 파악하고 그들의 삶의 현장 속에서 변화하는 양상을 관찰해야 설득력을 높일 수 있을 것이다. 그래서 나는 최근 북한의 경제 분야에서 일어난 정책과 현실의 변화를 연결해 관찰하려고 한다. 이 책을 『김정은 시대 북한경제』라고 제목을 정해 부담이 되지만, 세상의 관심이 집중되는 북한의 경제변화를 독자들이 직관적으로 관찰하는데 도움이 될 것으로 판단했다.

김정은 집권 10년간 북한의 경제 분야에서는 다양한 변화가 있었으며 전례 없던 사건이 발생했다. 모두가 알고 있는 김일성 시대의 천리마운동은 달리는 말에 채찍질해서 더 빠르게 달려야 한다는 의미를 지니고 있다. 오늘날 북한은 세계의 여타 국가들에 비해 경제가 낙후되었다는 것을 잘 알고 있다. 더욱이 과학기술이 비약적으로 발전하는 시대에는 천리마보다 더 빨리 달려야 국제 선진 수준을 따라잡을 수 있다. 김정은 시대의 '만리마 속도'는 사회주의 건설을 촉진하고 하루빨리 경제난에서 벗어나고 싶어 하는 북한의 염원이 반영되어 있다.

이 책의 내용에 대해 제기되는 다양한 비판과 의견을 겸허히 수용하면서 단지 독자들에게 좀 더 쉽게 북한경제의 실태를 알리는데 도움이 되기를 바란다는 것을 미리 밝힌다. 경제를 다루고 있지만 불가피하게 통계자료가 부족하다는 사실을 독자들이 널리 이해해주길 바란다. 북한 외부의 자료를 일부 인용한 것도 있지만 이해를 돕기 위한 참고형이라는 점을 감안해주기 바란다. 한 권의 책에서 북한경제에 대한 모든 것을 다룰 수는 없다. 그러나 북한에 관심이 있거나 북한에 처음 가보는 외국인들이 궁금해 할 사안을 보다 쉽게 알려주는 것이 도움이 될 것이라고 생각한다.

이 책은 크게 3개의 장으로 구성되어 있다. 제1장은 최근 김정은 시대의 전체적인 양상을 그려보았고, 제2장에서는 미국을 중심으로 하는 외부세계와의 갈등이 지속되는 가운데 어떻게 경제건설을 추진했는지 그 과정을 분석했다. 제3장에서는 4월 조선노동당 전원회의 이후 앞으로 북한경제가 나아가야 할 방향에 대해 전망해 보았다. 이 책에서 나는 북한 현지의 사람들과 교류하며 나눈 이야기와 경제활동에 직접 참여해서 얻은 구체적인 사실을 바탕으로 현장감 있는 서술을 시도했다. 이런 점에서 엄밀한 학술도서라기보다는 연구에 관심이 있는 사람들에게 기초자료를 제공한다는 데 의미를 부여하고 싶다. 재미로 읽어보는 독자들도 이해하기 쉽도록 평이한 구어체를 사용했다.

책의 후반부에 부록으로 '참고자료'를 덧붙였는데 이는 북한에 대한 이해를 돕기 위한 것이다. 북한에서 사용하는 일반적인 개념을 이해한다면 북한의 전반적인 현황을 파악하는데 도움이 될 것이다. 본문의 내용과 직접적인 관련은 없을지 모르지만 '북한이 대체로 이런 국가구나'라고 공감할 수 있도록 자료를 덧붙였다. 참고자료 마지막에 '북한투자정책안내'를 첨부했는데, 북한에 투자를 희망하는 사람들에게 현재까지 나와 있는 북한의 투자유치정책을 알기 쉽게 정리해보았다. 물론 머지않은 시점에 새로운 투자유치정책이 나올 수 있지만, 우선 현재까지의 투자정책이라도 알고 있다면 이후의 정책들을 보다 쉽게 이해할 수 있을 것이라 생각한다.

이 책이 나오기까지 도움을 준 여러분들께 감사를 드린다. 특히 옌벤대학의 김일 선생에게 감사를 전한다. 우리 두 사람은 김일성종합대학에서 10여 년간 동고동락을 해온 친구 사이로 의견을 서로 주고받을 때 날카로운 비판도 달갑게 받아들일 수 있는 막역한 사이이다. 이 책을 출판하기 위해 온 힘을 다한 내 자신도 조금은 홀가분한 심정이다. 수년간의 준비와 노력이 결과물로 나올 수 있어서 다행스럽고 더불어 북한경제를 이해하고 싶은 독자들에게 미력하나마 도움을 줄 수 있게 되었다는 사실에 위안을 받는다.

베이징에서 리춘르

추천사

북한은 중국에게 우호적인 이웃 국가이지만 사실 중국인들은 북한에 대해 잘 알지 못하며 특히 북한의 경제사정에 대해서는 더욱 그러하다. 최근 〈중국아주경제발전협회〉 부회장 리춘르 박사가 북한의 경제 현황에 대해 기술한 『김정은 시대 북한경제』가 출판됐다. 자신이 북한에서 수학하는 동안 맺었던 실제적인 협력관계와 십여 년간의 연구 경험을 토대로 한 이 책은 북한경제의 실상을 이해하기 쉽게 설명하고, 북한의 경제정책과 현황에 대한 이론적, 실천적 근거를 제공한다.

『김정은 시대 북한경제』는 김정은의 집권 10년 동안 진행된 북한식 경제건설의 발전과정을 체계적으로 서술하고 있다. 정책적 측면이나 실제 사례 모두 현장감이 있으며 북한의 전반적인 상황을 파악하는데 도움이 된다. 이 책은 북한이 국제사회와 정상적인 경제관계를 맺기 위해 노력했던 다양한 시도를 분석했으며, 이러한 정책이 결정된 시대적 배경과 북한의 내부 조정 과정을 서술했다. 특히 장절의 구분이 간명하고 쉬운 문장을 사용해 마치 독자가 현장에 있는 듯한 느낌을 가지게 하는 기록형 '투자안내서'라 할 수 있다.

이 책에 의하면 북한은 이미 경제특구와 경제개발구를 약 30개까지 늘렸고 대외경제와 관련된 법규를 다양하게 제정했다고 한다. 이는 북한이 외자유치에 얼마나 많은 기대감을 갖고 있는지 보여주는 것이다. 북한에서 시행된 경제관리책임제는 다년간 침체되었던 국영기업을 되살리는데 결정적인 역할을 했고, 전례 없던 새로운 형태의 기업이 생겨나 북한경제에 생기를 불어넣었으며, 이 과정에서 국제교류를 담당하는 인재를 육성할 수 있었다. 북한은 광물자원, 수산자원, 인적자원, 관광자원 등 풍부한 자원을 보유하고 있기 때문에 이를 잘 활용한다면 국제협력을 확대하는데 큰 도움이 될 것이다.

〈중국아주경제발전협회〉는 아시아 48개국과 지역 간 민간경제교류를 추진하는 중요한 플랫폼으로 아시아 국가들의 경제정책과 비즈니스 정보를 정확하게 제공할 책임과 의무가 있다. 여기에는 북한도 당연히 포함되는데 협회 내에서도 북한에 관심을 가지는 기업이 적지 않게 있다. 본 협회는 몇년 전에 대표단을 파견해 북한을 방문한 적이 있는데, 그 당시 외형상으로도 많은 변화를 보인 도시와 이러한 변화를 추동한 경제정책의 발전을 직접 목격한 바 있다. 그러나 수박 겉핥기식의 방문이다 보니 내막을 알기에는 턱없이 부족했다. 관련된 자료도 구할 수 없었고 참고할 만한 경제 관련 도서도 찾아볼 수 없는 상황에서 『김정은 시대 북한경제』가 출판됐다는 것은 다행스러운 일이 아닐 수 없다.

북중 간의 경제교류는 역사가 오래 되었는데 특히 동북 3성의 기업들은 여러 분야에서 북한과 거래를 지속해오며 일정한 노하우를 쌓을 수 있었다. 북한에 대한 국제제재가 실행되기 전부터 중국 기업은 북한의 자원에 큰 관심을 가지고 거래해왔다. 북한과의 협력에 대해서도 긍정적으로 전망했기 때문에 다양한 측면에서 북한에 대한 실질적인 산업시찰을 진행했다. 이를 통해 최근 북한이 국가차원에서 경제건설의 중요성을 강조하고 이미 가시적인 성과도 일궈냈다는 것을 알 수 있었다. 물론 아직 해결해야 할 문제점이 적지 않다는 것은 주지의 사실이다.

북한이 경제건설에 매진해 인민의 생활수준을 향상시키는데 성과를 낸다면, 이는 현재 중국이 실시하고 있는 '일대일로' 정책의 확장에도 긍정적인 영향을 줄 것이다. 북한의 경제발전은 중국 동북지역의 국제경제교류를 확대시킬 수 있을 뿐만 아니라 북·중·한·러 4개국의 국제물류망 형성을 촉진할 것이며 특히 동북아 지역의 평화와 안정에 큰 도움이 될 것이다. 북한의 경제체제가 완비되지 못한 상황에서 중국 기업의 자본과 경험은 북한의 경제발전에 큰 역할을 할 수 있다. 더불어 중국의 중소기업들이 국제협력을 맺을 수 있는 새로운 무대가 펼쳐질 것이다. 이와 같은 북한의 상황과 조건에 대해 중국 기업들이 훌륭한 안목을 가지고 있을 것이라 믿는다.

북중 관계는 오랜 역사와 전통을 갖고 있으며 상호신뢰의 기초를 바탕으로 한다. 양국 지도자의 연이은 회담은 양당, 양국 간의 친선을 다지는 동시에 전략적 소통을 강화해 새로운 시대에 걸맞게 관계를 발전시키는 역할을 했다. 두 지도자는 양국 인민의 번영과 발전이 지역 평화에 적극적으로 기여할 수 있다는 공감대를 다시 한 번 확인했다. 북중 관계는 단순히 이해관계에 좌우되지 않고 장기적인 정치외교 관계를 기반으로 하는 전략적 '동맹' 관계라 할 수 있다. 일부 오해와 갈등이 생긴다고 하더라도 양국의 지리적 위치와 역사적 특징, 집권당의 관계, 국제정치 구도 등의 요소를 고려할 때 서로 멀어질 수 없는 관계인 것이다.

이 책이 한국에서도 출판되다니 축하해야 할 일이 하나 더 늘었다. 한국도 북한을 바로 알아야 할 상황에 놓인 것은 마찬가지다. 남북은 한민족임에도 불구하고 70여 년간 분단의 아픔을 안고 살아가는 현실에 놓여 있어 이념 대립보다는 경제협력을 통한 소통을 촉진할 필요가 있다. 북한에 있는 풍부한 자원을 한국이 잘 활용한다면 북한의 경제성장에 큰 도움을 줄 것이며, 한국도 선진국으로서 보다 큰 무대로 나아갈 수 있을 것이다. 이는 같은 민족이라는 관념을 차치하고서라도 포기할 수 없는 일이며, 시장 확장의 측면을 고려한다면 남북협력으로 얻을 수 있는 이익은 가늠하지 못할 정도로 클 것이다. 이제는 남북이 시각을 바꿔야 할 때다. 좀 더 큰 틀에서 그림을 그리고 넓은 무대에서 활약해야 할 때가 왔다. 소통은 우선 알고자 하는 데서 시작하며 서로 이해하려는 시도가 있어야 가까워질 수 있다. 이런 점에서 이 책이 촉매 역할을 할 수 있기를 기대해 본다.

중국아주경제발전협회
회장 권순기

추천사

•
•
•

"요즘 북한경제 상황은 어떻습니까?" 혹은 "북한경제가 저렇게 버틸 수 있는 요인은 뭔가요?"

북한경제를 전공하다 보니, 흔히 받게 되는 질문이다. 그러나 북한경제를 30년 이상 연구해 오면서도 쉽게 답하기 어렵다. 더욱이 언론 보도 정도로 북한을 이해하는 일반인들에게 사회주의 계획경제 체제의 한계니 주체경제의 폐해니 운운하는 것도 뜬금없고 고리타분한 노릇이지만, 그런 잣대로 북한경제의 내면을 온전히 이해하기란 불가능하다. 게다가 북한경제에 관한 신뢰할만한 통계도 정보도 크게 부족하다. 무엇보다 나 자신이 북한경제를 얼마나 알고 있을까에 대한 부끄러움이 있다. 북한경제 연구라는 것도 일종의 지역 연구인데, 해당 지역에서 살아보지도 못한 지역 연구자라니! 그러니 대체 어떻게 답해야 할까, 고민스러울 수밖에 없다.

하긴, 그 질문들을 내가 하고 싶다. 밖으로 드러난 모습으로, 책상 위의 이론으로 설명할 수 없는 북한경제의 독특한 운영방식과 그 안에 살고 있는 주민들의 존재를 위한 대응방식을 나도 알고 싶기 때문이다. 실제로 그러기도 했다. 2000년대 초중반 남북 간의 교류가 비교적 활발하던 시절, 평양과 북경, 연길, 그리고 유럽의 어느 도시에서 북한 경제학자들을 만났을 때마다 나도 그런 질문들을 했다. "요즘 조선의 경제 사정은 어떻습니까?", "난국을 돌파하기 위한 경제정책 구상은 무엇인가요?" 같은 종류의 질문들.

그러나 사회과학원 경제연구소, 김일성종합대학 경제학과, 혹은 내각의 경제와 관련한 기관 소속이라는 북한 경제학자들도 명쾌한 답을 주지 않았다. 어쩌면 그들도 나와 같은 당혹감을 느꼈을지도 모른다. 내가 그런 질문을 받았을 때 느꼈던 그 당혹감 말이다. 자본주의 경제학을 공부했다는 '남조선 학자'에게 어떻게 답을 해줘야 할까. 어디쯤에서부터 어느 정도로 설명해야 이해시킬 수 있을까. 북한식 경제학 논문처럼, 우선 김일성이나 김정일의 어록으로 시작하는 방법을 따라올 수 있을까. 그리고 무엇보다, 그들도 나와 똑같은 고민을 하고 있었을 것이다. "나는 우리 조선경제에 대해 얼마나 알고 있을까" 하고.

그래서인지 그들은 오히려 내게 물었다. 마치 내가 북한경제에 관한 질문을 받을 때, 나도 누구에게인가 그런 질문을 되묻고 싶었던 것처럼. "잘되고 있습니다. 잘 될 겁니다." 그들은 그런 의례적인 답만 하고선, 물었다. "선생의 견해로는 지금 조선경제가 어떻습네까?", "조선의 경제 규모는 얼마로 파악하십네까?", "삼성전자나 현대자동차는 왜 북남협력에 관심을 안가집네까?" 심지어 이런 질문도 했다. "남조선에선 우리 경제를 어떤 방식으로 연구하십네까?" 나는 내 나름대로 답을 하고, 그들은 그들대로 반응하면서 추임새를 넣기도 했다. "연구를 제법 하긴 하는구먼", 아니면 "쯧, 그렇게 해서야 우리 경제를 어떻게 알간!"

그동안 북한경제를 연구하는 학자로서, 그리고 북한경제를 강의하는 교수로서, 북한경제에 관한 원론 성격의 개괄서가 그리웠다. 시중에 나와 있는 북한경제 전반을 다루는 교과서 성격의 책은 많지도 않지만, 대부분 오래 전 발간된 것이다. 게다가 외부에서의 관찰과 평가 위주여서 실제와는 거리가 있을 수 있다. 예컨대, 법 조문이 바뀌었다고 해서 현실이 그렇게 움직일 것이라고 해석할 수 없는 것처럼.

그러던 차에, 리춘르 회장이 집필한 북한경제에 관한 초고를 읽게 될 기회가 있었다. 나는 몇 해 전, 중국 전문가인 성균관대학의 이희옥 교수의 소개로 리춘르 선생을 만난 적이 있었다. 김일성종합대학 경제학 박사인 데다가 대북사업으로 수시로 북한을 드나들기 때문에 이론적, 정책적인 측면은 물론 현실적인 측면에서도 북한경제를 매우 잘 아는 사람이 있으니 한번 만나보지 않겠냐고 이희옥 교수가 연락을 해 왔다. 그런 사람이라면, 기꺼이 만나보고 싶었다. 그래서 이삼일 후 북경에 갔다. 바람 심하게 부는 크리스마스 이브였다. 리춘르 선생이 운영하는 북경의 식당에서 만났다. 마침 식당 이름도 '대동강'이었다. 우리는 초면이었음에도 밤늦도록 북한경제에 관한 토론을 나누었다. 그가 몸으로 느낀 김정은 시대의 북한경제 이야기가 지금도 생생하다.

　그가 책을 썼다고, 이희옥 교수가 전하면서 초고의 검토를 의뢰했다. 당연히, 읽어보고 싶었고 승낙했다. 단숨에 꽤 많은 분량의 초고를 완독했다. 그리고는 내가 추천서를 쓰겠노라고 자원했다.

　이론과 현실에 모두에 밝은 내부자가 나름 객관적이고 균형적으로 평가하려고 애쓴 최근의 북한경제 이야기이다. 간혹 북한의 경제정책을 옹호하는 서술이 보이기는 하지만, 그 역시 북한 당국의 입장을 소개한다는 점에서는 긍정적이다. 내용도 대내 경제에서 무역과 투자까지, 공장·기업·농장에서부터 인민생활까지, 김정은 시대 초기의 병진노선에서 최근의 정책 변화까지, 심지어 현재 북한이 당면하고 있는 어려움까지, 북한경제의 모든 부문을 망라한다. 최신 정보도 많이 담고 있다. 북한경제 초보자도 어려움이 없을 정도로 쉽게 서술하고 있다는 것도 큰 장점이다. 부록으로 북한경제의 주요 키워드와 개념에 대한 설명을 수록하고 있다는 점도 돋보인다.

　그만큼 매력이 많은 책이고, 좀처럼 보기 힘든 책이다.

이화여대 통일학연구원장　조동호

차 례

제2장 병진노선 시기의 북한경제   87

【부록】 참고자료

제1장

최근 북한의 특징

김정은 국무위원장의 집권 10여 년 동안 북한에서는 엄청난 변화가 있었고 그 속에는 일관된 시대적 특징이 반영되어 있다. 특히 경제분야에서 새로우면서도 독특한 변화가 많이 발생했다. 정치적 방향 전환을 성공적으로 달성한 후 잇따른 경제 조치로 생긴 변화는 대개 외부에 공개되지 않아 현지에서만 느낄 수 있었던 것이 적지 않았다. 그럼에도 불구하고 오늘날 북한의 시대적 특징을 살펴보기 위해서는 우선 정치적 측면을 들여다봐야 한다. 북한에서 경제는 정치의 영향을 받지 않을 수 없으며, 정치 부문의 혁신적 사고를 바탕으로 경제 부문에서도 새로운 변화를 추진할 수 있었기 때문이다. 이러한 변화를 만들어낸 정치적·경제적 요인이 바로 이 시대의 특징이다.

김정은 위원장은 집권 초기에 경제건설과 핵무력건설이라는 병진노선을 제시했다. 이에 대해 '왜 핵무력 완수를 강행해야 했을까'라는 의문이 든다. 핵무력건설은 국제제재라는 대가를 치러야 했기 때문이다. 사실 이러한 북한의 선택은 선군정치의 연장선상에서 고려된 것이다. 이 노선은 70년간 지속되어 온 분단을 끝내기 위해 강대한 미국에 대응할 수 있는 힘이 필요하다는 판단에 기초한다. 아마도 앞으로의 70년을 지금처럼 강대국의 틈바구니 속에서 버텨야 하는 운명을 탈피하려면 오직 자신의 힘을 키워야 한다는 생각에서 비롯되었을 것이다.

'강력한 국방력을 보유해야 마음 편히 살 수 있다'는 이전 북한 지도자들의 유훈으로 핵무력건설은 선군정치의 중심에 위치한다. 안보와 경제발전을 동시에 추진하는 병진노선이 관철됨에 따라 북한 내부적으로도 커다란 변화가 있었고, 미국을 핵심으로 한 외부세계와의 대결 구도 역시 사상 최고조로 높아졌다. 그런데 이런 복잡한 갈등 속에서 북한의 병진노선에는 핵무력건설 만큼 경제건설이 '동등한' 비중으로 포함되어 있음을 특히 주목해야 한다.

핵무력건설은 일반 인민이 아닌 과학자와 군부를 중심으로 진행된 일이었다. 대신 인민은 경제건설에 집중적으로 투입되어 여러 정책을 통해 서로 경쟁하면서 상품의 품질 제고 및 다양성을 추구했다. 이 과정에서 적지 않은 경험과 교훈을 쌓게 되었다. 북한에서 기업소의 독립채산제는 일찍이 실행된 것이라 재정 업무는 이미 익숙한 상태였다. 기존 제도와의 차이점이라면 기업의 경영권 확대 과정에서 생산자의 적극성을 동원했다는 것이다. 과거에는 기업이 계획에 따른 생산만 담당했으나 이제는 기업관리 전반의 권리를 부여받아 독립적인 경영권을 확보하게 되었다. 이 모든 변화는 경제발전 과정 속에서 새로운 기업관리 방법을 과감히 도입해서 얻은 결과다. 다시 말해서 새로운 시대에 새로운 방법이 도입된 것이다. 그렇다면 이 새로운 시대와 새로운 방법을 어떻게 이해해야 하는가?

새로운 시대는 김정은 시대를 표현한 것이다. 이미 김정은 위원장이 집권한지 10년이라는 시간이 지나면서 사람들은 점차 새 시대를 인정하게 되었다. 물론 북한의 3대 지도자로 추대된 젊은 최고지도자에 대한 여러 추측이 난무하고 경제건설과 핵무력건설이라는 병진노선에 대한 평가도 엇갈린다. 하지만 전쟁 문턱까지 갔었던 한반도에 평화의 물꼬가 트이는가 하면, 70년 적대관계에 놓인 미국과 정상회담을 하는 등 파격적인 사건들이 연이어 일어났다. 이처럼 북한은 새로운 시대를 맞아 복잡다단한 국제관계 속에서 얽힌 실마리를 하나씩 풀어가고, 이 과정에서 북미정상회담, 북중정상회담, 남북정상회담을 이끌어 냈다고 자부하는 중이다.

그렇다면 젊은 최고 지도자가 이끄는 이 시대는 과연 어디로 갈 것인가? 한반도에 진정한 평화가 정착될 것인가? 북한의 경제는 개혁개방의 길을 택할 것인가? 이와 같은 물음은 향후에도 세인의 지속적인 관심을 받을 것이다. 2018년 5월 31일 김정은 위원장은 러시아 외무장관 세르게이 라브로 프가 평양을 방문했을 때 백화원 영빈관에서 그를 만났다. 이 자리에서 김 정은 위원장은 한반도 비핵화에 대한 북한의 의지는 변함없고 일관되며 확 고하다고 강조했다. 또한 북미관계와 한반도 비핵화를 '새로운 시대, 새로 운 정세 하에서 새로운 방법으로 각자의 이해에 부합하는 해법을 찾아 단 계적으로 풀어나가며 효율적이고 건설적인 대화와 협상으로 문제 해결이 진척되기를 희망한다'고 했다. 즉 북한은 새로운 시대에 들어섰고 새로운 정세를 맞이하고 있으며 새로운 방법으로 해법을 찾고 있다는 의미다.

한두 마디의 단어로 김정은 시대를 평가할 수 없다. 다만 1년을 10년 삼 아 천지개벽을 이루는 '만리마 시대'를 열겠다는 악전고투의 과정이 오늘날 의 북한을 특정 짓고 있다. 그러므로 이 장에서는 북한의 진정한 모습을 이 해할 수 있도록 현재 북한의 시대정신, 미국을 중심의 외부세계에 대한 적 응 방식, 그리고 실제로 벌어지는 경제적 변화를 해부하면서 최근의 북한 을 면밀히 고찰해 볼 것이다.

1 정신과 속도

2016년은 북한에게 매우 의미있는 한 해이다. 36년 만에 조선노 동당 제7차 대회가 개최되어 국가경제발전 5개년 전략을 제시했고, 병진노 선을 실행한 이후 공식석상에서 처음으로 경제건설을 비중 있게 다뤘기 때 문이다. 제7차 대회의 개최는 경제건설을 계획적으로 진행하겠다는 의미도 있지만 노동당의 영도적 지위를 공식화겠다는 것이기도 하다. 이는 그동안 진행된 선군정치에서 새로운 방향으로 전환이 이루어지고 있다는 상징성 을 지닌다. 곧이어 2018년 4월 20일에 개최된 조선노동당 제7기 제3차 전원회의(북한에서는 4월 전원회의라고 함)에서 2013년 3월부터 시작된 병진노선의 사명완수를 선언하고 경제건설에 총력을 집중하는 정치로 방향전환이 결정되었다. 결국 이러한 행보는 김정은 위원장이 이끄는 북한의 방향성을 명백하게 보여주는 것이다. 집권 초기 병진노선의 강력한 추진과 더불어 경제건설에 집중하는 상황 속에서 북한의 국내경제 구조는 이미 조직체계의 전환을 통해 그 변화의 기초를 닦아놓을 수 있었다. 이런 노력을 통해 북한이 국제제재에도 불구하고 국가발전의 돌파구를 마련하는데 최선을 다하고 있음을 알 수 있다.

북한에 대한 국제사회의 관심이 높아지면서 북한이 과연 중국이나 베트남처럼 개혁개방을 할지 또는 어떤 국가의 경제운용 방식과 유사하게 운영할지 등을 놓고 분석이 이어지고 있다. 결론부터 말하자면 북한은 누구의 식도 아닌 자기식의 경제 변화를 시도할 것으로 생각된다. 북한의 방식은 어느 국가도 경험하지 못한 방법으로 자기의 색깔을 지키며 경제 도약을 실현하려는 것이다. 즉 경제건설 과정에서 세계의 선진과학기술을 따라잡아 같은 출발선에 서야겠다는 북한의 의지를 엿볼 수 있다. 북한은 세계 선진과학기술을 받아들일 준비가 되어 있고 이미 관련 인재를 확보해 놓았다. 북한의 이러한 의지는 단순히 말에 그치는 것이 아니라 핵무력을 완수한 경험이 있는 첨단 과학 연구진이 존재하므로 세계선진기술을 충분히 수용할 수 있다는 자신감으로 이어진다. 향후 북한은 응용 과학기술의 도입과 본토화 과정에 박차를 가할 것으로 예상된다.

김일성종합대학과 김책공업종합대학 출신의 엘리트들이 기술개발에 주력하고 있다. 이를 통해 북한에서 국제 선진과학기술 응용의 상용화가 멀지 않았음을 미루어 예측할 수 있다. 물론 북한은 사회주의 제도를 공고히 한다는 전제를 하고 있기 때문에 자력자강의 기본정신은 경제 도약의 가장 중요한 토대가 될 것이며, 다른 국가의 개혁개방 모델을 쫓아가지 않을 것이다. 객관적인 경제원리를 존중하면서 나름의 경험을 바탕으로 북한식 경제적 효율성을 높이는 방도를 찾아가려 한다. 그렇다고 북한이 중국이나 베트남의 경험을 무시하는 것은 아니다. 타국의 교훈을 인정하고 받아들이지만 모방이 아닌 자체의 길을 모색하겠다는 것이다. 국가마다 당면한 현실과 발전과정이 다르기 때문에 자국 실정에 맞는 정책과 방식을 찾아야 한다. 그렇다면 오늘날 북한의 현실과 발전과정은 어떻게 설명할 수 있을까?

선군정치의 사명

북한의 정권 수립 이후 오랜 시간 정치의 중심이 되었던 선군정치는 선군사상에 기초한 정치를 말한다. 주체사상에 뿌리를 두고 있는 선군사상은 무력을 중시하고 혁명군대를 핵심으로 혁명역량을 조직해 시대발전의 요구에 맞게 불패의 강국을 건설한다는 내용이다. 선군정치는 반제자주(反帝自主), 애국, 애족, 애민의 정치이지만 그 목적은 조국과 혁명, 사회주의를 수호하는 데에만 있지 않다. 여기에는 북한 역사에 일찍이 없었던 강대한 국가, 사회주의 강국 건설의 염원이 담겨있다.

김정일 국방위원장 시기에 추진했던 선군정치에 대해 국제사회는 이해하지 못했다. 선군정치가 동북아 정세의 긴장을 조성하는 것처럼 보였기 때문이다. 그러면 북한은 왜 선군의 기치를 내세워야 했을까? 주지하는 바와 같이 80년대 말, 90년대 초 국제사회는 대변혁의 시기를 맞이했다. 소련이 붕괴했으며 동유럽 국가들이 연이어 사회주의 깃발을 내리게 되었다. 또한 중국도 적극적인 개혁개방 정책을 통해 시장경제체제를 전면적으로 도입했다. 북한 역시 사회주의 기치를 포기하느냐 아니면 높이 세우느냐는 선택의 기로에 놓여 있었다. 이 와중에 김일성 주석의 사망과 잇따른 자연재해로 북한은 그야말로 최악의 고비를 맞이했다. 결국 북한은 당시 '고난의 행군'을 통해 사회주의를 지켜야만 했던 매우 어려운 상황에 놓이게 됐다. 이처럼 험난한 역경 속에서 북한 인민에게 오직 인민군만이 인민의 생명, 안전, 생활을 지킬 수 있는 가장 믿음직한 존재로 부각됐다. 북한에서 군대는 혁명의 핵심역량으로 국가와 인민, 사회주의를 수호하는 집단이라고 생각했기 때문이다.

김정은 위원장은 집권 초기 선대 지도자의 유훈을 계승해 국방산업을 우선 발전시키는 전략을 발표하며 경제건설과 핵무력건설이라는 병진노선을 제시했다. 2013년 3월 31일 조선노동당 중앙위원회 3월 전원회의에서 '경제건설과 핵무력건설 병진노선'을 공식적으로 채택했는데, 이는 국방력을 강화하는 동시에 경제건설에서도 박차를 가하겠다는 의지를 표명한 것이다. 국제 사회에서는 북한이 발표한 병진노선을 놓고 온갖 추측이 난무했다. 북한은 2017년 11월 19일 6차 핵실험까지 모든 노력을 핵무력건설에 쏟아부었다. 당시 대부분의 세계 언론들은 북한의 핵실험과 미사일발사를 주요 기사로 다뤘다. 국제사회는 인민의 생계를 무시한 북한의 행동을 비난했다. 하지만 병진노선의 다른 한 축인 경제건설에서의 새로운 시도에 대해서는 알려진 바가 거의 없고 큰 관심도 끌지 못했다. 북한을 객관적으로 이해하기 위해서는 병진노선이 탄생하게 된 배경과 이를 실천하는 과정에서 어떤 조치가 있었는지 알아야 한다. 경제건설은 결국 정책과 관련된다. 북한에서 어떤 경제정책을 시행했고 그 정책이 어떻게 집행됐는지 알 수 있다면, 오늘날 경제건설에 총력을 기울이는 조선노동당의 중점사업이 어떤 틀 속에서 결정되는지 이해할 수 있을 것이다.

북한은 국제사회의 각종 압력에도 불구하고 사회주의를 지키기 위해 핵무력건설을 선택했다. 국가의 모든 자원을 국방건설에 동원했고 총력을 집중하여 핵실험과 미사일발사실험을 강행했다. 핵무력의 완성도를 높여가고 있을 무렵 뜻하지 않게 김정일 국방위원장이 사망해 이는 결국 유훈으로 남았다. 후계자에서 북한의 3대 지도자가 된 김정은 위원장은 우선 유훈 실현에 집중했다. 이후 북한은 모든 노력과 시간을 쏟아부어 최종적인 핵무력 완성을 달성했다. 다른 한편으로 경제건설에서도 강행군을 할 수밖에 없었다. 오랜 시간 국방력 강화에 치중하다 보니 인민경제의 기초가 지나치게 취약해졌기 때문이다. 시급히 인민의 생활을 개선해야 하는 문제가 대두해 경제건설의 획기적인 전환이 요구됐다. 그 결과 북한은 두 마리 토끼를 다 잡는 방식, 즉 경제건설과 핵무력건설을 동시에 추진하게 됐다.

'국가를 지키는 일도 군대가, 국가를 건설하는 것도 군대가 한다'는 구호 속에 인민군은 모든 영역에서 핵심적 역할을 담당하며 방위와 건설이라는 이중 과업을 책임지게 되었다. 열악한 조건 속에서 인민군은 경제건설의 주된 역할을 담당해 국가적으로 중요한 건설 현장에서는 언제나 그들의 모습을 찾을 수 있었다고 한다. 군대가 국방에만 치우치지 않고 인민생활의 향상을 위해 경제건설에도 앞장섰던 것이다. 즉 선군정치는 군대만을 위한 정치가 아니다. 핵무력건설 완성의 선언은 선대 지도자의 유훈을 실천한 결과다. 또한 경제건설을 실현하는 과정에 시행된 경제정책들은 선군정치의 연장선상에서 돌파구를 찾아낸 것이다. 나는 2012년부터 2017년까지를 유훈 실천의 시기로 보며 그 속에서 경제건설이라는 새로운 출발점을 이끌어냈다고 본다.

시대정신

북한의 시대정신은 한마디로 자강력에 기초한 만리마 정신이다. 김일성 주석 시기 천리마 시대를 개척했다면 김정은 위원장의 시대는 만리마처럼 달려가야 한다는 것이다. '천리마속도'에는 집단주의에 기반하여 서로

돕고 이끌면서 남보다 더 빨리 달려가자는 요구가 담겨져 있다. '만리마속도'는 이미 많이 뒤떨어진 바를 따라잡기 위해 달리는 말에 채찍질을 가하듯 바람처럼 달려야 한다는 의미다. 북한의 시대정신은 젊은 최고 지도자의 패기를 구현하고 있는 것으로 보인다. 핵무력건설에서 시간을 다투며 박차를 가했던 것처럼 경제건설에서도 속도 개념의 시대어가 계속 등장하고 있다. 북한에서는 경제건설을 하루빨리 달성하고 싶어 하는 간절한 마음이 시대정신으로 펼쳐지고 있다.

북한은 역사적으로 사회주의 건설속도의 향상을 독려하는 운동을 종종 추진했다. 이런 유형의 운동은 시기별로 다른 양상의 속도전을 보여주는데 그 시대를 상징하는 속도는 주로 사회주의 건설 현장에서 생겨났다. 김정은 시대 북한에서는 마식령 속도를 시작으로 만리마 속도, 조선 속도, 평양 속도 등의 구호가 연이어 등장했다. 이는 강원도 정신처럼 자체의 힘과 자원을 충분히 발굴해 경제건설에 박차를 가하자는 호소를 하는 것이다. 김정은 위원장은 "선대 지도자들의 강국건설 구상을 실현하기 위해서는 모든 당의 일원들이 발이 닳도록 뛰고 또 뛰어야 한다"고 주문했다. 시대별로 실현해나갈 것이 아니라 시대를 뛰어넘는 비약을 통한 실천을 강조했다. 그래서 하나의 건축물을 세우는 도중에 다음 단계의 프로젝트를 미리 구상해서 연계된 사슬처럼 사업이 계속 추진되기를 요구했다.

지금은 국제정세가 조석으로 급변하며 첨단과학의 새로운 연구 성과물이 쏟아져 나오는 시대다. 즉 새 시대는 하루가 다르게 새로운 환경이 조성되고 신기술이 적용된 제품을 어느 시장에서나 구매할 수 있는 특징을 보인다. 그러므로 북한이라고 해서 기약할 수 없는 내일을 기다리기만 한다면, 이런 급변의 시대를 따라잡지 못해 다방면에서 다른 국가들에 뒤떨어진 상황을 벗어날 수 없다. 새로운 사고로 전환하지 않고 과거의 방법만을 고수한다면 국가의 명운을 바꿀 수 없으며 변화를 따라갈 수도 없다. 반드시 새로운 방법을 강구해 앞으로 달려가야만 한다. 북한에서도 이러한 인식을 바탕으로 자기를 변화시키고 극복하려는 노력을 보여주고 있다.

① 마식령 속도

마식령 속도라는 말은 2013년 마식령에 스키장을 건설하는 군인건설근로자들이 대혁신의 속도를 내기 위해 '단숨의 정신으로 화약에 불이 달린 것처럼' 밀고 나간다는 건설 속도를 비유한 새로운 구호다. 마식령스키장은 김정은 위원장이 직접 발족한 첫 대형 공사로 인민군이 사업을 맡았다. 군인건설근로자들은 착공의 첫 삽을 뜨고 나서부터 1년이 채 안 되는 시간에 건설을 마무리 지었다. 밤낮으로 무거운 바위와 험한 산세를 깎아내고 수십만 제곱미터(㎡)의 면적에 달하는 지역에 총 길이 10여만 미터(m)나 되는 10개의 슬로프를 건설했다. 동시에 산세와 어울리는 호텔과 스키 서비스 시설 및 여러 종류의 로프웨이와 제설시설이 포함된 거대 규모의 스키장 건설 공사를 마무리했다.

같은 해 6월 4일 김정은 위원장은 〈마식령 속도를 창조하여 사회주의 건설의 모든 전선에서 새로운 전성기를 열어나가자〉는 호소문을 발표해 마식령스키장 건설사업에서 새로운 속도를 창조하도록 독려하였다. 군인건설근로자들은 '총공격전, 총결사전을 벌여 마식령스키장 건설을 올해 안으로 무조건 끝내자'는 구호를 외쳤다. 북한 인민들도 마식령스키장 건설사업에서 군인건설근로자들이 발휘한 속도와 정신을 본받아 전국적으로 건설 붐을 일으켰다고 한다. 마식령스키장 완공의 의의는 단순히 체육시설을 만들었다는 데에 그치지 않는다. 이는 국제수준에 부응하는 시설로 자국민은 물론 외국인의 스키관광을 유치하려는 목적을 갖고 있어 북한에서 계획 중인 다른 사업에도 많은 참고가 되었다. 즉 단기간의 성과만 보고 건물을 세우는 것이 아니라 국제적으로 일류 수준의 시설을 갖춰 다양한 효과를 창출할 수 있도록 사업을 추진해야 한다는 교훈을 얻었다.

같은 시기에 시작된 갈마비행장 사업은 원산과 마식령으로 오고갈 수 있는 교통의 요지로 만들기 위해 원산지구의 건설계획과 통합했다. 뒤를 이어서 건설이 시작된 원산갈마 해안관광지구는 원산이 종합관광자원을 갖춘 도시로 부상하게 만들었다. 이러한 사업을 바탕으로 금강산 관광의 필수 경유지인 원산은 아름다운 동해안을 따라 경제특구 벨트로 거듭날 것이다. 이처럼 북한에서 추진하고 있는 대규모의 사업이 계획으로 그치는 것이 아니라 마식령스키장 건설을 시작으로 하나씩 완성되어 현실화되고 있음을 확인할 수 있다.

② 만리마 속도

만리마 시대라는 표현은 2015년 12월 28일 조선인민군 제3차 수산부문 열성자회의에서 김정은 위원장이 당 및 국가표창 수여식에서 한 연설에 처음 등장했다. 김정은 위원장은 회의참가자들에게 "조석으로 강산이 변하는 새로운 천리마 시대, 만리마 시대인 오늘날에 순간의 안일과 해이, 침체와 답보가 절대로 허용될 수 없다" 또한 "황금의 바다로 변한 바다에 '물고기 만선'의 노랫소리가 울려 퍼지도록 해야 하고, 전국 모든 가정의 밥상에서 생선 냄새가 물씬 풍기도록 해야 하며, 인민의 밥상에 사회주의 만세, 노동당 만세 소리가 울려 퍼져야 한다"고 말했다.

김정은 집권 이후 7년 동안의 건설 총량이 지난 70년간 건설된 양에 버금갈 정도로 많다는 설이 있다. 말 그대로 평양만이 아니라 전국 곳곳에서 건설붐이 일고 있다. 일례로 신의주, 라선, 원산, 개성, 함흥에서의 도시 건설이 눈에 띄게 증가하고 있다. 일반 주택, 공장, 발전소 등 여러 분야에서 새로운 건물이 생기고 있다. 북한혁명박물관에 가면 '만리마 시대에 창조한 기념비적 창조물'이라는 전시장이 있는데, 2012~2015년까지 병진노선 기간에 건설한 항목을 한눈에 볼 수 있었다. 또한 2016년 북한에서는 건설을 중심으로 하는 '70일 전투'와 '200일 전투'를 연이어 2차례나 벌였다. '200일 전투'가 한창인 기간에 함경북도 북부지역이 큰 수해를 입었다는 소식이 전해지자 '200일 전투'의 방향을 수해 지역의 복구로 전환했다. 전 군인이 동참해 불과 2개월 만에 11,900여 세대를 새로 지었으며 재해지역 인민의 피해손실을 최소한으로 막았다.

려명거리 건설은 그 해 진행한 건설 프로젝트 중에 가장 대표적인 사례라고 할 수 있다. 총 건축면적이 172만㎡에 달하는 방대한 지역에 55층, 70층짜리 초고층 빌딩이 건설되는 대규모 공사였다. 이듬해 태양절인 4월 15일까지 완공시킨다는 목표를 세우고 총공세작전이 벌어졌다. 70층 빌딩의 외벽타일 공사를 불과 13일 만에 끝내는 기적을 만들어 '만리마 속도'가 무엇인가를 보여줬다. 북한에서 려명거리 건설은 미국과의 대결에서 결정적 승리를 이룩한 성과로 인정받았다고 한다. 북한 길거리 곳곳에 붙어 있는 선전물 중에 '동무는 만리마를 탔는가?'라는 문구가 가장 눈에 띈다. 집단주의가 주요한 동원방식인 북한에서 이런 구호는 상호 격려하면서도 감독하는 수단이 된다.

③ 조선 속도

마식령 속도에 이어 2014년부터는 '조선 속도'라는 구호가 새롭게 나타났다. 불과 착공 2개월 만인 1월 8일에 동해 포구 수산사업소를 건설한 것에서 비롯된 말이다. 군인건설근로자들이 대소한의 강추위와 폭설 속에서 방파제와 부두 등의 구조물 공사를 불과 수십 일 동안에 끝냈다고 한다. 그 소식을 접한 김정은 위원장이 건설근로자를 높이 추켜세우며 또 하나의 '조선 속도'를 창조했다고 치하했다.

조선 속도는 김정은 위원장의 호소이자 전투명령으로 여겨진다. 이 개념에서는 전 군인이 하나로 뭉쳐 건설근로자가 되어 국가의 목표와 계획을 초과 달성해 자신의 손으로 행복한 내일을 건설할 것을 요구한다. 말 그대로 북한을 하루빨리 사회주의 강국으로 건설하자는 의지가 포함된 것이라고 할 수 있다. 이처럼 조선 속도는 도시뿐만 아니라 지방의 도시건설에도 큰 영향을 미쳤는데 송도원국제소년단 야영소 보수공사의 경우 5개월 남짓한 기간에 마무리 짓는 결과를 보여줬다. 이후 건설사업에 대해서는 이어질 장절에서 나눠 소개하려고 한다.

④ 평양 속도

2015년 1월 13일 김정은 위원장은 평양시당위원회의 책임 간부들 앞에서 "평양시가 당 정책의 시행과정에서 기치를 높이 들고 나가는 모범이 되어야 전국이 따라 나서게 된다"고 말하며 '평양 정신', '평양 속도'의 창조를 지시했다. 같은 해 2월 김정은 위원장은 미래과학자거리 건설현장을 방문해 1단계에 완공할 주택과 공공건물의 골조가 세워지는 현장을 보고 "시간을 주름잡으며 질풍같이 내달리는 군인 건설근로자들의 헌신적인 투쟁"에 의하여 이곳에서 오늘의 평양 정신, 평양 속도가 창조되고 있다"고 만족을 표시했다. 또한 2015년 2월 11일 북한 해방 70주년과 조선노동당 창건 70돌에 즈음하여 "오늘의 평양 정신, 평양 속도를 창조하여 평양시가 모든 면에서 전국의 앞장에 서자!"는 제목의 글을 발표해 당중앙위원회 공동구호로 하겠다는 지시를 내렸다. 이 지시에 따라 평양시당위원회가 총지휘에 나서 시당 간부와 당원, 건설근로자가 함께 새로운 평양 정신을 광범위하게 적용해 곳곳에서 생산과 건설이 활발히 펼쳐졌다.

일찍이 '천리마 속도 만들기' 운동이 활발히 전개되던 시기, 김일성 주석은 사회주의 공업화 기반 건설을 추진하기 위해 1957년 10월 당 중앙위원회 전원회의에서 조립식 공법으로 건설에 속도를 내라고 건설 부서에 지시했다. 그 시기 평양에서는 7천 세대 분량의 예산, 자재, 노동력으로 2만 세대의 주택을 지었다고 한다. 조립식 공법을 적용해 단 14분 만에 주택 한 채를 조립하기도 했는데, 이를 두고 평양 속도라 불렀다.

새로운 평양 정신, 평양 속도가 만들어지는 동안 평양에서는 짧은 시간에 현대화된 생산체제를 완성하는 전형적인 단위가 대거 등장했다. 장천 남새 전문 협동농장은 온갖 노력 끝에 일반 농장에서 온실채소 생산의 본보기로 변신해 선경(仙境)과 같은 분위기를 만들어낸 도시화 농장으로 탈바꿈했다. 평양버섯공장에서는 기술적 어려움을 해결하는데 매진하고 공동생산 시스템을 완성해 품질이 우수한 식용균의 생산량을 크게 향상시키기도 했다.

⑤ 강원도 정신

'강원도 정신'은 김정은 위원장이 강원도의 원산 군민발전소를 현지 지도할 때 생긴 말이다. 자력자강의 정신으로 밤낮없이 건설 현장에 나선 건설 근로자들이 험난한 제약조건을 극복해가며 끝내 완공한 것을 두고 '강원도 정신'이라 명명하여 전국적으로 따라 배우도록 선전한 것이다. 원산 군민발전소를 건설하는 과정에 필요한 모든 강철과 시멘트는 물론 사소한 자재 하나까지 자체 생산하거나 주위 강변에서 수집해 건설했다고 한다. 원산 군민발전소는 유역변경식 발전소이기 때문에 수로공사에 필요한 레일 같은 강재들이 대량으로 필요했다. 그런데 이런 자재를 다른 지역에서 구해 온 게 아니라 모두 강원도 안에서 해결했다. 문천 강철공장을 비롯한 도내의 여러 공장에서 전량 생산해 공사를 진행했다고 한다.

강원도 정신은 그 전의 '강계 정신', '성강의 봉화', '나남의 봉화'처럼 시대의 새로운 본보기이며 만리마 시대의 전형이라 말할 수 있다. 그런데 강원도 정신은 '고난의 행군'과 같이 어려움을 이겨내자는 자력갱생, 간고분투와는 구별된다. 세계적 추세에 뒤떨어졌던 부분을 신속히 따라잡자는 '성강,

나남의 비약과 '창조의 정신'과도 다르다. 강원도 정신은 자신의 힘으로 최후의 승리를 향해 만리마 속도로 달려가는 자력자강의 정신을 말한다. 다시 말해 과거처럼 없는 것을 만들어 낸다는 단순 창조가 아니라 첨단 기술로 최고 품질의 상품을 만들어 세상에 내놓아도 손색이 없도록 해야 하며 그것을 위해 스스로의 힘과 지혜를 모으자는 정신이다. 즉 강원도 정신은 중앙만 믿고 기다리는 것이 아니라 지방 스스로의 힘으로 세계 수준의 상품을 만들어내자는 의도를 보인다. 조건이 가장 어려운 강원도에서도 만들수 있는데 다른 지역에서 못할 이유가 없다는 논리다. 강원도 정신에 따라도내에서는 원산구두공장, 송도원 야영소, 고산 과수종합농장 등 모범 기업이 생겼고 전국적으로 강원도 정신을 따라 상품의 질을 제고하는 운동이 대대적으로 벌어졌다.

신년사

매년 새해 첫날 북한에서는 지도자의 구상과 의지가 담긴 메시지를 신년사에 담아서 국내외의 많은 관심을 받는다. 김정은 위원장은 2013년 새해 첫날부터 2019년까지 직접 신년사를 발표했다. 김정은 위원장의 신년사 발표는 한 해의 방향을 제시하는 중요한 행사로 자리매김했다. 북한에서는 신년사의 학습과 실천을 중요한 생활풍조로 여겨왔다. 동시에 국제사회는 신년사로 발표된 내용을 북한 해석의 근거로 삼았다. 실제로 신년사에 제기된 내용은 그 해의 강령과 다름없기 때문에 그 내용을 잘 숙지해야만 했다.

2018년 신년사는 특히 주목을 받았다. 2017년 말까지 한반도는 전쟁의 막바지에 다다른 듯한 긴장감을 감출 수 없었던 상황에 직면했다. 그런데 2018년 신년사를 계기로 극적인 전환이 이뤄졌다. 우선 얼어붙은 남북관계에 새로운 돌파구를 마련했다. 평창 동계올림픽을 계기로 긴장완화와 평화의 문을 열게 된 시발점이 바로 북한의 신년사였다. 북한에서 선수단과 응원단을 파견해 남북의 고위층이 자연스럽게 만나게 됐고 이를 통해 한민족이라는 감정이 서로에게 전해질 수 있었다. 2018년 한 해 동안 발생한 남북 간의 관계개선과 국제무대에서의 적극적인 교류 역시 신년사에서 제시한 큰 틀 안에서 진행됐다.

북한에서는 신년사 내용의 실현을 구호로 내걸고 경제건설에 모든 노력을 쏟는 현상이 일상화되었다. 주목할 것은 과거의 형식적인 학습에서 벗어나 신년사의 학습기간을 단축하는 대신 목표 실행에 더욱 치중하게 되었다는 점이다. 북한은 한 해 동안 신년사를 통해 제시된 목표를 달성하기 위해 전국 곳곳에서 실행에 나서는 국가다. 신년사에는 보통 해당 년도의 목표를 뚜렷하게 밝히기 때문에 전당, 전군, 전민이 한마음 한뜻으로 지도자의 영도를 따라 국가발전을 위해 노력해야 한다고 지속적으로 강조한다.

신년사 그리고 새해 행사의 측면에서 2019년은 획기적인 한 해였다. 우선 정치의 상징으로 각인됐던 김일성 광장에서 군사 열병식이 아닌 새해맞이 야외 공연이 펼쳐졌다. 앞으로 이 광장이 정치군사의 중심을 넘어 문화의 광장으로 확대된다는 의미를 부여한 것이다. 그리고 각 호텔에 전시된 사진에서도 새로운 변화가 감지됐다. 과거에는 수령 중심의 사진을 전시했는데 2019년 새해부터 인민의 생활에 대한 사진으로 모두 교체됐다. 이는 북한이 수령 중심이 아닌 인민 중심의 국가를 건설하겠다는 의지를 표현한 것으로 해석할 수 있다.

2020년부터는 신년사를 따로 발표하지 않고 당의 중요 회의를 개최해서 그 결론을 통해 새해 메시지를 전달하고 있다. 2020년에는 조선노동당 제7기 5차 전원회의 폐막에서 최고지도자의 보고를 통해 신년사를 대신했다. 2021년에는 친필 서한을 발표하는 식으로 신년사를 대신했는데 곧바로 개막된 조선노동당 제8차 대회에서 새해의 중대 목표를 제시했다. '이민위천, 일심단결, 자력갱생'을 미래 5년의 전투강령으로 삼는다고 했으며, 2월에 열린 제8기 2중 전원회의에서 국가경제발전 5개년 전략에 따른 구체적인 목표를 확정했다. 2022년에도 신년사를 대신해 조선노동당 제8기 4차 전원회의 결정서로 중요 메시지를 발표했다. 김정은 위원장은 "우리식 사회주의 농촌발전의 위대한 새시대를 열어나가자"는 연설에서 농업 부문의 발전전략을 제시하고 농업문제를 집중적으로 해결하겠다는 의지를 밝혔다.

2 정세 변화

북한은 현재 정전상태에 놓여 있는 국가이며 70년 민족 분단의 세월을 겪고 있다. 북한은 안보 위협 없이 생존할 수 있는 날이 오기를 기대하며 엄혹한 국제정치의 현실에서 벗어나려는 시도를 계속 해왔지만 해마다 같은 역사를 반복해야 했다. 게다가 지금은 미국을 중심으로 한 국제사회의 제재와 압박이 갈수록 높아지는 상황에 처해 있다. 이에 반발해 북한은 핵무력 강화를 택하고 있어 북미 간의 대립상태가 언제 종식될지 누구도 쉽게 예측할 수 없는 안개 속 정국으로 치닫고 있다.

한반도에 드리운 전쟁의 먹구름이 한시도 가시지 않은 상황에서 북한은 주체적인 삶을 누릴 수 없다고 판단했고, 이런 운명을 바꾸려면 결국 힘의 논리를 따라야 한다는 결론에 도달했다. 이에 북한은 국제사회의 반대를 무릅쓰고 모든 역량을 동원해 핵무력을 키웠다. 그러자 미국을 중심으로 하는 외부세력의 반응은 더욱 강렬해졌고 한반도의 긴장은 최고조에 달했으며 전쟁의 위험이 턱밑까지 다다랐다. 이 와중에도 북한은 강력하게 핵무장을 추진해 결국 핵무력 완성을 선언했다. 이를 통해 미국을 중심으로 한 외부세력과 한반도 비핵화, 국제제재 완화, 남북 및 북미 관계 개선을 위한 정상 간 회담을 전개하는데 성공했다.

2018년은 한반도 정세 변화의 물꼬를 튼 한 해로 남았다. 우선 남북 사이에 화해무드가 조성되고 얼어붙었던 북중관계도 빠르게 회복됐다. 과거 전례가 없었던 북미 정상 간 만남과 회담이 세 차례나 열렸다는 것 역시 중요하다. 이처럼 2018년의 북한은 평화의 문고리를 잡는 듯한 극적인 사건들로 한 해를 장식했다. 그렇다면 북한은 왜 미국을 비롯한 외부세력의 가혹한 제재 속에서도 핵무력건설을 완수하려고 했을까? 이에 대해 아래의 내용을 통해 의문을 풀어보려 한다.

핵실험과 미사일 시험발사

2017년 11월 29일 북한은 "새형의 대륙간탄도로케트시험발사 성공"이라는 성명을 발표했다. 성명서를 보면 화성-15형 무기체계는 미국 전역을 타격할 수 있는 초대형 및 중형급 핵탄두 장착이 가능한 대륙간탄도미사일로 2017년 7월에 시험 발사한 화성-14형보다 전술적 제원과 기술적 특성이 훨씬 우월한 무기체계이며, 북한이 목표한 미사일 무기체계 개발의 완결단계에 도달한 가장 위력적인 대륙간탄도미사일이라고 한다. 대륙간탄도미사일은 예정된 비행궤도를 따라 53분간 비행해 북한 동해 공해상에 설정된 목표 수역에 탄착했다. 이 미사일은 최대정점고도 4,475km까지 상승해 950km의 거리를 비행했다고 전해진다.

북한이 경제건설과 핵무력건설의 병진노선을 관철하면서 국방과학자, 기술자들은 자력갱생의 방법으로 북한식의 9축 이동식 발사대차를 만들었고 신형 대륙간탄도미사일을 연구개발했다고 한다. 군수산업 부문에서는 발사대 차체의 엔진, 대형 타이어, 권양기, 발사대, 유압장치, 동력장치 등 모든 부품을 완전히 국산화, 주체화됐다고 발표했다. 특히 중간 비행 구간의 자세와 속도를 제어하려면 추력 벡터를 원활히 통제해야 하는데 이를 위한 고출력 엔진과 고효율 추진 엔진의 동작이 안정적이고, 관련 유도·안정화 시스템 설계의 정확성이 높아 명중률이 크게 높아졌다고 한다. 이와 함께 11월 29일 미사일 시험발사를 통해 종전의 통제 및 안정화 기술, 급간 분리 및 가동 기술, 대기권 재진입 시 전투적 신뢰도를 재검증했다고 말한다.

북한은 전략무기를 개발, 발전시키는 것은 주권 및 영토보전과 미국의 핵 위협으로부터 인민의 평화로운 삶을 지키기 위한 자위행위라며, 책임 있는 핵강국, 평화애호국가가 되도록 최선을 다하겠다고 선언했다. 이러한 명분으로 북한은 핵실험을 총 6차례 실시해 매번 국제사회를 놀라게 했고 유엔에서는 상응한 제재조치를 내리곤 했다. 사실 한반도 비핵화 문제는 일찍이 2003년 8월 27일 북한, 한국, 중국, 미국, 러시아, 일본 등 6개국이 참가한 6자회담을 통한 협상 테이블이 마련되어 일정한 진전을 보이기도 했다. 하지만 북한이 6자회담을 강대국의 논리만 펼치는 자리라고 비판하며 6자회담의 효과성에 의문을 제기한 후 2009년에 탈퇴하면서 협상이 중단되고 말았다.

북한의 제1차 핵실험은 2006년 10월 9일에 있었는데 국제사회의 많은 국가들이 놀라워하거나 의혹을 제기하거나 이해하지 못하겠다는 태도를 보이는 등 다양한 반응을 보였다. 제2차 핵실험은 2009년 5월 25일에 있었고 국제사회는 다시 한 번 놀랐지만 이미 협상의 틀이 없어진 상황이어서 북한과 외교적 협상을 진행할 수가 없었다. 제3차 핵실험은 2013년 2월 13일에 실시했는데 중국의 춘절(음력설)과 맞닿아 있어 중국 정부의 강한 반발을 자아내기도 했었다. 2016년 1월 6일 북한은 제4차 핵실험을 강행했는데 신년사를 발표하고 며칠이 지난 뒤여서 더욱 주목을 받았으며 국제사회와의 대립이 한층 고조되었다. 제5차 핵실험은 2016년 9월 9일 북한 건국기념

일에 진행됐는데 과시용이라는 추측이 있었지만 유엔 회원국 대부분의 국가들에게 반감을 불러일으키는 결과를 낳기도 했다.

국제사회를 가장 경악하게 한 것은 2017년 9월 3일 함경북도 길주군 풍계리에서 진행한 제6차 핵실험이었다. 이 실험으로 강도 5.7의 지진이 발생해 최고 수준의 국제제재를 받게 되었고, 미국은 항공모함 등 전략무기를 한반도에 집중배치했으며, 이에 따라 한반도는 일촉즉발의 전쟁위기에 놓이게 되었다. 극도의 긴장감이 흐르던 시점에서 북한은 핵무력건설의 완성을 선언하여 국면을 전환하고자 했다. 그 다음 해 있었던 제1차 북미정상회담을 계기로 풍계리 핵실험장의 폐기를 평화회담의 조건으로 내세우기도 했다.

국제사회의 비핵화 요구가 강력하게 제기되는 현실에서 북한의 핵문제는 이미 만들어 놓은 핵무기와 이동발사능력을 어떻게 처리하는지를 두고 핵폐기와 핵동결 사이 어딘가에서 선택과 결정이 이루어질 것이다. 이 부분의 줄다리기는 북한과 미국의 힘겨루기로 결론이 나겠지만 북한의 입장에서 봤을 때 큰 변화는 없을 것이다. 북한이 핵무력 완수라는 역사적 과정을 보여주고, 수십 년간 허리띠를 졸라매면서 만든 성과를 쉽게 포기하지 않을 것이기 때문이다. 만약 미국이 신뢰할 수 있는 국가로 변화해 한반도 평화를 위한 진정성 있는 태도를 보인다면 북한도 고려할 수 있다고 생각한다.

국제제재와 압력

미국 중심의 국제사회가 북한에 대해 제재와 압력을 가하는 것은 주지의 사실이다. 수십 년간 제재 속에서 살아온 북한 사람들은 이제는 체화된 것처럼 제재와 압력을 일상의 한 부분으로 여긴다. 90년대 초반에는 사회주의를 포기하지 않아 억압을 받았고, 새천년에 들어서는 핵무력건설을 추진해 더 강력한 제재를 받았다. 미국을 비롯한 국제사회의 압력에도 불구하고 북한은 왜 사회주의의 기치를 내세우며 핵무력건설을 강행해야 했을까?

북한이 사회주의를 고집하게 된 데에는 40여 년간 일제 치하를 겪어야 했던 고통 그리고 자기 주권과 삶을 스스로 지킬 수 없었던 역사적 경험이 크게 작용했다. 김일성은 항일무장단체를 이끌고 반일투쟁에 참여해 독립을 위해 싸웠다. 1945년 일제 패망 이후, 북한에 '인민이 나라의 주인이 되는' 사회주의 정권이 수립되었고, 사회주의 제도의 우월성을 강조해왔다. 따라서 어려운 상황에 처했다고 사회주의를 포기한다면 또다시 외세에 의해 운명이 좌우되는 역사가 되풀이될 것이라고 생각한다. 이와 같은 믿음은 북한에서 강한 공감대를 형성하고 있으며, 국제적으로 대북 압력이 높아질수록 사회주의를 수호해야 한다는 반발심의 형태로 더욱 강화됐다.

북한의 입장에서 미국은 한반도 분단에 책임이 있으면서도 70여 년이 흐르도록 해결 노력을 방기하는 무책임한 대상이다. 그리고 미국이 이렇게 행동할 수 있는 것은 강력한 핵능력을 보유했기 때문이라고 생각한다. 결국 북한이 사회주의 체제를 유지하며 미국에 대항해 자립할 수 있는 길은 핵능력을 갖추는 것뿐이라는 결론에 이르렀다. 북한은 자국의 안보를 확보하기 위해 핵무력건설에 나섰지만 국제사회는 오히려 국제 평화와 안정을 헤친다는 이유로 제재를 가했다. 이에 대해 북한은 미국 주도의 국제사회가 국제질서를 위한다는 명분으로 북한의 군사력 강화를 억제하도록 유도해 제재라는 결과를 만들어냈다고 생각한다. 하지만 이러한 북한의 생각과는 다르게 국제사회에서는 대북제재에 동참하는 공감대가 널리 형성됐고, 그 결과 유엔 결의가 채택되면서 북한에 대한 실질적인 제재의 수위가 점차 높아졌다.

2006년 10월 북한의 제1차 핵실험에 대한 대응으로 유엔 안전보장이사회에서는 1718호 대북제재 결의안을 통과시켰다. 이 결의안의 주요 내용은 북한의 핵과 대량살상무기, 탄도미사일개발을 금지하고 북한에 관련 프로그램을 지원하는 국가들의 자금과 금융자산, 경제적 자원을 동결하는 것이었다. 2016년 11월 30일 유엔에서는 제5차 핵실험에 대한 제재 조치로 2321호 결의안을 채택했다. 기본 내용은 북한의 석탄 수출을 차단하고 구리와 니켈, 아연, 은 등을 수출금지품목에 추가해 북한경제에 실질적인 타격을 주는 것이다. 석탄 수출은 상한선을 두기로 했는데 연간 750만 톤, 금액으로는 약 4억 87만 달러까지 허용했다. 동시에 북한사람이 해외에 개설한 은행계좌를 동결시키고 북한과 관련된 일부 개인들도 제재 명단에 올렸다. 2017년 8월 5일 유엔에서는 7월 4일과 28일 북한에서 진행한 탄도미사일 발사실험에 대한 제재로 2371호 결의안을 채택했다. 북한의 원자재 수출 봉쇄와 노동자의 신규 해외송출 금지령이 내려졌다. 가장 중요한 대목은 석탄 수출에 있어서 상한선을 없애고 전면 차단한다는 것이다. 이 결의안은 1718호(2006년), 1874호(2009년), 2087호(2013년), 2094호(2013년), 2270호(2016년), 2321호(2016년), 2356호(2017년)에 이은 8번째 안보리 채택 대북제재 결의로 전문 10개 항과 본문 30개 및 2개의 부속서로 구성되어 있다.

2017년 8월 7일 북한은 유엔의 2371호 제재 결의안이 채택된 지 사흘 만에 정부성명을 통해 '유엔안전보장이사회의 새 대북제재 결의를 전면 배격한다'고 강력하게 반발했다. 북한은 1993년 핵확산금지조약(NPT) 탈퇴를 시작으로 핵문제와 관련된 변곡점마다 다양한 방식으로 입장을 표명했다. 그런데 당시 성명은 유엔 안보리의 결의안 채택에 가장 강력하게 반발감을 표출한 것이었다. 2017년 9월 18일 유엔에서는 북한의 제6차 핵실험 이후 9일 만에 긴급회의를 소집하고 2375호 결의안을 통과시켰다. 결의안의 골자는 체제유지에 필수적인 유류 수입을 총량의 30% 이내로 제한하고 북한의 섬유제품 수출을 전면적으로 차단하는 내용이었다. 2017년 12월 22일 유엔에서는 북한의 대륙간탄도미사일 화성-15호 발사에 대한 대응조치로 2397호 결의안을 채택했다. 주요 내용은 유류제품에 대한 수입을 더욱 제한하고 해외에 파견된 북한 노동자를 24개월 안에 송환해야 한다는 조치였다. 북한 관련 개인과 단체를 추가로 제재 명단에 올리는가 하면 산업기계, 운송 수단, 철강 등 금속류의 대북수출을 차단하고 북한의 수출금지 품목을 식용품, 기계류, 목재류, 선박, 농산품으로 확대했다.

유엔 제재의 목적은 북한의 핵개발과 미사일 발사실험을 억제시키는 데 있으며, 이를 위해 다양한 경제적, 외교적 통로를 이용해 압박을 가하고 있다. 미국은 북한과 거래하는 제3자도 관련자로 지목해 제재를 하면서 북한이 무역거래를 못하도록 엄격히 조사하고, 만약 제재사항을 위반한 기업이나 개인이 발견되면 제재명단에 포함시켜 스스로 거래를 포기하도록 만든다. 미국 주도의 국제사회는 이처럼 북한을 압박해 스스로 핵능력을 포기하게 하려는 전략을 갈수록 강화해 나가고 있다.

북한이 강행했던 핵개발과 미사일 발사실험이 동북아와 세계 평화 및 안전에 큰 위험을 가져온다는 인식 하에 적극적으로 국제공조가 이루어지게 되자 중국도 제재에 동참했던 경험이 있다. 유엔 안보리 2375호 규정에 따라 2017년 9월 28일 중국은 상업부와 공상총국 연합명의로 2017년 제55호 공고를 발표했다. 이 공고에는 북한과 경제교류가 있는 중국 기업의 협력을 전면 중단하는 규정이 포함됐다. 또한 120일 내에 북한과 관련된 합영, 합작, 독자 기업의 활동을 일체 중단해야 한다는 결정을 내렸다. 이로 인해 북중 간의 경제협력은 냉각기에 접어들었으며 북한에 투자한 중국기업의 손실도 뒤따르게 되었다. 그 뒤로 북한이 여러 방법을 시도해 봤지만 국제사회는 북한에 대한 비핵화 요구를 좀처럼 멈추지 않았다. 더불어 북한도 핵능력을 포기할 의지가 없기 때문에 국제사회와의 갈등, 대북제재의 장기화 추세는 쉽게 풀리지 않을 것으로 예상된다.

제재 속의 북한경제

미국을 중심으로 하는 서방세계의 대북한 제재는 90년대 중반부터 시작됐다. 그 시기에 적지 않은 사회주의 국가들이 시장경제를 도입하게 되면서 국제정세가 요동쳤다. 이처럼 혼란스러운 상황에서 북한은 사회주의 체제의 존속을 위해 미국에 대립각을 세웠다. 미국 역시 북한에 대한 경제 제재를 시작하며 북미 간 대립구도의 긴장감을 점차 높여갔다. 이처럼 북한이 미국의 제재로 인해 국제사회에서 고립되자 북한 인민은 생존 문제에 직면해 고통스러운 생활을 견뎌야 했다. 풀뿌리를 말려 갈아 죽을 쒀 먹는 사람이 늘어나고, 나무껍질을 벗겨 먹어도 기근을 달래기 어려워 아사자가 속출하는 비상사태를 맞기도 했다. 엄혹한 현실 앞에 북한은 자력갱생, 자력자강을 생존 방식으로 선택할 수밖에 없었다. 기존의 경제적 기반이 취약했었고 제재 때문에 타국의 지원을 받을 수 없었기 때문이다. 하지만 북한의 노력에도 불구하고 인민의 생활은 좀처럼 개선되지 않았고 경제 역시 쉽게 호전되지 않았다. 이런 현실은 북한의 새로운 지도자에게 숙제를 남겨주었다.

북한 지도자는 당면한 문제 해결을 위해 처방을 내놓아야 했다. 2014년 5월 30일 김정은 위원장은 당, 정, 군 간부 회의를 소집하고 사회주의 원칙 하에 북한식 경제관리 방식을 도입한다는 해결책을 제시했다. 기업에서는 책임관리제를, 협동농장에서는 분조 안에서 포전담당책임제를 본격적으로 실시했다. 이는 생산단위의 책임과 권한을 지정해주고 손발을 풀어줘서 일정량의 인민경제 계획을 수행하고 난 다음 남은 부분의 집행권을 기업에 넘기는 방식이다. 즉, 국가에서 중요한 지표에 한해 품종과 양을 지정하고,

나머지는 공장, 기업소가 자체적으로 해결하도록 하는 것이다. 기업책임관리제와 포전담당제 덕분에 제재 압박이 최고조에 달했을 때에도 북한의 국내총생산(GDP)은 플러스 성장을 이뤄 냈다. 만약 두 방법이 효과를 거두지 못했다면 제2의 '고난의 행군'을 해야만 했을 지도 모른다.

제2의 '고난의 행군' 각오

극심한 국제제재 속에서 북한은 자강력 제일주의를 내세워 난관을 극복하겠다는 의도를 내비쳤다. 국가 차원에서 동원령을 내릴 때 '제2의 고난의 행군을 각오하자'라는 표현이 나오기도 했다. 북한 입장에서 '고난의 행군'이란 말은 듣기만 해도 신물이 날 정도라고 한다. 그럼에도 불구하고 국제제재가 최고조에 달했을 때 '제2의 고난의 행군을 각오하자'는 말이 나왔다는 것은 북한이 체제수호를 위해 얼마나 비장한 각오를 했는지 충분히 짐작할 수 있게 한다. 다시 말해서 미국을 중심으로 한 국제사회의 제재만으로는 북한을 굴복시킬 수 없다는 것이다. 주목할 점은 경제상황이 점차 나아지고 생활조건이 개선되는 와중이었음에도 북한 사람들에게 가장 아픈 기억으로 남아있는 '고난의 행군'을 연상시켰다는 사실이다. 이는 그들이 습관처럼 되뇌는 "조선은 결심하면 한다"를 보여주고자 한 것이다.

사실 외부인들은 북한의 이러한 선택을 이해하기 어렵다. 하지만 북한은 강한 국방력이 있어야 70년 분단의 역사를 끝내고 자주의 길로 나아갈 수 있다고 확신한다. 최근 북한에서는 대규모로 주택을 건설해 많은 사람들이 새 집에 입주하는 등 나날이 생활조건이 개선되고 있었다. 그런데 이런 상황에서 '제2의 고난의 행군을 각오하자'는 것은 북한의 입장에서도 결코 쉬운 선택이 아니다. 나는 북한 사람들에게 "방금 새집에 이사했는데 누가 전쟁나기를 바라겠는가?"라는 말을 자주 듣곤 했다. 하지만 냉혹한 국제정세 속에서 제대로 준비하지 않으면 국가를 지킬 수 없다는 공감대 역시 북한 사회에 널리 퍼져 있다. 이라크와 아프가니스탄에서 벌어진 일들을 목도한 북한은 이를 경종으로 받아들였다. 외부에서는 북한이 몇 년 버티지 못하고 곧 붕괴될 것이라는 시나리오가 보도되기도 했지만 북한은 내부결속을 다지며 엄혹한 현실에 대응하기 위해 준비를 하고 있다.

▌국제관계 개선

북한은 국제사회와의 갈등이 격화되며 첨예한 대립관계를 선보이고 있다. 이 과정에서 자연스럽게 국제사회는 북한을 예의주시하게 됐다. 북한은 경제규모나 영토, 인구 규모에서 작은 국가지만 세인들의 주목을 받으며 세계 언론의 주요 관찰 대상이 되었다. 그러나 북한이 국경을 굳게 잠궈 놓았기 때문에 누구도 북한에 관한 정보를 쉽게 얻을 수 없다. 결국 외부에서는 북한 정보에 접근하는 것마저 어려운 상황 때문에 사실보다 추측으로 북한을 가늠하거나 때로는 마치 신비한 존재인 것처럼 묘사하기도 한다.

북한은 분단의 현실을 계속해서 안고 살아야 하는 운명이다. 또한 미국이 한반도 전쟁설이나 외과수술식 공격(surgical strike)처럼 북한을 공격할 수 있다는 가능성을 수차례 내 비추었기 때문에 북한은 언제나 경계심을 높여야 했다. 남한에서도 보수정권이 흡수통일론을 비롯해 북한을 자극하는 메시지를 여러 번 발표하자 북한 입장에서는 긴장을 늦출 수 없었다. 결론적으로 북한은 안보를 위해 자강력을 키우지 않으면 국가를 지킬 수 없다는 논리를 도출하게 되었다.

북한이 힘을 키워 갈수록 미국을 중심으로 한 국제사회와의 갈등은 극단으로 치닫게 된다. 한반도에 전쟁 분위기까지 조성되는 가운데 북한은 미국에 대항을 선택하며 물러서지 않겠다는 의지를 내비쳤다. 2016년 1월 6일 북한에서 최초의 수소폭탄실험을 단행했다. 북한은 수소폭탄을 100% 자체 개발하는 데 성공했다고 대서특필로 보도해 국제사회의 이목을 집중시켰다. 북한은 이 실험을 미국의 대북한 적대시 정책과 핵위협에 맞대응할 수 있는 힘을 가지게 된 '반만년 민족사에 특기할만한 대사변'이라고 의미를 부여했다. 핵탄두를 소형화, 경량화하고 탄도미사일에 맞게 표준화, 규격화를 실현해 진정한 핵억제력을 갖추게 됐다고 주장하면서 미국이 북한의 생존권과 자주권을 핵으로 공격한다면 주저 없이 핵으로 '먼저 냅다 칠 것'이라고 선언하기도 했다.

북한의 핵억제력은 요원하다고 부인하던 서방의 언론과 전문가들은 '북한이 이미 핵탄두를 소형화하는데 성공했다', '북한이 미국 본토를 타격할 장거리미사일에 핵무기를 탑재할 능력을 갖추고 있음을 인정해야 한다'는 평가를 내놓기도 했다. 미국을 위시한 서방 국가에서는 대북제재 강화에 한 목소리로 동의하며 매번 진행되는 핵실험과 미사일 발사시험 때마다 업그레이드된 제재 조치를 계속 내놓았다. 이와 같은 상황이 진행될수록 북한에서는 탄도미사일의 대기권돌입 환경 모의시험과 탄도미사일 발사 등 핵공세의 정도를 더욱 높여갔다. 같은 해 9월 북한이 핵탄두 폭발시험을 진행하자 국제사회는 미국 주도 하에 북한에 대한 압박 강도를 더욱 높여갔다. 결국 북한의 핵실험과 국제사회의 대북제재는 나선형으로 긴장감을 고조시키는 상호작용을 주고받으며 한반도의 전쟁 가능성을 증폭시켰다.

이처럼 갈등의 골이 깊어져 가던 때 북한은 2017년에 핵무력 완수를 선언하며 평화회담을 제안했고 국제사회는 북한이 내민 대화의 손을 맞잡았다. 2018년 평창 동계올림픽은 대화 분위기 조성의 계기가 되었다. 김정은 위원장은 신년사를 통해 평창 동계올림픽에 참가할 의향을 밝히며 국제사회와의 대화를 시사했다. 남한은 이런 기회를 포착하고 평화 분위기 조성을 위해 발 빠르게 움직였다. 국제사회와 함께 하려는 북한의 의도가 받아들여지며 평창 동계올림픽은 같은 민족이라는 접점 속에서 한반도의 긴장을 전환시키는 좋은 기회가 되었다.

1년 남짓한 기간에 김정은 위원장의 정상회담 외교는 계속됐다. 남북정상회담이 4차례 있었고, 북중 두 국가 지도자의 회담이 5차례 진행되었으며, 북미정상회담이 3차례 이어졌다. 이처럼 굵직굵직한 외교 행보가 계속되는 가운데 북한은 핵무력을 완성할 수 있었기 때문에 미국과의 정상회담이 가능했다고 확신했다. 이를 계기로 북한은 미국과 대등한 입장에서 담판하려는 의도를 강하게 드러내기도 했다.

이처럼 북한의 파격 행보에 국제사회는 북한 내부에 어떤 변화가 있었는지 관심을 갖게 됐는데 사실 시중에 돌아다니는 북한 소식은 『로동신문』이나 『조선 중앙 텔레비전 방송국』, 그리고 일부 탈북자들의 증언을 통한 내용이 전부다. 중국에서도 북한 소식을 전할 때는 한국 언론의 추측성 기사를 번역해서 싣는 경우가 통상적이다. 이 때문에 중국의 대중이 한국의 입장을 반영한 견해를 따라가는 일이 발생하기도 했다. 필자는 2016년 1월 1일 자로 『인민일보』 인터넷판에 '북한채널'을 개설해 총고문의 자격으로 '북한에 관한 진실 알리기'에 일익을 담당한 적이 있다. 『인민일보』에서는 직접 북한 소식을 전할 수 있는 통로를 개척한 것으로 판단해 필자를 적극적으로 지지해 주었다. 중요한 점은 현장의 목소리를 통해 북한의 실상을 세상에 알리는 데 일조한 부분도 있지만, 일단 『인민일보』에 게재된 내용이 바이두(百度), 신랑(新浪), 야후 홈페이지에 그대로 게재된다는 사실이다. 그 결과 인터넷상에 떠도는 북한에 관한 추측과 억측을 배제하고 사실을 정확히 전달하는 데 성공한 셈이다. 2016년 1년 동안 북한채널에 접근한 네티즌은 14만 명에 이른다. 서로 상대방을 알기 위한 노력을 할 때 비로소 가까워지기 마련이다. 『인민일보』 인터넷판 북한채널은 이런 측면에서 적지 않은 역할을 했다고 자부한다.

부딪힌 난관

2019년 말에 시작된 코로나19 사태는 전 세계를 강타했다. 북한도 큰 타격을 입어 어려움이 가중되는 상황을 맞았다. 북한은 이미 국제제재로 큰 타격을 입은 상황이었다. 그런데 코로나 바이러스의 확산을 저지하기 위해 모든 국가와의 관문을 닫아버리는 정책을 사용하게 되면서 북한의 대외경제는 거의 마비상태에 이르렀다. 북한 내부적으로 원활한 경제순환의 흐름을 만들어 가고 있는 시점에서 대외거래가 중단된 것이다. 이로 인해 질 좋은 원자재를 수입할 수 없게 됐으며 해외 관광객의 발길이 끊어지는 등 북한경제를 위축시키는 여러 악재들이 복합적으로 작용했다.

국제교류의 정체는 경제뿐만 아니라 국제관계의 소통창구까지 닫히는 결과로 이어졌다. 2019년 2월 28일 하노이에서 북미정상회담이 결렬된 후 북미관계는 침체됐다. 미국의 대통령선거 이후 바이든 대통령이 집권했지만 관계 개선을 위한 쌍방의 그 어떤 노력도 보이지 않는다. 남북관계는 한창 평화와 안정을 되찾아가던 중 2020년 6월 16일 북한이 남북공동연락사무소를 폭파하면서 다시 냉각기를 맞게 되었다. 〈4.27 판문점선언〉 이전으로 돌아가게 된 셈이다. 여기에 더하여 북한은 2022년 1월 한 달 동안 7차례의 단거리 및 초음속탄도미사일을 연이어 발사하면서 한반도의 긴장상태를 고조시켰다.

북한은 〈4.27 판문점선언〉과 〈9.19 평양공동선언〉의 체결 후 남한이 이를 이행하려는 의지가 보이지 않는다고 생각한다. 현재 남한에 있는 탈북자들이 북한을 자극하려는 의도로 날리는 대북전단지를 막지 못하는 것 역시 미국의 눈치를 보기 때문이라고 믿는다. 북한은 남북이 함께 체결한 각종 약속을 이행할 능력과 의지가 남한에게는 부족하다고 여긴다. 결국 북한은 이러한 국면을 단시일 내에 타개하기 어렵다고 판단했다. 그리고 2019년 말에 조선노동당 제7기 제5차 전원회의를 소집해 전 인민에게 동원령을 내렸다. 북한은 "당면에 북한이 지구상에서 적대세력의 가장 지구적인 경제봉쇄를 받고 있으며 적대세력은 북한을 철저하게 말살시키려고 시간끌기 작전을 펼쳐 북한의 힘을 빼서 자생자멸하게 하려고 압박하고 있다"는 정세판단을 내렸다.[1]

북한은 자립자강의 속도를 재촉하지 않으면 외부세력의 더욱 맹렬한 공세가 들이닥칠 수 있다고 인식한다. 외부세력과의 싸움에서 최후의 승리를 이루어내려면 하루빨리 사회주의 건설을 달성해야 하는데 이를 위해 북한에서 제시된 해법이 바로 '정면돌파전'이다. 2020년 10월 10일 북한은 조선노동당 창건 75주년을 기념해 역대 가장 큰 규모의 열병식을 김일성 광장에서 열었다. 2020년 열병식은 2018년 열병식과 비교해 형식과 내용 면에서 크게 달라졌다. 그 전까지 북한은 대화 국면을 유지하기 위해 다른 국가를 자극할 수 있는 요소를 피하려고 노력했다면 이번에는 반대로 각종 최신식 무기를 등장시켰다. 2020년에 북한은 핵실험과 미사일 시험발사를 실시하지 않았지만 열병식에서 신형 대륙간탄도미사일을 선보인 것만으로도 세간의 주목을 끌었다. 북한에서는 이를 두고 '핵전술 역량'이라고 말한다. 그 뒤 2021년 새해를 맞아 북한은 1월 14일 밤에 김일성 광장에서 조선노동당 제8차 당대회 소집을 경축하는 대규모 열병식을 진행했다. 여기에서 선보인 무기는 신형 잠수함발사 탄도미사일인 북극성-5호가 있었다. 국내외의 많은 언론에서는 이번 열병식을 통해 북한이 보내는 메시지는 새롭게 취임한 미국 바이든 대통령을 향한 것이라고 평가했다. 어떤 평가가 있든 제8차

---

1) 『우리민족끼리』, 2020년 1월 16일, 사론

당대회는 북한이 비장한 각오로 새로운 동원령을 내린 것으로서 국제사회의 반응을 타진하려는 북한의 의도를 엿볼 수 있다.

최근 북한은 점차 실사구시의 태도로 지도자가 전면에 나서 인민 생활의 제고를 중시하는 모습을 보이고 있다. 김정은 위원장은 연설 도중 여러 차례 눈물을 보이기도 했는데 이는 지도자가 북한 인민에게 정서적 감정을 표출한 것으로 읽힐 것이다. 더불어 북한이 경제건설을 강조해 인민의 생활수준을 개선하려는 염원에 대한 공감을 표시한 것으로 해석된다. 당면한 문제를 숨기지 않고 어려운 점을 과감하게 인정하는 자세는 북한이 봉착한 난관을 회피하지 않고 적극적으로 해결하겠다는 의지를 보여준 것이다.

3 경제 전환

최근 몇 년간 북한에서 가장 눈에 띄는 것은 거리와 건물의 변화이다. 평양에서는 창전거리, 미래과학자거리, 려명거리, 송화거리, 보통강 강안다락식주택구 등이 새롭게 들어서면서 시내의 면모가 일신됐다. 이런 변화는 마치 평양의 명함처럼 인식된다. 이 점에 대해 북한 사람들은 자신감을 갖고 있으며, 외국인에게는 관광의 명소로 자리매김하게 됐다. 주택건설뿐만 아니라 공장건물도 현대화를 통해 깨끗이 정돈됐으며 각종 오락시설과 서비스 시설이 곳곳에 새롭게 들어선 것을 볼 수 있다. 북한 사람의 소비활동도 전에 비해 확대되었는데 이는 북한경제의 회생을 방증하는 것이다.

거리를 돌아다니다 보면 가장 눈에 띄는 것이 식당이다. 실내로 들어가서 보면 우선 식당들이 인테리어를 새롭게 하고 고급스러운 메뉴판을 준비했다. 상점, 사우나 등 서비스 시설이 곳곳에 자리 잡고 있다. 이런 서비스

시설은 외국인도 들어가서 이용할 수 있다. 과거에는 길거리에서 외국인이 이용가능한 식당을 찾기 힘들었다. 서비스의 형식과 내용이 다양해졌고 서비스의 질 또한 현저하게 높아졌음을 느낄 수 있다. 이는 모두 고객을 끌어들이려면 서비스의 질을 높여야 한다는 경쟁의식이 자연스럽게 정착했기 때문이다.

큰 도로와 작은 골목마다 택시들이 주야로 달리고 있으며 차량 증가에 따라 교통신호등 체계를 도입하면서 예전에 여성 순경이 길 한복판에서 지휘하던 광경은 사라져가고 있다. 국제제재 품목인 석유가 극히 부족한 상황임에도 오히려 주유소가 늘어나고 있는 사실이 납득이 안 되지만, 북한에서 차량이 지속적으로 증가하고 있음을 보여주는 한 단면이라 생각된다. 관광호텔에 방이 없을 정도로 외국 관광객이 붐비고 호텔주차장에는 관광버스들이 빼곡하게 들어서는 광경을 목격할 수 있다. 여행사의 증가와 관광상품의 다양화도 느껴진다. 이런 변화는 최근에 나타나고 있는 현상이며 어느 한 특정 분야만이 아닌 곳곳에서 일어나고 있어 북한의 전체적인 소비수준이 향상되고 있음을 분명히 알 수 있다.

변화의 모습은 평양만이 아니라 신의주, 원산, 삼지연, 개성, 혜산 등지의 지방 도시에서도 동시에 발생하고 있다. 지방에서 평양의 유행을 따라 결혼을 준비하는 신랑신부들이 좋은 경치를 찾아 결혼사진을 찍는 모습을 쉽게 볼 수 있다. 심지어 결혼식 피로연에서도 준비되는 음식과 행사 규모로 봤을 때 1인당 소비가 증가하고 있음을 알 수 있다. 계속되는 국제제재 속에서 다른 국가들과의 경제교류가 중단된 상황에도 불구하고 북한 내부적으로 인민생활의 향상을 이루게 된 과정과 내용을 아래에서 구체적으로 살펴보고자 한다.

'개건 현대화'와 국산화 추진

국산화는 민족경제 발전을 위해 아무리 강조해도 지나치지 않다. 북한도 마찬가지로 산업의 국산화를 수없이 강조하고 있는데, 특히나 자립자강을 해야 하는 환경 속에서 오래도록 버텨왔기 때문에 자연스럽게 국산화 실현을 행동규범으로 받아들이게 됐다. 특히 현대화를 강조하는 기본 강령 중에서 국산화 비율을 높이는 것이 가장 중요하다. '국산화를 몇 퍼센트 완성했는가'는 '국가를 위해서 얼마나 기여를 했는가'와 직결된다. 그래서 북한에서는 개건 현대화라는 운동을 적극적으로 벌이고 있는데 기존의 낡은 건물과 설비를 새롭게 바꾸는 것이 주된 내용이다. 공장과 기업에서는 기술적 난관을 돌파하기 위해 대학 교수와 연구원, 국가의 기술자와 전문가가 현장 기술자와 한데 어울려 머리를 맞대고 밤낮으로 연구하고 실험을 거듭하면서 자체의 기계설비를 만들어낸다. 전문가와 기술자의 협력을 통해 수많은 국산화 기계설비를 만들게 되면서 국가의 해외수입비용을 낮추는 역할도 한다. 국산화 과정을 자체적으로 진행하다 보니 외형적으로 좀 거친 면이 없지 않지만, 기계의 작동과 정밀도는 전보다 월등히 제고되었다고 한다.

국산화의 길은 순탄치 않았다. 세계적인 수준의 제품을 만들려면 먼저 좋은 생산설비가 구비돼야 하는데 국제제재를 받는 상황에서 그런 설비를 갖추기란 결코 쉬운 일이 아니다. 북한이라고 해서 첨단설비를 쓰고 싶지 않겠는가? 하지만 북한은 많은 돈을 들여 생산설비를 수입할 수 있는 형편이 아니다. 더구나 외국에서 쉽사리 선진기술을 이전해주지도 않기 때문에 자체의 길을 모색해가는 수밖에 없다. 지적재산권의 보호를 받는 조건이 갈수록 많아지는데다가 국제제재로 인해 적지 않은 설비들이 수입금지품목으로 지정되었다. 좋은 원자재를 사용해야 좋은 제품이 나오기 마련이다.

그러나 좋은 원자재를 사용하면 그만큼 원가가 높아지기 마련이고 일단 가격이 상승하면 판매가 어려워진다. 이처럼 북한이 원하는 국제수준에 도달하기에 여전히 부족하지만 현재 북한의 경제상황을 미루어 봤을 때 설비의 국산화, 원자재의 국산화는 많은 대가를 치루고서라도 반드시 가야 할 길이 되었다.

개건 현대화는 기존의 공장에서 기계설비와 생산시설을 개조하거나 신설하는 것을 말하는데 역사가 오래된 북한의 공장, 기업들은 대부분 현대화를 필요로 하는 단계에 있다. 설비가 개선되어야 질 좋은 제품을 만들 수있다. 현대화는 국산화 실현의 필수적인 조건이다. 과거에는 모든 현대화 비용을 국가가 부담했으나 기업관리책임제가 도입된 이후 현대화에 들어가는 비용 가운데 일부를 기업이 부담하게 됐다. 현장에서 느끼는 비용 압박은 전보다 커졌지만 생산향상을 위한 적극성이 저하되지 않고 오히려 상승하고 있다는 점을 주목할 필요가 있다.

북한의 국산화는 김정일 국방위원장 시기에 시작됐는데 주로 'CNC화'[2]라는 단어가 새로운 시대의 산업혁명을 대표하는 용어로 통용되었다. 새천년에 들어서 북한에서는 CNC화라는 말이 유행어처럼 사용되기 시작했으며 공장과 기업에서 CNC화를 실현하기 위해 매우 많은 노력을 경주했다. 이런 가능성이 열리게 된 것은 주로 군수산업에서 사용하던 CNC화를 민간 분야에 적용시켜 생산기술의 혁신을 달성하는데 큰 성과를 올릴 수 있었기 때문이다. "우리는 자신의 힘과 기술로 CNC 부문에서 세계의 선두에 서서 첨단 돌파 과정에 괄목할만한 성과를 이룩했다. 우리나라는 1982년에 CNC 설비의 초기모양을 생산했고 20세기 90년대 중반에 CNC 불꽃 선절 단선반을 제조했다."[3] "이러한 성과에 토대하여 우리의 과학자, 기술자들은 새 세기

---

2) CNC화는 Computerized Numerical Control의 약칭으로 제어시스템이 장착된 자동화 작업기계의 도입을 뜻한다.

에 들어와 5축가공 중심반은 물론 고성능형 8축, 9축 CNC 공작기계까지 만들어냈다."[4] 다원성 CNC 기술로 '신형 전용수자조종장치'를 이용해 수력발전 터빈 블레이드의 5축을 동시에 제어하는 조종기계를 만드는데 성공하기도 했다. 인공위성과 우주발사체를 제작하는 핵심기술인 CNC 기술이 공장과 기업에 도입되면서 현대화가 상대적으로 쉽게 이루어졌다. CNC 기술이 널리 도입돼 정밀가공이 가능해졌고 원료와 자재를 절약하는 효과까지 얻을 수 있었다.

CNC화는 생산공정의 컴퓨터, 자동화, 무인화를 실현하는 것으로 개건 현대화의 핵심 목표다. 경영관리통합생산체계를 구축하려면 CNC화가 필요하다. CNC화의 국산화는 첨단기술의 핵심 부품을 들여와 개조해서 북한 자체로 세계적 수준의 설비를 만드는 것을 목적으로 한다. 평양곡산공장은 기계공업의 CNC화를 식품공업에 도입한 모범기업이다. 공장의 현대화는 2009년 10월 11일 김정일 위원장의 현지 지도로부터 시작되었는데 사탕공장의 CNC화는 2010년 8월 24일에 완료됐다. 김정일 국방위원장은 이를 두고 식품공업 CNC화의 본보기라고 했다.

기술적 진보를 달성하기 위해서는 먼저 세계적인 기술을 이해해야 한다. 다음으로 자기 공장의 설비상태를 파악해서 해결방안을 제시해야 공장이 필요로 하는 설비를 연구개발 할 수 있다. 곡산공장 내의 4.15 기술혁신돌격대가 주로 기술 난관의 해결을 책임지고 있다. 대원들은 과학기술 보급실에서 세계적인 선진기술을 배우고 경험을 나누는 교류발표회도 한다. 이렇게 배우고 토론하는 과정을 통해 문제 해결의 아이디어를 끌어내고 기술의 발전을 도모한다. 현재 공장 인원은 1,500명인데 103명이 기술혁신돌격

---

3) 『로동신문』, 2011년 3월 3일.
4) 『로동신문』, 2011년 9월 10일.

대의 주축이 되어 원격으로 교육을 받으며 문제 해결에 실질적인 도움을 주고 있다. 공장 내에 설계능력을 갖추고 있어 자체로 설계 및 생산이 가능하다. 자체로 해결이 안 되는 부분은 다른 곳에 의뢰도 한다. 필요할 때는 해당 과학연구기관과의 협업을 통해 연구를 거듭하면서 현장에서 문제를 해결할 수 있게 노력한다. 교조주의를 반대하고 현장의 실험을 중시한 결과 공장의 국산화 비율은 95% 수준으로 올랐다. 이들은 자료가 충분하고 과학기술 지식에 해박한 사람이 있다면 해결하지 못할 난관이 없다고 믿는다. 이런 노력이 있기에 곡산공장이 식료품공장의 선두에 설 수 있었다. 그리고 이와 같은 현대화 경험은 다른 기업에 본보기가 됐다.

새로운 시대의 산업혁명은 곧 경영과 생산의 혁신을 말한다. 지식경제 시대에 상응하는 무인화, 자동화, 로봇화를 실현하는 문제는 CNC로부터 시작된다. 기계산업, 정보산업은 물론 통합된 지식경제 시대의 산업은 CNC를 중심으로 이루어져야 한다. CNC화는 그들의 생각을 바꾸었고, 제품의 질을 높여 생산할 수 있다는 자신감을 키워주었다. 현대화, 기계화를 통해 노동자가 고된 노동에서 벗어나는 효과를 보기도 했다. CNC를 도입하기 전과 비교해 노동력의 50%나 절감되었다고 한다.

평양어린이식료품공장도 낡은 공장을 변모시켜 자체적으로 개건 현대화를 실현해 설비의 국산화를 이룬 모범기업으로 꼽힌다. 40년 역사를 가진 공장이다 보니 설비의 노후화로 현대화를 해야 하는 상황에 놓였다. 현대화의 관건은 생산기술공정의 기술개조와 설비의 현대화를 실현하는 것이다. 설비갱신 비용, 수송기재, 전기, 기계 등은 모두 국가에서 지급해줬으며 인력, 원료, 자재, 비용과 안목을 틔워주는 것도 국가가 지원해주었다. 그러나 이러한 국가 지원과는 별개로 인민이 만족하는 제품을 생산하는 것은 오로지 공장의 몫이다. 평양어린이식료품공장을 방문했을 때 박사생인 젊은 책임기사가 안내했다. 그의 말에 의하면 설비의 현대화와 국산화를 하지 않으면 인민의 수요를 충족시킬 수 없다고 한다. 그래서 생산기술 공정의 기술적인 개조가 필요했다. 다년간의 꾸준한 노력을 거쳐 이 공장에서는 이미 생산공정의 78%를 국산화했다고 한다. 기술혁신을 통해 두유 제품의 질을 개선했다. 인민의 입맛이 바로 자신들의 기술지표라고 말하는 책임기사는 자신감이 넘쳐 보였다. 공장의 개건 현대화를 실현하는 필수 조건은 해당 분야의 전문지식을 보유한 연구인력과 기계설비를 능숙하게 다룰 수 있는 전문가들이 함께 참여하는 것이다. 국가에서 파견한 연구인력은 대부분 한덕수평양경공업종합대학의 졸업생 출신이다. 현재 공장에 있는 80명의 연구인력이 함께 머리를 맞대고 기술 진전의 앞장에 서서 혁신을 이룩하고 있다. 공장에서는 원격대학강의를 통해 기술자 4명을 집중적으로 양성하고 있다.

평양어린이식료품공장에서는 현대화를 통해 달성하고 싶은 3가지 목표가 있다. 우선 질적인 측면에서 국제 인증을 받는 것, 즉 ISO 22000 인증, 식품관리체계인 HACCP, GNP를 통과하는 것이다. 다음으로 설비의 현대화, 지능화(통합체계)를 실현하는 것이다. 즉 국가과학원의 협조 하에 기계설비와 부품을 국산화하는 것을 말한다. 마지막으로 새 제품 개발인데 영양학적, 지능학적으로 연구해 빠른 시일 안에 인민이 원하는 신제품을 내놓는 것이다. 향후 목표는 연간 12,000톤의 콩을 처리할 수 있는 생산능력을 완비해 어린이식품의 선두에 서는 것이다. 더불어 북한 사람이 북한의 설비와 콩으로 안전한 식품을 생산해 자라나는 청소년에게 충분한 영양을 공급하는 것 역시 또 다른 목표이다. 국가에서 기업관리책임제를 도입하자 공장에서는 인민경제계획을 완수한다는 전제 위에 생산계획을 따로 준비했다. 이를 통해 월 4만 달러 규모의 이윤을 창출해 설비보수와 복지사업에 각각 5 : 5 비율로 사용할 계획이라고 한다.

김정은 위원장은 세계 유수의 기업과 경쟁을 하려면 해외에 자주 나가봐야 한다고 하면서 해외의 샘플도 정기적으로 보내준다고 한다. 공장지배인과 책임기사는 외국에 나가 산업 시찰을 자주 하는 편이다. 이들은 외국상품의 견본에 대한 품질분석을 통해 자체 상품과의 차별점을 찾아내 개선노력을 하기 때문에 품질향상에 큰 도움이 된다고 한다. 해외 상품도 제자리에 머물러있지 않고 계속해서 신제품을 출시하므로 현재의 국제수준에 눈을 맞출 것이 아니라 세계 일류수준을 향해 배워야 한다고 강조한다. 공장은 이미 무균생산체계를 도입해서 종업원들이 작업 시작 전에 반드시 샤워를 하고 들어가야 한다. 그래야 건강하고 안전한 식품을 만들 수 있으며 인민이 요구하는 새로운 제품을 공급할 수가 있다.

IT산업발전 강력 추진

정보산업시대를 맞이해 우주기술, AI 기술을 비롯한 첨단과학기술이 획기적으로 발전하며 사람들의 일상생활을 바꾸고 있다. 북한도 시대의 흐름에 따라 국가차원에서 첨단기술산업 발전에 큰 관심을 쏟으며 우수한 IT인력양성에 주력하고 있다. 이에 발맞춰 IT산업에 종사하는 기업이 곳곳에서 많이 생겨났다. 조선컴퓨터센터, 평양정보센터, 김일성종합대학 첨단기술개발원, 김책공업종합대학 미래과학기술원 등이 대표적이다.

최근 북한에서는 컴퓨터를 비롯한 현대적인 정보설비를 자체적으로 생산할 수 있는 산업부문이 갖추어졌다. 광섬유 케이블화가 완성됐으며 3세대 이동통신망이 구축됐다. 이를 바탕으로 디지털경제의 기본 토대를 마련한 셈이다. 최근 리눅스(LINUX) 시스템을 이용한 운영체제 프로그램인 '붉은별조작체계'를 독자적으로 개발했고 'KCC 바둑프로그램', 북한어인식 프로그램인 '룡남산'과 영상회의 프로그램인 '락원', 사료종합분석 프로그램, 5차원피복설계 프로그램, 발전소 컴퓨터화 조종프로그램, 금융IC카드 결제

체계, 열린형 CNC체계 프로그램, 범용수학 계산도구 '풀이샘' 등과 같은 응용프로그램들이 다수 개발됐다.

북한에서는 과학을 중시하는 열풍이 지속적으로 고조되며 특히 젊은이들이 IT업계에 종사하기를 원해서 IT산업 방면의 인력이 많이 늘고 있다. 김일성종합대학, 김책공업종합대학 등을 비롯한 많은 대학에서 IT인력을 적극 양성하고 있다. 또한 북한의 IT인력들은 프로그램 개발과 IT공정 관련 업무를 찾아 실무능력을 키우고 있다. 제재가 심해지기 전까지만 해도 김일성종합대학에서 80여 명의 IT인력을 중국에 파견해 프로그램 개발 업무를 위탁받아 처리하는 일을 수년간 해왔다. 그 외에도 많은 단위와 기관에서 젊은이로 구성된 IT회사가 생겨났다. 적어도 수천 명이 IT업종에 종사하는 셈이다. 제재가 강화되고 코로나까지 겹치게 되면서 해외파견 IT인력은 급감했지만, 해외에서 수주를 받았던 채널을 이용해 업무를 계속하고 있다. 북한 역시 세계적인 IT업종의 발전추세에 대해 생소하지 않은 상황이다.

북한은 IT강국이 되겠다는 의지가 강하며 핵개발과 미사일발사에 참여했던 과학자, 연구자들이 민생분야로 투입돼 IT산업의 발전속도를 가속화하고 있다. 경제의 과학기술화에 크게 일조하는 듯하다. 최근 북한 인민무력성 산하의 일부 군인을 집단으로 민간화시켜 과학기술진보와 민생경제건설에 투입했다. 이는 중요한 전환점이다. 나는 2019년에 20~30대 젊은 IT인력으로 구성된 만경대해양기술교류사를 방문한 적이 있다. 50여 명의 젊은이들이 텔레비전, 태블릿PC, 휴대폰, Wi-Fi 등 첨단전자제품을 연구개발하고 있었다. 이 회사는 '길동무'라는 상호를 만들어 자신들의 제품을 개발하고 상업화하는 길에 앞장서고 있다. 이들은 북한의 전자산업발전에 기여하기 위해 세계 선진기술을 따라잡는다는 목표를 갖고 다양한 업무에 종사한다. 스마트폰도 중국에서 OEM으로 생산해 국내에서 판매하고 있는데 기능면에서 외국산 스마트폰과 큰 차이 없는 제품을 개발 및 제공한다.

북한에는 애니메이션 회사도 적지 않다. 4.26만화영화제작사와 북한고려영화합작회사, 만수대창작사는 해외에서 작품을 수주 받아 제작하는 일을 꾸준히 하고 있다. 만수대창작사는 제재수준이 높아지기 이전에 아프리카와 동남아에서 건축설계와 IT업무를 적지 않게 주문받아 완성해왔다. 외국의 주문제작은 국제수준에 맞게 능력을 향상시킬 수 있는 기회일 뿐 아니라 경제적 측면으로는 외화 획득을 가능하게 한다. 3D 작업으로 설계를 완성하는 분야에서도 진전이 빠르다. 얼마 전만 해도 손으로 그린 도면을 놓고 이야기했는데 이제는 입체도면을 놓고 프리젠테이션을 하는 게 일상화됐다. 공정설계도면과 장식도면을 3D로 완성해 효과를 판단하는 것이 이제는 북한에서도 보편화된 것이다.

이동통신 분야도 IT기술을 기반으로 한다. 북한에는 이미 휴대폰 사용자가 700만 명을 넘을 정도로 휴대폰 사용자가 증가했으며, 아직 3세대 이동통신에 머물러있지만 이미 4세대를 넘어 5세대 이동통신으로 진입할 준비를 하고 있다. 걸림돌이라면 대북제재로 인해 통신설비를 반입할 수 없어 다음 단계로의 업그레이드가 지연된다는 점이다. 또한 북한에서도 LED 사용은 이미 일반화됐다. 야간에 도시 건물을 밝게 하는 효과도 신경을 쓰고 있다. 가장 눈에 띄는 것은 105층 건물인 류경호텔 외벽에 입힌 LED 효과다. 물론 선전 구호 위주이긴 하지만 평양야경의 대표적인 상징물로 자리 잡았다. 북한은 대형예술 공연을 중시하는데 LED를 사용해 작품의 배경을 꾸미는 것에 익숙해졌고 현대적 감각을 선명한 동영상으로 표현하는 예술기법이 일상화되어 있다. 모란봉 예술단의 공연 또는 대형단체 예술공연인 '빛나는 조국'에서 드론을 활용해 글자를 이동시키는 효과를 선보이면서 관중의 시선을 사로잡기도 한다. 조선노동당 제8차 대회를 경축하는 열병식 같은 대형 이벤트에도 드론으로 공중에 '8'자를 그리는 기법이 사용되는 추세다. 비록 단순하기는 하지만 첨단기술을 도입하려는 북한의 적극적인 시도를 엿볼 수 있다.

대규모 건설

　최근 북한에서 가장 눈에 띄게 변화한 것을 꼽으라면 곳곳에서 새롭게 들어서는 건축물이다. 도시나 농촌에 들어선 새 건물은 그 지역의 생기를 가늠하는 지표가 된다. 낡은 건물을 새롭게 단장하는 것 역시 도시건설에 크게 이바지한다고 했을 때 좀 과한 표현이 될지는 몰라도 북한은 약동 중이다. 이런 변화는 북한 인민에게 자신감을 불러일으킨다. 그리고 이러한 건축물을 두고 북한에서는 '최대의 속도로 세계적 수준을 능가해 먼 훗날에도 손색없는 만년대계의 기념비적 건축물'이라고 일컫는다. 평양 소재의 조선혁명박물관에 가면 2012년부터 2015년까지 새롭게 건설된 건축물의 목록이 적혀있다. 새로운 시기에 이룩한 사회주의혁명의 성과물로 전시된 것이다. 물론 그 이후에 세워진 건물도 많지만 3년간의 건축량을 보면 북한이 건설의 시대에 들어섰다는 느낌을 받게 한다.

　북한의 건설 현장에는 항상 '섬멸전', '입체전' 같은 구호가 붙어있다. 이는 건설 속도를 높이려는 구호이자 노동력 동원을 호소하는 장치이기도 하다. 이처럼 북한이 대규모로 노동력을 동원해 빠른 속도로 추진한 건설사업으로는 마식령스키장, 미림승마구락부, 문수물놀이장, 미래과학자거리, 과학기술전당, 백두산 영웅청년발전소 등을 대표 사례로 들 수 있다. 그 후에 려명거리, 은하과학자거리, 갈마비행장이 건설됐으며 원산-갈마국제해안관광지대, 삼지연관광지구, 순천린비료공장 등이 연이어 준공했다. 평양종합병원도 코로나 사태라는 악재 속에서 공정을 가속화하고 있다.

　2013년에 마식령 속도를 탄생시키며 건설된 마식령스키장과 종합서비스시설을 시작으로 조국해방전쟁 참전열사묘 준공, 조국해방전쟁승리기념관

개관, 도서 지역 초소 재단장 등 수많은 변화가 있었다. 은하과학자거리는 7개월 만에 건설됐고 평양체육관이 수개월 만에 재건됐다. 국가과학원 중앙버섯연구소는 3개월 남짓한 기간에 완공됐다. 김일성종합대학 교육자 주택을 리모델링했고 옥류아동병원과 류경치과병원이 같은 시기에 새로 건설됐다. 2014년에는 1월 8일 수산사업소 재건을 시작으로 송도원국제소년단야영소 재건, 김책공업종합대학 교육자 주택단지와 평양육아원–애육원이 뒤를 이어 완공됐으며, 김정숙평양방직공장 노동자합숙소가 80일 만에, 연풍과학자휴양소가 4개월 만에 건립됐다. 청천강 계단식발전소 건설, 세포지구 축산기지 건설, 고산 과수종합농장 건설, 간석지 건설과 황해남도 물길공사 등 큰 규모의 건설 현장에서 준공 소식을 전해왔다. 2015년의 대표적인 건설사업으로는 미래과학자거리를 조성한 것이다. 뒤를 이어 과학기술전당이 준공식을 했고, 원산육아원–애육원이 완공됐으며, 12월에는 삼천 메기공장이 건설됐다. 같은 해 평양순안비행장이 리빌딩 공정을 마치고 재개장했는데 국제공항기준으로 건설해 공항 내 시설이 새롭게 바뀌었다. 공항면세점, 식당, 카페 등 서비스 기능이 향상돼 고객에게 편리한 서비스를 제공하고 있다.

2016년에는 70일 전투와 200일 전투를 연이어 벌였다. 이를 통해 김정숙평양방직공장에 현대적이며 국산화된 가방천 생산기지를 꾸려놓았다. 홍건도간석지 1단계, 황해남도물길 1단계, 류경안과종합병원, 평양보건산소공장도 연이어 완공됐다. 대표적인 공사는 려명거리 건설이다. 려명거리는 90여 헥타르(ha)의 넓은 부지에 4,800세대 이상, 44동의 초고층, 고층 아파트와 탁아소, 유치원을 비롯해 40여 동의 공공건물을 새로 건설했다. 동시에 70여 동의 주택과 공공건물을 재건하는 방대한 건축량이었는데 이를 단 1년 만에 완공시켰다. 려명거리는 21세기에 부응하는 에너지절약형 거리, 녹색형 거리로 만든다는 원칙을 바탕으로 현대화 건설의 표본이 되었다. 같은 해

북부피해지역 재건사업을 동시에 진행했는데 1년 동안 12,000세대의 새 주택을 건설했고 학교, 유치원, 탁아소 등 공공건물을 100여 개나 지으면서 속도전의 면모를 과시했다.

주택 건설

언론을 통해서 많이 알려진 주택 건설은 창전거리, 미래과학자거리, 려명거리, 송화거리, 보통강강안다락주택구 등이 대표적이다. 이는 국가 차원에서 교육자, 과학자, 공로자의 주택 문제를 해결한 것인데 보통 이런 사업은 하나의 거리를 통으로 새롭게 만들었다. 그러므로 누가 봐도 한눈에 들어오는 풍경을 볼 수 있으며, 도시 건설의 새로운 이미지를 부각시킨다는 커다란 의미가 있다. 실제로 김일성종합대학의 300세대 주택에 사는 선생님의 집을 방문할 기회가 있었다. 이 주택은 려명거리가 생기기 전에 받은 주택이었다. 집안 구조를 보면 대부분 240㎡ 크기이다. 중국의 교수들과 함께 여러 번 방문했었는데 모두 부러움을 감추지 못했다. '중국에서 240㎡ 크기의 집을 사려고 하면 적지 않은 돈'이라고 비교하며 북한의 대학교원이 국가적으로 대우받고 혜택 역시 크다는 사실을 확인할 수 있었다.

새로 건설된 려명거리만 하더라도 김일성종합대학 교원, 연구자가 배당받은 주택만 1,700세대 이상이라고 한다. 그전의 300세대까지 합치면 도합 2,000여 명의 교원이 새집을 받았다. 그들이 살던 집을 내놓으면 다른 사람이 새로 손을 좀 보고 재입주를 하게 되는 식이라서 대학 내 모든 사람들의 주택문제를 한꺼번에 해결할 수가 있었다. 새집의 입주자는 모든 가구가 다 마련되어 있어 맨몸으로 들어가기만 하면 됐으니 기쁨이 한두 가지가 아니었을 것이다. 김책공업종합대학도 마찬가지다. 이외에도 북한에서는 언론을 통해 알려지지 않은 주택 건설이 여기저기서 많이 일어나고 있다.

국가에서 주택문제 해결을 위해 노력하고 있음을 읽을 수 있는 대목이다.

평양 시내 곳곳에서 낡은 아파트를 한두 곳씩 허물고 그 자리에 새로 건설되는 주택을 볼 수 있다. 이런 주택들은 기존의 주민들도 재입주를 할 것이고 여유분의 주택은 필요한 사람들에게 분양된다. 이런 주택 건설이 전국 각지에서 동시에 일어나고 있다. 라선, 신의주, 원산, 개성에서도 주택 건설을 쉽게 볼 수 있다. 이를 통해 그 도시의 면모가 새롭게 리뉴얼 되는 상황 역시 목격할 수 있다.

일부 아파트는 국가가 짓는 방식이 아닌 민간개발의 성격을 지닌 것도 있다. 이런 방식은 라선에서 먼저 시작됐는데 중국의 민간자본이 들어가 아파트를 지어서 분양하는 방식이다. 토지주인은 일반적으로 10% 선에서 완공된 아파트를 배당받고 건설근로자가 직접 분양하도록 합작하는 형식이다. 예상 외로 이런 아파트들이 나오자마자 분양이 완료되는 바람에 점차 평양까지도 이런 방식의 주택건물 공사가 벌어지게 됐다. 비록 아직 비중이 작지만 주택 건설에 다양한 형식이 도입되고 있다는 점은 주목할 필요가 있다.

국가의 방식이 대규모 개발이라면 민간 방식은 소규모 건설이다. 그러나 규모가 작더라도 주택난 해결의 차원에서 본다면 민간 방식도 일정한 기여를 했다. 문제는 이런 주택을 돈을 지불하고 구매한다는 데에 있다. 구매력이 뒷받침되지 않으면 건물을 지어도 소용이 없다. 물론 국가가 주택 문제의 모든 것을 다 해결하기에는 시간적으로, 물량적으로 부족하다. 그래서 일부 사람들 특히 결혼을 해야 하는 젊은이의 경우 부모와 함께 사는 사례가 허다하다. 북한은 이처럼 주택 수요를 충족시키지 못하는 문제를 해결하기 위해 더욱 주택 건설에 박차를 가하고 있다.

농촌 마을의 건설 현장에는 도시 사람들이 와서 도움을 주는 경우가 많다. 집단노동, 집중도움, 사회자원동원 등 북한식 사회주의 건설을 대표하는 방식으로 주택문제도 해결하는 것이다. 필자는 평양골프장을 지나는 마을에서 새 주택 건설현장을 목격한 적이 있다. 원래 있던 허름한 마을을 허물고 새롭게 지어 일반 농장 구성원의 주택 문제를 해결하려는 것이었다. 마을 이름은 기억나지 않지만 공사장에 동원된 사람을 보면 남포의 건설노동자와 학생인 듯했다. 건설 현장에는 붉은 깃발이 펄럭이며 어느 소속이라고 붙여놓은 표식을 보고 짐작할 수 있었다. 젊은이들이 돌과 모래를 나르거나 삽질하는 모습을 봤다. 그런데 얼마 지나지 않아 별장 같은 새 주택들이 들어섰고 또 며칠쯤 지나보니 벌써 이사를 해서 살림을 하는 사람을 볼 수 있었다. 결국 한여름 사이에 새로운 동네가 만들어졌다. 요란한 건설장비를 동원하지도 않았는데 주택단지가 빠르게 완성됐고 마치 빌라 단지처럼 줄 맞춰 동일한 주택들이 세워져 있어 집안에 들어가보고 싶을 정도였다. 아직 외국인은 허가 없이 북한의 가정을 마음대로 방문할 수 없는 점이 아쉬울 따름이었다.

북한에서는 국가에서 주택을 받아 입주할 때 거주지 인민위원회 주택부에 등록을 해야 주택 이용허가증을 발급받을 수 있다. 북한 인민은 국가가 집을 지어 가족이 함께 살 수 있는 보금자리를 마련해 주기 때문에 국가를 위해 헌신적으로 일 할 수 있다. 2020년 여름 북한은 강력한 태풍으로 인해 많은 주택들이 홍수 피해를 입었다. 북한은 국가적 차원에서 전국 인민을 동원해 여러 재해지역의 복구건설을 지원하는 운동을 벌였다. 그 결과 전국 각지에서 2만여 세대의 주택을 복구했고, 추위가 오기 전에 수재민들을 입주시킬 수 있었다.

조선노동당 제8차 당대회에서는 향후 5년 안에 평양에 50,000세대의 주택 건설 목표를 세웠고 해마다 1만 세대 공급을 위해 공사장을 넓혀가고 있다. 송신, 송화지구와 보통강 강안지구의 주택 공사는 1년 만에 완공해 입주자들이 입주할 수 있었다. 동시에 탄광기지인 검덕지구에 25,000세대의

주택 건설을 완성한다는 목표 아래 사업이 진행되고 있으며 이미 5,000세대
는 완공했다고 한다. 2021년 3월 23일 김정은 위원장은 평양 1만 세대 주택
건설 착공식에 참가해 주택 건설사업의 중요성을 강조하는 연설을 했다.
"이번 건설 프로젝트는 당의 8차 대회 결의를 관철하는 첫 해로서 인민이
안심하고 살 수 있게 만드는 위대한 공정이다. 50,000세대의 완성은 조선노
동당 창건 80주년을 기념하는 2025년에 반드시 이뤄내야 하는 결의이다."
2022년 2월 12일 김정은 위원장은 화성지구에서의 두 번째 1만 세대 주택
건설 착공식에 참석해 "화성지구의 천지개벽으로 수도건설의 대번영기를
더욱 빛내이자"는 연설을 했다. 과거의 실적으로 봤을 때 이러한 목표는 실
현 가능성이 높아 보인다.

문화체육 생활시설 건설

북한에서는 주택 건설과 동시에 문화오락시설도 많이 만들어 인민이
즐겨 사용하는 장소가 되었다. 이런 시설은 선진적이고 규모도 커서 인민
의 여가생활을 풍부히 하는데 도움을 주고 있다. 평양의 문수물놀이장, 릉
라인민유원지, 류경원, 미림승마구락부, 금릉운동관 등은 평양시민이 애용
하는 명소로 탈바꿈했다. 문수물놀이장은 삼복더위에 가족별로 아이들을
데리고 가서 즐기기 좋은 놀이터이다. 내부로 들어가면 먼저 규모가 큰 것
에 놀라지 않을 수 없다. 면적이 10.9만㎡에 달하며 노천물놀이장과 실내물
놀이장, 재활운동센터, 실내체육관 등을 고루 갖추고 있다. 물놀이장의 시
설이 다양하고 설계가 최신식이라 사람들의 동심을 유발하고 있어 즐겁고
유쾌한 시간을 보낼 수 있다.

평양시나 지방도시에 새로운 거리와 주택지역이 형성되면서 집근처에
운동시설을 갖춰 놓은 휴식처도 많아졌다. 가장 많이 보이는 것은 배구장,

배드민턴장, 정구장이다. 이런 체육시설은 보기 좋으라고 만들어놓은 것이 아니며 실제로 주민들이 많이 사용하고 있다. 북한사람들이 평소에 운동을 좋아해서 그런지 각종 경기를 진행하는 것을 보면 실력 또한 만만치 않다. 평양 금릉운동관은 2013년 11월에 개장했는데 면적이 6,600m²나 된다. 건물은 2층 구조로 되어 있으며 시내 한가운데 있어서 평양시민이 쉽게 이용할 수 있는 장소다. 실내에는 사격장, 헬스시설, 건강체조실, 스쿼시경기장, 물놀이시설, 샤워실, 안마미용실 등이 고루 갖춰져 있는 종합운동센터다. 헬스장의 러닝머신, 스키머신 등 운동기구를 이용하는 사람들이 늘고 있어 평양시민의 건강의식과 소비력이 제고되었음을 방증하기도 한다.

서비스시설에는 대부분 탁구장이 갖춰져 있다. 탁구가 국민운동처럼 흥행하는 듯하다. 탁구를 어느 정도 잘하는 사람들은 좋은 탁구라켓을 가지려한다. 좋은 라켓으로 치는 것이 하나의 유행처럼 되다 보니 프로급 탁구라켓을 장만하려는 사람들이 늘고 있다. 실제로 과학기술전당에서 진행된 국제건강 및 체육전시회에 참가한 적이 있는데 이 전시회에서는 독일제 탁구라켓을 전시했다. 200~500달러짜리 탁구라켓이 하루 사이에 다 팔렸다. 전시장에는 혼자서 연습하는 탁구훈련기계도 출품되어 눈길을 끌었다. 운동복의 경우 아디다스 제품을 선호한다는 것을 알게 되었다.

전 인민의 체육 열풍은 기관별, 직장별 운동회를 통해 알 수 있다. 북한에서는 여러 경기를 많이 조직하는데, 흔히 간부들이 솔선수범해서 참가하며 우승을 위해 단체복을 제공하는 등 응집력을 고취시키려 노력한다. 체육대회에서는 경쟁심을 불러일으키기 위해 단체전 우승팀에게 텔레비전 같은 비싼 상품을 부상으로 내걸어 적극적인 동참을 유도하기도 한다. 체육용품 전문상점도 인기 많은데 북한의 국산품과 외국 상품이 골고루 진열돼있다. 북한사람들이 가장 좋아하는 체육 브랜드는 아디다스이며 북한에서 이 브랜드의 운동복을 입는 사람들은 다소 과시를 하는 것으로 비춰지기도 한다. 만약 북한사람에게 선물할 일이 있으면 아디다스 운동복이나 탁구라켓 같은 것을 추천한다.

서비스시설의 분포도 하나의 새로운 변화다. 옛날에는 백화점이나 장마당에 가야 살 수 있는 물건을 이제는 집 근처에 입점한 상점에서 쉽게 구매할 수 있다. 새로 조성된 거리에는 상점과 간이 좌판이 줄줄이 늘어서 있다보니 서로 경쟁하는 것은 물론이고 자연히 서비스도 높아지고 있다. 필요시설이 늘어나고 서비스시설의 질이 제고된다는 것은 인민생활이 개선되고 문명사회로 나아가고 있다는 징표다. 아파트단지 주변의 공공시설 외에 기타 체육오락시설들은 모두 유료 서비스로 변화했다. 인민의 생활개선과 그 질적 향상이 이뤄지는 과정에서 과거 무료 서비스와 차별되는 소비현상이 발생하고 있다. 즉 북한에서 이미 소비제품의 상품화를 인정했다는 것이다.

디자인 혁신

북한에서는 요즘 디자인 혁명이라 부를 수 있을 정도로 디자인에 신경쓰는 현상을 도처에서 볼 수 있다. 특히 상품포장에서 큰 변화가 일어나고 있다. 이제는 한눈에 들어오는 포장이 아닌 상품은 팔리지 않을 정도로 소비성향이 바뀌었다. 국가 차원에서는 산업디자인을 권장하는 체계가 잡혀 있으며 대학에서도 산업디자인을 가르친다. 학생들 책가방만 전문으로 생산하는 평양가방공장에 가면 디자인을 달리한 '어깨동무' 브랜드 가방이 200여 종이나 진열된 것을 볼 수 있다. 이런 상품들은 모두 공장 내 전문 디자이너가 설계해 제작한 결과이다. 흥미로운 사실은 디자이너 외에 일반 직원에게도 응모를 통해 아이디어를 받는다는 점이다. 즉 디자인 혁명에 전문가만 참여하는 것이 아니라 전 국민이 동참하고 있다. 품질보다 디자인에서 승부를 걸고 있는 듯 보인다.

평양가방공장에서는 학생에게 공급되는 책가방을 생산하는데 국가의 지표도 완수하면서 기업의 이윤도 관리하는 생산방식을 택하고 있다. 예를 들어 국가에서 지표를 1만 개로 지정하면 이 분량에 한해서는 원가보상 수준의 가격으로 공급한다. 다시 말해서 이 지표 내에서는 이윤을 낼 수 없다. 그러므로 이 공장에서는 이윤 창출을 위해 국가지표를 완수한 후 디자인과 품질이 좋은 제품 2,000개를 더 생산해 시장가격으로 판매한다. 시장에서 판매되는 2,000개의 가방으로만 공장이 이윤을 만들 수 있는 것이다.

과거에는 학생들이 하나의 디자인으로 통일된 책가방을 메고 다녔지만 이제는 다양한 디자인을 선택할 수 있다는 점이 눈길을 끈다. 이런 효과를 발생시키고 있기에 가방 판매는 큰 문제가 없다. 하지만 실제로 상품을 살펴보면 겉으로 보는 것과는 다르게 견고함이 떨어지는 것을 발견할 수 있다. 제품의 품질은 원자재와 관련이 있다. 대북제재로 인해 자체적으로 좋은 원자재를 확보하는 데 어려움을 겪고 있어 상품의 질적인 발전은 여전히 시간이 더 필요해 보인다.

가공식품 포장 분야에서 선두에 있는 기업은 금컵체육인종합식료공장을 꼽을 수 있는데 이 공장의 포장 디자인은 680여 가지에 달한다. 공장 소속의 디자이너 두 명이 쉴 새 없이 새로운 디자인을 창안해 내느라 여념이 없다. 이 두 명 모두 대학에서 산업미술을 전공한 젊은 여성인데 국제적으로 유명 상품의 디자인을 연구해가면서 민족적 특성에 맞는 디자인을 열심히 고안해내고 있다. 이 공장에서는 수년간의 노력 끝에 소비자의 눈을 사로잡는 디자인을 다수 출품했으며 색깔의 조합 면에서도 큰 발전을 보여주고 있다. 가공식품생산을 여러 공장에서 하다 보니 디자인 경쟁 역시 일어난다. 실제로 슈퍼에 가보면 과거에 비해 세련된 디자인의 상품이 많이 진열돼 있음을 느낄 수 있다. 해외의 유명 상품과 큰 차이가 없다는 판단이 들

정도다. 디자인의 개선과 발전을 통해 북한 사람들은 식품의 국산화가 제대로 이뤄졌다고 여긴다.

단일품종의 가공식품 생산공장은 자체적으로 소속 디자이너를 고용할 수 없어서 일반적으로 인쇄공장에 디자인을 맡긴다. 요즘 북한의 인쇄공장 같은 경우 국가가 지정한 도서를 인쇄하는 것만으로는 종이를 구매할 돈도 벌기 힘들다고 한다. 그래서 다른 공장이나 기업이 원하는 포장 디자인의 외주를 맡아 이윤을 창출하고 있다. 인쇄공장이 포장인쇄 일거리를 하나라도 더 따오려면 당연히 인쇄의 질도 보장돼야 하지만 최근에는 디자인 설계에서 주문이 결정되는 경우가 많다고 한다. 이 같은 흐름의 영향으로 인쇄공장에서도 자체적으로 디자인 인력을 갖추고 고객의 수요를 충족시켜주기 위해 최선을 다하고 있다. 상표디자이너는 각종 디자인 경기에 참가하면서 실력을 높이고 있으며, 가능하면 해외연수를 해서라도 더 좋은 북한식의 디자인을 만들어내겠다는 의지를 보여주고 있어 산업디자인의 경쟁이 본격화되고 있다.

북한 사람들은 일반적으로 고상한 디자인을 선호한다. 외국인의 경우 길거리에서 지나가는 북한 여성의 패션을 보고 쉽게 그 사람의 빈부를 판단할 수 없다. 대부분의 사람들이 정갈하게 옷을 입고 다니기 때문이다. 이처럼 북한 사람들의 옷차림만 봐도 그들이 원하는 스타일이 잘 드러나 있다. 하지만 디자인 부분에서는 차별화를 시도하는 모습이 종종 포착된다. 일례로 고려술은 포장의 디자인을 검은색 바탕으로 했는데 이는 과거 디자인과 비교했을 때 매우 대조적이어서 파격적으로 느껴진다. 이처럼 북한에서는 공급자 중심이 아닌 북한 인민이라는 수요자의 요구를 좇아 점차 다양한 디자인을 적용하는 상품이 증가할 것으로 예상된다.

제2장

병진노선 시기의
북한경제

김정은 위원장은 2013년 3월 31일 조선노동당 중앙위원회 3월 전원회의의 결론에서 경제건설과 핵무력건설의 병진노선에 대한 정당성과 당의 전략을 관철하기 위한 의지를 표명했다. "우리 당이 제시한 병진노선은 급변하는 정세에 대처하기 위한 일시적인 대응책이 아니라 우리 혁명의 최고 이익으로부터 항구적으로 틀어쥐고 나가야 할 전략적 노선이며 우리 인민이 핵강국의 덕을 입으며 사회주의 부귀영화를 마음껏 누리게 하기 위한 정당한 노선이다. 제국주의자들과 그 추종세력들의 무분별한 핵위협과 침략 책동에 맞서 우리의 자위적인 핵보유를 영구화하고 그에 토대하여 경제강국 건설에서 결정적 승리를 이룩해 나아가자는데 병진노선을 제시한 우리 당의 의도가 있다."

경제건설과 핵무력건설의 병진노선은 김정은 위원장의 집권 초기 가장 강력하게 실시한 국가발전 노선으로서 북한의 자강력을 구현시킨 노선이기도 하다. 이 시기는 선군정치 사상을 계승하고 국방건설을 최우선으로 발전시키던 때였다. 또한 핵무력건설의 완성과 동시에 경제건설의 중요 전환이 있었던 시기로 자체의 힘과 기술로 자강력을 키우려 했다. 병진노선은 당시 국제정세와 북한의 필요에 의해 부득이하게 선택한 것이다. 그런데 병진노선의 채택으로 미국 중심의 서방세계와 격렬하게 대립하기 시작했다. 이 갈등이 언제 해결될지 아직 가늠하기 어려우며 여전히 힘겨루기 대결이 진행 중이다.

북한은 국제사회와의 갈등이 격화될수록 경제적 피해가 더욱 커진다는 사실을 충분히 인지하고 있다. 이처럼 강자가 되느냐 약자가 되느냐의 갈림길에서 북한이 얻은 결론은 다음과 같다. '외부세계에서 핵위협과 사회주의 말살 행위가 없어지지 않는 한 조선은 한시도 편한 날이 있을 수 없으며 핵은 핵으로 맞서 강대한 핵강국이 되어야 진정한 사회주의 부귀영화를 마음껏 누릴수 있다'는 것이다.[1] 다시 말해서 자위적 목적의 핵보유를 영구화하고 그 기반 위에 경제강국을 건설해야 마음 놓고 행복한 생활을 할 수 있다고 주장한다. '핵무력을 중추로 하는 자위적 국방력을 끊임없이 강화해나가는 것은 조선의 자주권과 생존권을 지키며 국가의 강성번영을 위한 확고한 담보'라고 지적한다.[2] 북한 입장에서 강대국의 안보위협이 실존하는 한 세대가 바뀌고 정세가 어떻게 변하든 결코 핵을 포기할 수 없을 것이다. 따라서 북한은 '주체적으로 핵기술을 반드시 발전시켜야 한다'는 논리를 피고 있다. 핵무기만이 전쟁을 억제할 수 있으며 국가의 안전과 인민의 생명을 보호할 수 있다고 생각하기 때문이다. 그렇기에 북한은 핵보유국이라는 조건이 선행되어야 경제건설을 잘 이끌어 인민의 생활을 높일 수 있다고 여긴다.

김정은 위원장은 간부, 당원, 근로자 모두 당이 제시한 병진노선을 굳게 믿고 철저히 관철해 나가야 하며, 모든 역량을 총동원해 경제강국건설 방면에서 결정적 전환을 이룩해야 한다고 강조했다. 다시 말해 병진노선은 국방건설과 함께 경제건설에도 박차를 가하면서 두 마리의 토끼를 다 잡겠는다는 뜻이다. 2018년 4월 전원회의에서 선군정치의 막을 내리겠다는 선언의 배경에는 이미 북한이 병진노선을 선택했기 때문이라는 분석이 가능하다. 국방건설에만 성과가 있는 것이 아니라 경제건설 분야에서도 일정한 토대를 닦아놓았기 때문에 이와 같은 선언이 이뤄졌다. 이처럼 북한은 대내외적인 악조건 속에서도 '북한식 사회주의 경제관리방법'을 도입해 경제 분야에서 일정 부분 성과를 거둘 수 있었는데, 아래에서 그 내용과 과정에

---

1) 『강국건설의 생명선』, 평양출판사, 2018, 28쪽.
2) 『위대한 전환의 해 2016년』, 평양출판사, 2017, 68쪽.

대해 살펴보도록 하겠다.

1 북한식 사회주의 경제관리방법

북한식 사회주의 경제관리방법은 전통적인 계획경제의 틀 위에서 새롭게 조정을 거친 경제관리방식이다. 이런 관리방법은 주체사상의 원리와 사회주의 제도의 본질에 따라 계획경제체제를 바꾸지 않는다는 전제를 밑바탕에 둔다. 이를 위해 생산수단의 사회적 소유를 지켜야 하며 집단주의를 철저히 구현해야 하는 전제조건이 필요하다. 기업소 책임자들은 경제지도와 관리, 생산과 경영활동에서 인민경제의 계획적, 균형적 발전법칙과 노동에 의한 분배법칙, 가치법칙 같은 경제원리를 터득하여 생산관리를 잘하여 경제적 실리를 얻어야 한다. 북한에서는 이 방식이 노동자가 진정으로 경제의 주인이 될 수 있는 효과적인 대책이라고 선전한다.

북한식 경제관리방법은 과학기술과 생산, 경영관리를 결합하고, 과학기술의 힘으로 경제를 발전시키는 혁신적 방법을 도입해, 북한의 기업이 과학기술과 생산이 일체화된 기업, 기술집약형 기업으로 거듭나야 한다는 것이다. 따라서 경제지도기관과 기업, 생산자가 하나의 목적과 이해관계로 통일되어 경제지도 관리체계와 기구, 경제사업 규정이 모두 기업관리운영을 과학화, 합리화해 생산을 적극 늘리도록 하겠다는 취지다. 중요한 것은 북한 특색에 맞게 경제건설에 대한 당의 영도적 지위를 확고히 하고 국가의 중앙집권적, 통일적 지도를 받으면서 기업이 실질적인 경영권을 가지고 생산과 관리를 주도적으로, 창조적으로 해나가야 한다는 점이다.

2014년 5월 30일 김정은 위원장은 당, 정, 군 책임 간부들과의 담화를 통해 북한식 경제관리방법을 새롭게 정립하고 사회주의 기업책임관리제와 협동농장의 포전담당책임제를 실시하도록 지시했다. 북한이 과거에 진행하던 경영관리방식은 국가가 계획부터 생산까지 모든 과정을 책임지고 공장은 생산만 하면 되는 방식이었다. 원자재가 떨어지면 생산을 멈추고 설비가 안 좋으면 국가에 의지하면 되니 공장은 그저 생산도구와 마찬가지로 수동적 위치에 놓여 있었다. 이러다 보니 기업은 경영관리의 직능을 상실하고 생산 적극성이 저조할 수밖에 없었으며 노동자 역시 생산의 주인공이 될 수 없었다. 종국에는 기계설비가 낙후되어 질 좋은 제품을 생산할 수 없는 지경에 이르렀다.

새로운 북한식 경제관리방법은 창의력을 촉발시키기 위해 기업에게 경영권을 부여하고 스스로 생산계획부터 판매까지 책임지도록 해 경영실적을 최대한 높이려는 방식이다. 한마디로 국가와 기업이 계획된 생산임무를 완수하고 난 후 일정한 비율로 이윤을 나누는 방식인 것이다. 이는 국가, 집단, 개인이 모두 이득을 볼 수 있는 구조다. 물론 어디까지나 생산수단은 인민의 것이며 국가가 통일적으로 관리한다. 국가의 생산수단을 이용하는 공장, 기업, 협동농장에서는 사실 국가의 토지, 건물, 기계설비를 이용해 생산을 늘리고 이윤을 창출하는 결과를 얻는 것이므로, 그 생산수단을 쓴 대가를 환산해 국가에 계획물량을 납부하는 것은 당연하다. 그러나 기업은 어디까지나 확대재생산을 해야 하고 근로자에게는 생활수준을 향상시킬 수 있도록 대우를 해줘야 하기 때문에, 기업이 창출한 이윤에서 일정 부분을 국가에 납부하고 그 나머지를 기업에서 재량껏 활용하게 하는 정책을 수립했다.

전적으로 국가의 생산수단을 이용한 기업은 대체로 이윤의 30%를 국가계획으로 납부하고 70%에 대한 사용 권한을 갖는다. 공식 출처를 찾을 수 없지만 대체로 기업이 생산경영활동을 통해 얻은 순이익의 30% 선에서 정해지는 것으로 파악된다. 세금이 아닌 계획으로 할당되기 때문에 기업의 생산능력과 생산량에 근거해 계획량을 확정한다. 국가가 많이 가져가면 기업의 적극성에 영향을 미치고 적게 가져가면 국가재정의 손실이 발생하므로 적절한 납부액을 정하는 것이 중요하다. 이런 방식의 도입은 기업에게 적지 않은 재량권을 부여해 공장 지배인의 능력에 따라 이윤을 확대할 수 있는 기회를 잡게 된다. 반대로 지배인의 능력이 부족하면 공장은 어려움에 처하고 근로자들이 불만을 갖게 된다. 공장의 수익은 근로자에게 돌아가는 혜택과 직접적인 관련이 있기에 공장 지배인의 주요 관리능력은 노동자의 생산 적극성을 얼마나 동원할 수 있는지의 여부로 판가름난다. 이런 분배방식은 협동농장에서도 유사한 방법으로 진행되고 있다. 국가에 납부할 계획을 완수한 다음 농장의 확대재생산에 필요한 자금을 비축하고 남은 부분은 농장 구성원에게 소득으로 분배되기 시작하자 노동 효율성이 자연스럽게 높아졌다.

국가의 생산수단을 얼마나 이용하는지에 따라 분배의 기준이 다르다 보니 적지 않은 기업에서는 자체적으로 새로운 설비를 늘리거나 재건할 때 국가에 의지하지 않고 해결하는 방법을 모색하는 사례도 증가했다. 무역회사 같은 경우 원래 생산단위가 아니라 공장이 필요로 하는 설비와 원자재를 수입하는 일을 주로 맡았다. 그런데 공장이나 기업에 필요한 설비, 원료, 자재를 수입하거나 재건할 수 있는 권한이 부여되면서 무역회사는 일감이 없어지게 됐다. 그래서 많은 무역회사들이 직접 서비스를 제공하거나 생산에 참여하는 업종으로 전환하는 현상이 늘어났다고 한다.

국가시설을 전혀 이용하지 않을 경우 10% 정도에 해당하는 양을 납부하고 나머지를 기업의 수익으로 인정받을 수 있어서 사장이나 관리 경영자는 수익을 높이기 위해 머리를 써야만 하는 상황이 됐다. 공장 운영을 효율적으로 하기 위해 창조적인 경영계획을 마련해야 하며 더구나 이제는 동종업계 간 경쟁을 피할 수 없게 됐다. 북한에서는 사회주의 분배원칙에 대한 이해와 방도를 현실적으로 구현할 수 있게 된 것이 국가가 합법적이고 합리화된 정책을 수립한 덕분이라고 생각한다. 이처럼 북한은 노동자, 농민과 기업의 수익을 일정 부분 인정해주는 정책을 통해 국제제재라는 최악의 조건에서도 경제성장을 이룰 수 있었다.

새로운 기업관리방법

북한은 새로운 지도자 시대를 맞이하면서 사회주의 기업책임관리제를 실시했다. 과거의 경제 핵산제와 비교해 기업에 더 큰 경영권을 부여하기 때문에 새로운 북한식 기업관리방법이라 일컫는다. 이는 국가가 기업에 실질적인 경영권을 부여해 기업이 주도적으로, 창조적으로, 능동적으로 기업활동을 하게 만드는 방법이다. 그러므로 기업은 자신의 경영전략을 합리적으로 계획해 현대적인 정보기술 수단과 과학적인 관리방법으로 운용하고 경제의 객관적 법칙에 따라 수지타산을 잘 조절해야 이윤창출을 최대한 높일 수 있다. 유념해야 할 부분은 생산수단의 소유권과 경영권의 분리가 이뤄졌다고 보면 안 된다. 왜냐하면 인민대중은 생산수단의 주인이면서 경영관리의 주인이라고 주장하기 때문이다.

사회주의 기업책임관리제는 기업이 상품의 개발권, 품질관리권, 인재관리권을 행사하도록 고안됐다. 기업은 지식경제시대의 요구에 맞게 새로운 기술, 새로운 상품을 연구·개발해 상품의 질을 높여 경쟁력을 키워야 한다. 동시에 과학자, 기술자와 노동자 모두 과학기술을 발전시키는 주역이 되어야 하며 기업은 새로운 기술의 수요자, 창조자가 되어야 한다. 이 제도에서는 기업에 무역, 합영, 합작의 권한을 부여해 능동적으로 대외경제활동을 전개하게 만들었다. 그리고 기업이 필요한 원자재와 설비를 자체적으로 해결해 설비와 생산공정의 현대화를 실현하는 데 적극 동참하도록 유도한다. 기업은 재정관리권을 바탕으로 경영자본의 비축 및 효율적 활용을 통해 생산을 확장시킬 수 있도록 경영활동을 해야 한다.

　기업은 국가가 지정한 가격결정권과 판매권한으로 유통과정에 참여하는 경영활동을 할 수 있다. 기업은 자체 실정에 맞게 직장, 작업반, 분조 내 책임제를 실시할 수 있다. 또한 노동자는 주인의식을 발휘해 기계설비, 토지시설 등 국가와 집단의 자산을 보호하고 최대한의 이용률로 생산성을 제고해야 한다. 기업은 노동자의 건강과 안전, 노동자의 물질문화 생활에 대한 욕구를 책임지고 담보해야 한다. 이는 노동자의 적극성을 불러일으키는 중요한 내용으로 사회주의 기업의 의무이기도 하다. 국가는 행정과 법률 면에서 기업이 활발하게 경영권을 행사하도록 담보해야 한다. 법률 집행기관과 중앙경제 지도기관에서는 상응한 법적 조치를 강구하고 법률조항과 준칙을 제정해 기업의 경영권을 담보하고 준수상황을 감독해야 한다. 기업관리 간부의 자질과 능력은 그들의 정치적 안목과 업무 수준, 실천력에 의해 평가되어야 한다. 경제관리 간부들의 경직된 사고방식을 없애고 과학적 관리를 진행해야 하며, 동시에 첨단기술의 습득도 필수적으로 요구된다.

사회주의 기업책임관리제

　사회주의 기업체는 생산수단에 대한 사회주의적 소유에 기초해 생산, 유통, 서비스 등 각종 경제활동을 진행하며, 자체 수입으로 지출을 담당하고, 국가의 부를 창출하는 독자적인 경영 단위를 말한다. 공장, 기업, 협동농장과 같은 사업체는 생산관리, 노동력관리, 자산관리, 신기술개발 및 보급에 쓰이는 비용을 스스로 조절해야 한다. 북한에서는 이미 오래전부터 독립채산제를 도입해 국가의 계획 하에 제한적인 자율성을 부여했다. 그러나 조선노동당 제7차 당대표자회를 기점으로 사회주의 기업책임관리제에

대한 명분을 더욱 확실하게 부여하면서 독립채산제보다 훨씬 확장된 책임
과 권한을 기업체에 부여하게 됐다.

사회주의 기업책임관리제는 생산수단에 대한 사회주의적 소유를 기본으
로 하지만 실질적인 경영권을 갖고 있는 기업이 당과 국가에서 부여한 임
무를 수행하며, 근로자가 생산과 권리의 주인이 되어 그 책임과 역할을 다
하도록 하는 북한식 기업관리방식이다. 사회주의 기업책임관리제가 실시된
이래 기업은 과거보다 더 큰 책임과 권한을 갖게 됐으며, 이를 통해 국가로
부터 부여받은 경영권을 행사해왔다. 기업은 사회주의 기업책임제의 요구
에 따라 합리적이고 실효성 있는 경영전략을 수립해야 한다. 그리고 능동
적이고 창조적으로 기업 경영활동을 진행해 스스로 수익을 창출해야만 한
다. 즉 기업은 잠재력을 충분히 발휘해 국가가 기업에 맡긴 생산 임무를 완
수해야 할 책임이 있다.

과거에는 국가가 계획, 원료와 연료의 공급, 구체적인 생산지표 하달을
모두 담당했다면 이제는 기업 스스로 경영전략을 짜고 기업 운영의 전략
목표와 방향, 그 실현을 위한 대책을 강구해야 하는 시대가 됐다. 그리고
실제 경영의 측면에서 원료와 연료를 국내자원으로 조달하는 생산기술공
정을 마련해야 한다. 동시에 첨단설비를 비롯해 필수적인 작업기계를 자체
실정에 맞게 확보해야 한다. 더불어 신제품 개발과 원가관리, 나아가 상품
생산의 자동화, 지능화, 무인화까지 해결해야 한다. 통합생산체계와 무인조
종 체계를 확립하고, 녹색생산 방식을 비롯한 앞선 생산기술을 적극 수용
하며, 기업의 현대화 수준을 높일 수 있는 전략 목표를 제시해 구성원 모두
가 달성할 수 있도록 해야 한다.

기업에 부여된 경영권에는 확장된 계획권과 생산조직권, 관리기구와 노
동력 조절권, 제품개발권과 품질관리권, 인재관리권, 무역과 합영합작권,
재정관리권, 국가가 정한 범위 안에서의 생산물 가격제정권과 판매권 등이

포함된다. 생산관리에서 경영전략을 세울 때 과학적인 방식으로 경제성을 고려하는 것이 중요하다. 맹목적인 방식이나 부풀리는 식의 관리는 결국 국가와 기업 모두에게 손해를 입힌다. 기업에서 미리 마련한 경제적 잠재력을 효과적으로 이용해 생산을 결정적으로 늘리는 방안, 노동력집약형, 자원집약형에서 기술집약형, 지식집약형으로 전환하는 방안, 당면한 이익보다 국가적 이익을 우선시하는 방안 등을 경영전략의 수립 단계에서 취해야 한다. 그리고 이러한 전략은 합리적이며 실리적인 방안이어야 한다. 이를 위해서는 경영전략을 합리적으로 작성할 필요가 있다. 경영전략 작성 단계에서 현대적인 정보기술 수단과 과학적인 계산방법을 적용해 객관적인 경제법칙의 요구를 정확하게 구현하고, 가장 큰 실리를 보장할 수 있는 방안을 찾아내 기업의 발전을 가속화할 수 있다. 기업은 경영활동에 대한 계산 메커니즘을 정확히 세우고 생산과 건설, 경영활동 중의 물자와 자금을 착오 없이 회계장부에 기재해야 하며 원가를 낮추고 기업의 손실을 줄여야 한다. 기업은 국가 상납계획을 무조건 완수한다는 전제 하에 생산 정상화, 확대재생산, 생산공정 현대화, 노동자의 임금과 물질적 인센티브 확보를 위해 잉여 이윤을 사용할 수 있다. 경영활동에 필요한 자금을 국가에 의존하지 않고 자체적으로 해결해야 하며, 직원이나 주민의 유휴 화폐자금을 적극적으로 조달해야 한다.

국가는 기업이 실질적인 경영권을 행사하면서 주도적, 창조적, 능동적으로 활동할 것을 요구한다. 물론 기업이 경영권을 행사한다고 해서 생산수단에 대한 소유권과 경영권이 분리되는 것은 아니다. 북한에서는 근로자가 생산수단의 주인인 동시에 경영관리의 주인이기 때문이다. 기업은 제품개발권과 품질관리권, 인재관리권을 행사해 신기술과 신상품의 적극 개발 및 품질 개선을 통해 지식경제시대의 흐름에 맞게 기업체의 경쟁력을 높여야 한다. 또한 과학자, 기술자, 근로자를 최신 기술발전의 주인으로 내세워 기업이 신기술의 수요자이자 창조자가 되도록 적극적으로 주도할 필요가 있다. 기업은 재정관리권을 가지고 경영자금을 주도적으로 마련하고 효과적으로 이용해 확대재생산을 실현하며 경영활동을 원만히 실현해나가야 한다. 기업은 국가가 정한 범위 안에서 생산물의 가격제정권과 판매권을 가지고 생산·물류·유통을 자체적으로 실현할 필요가 있다. 그리하여 원가를 보상하고 생산을 끊임없이 늘려나가야 한다.

기업에서는 직장과 작업반, 분조 안에서 근로자의 담당 책임제를 실정에 맞게 실시해야 한다. 그리고 모든 근로자가 주인의식을 가지고 기계설비와 토지, 시설물을 비롯한 국가적, 협동적 소유의 재산을 관리하며 그 이용률과 생산성을 높여나가야 한다. 기업은 반드시 중앙가격관리기관이 정한 원칙과 방법에 따라 상품의 가격을 정하고 원가를 유지하며 확대재생산해야 한다. 원자재의 수급과 원가요인을 고려해 자체적으로 가격을 책정할 수 있고, 고객과 가격협상을 할 수 있지만, 가격은 반드시 시장가격보다 낮아야 한다.

기업관리 간부의 자질과 능력은 그들이 지닌 정치적 안목과 실무적 자질, 실천력에 따라 평가된다. 기업관리 간부는 경직된 사고방식에서 벗어나 진취적으로, 혁신적으로 기업관리를 해야 한다. 또한 첨단과학기술로 무장하는 것 역시 중요한 자질로 꼽힌다. 기업은 국가적으로 기업급수와 그에 따르는 표준관리기구, 비생산노동력배치 기준에 기초해 자체 실정에 맞게 관리부서를 통합, 정리해야 한다. 그리고 관리기구 정원 숫자를 정하며 개별 부서 간부들의 직능과 책임을 명확하게 정하고 생산 부문의 노동력 비중을 늘려야 한다. 특히 간접부문, 보조부문, 봉사부문, 관리부문의 노동력을 효과적으로 이용하기 위한 여러 형태의 겸직제, 도급제, 책임제를 실시하며 생산자들의 생산적 열기와 창조성을 높일 수 있는 새로운 노동력관리방법을 적극 고안해야 한다.

따라서 세계적으로도 경쟁력이 있는 신기술, 신제품을 적극 개발하고 제품의 질을 개선해 과학기술과 생산이 일체화된 기업, 기술집약형 기업으로 전환해야 한다. 기업은 수출품 가공기지를 구축하고 국제 경쟁력을 가진 완제품과 2차, 3차 가공품 수출량을 높인다. 이미 일정 수준에 도달한 기업은 직접 무역도 하고 다른 국가 기업과의 합영, 합작도 추진할 필요가 있다. 기업은 무역과 합영, 합작권을 가지고 가능한 범위에서 대외경제활동도 능동적으로 벌여 필요한 원료, 자재, 설비를 자체로 해결하면서 생산기술 공정의 현대화를 적극 실현해야 한다.

생산과 관리의 주인인 근로자의 건강과 노동안전, 물질문화 생활조건을 책임지고 보장하는 것은 그들의 근무태도를 높이기 위한 중요한 사업인 동시에 사회주의 기업체의 의무이기도 하다. 기업은 생산에 앞서 근로자의 건강과 노동안전에 깊은 관심을 가지고 근로자를 위한 노동보호시설, 물질문화 생활조건을 충분히 갖춰야 한다. 기업은 사회주의 분배원칙에 따라 실제로 지불한 임금에 대해 평가하고 분배해야 하며 근로자들 누구나 일한 만큼 보수를 공정하게 받도록 해야 한다.

국가는 기업이 부여받은 경영권을 원활하게 활용할 수 있도록 하는 행정적, 법률적 조건을 충분히 준비해야 한다. 또한 법 집행기관과 중앙경제 지도기관은 기업이 경영권 활용과 관련해 제정된 법규범과 규정, 세칙으로 규제해야 하며 기업이 그것을 제대로 준수해나가는지도 감독해야 한다.

기업이 종종 경영권 행사 과정에서 대해 간단한 실제 사례를 들어 설명하려고 한다. 필자는 2017년 8월에 원산에 있는 구두공장을 방문한 적이 있다. 원산구두공장은 '매봉산'표 신발을 제조하는 기업이다. 1959년 3월 1일에 설립된 이후 2009년 2월 12일 김정일 국방위원장의 현지지도 당시 구두를 가볍게 만들라는 지시를 받아 현대화를 실시했다. 상표는 처음에 '동명산'으로 시작했다가 나중에 '매봉산'으로 고쳤다. 과거에는 국가가 구두의 도안을 제공하고 공장은 생산만 담당했다면 지금은 제품개발, 원료해결, 도안설계, 가격제정, 생산 판매까지 모두 기업이 결정하게 됐다. 신발은 디자인이 중요하다. 그러므로 멋있지만 사치스러워 보이지 않게 특색 있는 북한식 디자인을 만들어야 한다. 원산구두공장에서는 디자인실의 5명이 디자인을 맡고 있으며 해마다 100여 종의 도안이 나온다. 다만 고무가 부족해서 염하 비닐로 자재를 대체하고 있는 점이 마음에 걸린다. 멋있는 도안이 있더라도 재료 부족으로 품질 면에서는 개선할 바가 아직 많이 남아있다. 판매는 상업망을 통해 나가며 일부 지역에서는 자체적으로 판매점을 운영해 팔기도 한다. 구두는 평양에서도 판매되는데 인기가 좋다. 가격 책정은 공장이 제안하고 도인민위원회 가격국에서 결정한다. 판매가격은 상업망과 공장이 직접 협상해서 정하는데 안 팔리는 것은 바로 가격을 인하해서 처리할 권한도 있다. 재고를 만들기보다 자금순환을 빠르게 하는 것이 경영에 훨씬 도움이 된다. 증산 여부는 지배인이 결정하며, 공장의 운명도 지배인의 손에 달려있다. 매달 혹은 매년 국가에서 지정한 납부액을 완수하고 나면 나머지는 기업에서 처리할 수 있다. 통상 국가별 과제 물량은 국가기업은 30%, 지방기업은 15%를 납부한다. 즉 세금에 해당한다고 보면 쉽게 이해할 수 있다.

기업의 계획작성 원칙은 집단토론을 거쳐 작성, 실시하고 있으며 공장 구성원 모두가 동의한다는 전제 하에서 실시하기 때문에 노동자의 적극성이 쉽게 올라간다. 공장의 현재 상황을 정리해보면 신발생산량은 30만 컬레인데 국가계획을 완수하고 나서 근로자에게 돌아가는 몫은 기업이 책임져야 한다. 현 단계에서 근로자 월급은 10~15만 원이며 배급은 월 30kg 정도 된다. 명절 보너스도 20% 선에서 지급하고 있어 노동자 복지를 위해 노력하고 있다. 국가배급에는 쌀과 잡곡 비율이 지정돼 있는데 기업이 배급을 책임질 경우 국가배급은 수령할 수 없다. 즉 이중 공급은 없다. 공장배급은 공장에서 자체적으로 근로자에게 배급을 나눠주는 것이며 이 경우에도 배급량은 식량공급소에 등록해야 한다. 참고로 강원도의 송도식료종합공장을 보면 월급이 30~40만 원 정도라고 하니 공장마다 월급 차이가 존재하는 것을 알 수 있다. 즉 이윤을 많이 내는 기업은 그만큼 근로자에게 월급과 복지를 높여줄 수 있다.

전반적으로 공장에 부여한 권한은 많이 확대된 셈이다. 지배인의 능력에 따라 생산의 질과 양이 달라질 수 있고 노동자도 일한만큼 가져갈 수 있는 체계가 잡혀있다. 국가적으로 기업에 부여한 경영권을 원활하게 활용할 수 있도록 하는 행정적, 법률적 조건은 국가의 법과 규정, 결정과 지시, 세칙에 의거해 보장된다. 기업을 관리하면서 합리적인 계획과 계산없이 밑 빠진 독에 물 붓는 식으로 경영하거나 한 치의 앞도 예측하지 못해 불이 나면 따라가며 끄는 소방대처럼 일을 해서는 안 된다. 기업의 책임자는 경직된 사상과 관념을 타파하고, 선진 세계의 경험을 겸허하게 배워 대담하게 혁신해야 한다. 기업의 관리임원은 최신 과학기술지식을 익혀 현대화된 정보기술을 능숙하게 운용해야 기업의 생산과 경영활동에 커다란 성과를 가져올 수 있다. 아울러 북한의 실정에 맞게 세계의 성공 경영기법을 배우고 후진적인 경영 패러다임을 개선해야 한다. 비록 기업의 생산과정에서 여전히 전력과 식량이 부족하지만 그보다 더 시급한 것은 기업 관리임원의 경영지식 부족이라고 말할 수 있다.

분조 내의 포전담당제

포전담당책임제는 책임의 소재를 더욱 구체화해 농민의 노동 열정을 높여 주인의식을 발휘하도록 만드는 데 초점이 있다. 농업의 생산단위를 최소화해 협동농장의 책임과 권리를 분조로 내려 보내고, 그 분조를 하나의 단위로 해서 농업생산을 진행하는 것이 이 제도의 골자다. 포전담당제 시행 이전에는 한 개의 마을이 하나의 협동농장이 되거나 여러 마을이 하나의 협동농장으로 조직되는 경우도 많았다. 한마디로 지역을 최대한 넓혀 집단농사를 지어야 한다는 발상이었는데 결과적으로 생산성 하락을 겪었다.

원래 분조는 협동농장의 작업반에 속하는 생산단위였다. 분조 하나 당 약 10~15명 내외의 노동자로 구성된다. 포전담당책임제는 바로 이 분조 안에서 실시된다. 농장 구성원 각자에게 개인별 책임 범위를 부여하는 것이다. 이와 같은 포전담당책임제의 실시로 농장 구성원들이 각자의 책임 하에 상호경쟁을 하게 되면서 서로의 노동의욕을 한층 제고시키는 효과를 볼 수 있었다. 농장 구성원들은 자기 텃밭에 심은 채소 가운데 여분의 수확물은 시장에 내다 팔아도 되며 가축을 길러 팔아도 된다. 그러나 농장의 농경지에서 생산된 채소나 작물의 처리는 개인의 생산물이라 해도 개별적으로 처리할 수 없으며 반드시 농장의 일률적인 지도하에 처리해야 한다. 국가에서 지정한 채소 공급지표를 완료한 후에야 농장이 처리할 권한을 가질 수 있는 것이다. 농장은 잉여 생산량의 처분 수익으로 농기구를 구매하거나 소속 농장 구성원에게 이익을 분배할 수 있다. 농장 구성원들의 분배금은 매년 노동한 양에 따라 달라지는데 보통 농장 벽보에 공표된다. 지금은 국가가 현금으로 농산물을 구입한다. 물론 국가 가격에 준해서 구매하지만 외상을 하거나 조달비용을 추후에 지급하는 일은 없다. 농장에서는 현금으로 수익을 계산할 수 있게 되었고 이는 생산의욕을 고취시키는 역할을 했다. 농민들이 한 해 농사의 결실을 눈으로 확인할 수 있게 된 것이다.

북한에서는 분조 내 포전담당책임제를 실시하게 되면서 수확량이 크게 증가한 농민이 나오기 시작했다. 어느 지역에서는 한 농장에 소속된 구성원들이 1헥타르의 토지에서 18톤의 밀과 보리를 생산하기도 했다. 비료 등 공급비용을 공제한 후 나머지를 자체적으로 처리할 수 있는 배분권을 가지는데 실제로 다른 농민보다 배로 분배받는 일이 벌어지기도 했다. 국가에 납부하는 양은 토지등급에 따라 다르며 종자개발, 토양, 비료, 기름, 트랙터 등 국가시설의 사용분을 공제하고 난 차액이 바로 수익이 된다. 스스로 선진적인 경영기법을 도입해 생산량을 늘릴 경우 자기 몫의 수익을 증가시킬 수 있다.

청산리협동농장은 평양에서 차로 약 25분 거리에 있다. 이 농장은 김일성 주석 시절 현지지도를 가장 많이 했던 농장으로 유명하며 집단농장의 전형으로 '청산리정신', '청산리방법'을 만들어내기도 했다. 이 농장에서도 분조 내의 포전담당제를 실시했다. 나는 2019년 5월 청산리농장을 방문한 적이 있다. 꼬박 10년 전인 2009년에도 이 농장을 방문한 기억이 생생한데 그때와 비교해보니 현저한 변화를 실감할 수 있었다. 농장의 리성옥(44세) 부위원장의 소개에 의하면 이곳은 9개의 마을을 통합해 만든 대형 협동농장이라고 한다. 청산리농장은 줄곧 농업의 전형모델이 되었는데 중국의 대채(大寨)와 비슷하다. '고난의 행군' 시기 모두가 어려웠지만 '수령님의 현지지도가 가장 많았던 농장'으로서 허리띠를 졸라매고 주변 농장과 생산물을 나누면서도 국가계획만큼은 확실히 책임졌다고 한다. 사실 분조관리제는 북한에서 1965년 5월부터 시행된 것으로 농촌경영의 생산조직을 집단조직의 세포로 나뉘어 관리한다는 뜻이다. 먼저 시작한 시범농장은 강원도 회양 포천협동농장이었다. 그런데 분조식 생산방식이 오히려 농촌수익을 떨어뜨린다는 결과를 발견하게 되면서 다시 대규모 생산방식을 택하게 되었다.

청산리협동농장은 하나의 마을이 하나의 작업반이며 협동농장(행정단위로는 리에 해당함)에는 총 10개의 작업반이 있는데, 10개 작업반은 논벼작업반 7개, 축산작업반 1개, 과일작업반 1개, 채소작업반 1개로 구성되어 있다. 한 작업반 당 약 100명으로 구성되며 논벼작업반은 마을 단위로 구별된다. 축산작업반, 과일작업반, 채소작업반은 마을 단위가 아니고 농장에서 골고루 배정해 조직했다. 새로운 책임제를 2016년부터 도입했는데 다른 농장보다 늦게 시작한 편이다. 이 농장에서도 분조형 책임제가 대규모 생산방식보다 우월하다는 결론을 얻게 되었다고 한다.

현재 보통 포전담당제는 각 지역의 농장마다 실정에 맞게 운영되고 있는데 청산리협동농장에서는 분조를 다시 나눠서 최소 단위로 인원을 분산하는 방법을 사용하고 있다. 분조관리제 내에서 최소 3~4명 정도로 나뉘고 그 안에서 또 개인별로 포전구역을 할당받기에 결국은 혼자서 가꾸는 거나 마찬가지라고 이해하면 될 것이다. 청산리농장의 인구는 약 2,500명 정도 되며 경작지 면적은 1,000헥타르다. 벼농사 면적은 650헥타르이고 나머지 350헥타르는 축산과 과수, 옥수수, 콩을 재배하는 면적이다. 현재 수확량은 한 헥타르당 약 10톤 정도로 전체 농장으로 치면 1년에 6,000톤 정도이다. 이 가운데 30%를 국가에 납부하고 70%는 농장에서 분배할 수 있는 권리를 가진다. 국가납부액은 논벼에 한해서만 진행되고, 식량은 원칙적으로 국가상업망을 통해 판매해야 하며 농장 자체적으로 사사로이 처분할 수 없다.

포전담당제 실시 후 국가계획을 초과해서 완수하면 농장관리와 개인에게 분배하는 몫이 늘어나기 때문에 생산의욕이 늘어나고 생산력도 제고됐다. 농장 구성원의 수입도 자연스럽게 늘어나기 마련인데 자기 몫은 자기가 처리할 수 있다. 여유분을 시장에 판매해서 현금으로 바꿔도 되고 쌀로 보관해도 된다. 농장 구성원의 가정에서는 자기 텃밭 앞뒤에 어떤 작물이나 심을 수 있는데 텃밭 면적이 가정 당 평균 30평가량 된다고 한다. 가축 사육에는 제한이 없어 많이 기르면 기를수록 좋다고 한다. 농장 구성원들은 1년에 약 320일 정도 노동을 하고 평균 600kg 정도의 식량을 배급받는다. 그리고 평균적으로 분배되는 채소까지 더하면 농장 구성원들은 밥상을 넉넉하게 차릴 수 있다. 노동에 따라 생산물을 분배하고 더 일하면 더 받는 분배방식은 농민을 만족시켜 근로의욕을 높이는 방식이다. 2018년에 가장 많이 분배받은 농장은 쌀 700kg, 옥수수와 콩이 각각 1톤 정도 되며 과일과 채소도 분배받아 그야말로 대풍작이었다고 한다.

농장이 기타 부업을 통해 얻은 수익은 농장의 몫이 된다. 매 작업반마다 온실이 있는데 이미 10년 전부터 채소 문제를 해결해오고 있다. 농장의 태양열 온실재배 면적은 약 3,000평 정도 되며 10명의 농장 구성원이 채소관리 분조로 배치돼 일을 한다. 온실에서 재배하는 채소는 주로 시금치, 버섯, 쑥갓, 부추 등이며 겨울에는 저온성 재배를 한다. 국가가 지원해준 자재로 온실을 건설했으며, 생산된 채소는 모두 농장 구성원의 소비를 위한 것이다. 나머지 90명은 총 4개 분조로 나뉘는데 필지 당 한 개의 분조로 평균 20~25명 정도가 배정된다. 이 4개 분조에서 생산한 쌀과 채소 분조에서 생산한 채소를 골고루 나눠 분배한다. 분조별로 대략 40~50헥타르의 논을 담당하는데 토지의 질에 따라 어떤 분조는 60헥타르의 논밭을 분배받기도 한다.

북한의 농업문제는 예로부터 가장 중요한 문제였지만 사실 아직까지도 해결하지 못하고 있다. 최근 몇 년간 증산은 고사하고 오히려 생산량 감소 추세가 나타났는데 주요 원인으로 종자 퇴화현상, 비료 부족 및 불균형 등이 꼽힌다. 종자는 아직 제대로 개량하지 못하고 있다. 종자 개량은 농업과학원에서 담당하는데 아직 많이 부족한 상태다. 2019년 평안북도에서 옥수수 종자를 새로 들여와 과거 1헥타르당 12톤 생산에서 15톤으로 증산하는 성과를 보기도 했다. 하지만 이런 종자를 모두 국가에서 공급하다 보니 농장의 수요를 충족시키지 못하고 있는 듯싶다. 비료공급이 부족한 것도 증산의 저해 요소다. 통상 쌀 10톤 생산에 비료 1톤을 주는데, 국가가 농장에 공급하는 비료는 전체 수요의 80% 미만이고 나머지 부족한 양은 농장 스스로 해결해야 한다. 국가가 공급하는 화학비료는 질소비료, 인비료, 칼륨비료, 규소비료 등이 있다. 그러나 자체로 해결해야 하는 비료의 대부분은 농장 구성원의 가정에서 집집마다 유기질비료를 인분, 퇴비, 흙보산비료 등으로 할당해 내는 실정이다. 이런 유기질비료는 실적으로 인정해 가정마다 많이 낼 수 있도록 유도하고 있다. 그래도 모자랄 경우 시내에서 인분을 조달하고 농장과학보급실에서 운영하는 비료공장에서 일부 생산하기도 한다. 또한 양, 소, 염소, 젖소 등 가축을 이용해 비료로 사용한다. 때로는 소를 팔아 비료를 구입하는 경우도 있다고 한다. 농장에서는 온갖 수단과 방법을 동원해 비료문제를 해결하려고 애쓰고 있는 상황이다.

아무리 유명한 농장이라도 혁신을 해야 하며 주변에 있는 농장과 경쟁을 벌여야 한다. 청산리농장은 지난해에 비해 15% 증산을 했지만 주변에 있는 약수협동농장과 태성호협동농장도 증산을 했기에 자칫하다 일반 농장보다 뒤쳐질 수 있다는 위기의식을 느낀다. 그래서 농장 구성원들과 함께 머리를 맞대고 증산을 위한 대책을 논의하면서 여러 문제를 하나씩 풀어가고 있다. 현재 농장의 기계화는 70% 수준으로 주로 모내기 기계, 탈곡기, 트랙터를 사용하고 있는데 상부에서는 80%까지 높일 것을 요구한다. 농장 구성원들은 기계화 100%를 실현해 허리를 펴고 농사짓는 날을 기대하면서 과학농사의 꿈을 키워가고 있다. 그래서 일하면서 배우는 농업대학에 진학하는 사람들이 많아졌다. 협동농장에서 분조 내의 포전담당제를 실시하게 된 후 발생하는 변화를 보면 아직도 해결해야 할 문제가 산재해있음을 알 수 있다. 하지만 농민의 노동열의가 높아졌고 이제 일한 만큼 받을 수 있는 시대가 열렸다는 점은 의심의 여지가 없다.

분배원칙

사회주의 분배원칙은 노동의 양과 질에 따라 즉 일한 만큼, 벌어들인 만큼 분배하는 것이다. 사회주의 사회에서 창조된 생산물의 일부는 분배를 통해 개인적 소비로 돌아간다. 생산물의 분배는 노동에 의한 분배와 국가적, 사회적 부담에 의한 추가적 분배로 나뉜다. 북한은 사회주의 제도를 견지하고 있기 때문에 사회주의 분배원칙에 맞춰 노동자에게 분배를 해야 하지만, 오랜 시간 동안 진정한 의미에서의 노동에 따른 분배를 실현시키지 못했으며 노동 의욕이 매우 억제되어 왔다. 사회주의 분배원칙은 노동자에게 사회와 집단을 위해 일한 것만큼, 벌어들인 만큼 분배할 것을 요구한다. 그래야 노동자의 자주적이며 창조적인 생활을 물질적으로 원만히 보장하며 사회주의 노동생활기풍을 확립할 수 있다. 일을 많이 한 사람에게 많이 분배하고 일을 적게 한 사람에게는 적게 분배하는 방식이 기준이다. 그러나 벌어들인 것 모두 개인에게 분배되지 않는다. 더 정확하게 말하면 벌어들인 크기에 비례해 분배한다. 노동자가 창조한 이윤은 곧 사회적 집단에 기여한 정도를 의미한다. 즉 기업은 국가계획 수행정도와 국가이익에 기여한 정도로 평가된다. "현 시기 사회주의 경제관리에서 사회주의 분배원칙의 요구를 철저히 지키는데서 나서는 중요한 문제는 노동관리체계를 과학적으로 진행하지 못하는데 있으며 노동의 양에 따라 분배하는 체계를 수립하는 것이다. 아직도 분배에서 평균주의와 공짜를 바라는 현상이 존재하는 것이다."[3] 현실에 맞는 노동에 대한 평가와 분배방법은 사회주의 분배원칙의 요구를 실현하기 위한 기본사항이다. 그러나 실제 경영관리에서 노동자의 노동량은 일정하지 않기 때문에 실제 노동량을 과학적으로 측정하고 그에 맞는 평가를 내리는 것이 시급하게 해결해야 할 과제다.

노동에 따른 분배방식에는 현금분배와 현물분배가 있다. 노동자, 사무원인 경우 현금에 의한 분배가 기본이며 임금, 상여금, 수당, 장려금 등으로 분배원리와 목적에 따라 여러 항목으로 나눌 수 있다. 농장 구성원인 경우 현금, 현물, 상품으로 분배받는다. 이와 같이 노동보수를 줄 때 당시 노동자

---

3) 리봉애, 「현 시기 사회주의분배원칙을 철저히 지키는 것은 사회주의경제관리의 중요한 요구」, 『경제연구』, 2015년 제1호, 2015.

의 경제적 요구와 이해관계에 따라 분배방법을 정확히 채택하고 물질적인 인센티브를 줘야한다. 평균주의의 편향성은 노동자가 일한 것과 번 것에 관계없이 같은 보수를 지불한다는 점이다. 노동에 의한 분배법칙 작용에서의 평등은 누구나 노동을 하는 만큼 소비생활을 하게 만드는 분배 척도의 평등이다. 분배에서의 평균주의는 노동자의 열의를 떨어뜨리고 사회에 태만을 초래해 노동력을 충분히 동원하지 못하게 되는 문제를 야기한다. 공장, 기업, 협동농장에서는 개개인의 노동의 질과 양, 노동의 결과를 매일 평가하고 발표해 제도화하고 생활화해야 한다. 그래야 생산자 대중이 생산활동의 주인으로서 책임과 역할을 다할 수 있고 사회주의 건설이 건전하게 추진될 수 있다.

객관적 경제법칙 존중

북한은 경제건설 과정에서 객관적 경제법칙이란 개념을 강조하지 않았다. 모든 생산과정을 국가 계획부서가 책임지고 진행해왔기에 공급과 수요의 조절기능이 필요하지 않았다. 그런데 최근 북한에서 '객관적 경제법칙을 존중해야 한다'는 표현이 등장하고 있다. 나는 이런 현상이 바로 질적인 변화라고 본다. 과거에는 사회주의 국가들과의 물물교환을 통해 대외경제 관계를 이어갔기에 품질에 대한 요구가 높지 않았다. 북한에서는 수요를 충족시키기 위한 생산이 아니라 기본적인 생활을 보장하기 위한 목적으로 생산했다. 따라서 경제활동은 사실상 경제 자체의 원리와 유리된다. 그러다 보니 제품생산을 창조적으로 하는 것이 아니라 주어진 조건에서 제한된 경제활동을 하게 된다. 즉 날로 높아지는 인민의 생활 수요를 충족시키지 못했으며 국제사회에서 인정받는 제품이나 경쟁력 있는 제품을 만들어내지 못했다.

북한식 사회주의 경제관리방법이 도입되면서 정책적으로 생산 전반에 대한 재량권을 부여하게 된 것도 중요하다. 하지만 기업의 책임간부에게 경제자체의 객관적 법칙을 존중하고 경제의 원리대로 경제사업을 조직하는 것 또한 필요하다. 그래야 기업의 경영관리가 적절한 수준에서 진행될 수 있다. 2018년 김일성종합대학출판사에서 김재서, 김명철 교수가 공저한 『경제의 원리적 문제』라는 책이 출판됐다. 이 책에서는 소유관계, 수요와 공급, 축적과 소비, 속도와 질, 경제적 효과성, 현물운동과 화폐운동, 재산순환, 과학기술과 경제, 민족경제와 대외경제관계, 경제관리 등의 내용을 다루고 있다. 김재서 교수는 북한의 유일한 정치경제학 원사이며 필자의 박사 지도교수이기도 하다. 책의 머리글에 이런 서술이 있다. "우리나라에서 경제강국을 건설하는 것은 나라의 경제력과 인민생활을 최상의 수준에서 보장하기 위한 웅대한 목표이며 방대한 경제과업들을 해결하여야 할 거창한 사업이다. 이 웅대하고 거창한 경제강국건설위업을 성과적으로 수행하자면 경애하는 김정은 원수님께서 가르쳐 주신대로 객관적인 경제법칙의 요구, 경제적 운동의 원리에 맞게 경제사업을 진행하여야 한다." 책에서는 사회주의 계획경제와 자본주의 시장경제의 차이를 분석하고 사회주의 경제의 체계화된 원리들을 하나씩 설명하며 정리하고 있다. 개념의 차이는 있지만 경제 자체의 원리적 문제를 존중하는 것은 오늘의 경제건설 과업을 수행하는 관점에 부합한다. 다시 말해 사회주의 경제이론을 한 단계 업그레이드시킨 셈이다.

　국제사회와의 경제협력이 많아질수록 경제원리에 따라야 하는 경우가 늘어날 수밖에 없다. 이를 통해 국제적으로 선진화된 관리방법을 습득하고 이를 수용해 쌓아 놓은 토대 위에서 빠르게 국산화를 실현할 수 있다. 선진적인 관리방법과 국제적인 게임의 룰을 알지 못하면 높은 차원에서 기업을 관리하고 지휘할 수 없다. 이렇게 하지 않으면 국제 경쟁력을 키운다는 것은 어불성설이다. 지식경제의 시대에 기업관리자가 수동적이면 아무리 노력을 해도 시대의 요구를 따라갈 수 없다.

객관적 경제법칙에 대한 존중이란 경영활동 전반에서 경제법칙을 잘 알고 활용해야 한다는 의미다. 원가가 낮고 가격도 저렴해야 상품의 경쟁력을 높일 수 있으며 품질을 높여야 기업의 경쟁력을 키울 수 있다. 이렇게 해야만 나날이 향상되는 인민의 수요에 맞게 생산성을 높일 수 있다. 이를 위해 기업관리자는 반드시 과학적 관리방법을 배우고 북한의 실정에 맞춰 실천에 옮겨야 한다. 또한 선진기술과 설비의 도입도 중요하므로 첨단기술 연구와 응용을 통해 지능화된 세계의 추세에 바짝 따라붙어야 한다. 물론 이런 수준에 도달하려면 자본의 힘을 무시할 수가 없다. 자금이 있어야 좋은 설비도 갖출 수 있고 더욱 선진적인 과학기술을 도입할 수 있다. 북한의 기업관리자들은 당장 손에 쥔 것이 부족하기 때문에 외국자본의 힘을 빌려야 한다는 것을 잘 알고 있다. 하지만 외국자본이 경제를 모르는 사람에게 저절로 찾아오지 않는다는 사실도 인지하고 있다. 객관적인 경제법칙을 지키지 않고서는 외국의 자본이 유입되기 어려울 뿐 아니라 간혹 자본유치가 이뤄졌다고 해도 합작의 상대방은 불안하기 때문에 큰 규모의 투자가 성사되기는 더욱 어렵다. 이를 위해서는 국제사회와의 교류와 협력의 기회를 많이 마련해 서로의 신뢰를 쌓아가는 노력이 중요하다. 이렇게 광범위한 국제교류와 합작이 이루어지려면 경제원리를 존중하는 방법을 터득해야 한다. 국가 차원에서 기업에 많은 재량권을 부여한 만큼 객관적인 경제법칙에 따르는 일은 기업의 몫이 된다. 물론 국가 차원에서 법적으로, 정책적으로 기업이 경제원리를 따를 수 있도록 보호해주고 기업이 성장할 수 있는 토대를 마련해줘야 한다. 그래야만 기업의 건전한 발전을 다그칠 수 있으며 국제적으로도 경쟁력을 갖춘 기업으로 성장하게 될 것이다.

2 경제발전 전략과 국가의 경제적 기능

2016년 5월 6일 조선노동당 제7차대회가 개막했다. 1980년의 제6차 대회 이후 36년 만에 열리는 당대회이기 때문에 북한 내에서뿐만 아니라 국제사회에서도 많은 관심을 받았다. 사람들은 이 대회를 계기로 북한이 중대한 전환점을 맞이할 것이라는 기대를 가졌다. 이 대회에서 김정은 위원장은 경제강국 건설이 당과 국가의 기본전선이라고 확정했다. 그리고 경제강국 건설에 총력을 집중하자고 주문하며 국가경제발전 5개년 전략을 제시했다. 보고에서 김정은 위원장은 '온 사회의 김일성－김정일주의 기치를 높이 들고 인민대중의 자주위업, 사회주의위업을 끝까지 완성해 나가자'고 호소했다. '사회주의 건설의 총노선과 자강력 제일주의를 전략적 노선으로 틀어쥐고 과학기술강국, 경제강국, 문명강국 건설에서 결정적 승리를 이룩하며 정치사상강국, 군사강국의 위력을 튼튼히 다져가야 한다'고 강조했다. 경제건설과 핵무력건설의 병진노선은 항구적인 전략노선으로 선언하고 '책임 있는 핵보유국이 되어 세계의 비핵화 실현을 위해 노력하겠다'고 주장했다. 동시에 민족자주의 원칙과 민족대단결의 원칙, 한반도의 평화보장과 연방제실현 방안 등 조국통일노선도 제시했다. 5월 9일 대회에서는 김정은을 조선노동당 위원장으로 추대하였다. 대회에서는 김일성 주석과 김정일 국방위원장을 조선노동당의 영원한 주석으로 모신다고 결정했다. 그리고 조선노동당 제7차 대회에서 "만리마속도 창조의 불길높이 사회주의 완전승리를 향하여 총공격 앞으로!"라는 제목으로 전체 인민군 장병들과 청년들, 인민들에게 보내는 호소문을 발표했다.

국가경제발전 5개년 전략계획

김정은 위원장은 조선노동당 제7차 대회에서 2016년부터 2020년까지 국가경제발전 5개년 전략을 발표했다. 국가경제발전 전략은 인민경제 발전의 전략목표와 중심과업, 부문별 과업을 전면적으로 제시해 인민경제의 모든 부문이 국가경제발전 전략목표의 성공적 달성을 위한 구체적인 요구사항을 내놓았다. 국민경제 각 부문의 보편적인 문제는 설비가 노후돼 질 좋은 상품을 만들어내지 못한다는 점이다. 현대화 요구에 도달하려면 수많은 난관을 헤쳐 나가야 한다. 아래에서 구체적으로 제시된 부문별 과업을 살펴보기로 한다.

① 전력문제 해결

전력문제 해결은 5개년 전략계획 수행의 선결 조건이며 경제발전과 인민생활수준 향상의 중심 고리이다. 전력은 현대 산업의 기본 동력이며 인민경제의 생명선이다. 전력 없이는 그 어떤 생산도 할 수 없으며 현대적 기술이 장착된 사회주의 경제를 한 걸음도 움직일 수 없다. 석탄, 철강재 생산이나 철도수송의 정상화, 농업생산과 화학공업 어느 하나 전기 없이 불가능하다. 한마디로 전력문제는 인민생활을 향상시키고 사회주의 문명강국을 건설하기 위해 절실하게 선결돼야 할 문제다. 그래서 전력생산목표의 실현을 위해 전력산업 부문에 필요한 설비와 자재비용을 우선적으로 확보하는 국가 대책이 세워져야 한다. 동시에 생산된 전기를 절약하고 효과적으로 사용하려면 국가적인 통합관리체계를 구성하고 실속있게 운영하며 교차생산을 합리적으로 조직해야 한다. 또한 북한에 비교적 풍부한 동력자원(수력자원, 풍력자원, 태양열자원, 지열지원, 원자력발전의 자원으로 되는 우라늄광석)을 바탕으로 한 전력생산기지를 늘리는 것도 중요하다. 그리고 지방의 실정과 특성에 맞게 중소형 발전소 건설을 더 많이 늘려서 지방의 전력수요를 자체적으로 충당할 수 있게 힘써야 한다. 더불어 송배전망을 보수하고 전압단계와 역률을 높여 전력의 도중손실을 최소한으로 줄여야 한다.

북한의 전력문제는 줄곧 해결하지 못한 과제로 북한의 기초시설 중에 가장 절박하고 우선적으로 해결해야 할 문제다. 조선노동당 제7차 대회의 국가경제발전 5개년 전략 가운데 전력문제를 최우선적으로 강조했다. 김정은 위원장은 해마다 진행하는 신년사에서 매번 전력문제 해결에 대한 언급을 빼놓지 않았으며 2019년 4월에 있었던 시정연설에서도 재차 전력문제 해결의 중요성을 강조했다.

국가의 모든 자원을 동원해 전력문제 해결에 집중적으로 투입하다 보니 어느 정도 수급상황을 개선할 수 있었다. 하지만 국민경제의 현대화와 정보화를 추진하는 과정에서 자연히 전기 수요도 증가했다. 결국 전력생산이 늘어났지만 여전히 수요를 충족시키지 못하는 결과가 반복됐다. 몇 년 전까지만 하더라도 식사 도중에 전기가 끊기는 현상이 자주 일어났지만 아무도 의아해하지 않았다. 공장은 돌아가며 시간대를 정해놓고 기계를 돌려야 했고 주택구역은 동네별로 전기가 끊기는 것을 다반사로 여겼다. 그래서 기관과 단위에서는 자체용 발전기를 갖춰놓았는데 단전되면 몇 분 안에 자체 발전기가 작동하게 만들었다. 게다가 가정용 전자제품 사용이 늘면서 전력부족은 더욱 심각해졌다. 이로 인해 국가에서 가정용 전자제품의 사용을 제한하고 집집마다 찾아다니며 감독하는 일까지 벌어졌다.

국가에서는 주민들의 전기 사용을 규범적으로 관리하기 위해 2018년 4월부터 가정마다 전기계량기를 설치해 전기사용료를 받기 시작했다. 과거에는 가정용 전기가 거의 무료에 가깝게 제공되었기 때문에 아무도 전기 절약을 중시하지 않았다. 전기요금을 인상할 것을 결정한 이번 조치는 중대한 개혁인 것이다. 이 정책은 주민들의 일상생활에 필요한 기본량은 최저가로 보장한다는 전제하에 초과 사용 부분에 대해 전기사용료를 부과하는 방법이다. 이는 전력상황을 개선하는데 아주 큰 효과를 가져왔다. 전력공업 부문에서는 전기사용료로 석탄을 구매하기 때문에 높아진 수요로 인해 지방의 탄광에서도 석탄 증산의 동력이 생겼다. 다시 말해서 석탄채굴-발전-전기사용-수금-석탄구매의 방식이 순환하면서 전기문제 해결의 실마리를 찾을 수 있게 된 것이다. 정부에서는 집집마다 다니며 전자제품 사용을 감독할 필요가 없어졌다. 주민도 마음 놓고 전자제품을 사용할 수 있게 되어 합리적이라고 느꼈으며, 정부에서는 관리원가를 줄일 수 있어 전기요금 징수는 일거양득이 된 셈이다. 2018년 여름에 가장 불티나게 팔린 전자제품이 중국에서 수입한 에어컨과 냉장고였는데 품절 현상이 일어나 가격이 두 배로 오르는 일도 벌어졌다고 한다. 이제 공장과 기업도 무료로 전기를 사용할 수 없으며 생산원가에 반드시 전기사용료를 포함시켜야 한다. 기업이 상품을 생산하려면 우선 필요한 양의 전기를 구매해야 하는 것이다. 과거에는 공장이 언제 전기가 끊길지 모르는 상황에 대비해야 했다. 그래서 전기 절약보다 전기가 들어오기만을 고대하는 상황이었다. 지배인은 전기 절약보다 전기 사용에 더욱 신경을 써야 했다. 이제는 지배인들이 생산원가를 줄이면서 생산 효율성을 높여야 되기 때문에 전기 절약에 더 큰 신경을 쓰고 있다고 한다.

물론 전력 부문에는 아직도 해결해야 할 문제가 산재해 있다. 현존하는 수력발전소와 화력발전소를 재건해 정상가동을 해야 하며 송전망과 배전망을 수리해야 한다. 어떤 의미에서 본다면 발전문제보다 더 시급한 것은 송전망의 낙후 문제다. 2018년과 2019년은 가뭄이 심각했던 해이다. 가뭄으로 농업생산도 어려움을 겪었지만 전력공업 부문 역시 적지 않은 타격을 입었다. 북한 발전량의 60%는 수력발전인데 당시 가뭄으로 수력발전에 필요한 물이 부족했다. 과거 석탄 부족으로 화력발전소가 제대로 작동하지 못했지만 지금은 채탄량이 늘어 화력발전의 비중이 높아져 수력발전량을 앞질렀다고 한다. 그런데 수력발전량이 상대적으로 감소해 북한의 전력난은 여전히 개선되지 못하는 실정이다.

② 석탄산업, 금속산업, 철도운수 부문의 획기적 발전

석탄산업은 북한에서 연료산업을 대표하며 자립적 민족경제의 중요 위치를 차지하고 있다. 북한에서 석유가 나오지 않기 때문에 인민경제의 모든 분야에서 연료, 동력의 기본 원천과 화학산업의 재료 모두 석탄에 의존해야 한다. 모든 공장의 보일러, 가열로용 연료 및 화력발전소의 전기 생산에 모두 석탄을 사용한다. 그래서 김일성 주석이 '석탄은 공업의 식량이다'라고 말한 적이 있을 정도다. 만약 북한에 석탄이 없다면 산업체계의 큰 변화가 생겼을 것이다. 북한은 석탄이 풍부해 그 매장량이 수백억 톤에 달한다. 매장된 석탄 가운데 80% 이상이 평안남도와 평양시 주위인 서부지역에 분포한다. 서부지역에는 기본적으로 무연탄이 매장되어 있고 안주, 문덕지구에는 갈탄이 매장되어 있다. 동부지역에 있는 석탄은 기본이 갈탄인데 주로 함경북도 일대에 분포되어 있다. 석탄산업의 당면 과제는 탄광이 효율적인 채탄 방법을 수용해 더 많이 석탄을 채굴해 산업과 민생 부문의 수요를 담보하는 것이다. 탄광의 현대화는 갱내 작업의 종합적 기계화, 운반의 다양화를 적극 실현하는 것이다. 그리고 석탄 공정을 완비해 질 좋은 석탄을 캐내는 것 또한 탄광 현대화의 목적이다. 탄광에 현대적인 채굴과 탐사에 필요한 설비를 늘리고 새로운 탄광과 갱도를 대대적으로 개발해야 필요한 양의 석탄을 생산할 수 있을 것이다.

금속산업은 인민경제 선행 부문의 하나로 국가의 기간산업을 이루며 경제발전의 중추적 역할을 수행한다. 김정은 위원장은 제철과 제강, 압연공정의 기술장비 수준을 높이고, 모든 대책을 강구해 원료, 연료, 동력의 확보 대책을 세워 철강생산을 늘려야 한다고 강조했다. 금속공업에서는 기술의 현대화를 실현하는 것이 중요하며 이를 위해 반드시 철강재가 담보돼야 한다. CNC공작기계를 만든다고 해도 거기에 필요한 여러 재질의 철강재와 특수공구강이 확보되어야 한다. 뿐만 아니라 공장, 기업, 주택, 문화시설 등 기본 건설에서도 철강재 수요를 충족시켜야 한다. 국방산업 역시 각종 특수강, 불수강, 합금강 등 금속재료의 발전과 직접적인 연관성이 있다.

북한은 철강생산을 중심으로 하는 기업이 여러 곳 있다. 이 중 천리마제강연합기업은 초고속 전력전기로를 만들어 철강 생산량을 늘리고, 김책제철연합기업은 주체철 생산에 집중하고 있으며, 성진제강연합기업은 삼화철에 의거한 고품질 강재를 생산하고 있다. 선철생산을 위한 용광로, 강철생산을 위한 제강로, 압연강재생산을 위한 압연 설비는 다른 부문에 비해 설비 규모가 크며 생산공정조작이 기술적으로 매우 복잡하다. 문제는 현재 이런 설비들이 낡고 기술이 낙후되었다는 점이다. 현대화된 새로운 설비로 낡은 시설을 교체하거나 개조해 생산능력과 강재의 품질을 높여야 한다. 또한 철광석의 원료 문제를 시급히 해결해야 하는데 철광산의 생산능력을 확장하고 전극, 합금철, 내화물 생산기지를 잘 갖춰야 한다. 철광산 중에서 가장 전망이 좋은 광산은 무산광산연합기업인데 여기서 생산되는 철광석은 주로 김책제철연합기업에 보내진다. 무산광산연합기업에는 철광석을 대량 선광할 수 있는 대규모의 3선 광장이 있다. 이곳에서 지금까지 거의 한 세기 반 동안 캐낸 철광석이 총 매장량의 5% 밖에 안 된다는 점 역시 주목할 만하다. 앞으로 얼마든지 더 생산할 수 있는 유망한 철광산이라는 뜻이다. 은률광산, 재령광산, 태탄광산, 룡원광산, 송림광산, 신원광산, 청계광산에서 나오는 철광석은 황해제철연합기업에 제공되고 있다.

철도운수는 국가 수송의 기본 형태이다. 전체 화물수송량의 압도적인 부분을 철도수송이 담당하고 있어 인민경제의 동맥과도 같은 역할을 수행하고 있다. 그러나 나날이 늘어나는 운송 수요를 충족시키기에는 풀어야 할 과제들이 산적해 있다. 우선 유일관리시스템을 구축해 운송 시스템의 과학화, 합리화를 실현하고 정확성과 안전성을 확보해야 한다. 이를 위해 첨단기술을 적용한 차세대 초고속열차와 교류전기기관차 등 현대화된 철도운송수단을 대량 제작해야 한다. 각 역마다 철도시설과 장비의 현대화, 운행관리의 정보화를 실현해야 한다.

③ 기계산업, 화학공업, 건설부문과 건재산업 부문에서의 전환

기계산업은 경제발전과 기술진보의 기초이다. 기계산업은 국방건설과 경제건설, 인민생활에 필요한 기계설비, 장치, 기구와 공구, 계기 등을 생산하는 중공업의 핵심 부문이다. 기계산업 부문에서는 우선 기계공장을 첨단설비로 새로 장비하고 기존의 기계설비 성능을 개선해야 한다. 또한 세포식 생산방식을 채택해 생산공정의 현대화를 실현하고 고효율의 기계설비를 생산해야 한다. CNC 설비 같은 첨단장비는 정밀 가공품을 만들어낼 수 있을 뿐 아니라 높은 생산효율을 보여준다. 희천공작기계종합공장을 비롯한 공장에서 자체적으로 CNC 설비를 만들고 있는데 수요를 감당하기에 아직 부족하다. 다품종소량생산 시스템인 유연한 생산세포의 구성 방법을 적극 도입해 생산공정의 현대화를 가속화해야 한다.[4] 따라서 가공과 조립의 정밀도를 보장하는 다기능, 다목적, 지능화된 측정설비와 기구 문제도 해결해야 한다. 일부는 이미 실용 단계에 들어서 있어 향후 성공 가능성을 전망

---

4) 유연성제조기술 중의 세포식 생산방식(Cell Production)을 말한다. 세포식 생산방식이란 자율분산형의 생산방식으로 1960년대 일본에서 시작되었다. 세포식 생산방식은 U자형 생산라인, 개인가게식 순환생산방식, 무수송벨트생산방식, 개인가게식 생산방식, 일인순환생산방식 등 5가지 유형으로 나뉜다. 그중에서 가장 대표적인 형식은 개인가게식 생산방식인데 주로 수공으로 조립하는 방식이다. 여러 공정에 익숙한 소수의 직원이 제품을 조립하는 방식으로 적응성이 강한 생산방식이다.

할 수 있다.

화학산업에서는 원료부터 제품을 만드는 전 공정에서 화학적 처리가 중요한 부분을 차지한다. 화학산업 부문에서 전환을 이룩하려면 무엇보다 생산설비와 계통을 적절히 정비보수하고 생산능력을 확장해야 한다. 또한 촉매제의 국산화를 실현해 주체비료와 비날론, 기초화학제품 생산을 정상화해야 한다. 순천화학연합기업에서는 자체의 자원과 기술로 비날론생산에 널리 쓰이는 촉매제를 개발하고 생산공정의 효율을 한층 높이는 경험을 쌓았다. 원유의존도를 낮추기 위해 순천지구에 탄소화학공업기지를 창설했다. 북한에서는 전력소비효율이 좋지 않은 생산공정이나 생산방법을 없애는 추세다. 대신에 국내자원으로 새로운 화학제품 생산기지를 건설하는 방향을 제시하고 있다. 그중의 하나가 석탄을 가스화해 메탄올에서 출발하는 탄소하나(C1) 화학산업을 창설해 적은 전력으로 비날론을 생산하고 있다. 또한 칼슘망초를 출발원료로 하는 탄산소다공업도 완비할 것을 계획하고 있다.

건설과 건자재 부문에 대한 요구 역시 절박한 상황이다. 경제발전의 수요를 따라가려면 우선 건설이 선행해야 하는데 여기에는 반드시 질 좋은 건자재가 뒷받침돼야 한다. 건축 부문에서는 주체의 심미사상을 지침으로 해 만년대계의 기념비적인 건축물을 최상의 수준에서 최대의 속도로 건설해야 한다. 편리성과 미적요소를 겸비한 건축의 건설이 바로 주체적 미학사상을 구현하는 우선 조건이다. 건설설계 부문에서는 설계 시 이런 요구를 창조적으로 구현해야 한다.

최근 집중적으로 건설된 창전거리, 미래과학자거리, 려명거리를 보면 외형적으로 각기 다른 모양의 설계를 구현해 형태미와 조형미를 보여주고 있다. 실제 사용 측면에서 보더라도 과감히 고층아파트의 중간층을 비워 휴식공간으로 설계하는 등 인민의 휴식과 편리를 감안한 설계를 살펴볼 수 있다. 특히 여름에 통풍이 잘되는 중간층에서 시원한 바람을 느낄 수 있도록 만든 과감한 설계는 일반적인 아파트 건설에서 찾기 힘든 모습이다. 원가를 감안해야 하는 아파트 건설은 조금의 공간이라도 낭비하기가 쉽지 않은데 북한은 이처럼 과감한 설계를 해냈다.

마식령스키장 건설은 겨울철 대중관광체육기지로서 체육뿐만 아니라 관광, 휴식에 필요한 모든 조건이 완벽하게 갖추어진 종합 서비스시설이다. 여름에는 잔디 스키장으로 활용할 수 있으므로 계절적 한계를 해소할 수 있었다. 미림승마구락부도 종합적인 대중승마훈련기지로서 다른 시설과 비교해 그 종합성과 규모 면에 있어 결코 뒤지지 않는다. 선진 공법을 받아들여 단 7개월 남짓한 짧은 기간에 완공되었다. 문수물놀이장도 불과 9개월 만에 건설을 마친 공간이다. 야외수영장과 실내수영장, 실내체육관이 하나로 결합되었고 수영장의 규모나 설비의 종류 면에서 손색이 없다.

설계 간부들에 대한 요구사항도 많아지고 있다. 건축설계 방법을 과학화하고 설계수단을 현대화하는 문제를 강조하면서 최첨단 수준의 설계응용 프로그램과 체계를 북한식으로 연구 개발할 것 또한 요구된다. 설계를 아무리 잘해도 시공에서 건설 역량과 장비가 제대로 갖춰지지 않으면 건설단위로서의 역할을 제대로 수행할 수 없다. 그러므로 뒤떨어진 기술적 토대와 기능 수준을 높여 건설능력과 기술능력을 보강하고 건설기능공을 양성해야 한다. 현대적인 건설장비와 기구를 다른 국가에서 수입하는 방식도 고려해야 한다. 그리고 공법에서도 건식공법을 장려하고 에너지 소비 제로와 탄소배출제로 건설기술, 스마트 건설기술 등 현대화된 공법을 적극적으로 받아들일 필요가 있다.

건축의 세계적인 추세는 녹색건축, 스마트 건축이다. 이를 충족시키기 위해 녹색 건재, 스마트 건재 역시 발전시켜야 한다. 그래서 북한은 건재생산의 전문화, 전통화와 건재의 다양화와 다종화, 국산화 역시 요구하고 있다. 대동강 타일공장, 평양 건재공장, 천리마 건재종합공장은 이미 마감건재 생산기지를 세우고 생산공정의 현대화, 과학화를 추진하고 있다. 한층 높은 수준에서 전문화, 전통화, 국산화를 실현하기 위해 박차를 가하는 것이다. 북한에서는 무릇 자체적으로 생산할 수 있는 건자재가 개발되면 같은 종류의 건자재 수입을 금지해서 국내 상품의 질이 다소 떨어지더라도 국내 건자재기업의 판로를 열어주고 있다. 이러한 국가 정책으로 적지 않은 기업이 건자재 생산에 뛰어들고 있다. 건자재 종류가 늘어나고 품질도 나날이 향상되는 모습을 보이고 있다. 북한은 생산공정의 현대화, 과학화를 주문하면서 보다 높은 수준에서 건자재의 국산화를 실현하는 데에 매진하고 있다.

④ 농업, 수산업, 경공업 부문에서 생산운동 전개

북한의 식량문제는 이미 세계적으로도 널리 알려진 문제다. 북한 정부에서는 매년 식량문제 해결을 위해 노력하지만 해마다 필요한 생산량을 충족시키지 못하고 있다. 연이어 닥친 자연재해로 인해 식량문제 해결의 난제를 풀지 못하고 있다. 북한은 이런 국면의 해소를 위해 농산, 축산, 수산을 3대축으로 해서 먹거리 문제해결의 방침을 세워 일정한 효과를 보고 있다고 한다.

농업 부문에서 당이 제시한 알곡생산 목표를 공략하기 위한 최선의 방도는 주체농법의 따라 과학적 농사를 짓는 것이다. 주체농법은 북한의 실정에 맞게 농사를 지어야 한다는 말이다. 이는 어떤 불리한 자연기후 조건에서도 높고 안전한 수확을 거둘 수 있게 하는 과학농법, 집약농법이다. 우량품종을 더 많이 재배하며 지방별, 품종별 수요에 맞게 종자생산을 확보하는 것이 무엇보다 중요하다. 또한 지리적 특성과 기후 조건에 맞게 작물과 품종을 선택할 필요가 있다. 그리고 농작물 밭 관리에서 과학기술적 요구를 철저히 지키며 선진적인 경작방법을 적극적으로 적용해야 한다. 북한은 바다에 둘러싸여 있고 80%가 산악지대이기 때문에 기후 변화가 심하며 지방마다 그리고 골짜기마다 토양조건이 다르다. 따라서 작물의 품종을 지역에 따라, 시기에 따라 다르게 재배하는 것이 과학적 농사의 기본 사항이며, 이를 지키지 못할 경우 증산을 달성할 수 없다. 조선노동당은 이미 오래전에 세계적 농업발전추세에 맞게 유기농법으로 농사를 짓고 고리형 순환체계를 널리 받아들이는 방침을 제시했다. 농산과 축산을 유기적으로 결합시킨 고리형 순환체계는 축산물 생산을 늘리는 방도이며, 동시에 질 좋은 거름을 생산해 알곡생산도 늘릴 수 있다. 그리고 북한 정부는 농업생산구조를 알곡 위주의 생산구조로 개선하고 두벌농사를 대대적으로 지을 것을 지시한다. 이것은 경작지 면적이 부족한 실정에서 알곡 생산량을 효과적으로 늘릴 수 있는 방법이다.

과거 북한에서는 축산업에 큰 관심을 두지 않았다. 왜냐하면 경작지가 한정적이어서 알곡생산에 집중해야 됐기 때문이다. 그래서 축산업은 자연스럽게 차순위에 놓았다. 최근에는 국가적 차원에서 축산업 발전을 중시하게 되면서 각지에서 축산업 육성을 위해 노력하고 있다. '풀로 고기를 바꾸자'라는 구호에서 축산업 발전을 원하는 북한의 염원을 엿볼 수 있다. 축산업은 고기와 알, 유제품을 생산해 인민의 식생활 개선에 필수적인 단백질을 제공하게 된다. 이런 장점뿐만 아니라 질 좋은 유기질비료를 확보할 수 있어 알곡 생산을 늘리고 경공업의 원료문제를 해결할 수 있는 중요 산업이다. 축산물 생산을 늘리려면 우선 가축동물 종자와 사료문제를 해결하고 과학적인 사육관리, 수의사 방역조치를 철저히 해야 한다. 가축동물 먹이문제를 해결하기 위한 방법으로 풀과 고기를 바꾸겠다는 당의 방침이 제정됐고 그 실천방안으로 들판을 개간해 대규모 축산기지를 만들었다. 북한에서 전례 없는 규모로 수만 헥타르의 풀밭을 새로 조성하는 사업이 진행됐다.

이를 통해 가축의 먹이문제를 해결할 수 있게 되었다. 원산목장과 청진염소목장을 비롯한 농목장에서는 클로렐라를 자체적으로 배양해 클로렐라 배양액과 클로렐라 주사약을 이용한 사육관리를 실시했다. 축산을 하는 모든 단위에서는 방역시설을 철저히 갖추고 가축에 대한 검진과 축사 소독을 정기적으로 실시하고 있다.

축산물 생산을 늘리려면 협동농장의 공동축산과 농촌세대의 개인축산이 활성화되어야 한다. 북한 정부에서 축산업의 육성 방향을 제시한 이후 축산열풍이 일어나고 있다. 모든 협동농장에서 축산작업반과 비육분조를 꾸리고 실리있는 방식으로 운영을 하고 있다. 북한의 적지 않은 기관 단위와 공장, 기업들은 자체의 농장을 운영하고, 여기서 생산된 고기를 소속단위의 종업원에게 분배해 생활개선을 도모한다. 농촌세대에서 돼지와 염소, 토끼, 닭을 비롯한 가축을 많이 길러야 한다고 권장하고 있으며 소비하고 남은 것은 장마당에 내다 팔 수 있다.

북한은 과일생산에서 집약화, 과학화 수준을 높여 과일생산을 늘리고 전국 도처에 건설한 온실과 버섯공장에서 생산의 정상화를 꾀한다. 대동강과수종합농장, 고산과수종합농장 등은 이미 현대적인 과수원으로 건설되었다. 이곳에서 생산된 높은 품질의 사과는 전국에 공급된다. 전국 곳곳에 채소와 버섯생산시설이 꾸려져 사시사철 채소의 공급과 버섯생산이 체계적으로 이뤄지고 있다.

북한은 농촌경영의 종합적 기계화를 본격적으로 추진해 농산작업의 기계화 비중을 60~70% 수준으로 올리는 목표를 제시했다. 북한 자체의 기술로 제작한 80마력짜리 트랙터를 비롯해 파종기, 종합 밭갈이기계, 분무기, 후치기, 감자수확기 등 각종 농기계를 새롭게 만들면서 자체 생산의 확신을 한층 높였다.

수산 부문도 최근 몇 년간 비교적 발전이 두드러진 업종이다. 각지의 해역 자원을 활용한 해산물 과학양식으로 황금바다의 역사를 만들어 왔다. 어선과 어구를 현대화하고 첨단과학기술에 기초해 기상예보, 해상지휘, 어류가공체계와 설비 및 전력감시체계, 선박정비체계를 완벽하게 구축할 것을 강조한다. 그리고 양식업에서 노동력 절약형, 절수형 방법을 도입해 해양양어, 가두리양어를 널리 전개하며 바다양식 면적을 늘리고 양식방법을 개선해야 한다고 요구한다. 북한은 바다수역 면적이 매우 넓고 연안과 만, 섬, 하구, 심해 등이 고루 분포해 여러 가지 어류, 패류, 해조류 양식에 유리하다. 석막대서양련어종어장과 낙산바다가련어양어사업소에서는 바다연어 양식에 성공함으로써 해양양어, 가두리양어의 전망을 열어놓았다.

경공업 부문에서는 소비재에 대한 인민의 수요를 충족시키기 위해 원료, 자재의 국산화를 하루빨리 실현해 생산을 활성화해야 한다. 높아지는 인민의 물질문화 생활 요구에 대응하려면 경공업을 빨리 발전시켜 여러 가지 질 좋은 소비품을 많이 생산해야 한다. 최근 경공업 부문에서 북한은 지식경제강국을 줄곧 강조해온 김정은 위원장의 의도대로 생산공정의 현대화, 정보화를 실현하고 통합생산체계를 구축하고 있다. 동시에 지식경제시대에 걸맞은 본보기 공장을 곳곳에 세우고 있다. 금컵체육인종합식료공장과 평양어린이식료품공장은 지식경제시대의 본보기 공장이 되었다. 생산공정의 무인화, 자동화, 무균화, 무진화를 실현했고 모든 과정을 최적화할 수 있는 다차원적인 통합생산체계를 구축한 것이다. 평양옥수수가공공장, 평양곡산공장도 원료투입부터 상품 포장에 이르는 모든 생산공정을 국산화해 지식경제시대의 본보기 공장이 되고 있다. 이 모든 노력은 자강력 제일주의의 실천이며 국산화의 길을 더 넓히려는 시도이기도 하다. 아직 개선해야 할 부분은 경공업에 필요한 원료와 자재의 국산화를 하루 빨리 실현하는 것이다. 이를 위해 필요한 화학공업을 발전시키고 생산기술 공정에서도 혁신을 일으켜야 한다. 특히 나노기술, 생물공학, 신재료기술 등 첨단과학기술의 발전은 고급 원료와 자재를 생산할 수 있는 조건을 만들어낸다. 기술혁신을 못하면 질 낮은 상품을 기피하는 인민의 수요와 거리가 멀어지게 되고 수입품에 대한 우상화와 사대주의가 생겨난다.

현재 새로운 북한식 경공업 상품을 개발하기 위해서는 세계적 수준의 안목과 첨단기술을 소유한 인재가 필요하다. 더불어 고도의 정밀도와 높은 속도를 보장할 수 있는 실험수단, 기술수단이 요구된다. 김정은 위원장은 금컵체육인종합식료공장을 현지지도하면서 제품의 형태와 용도, 재질뿐만 아니라 포장과 상표에 이르기까지 대외시장에 내놓아도 손색이 없도록 만들어야 한다고 언급한 바 있다. 그리고 유럽제품을 생산견본으로 할 수 있도록 각 지역으로 내려보낸다고 한다. 제품의 규격화, 표준화를 철저히 실현하고 품질감독간부도 공정검사와 제품검사를 국제적 눈높이에 맞출 것을 요구하고 있다. 한마디로 인민의 수요가 없는 제품은 생산하지 말라는 것과 같다.

⑤ 국토관리사업 적극 추진

북한은 국토관리사업을 만년대계의 애국사업으로 규정하고 거리와 마을이 사회주의 풍경으로 변화되도록 노력하고 있다. 토지를 큰 규모의 규격으로 정리하고 간석지를 옥토로 바꾸는 사업을 끊임없이 추진한다. 또한 온 국토를 수림화, 원림화 하는 사업에서 큰 진전이 있었다. 구월산, 칠보산, 용문대굴을 비롯한 많은 명승지가 유원지로 되었고 강하천을 정리했다. 청년영웅도로, 북청－혜산도로와 같은 새로운 도로가 건설되면서 국토의 면모를 일신했다.

국토 면적의 80%를 산림이 차지하는 북한에서 산림자원의 보호증식 사업은 특별히 중요하다. 그런데 지난 '고난의 행군', '강행군' 시기에 일부 지방에서 산림을 남벌했다. 이로 인해 많은 산이 벌거숭이처럼 되었으며 이

것은 사회주의 경제건설에 막대한 영향을 미치고 있다. 북한에서 산림복구는 더이상 미룰 수 없는 절박한 과제다. 국가에서는 삼림보호와 수목보호에 관한 일련의 정책을 내놓고 있으며 민둥산을 푸른 산으로 바꾸는 작업에 돌입했다. 산림조성사업을 잘 수행해 북한의 모든 산을 황금산, 보물산으로 만드는 것은 '선대 수령들의 유훈'이다. 북한의 새로운 지도자는 산림복구를 자연과의 전쟁으로 선포하고 식수조림의 원대한 목표를 제시했다. 산림조성사업은 장기사업인 만큼 산림의 현실 상황과 지리적 특성, 현실적 조건을 과학적으로 계산해야 한다. 즉 이 사업은 연간계획과 전망계획을 분명하게 세우고 원칙대로 집행해야 한다. 북한은 벌거숭이산을 수림화하고 황금산, 보물산으로 만들어 10년 안에 온 국토를 수림화, 원림화, 과수원화 한다는 목표를 제시했다. 이를 위해 인민의 산림보호 의식을 높이고 산림 병충해의 피해를 철저히 막아야 하며 심은 묘목의 성장률을 높여야 한다.

나무심기는 어려운 일이 아니며 누구나 할 수 있다. 관건은 꾸준한 실천에 있다. 전국의 녹지화를 실현하기 위해서는 전 인민이 함께 움직여야 한다. 그런 호소에 힘입어 평양 시내 곳곳에 잔디심기와 나무심기 운동이 눈에 띄게 증가하고 있으며, 평양이 녹색도시로 변모하는 것을 확인할 수 있었다. 평양에서는 녹화사업을 위해 각 기관별로 책임구간을 정해 거리의 녹지화를 책임지게 하면서 식수의 생존율을 높인다. 주택구역의 잔디는 주민을 동원해 심고 가꾼다. 잔디밭에 많은 사람들이 함께 잡초를 뽑는 광경은 평양의 이른 아침에 흔히 볼 수 있는 모습이다. 려명거리에 입주한 김일성종합대학 교원도 똑같이 동원되어 잔디를 심고 가꾸는 일에 동참한다. 그즈음 나는 여러 해 동안 김일성종합대학과 기타 기관에 잔디 씨앗과 묘목을 무상으로 기증했다. 2015년 4월 15일 태양절을 맞아 은행나무 415그루를 기증해 종합대학학생과 중국유학생이 함께 식수활동을 벌이기도 했다.

북한을 방문하는 사람들한테도 묘목과 잔디 씨앗을 지원하도록 아이디어를 주면서 북한의 녹지화 건설을 돕기도 했다.

국가의 자원개발과 환경보호 사업의 중요성도 강조되며 환경오염을 방지하는 일련의 조치도 마련돼 있다. 도시건설에서 상하수도와 오수망시설, 오수정화시설을 먼저 건설해 환경오염을 철저히 막도록 요구하고 있다. 바다와 강을 이용하는 단위들은 항구, 부두, 포구, 선박에 오수와 오물, 폐수처리시설을 빠짐없이 갖추도록 하고 있다.

⑥ 대외경제관계 확대발전

대외경제관계를 확대 및 발전시키는 일은 인민경제의 활성화를 위한 기본 요구이다. 대외경제 교류를 활성화시켜야만 국민경제의 지속적인 발전에 필요한 외환과 물자를 원활히 해결할 수 있다. 이 부분에서 강조하는 것은 우선 대외무역에서 신용을 지키고 무역구조를 개선하는 일이다. 북한은 줄곧 무역과 국제협력을 중시하면서 대외경제협력에 관련된 법규를 제정해 왔다. 그리고 여러 차례의 수정을 통해 공장과 기업이 대외협력을 올바르게 실시하도록 권장하고 있다. 북한의 무역관련 법규나 규정은 북한기업에게 국제무역 관련법과 관례를 존중하도록 요구한다. 이러한 법규 제정은 북한과 무역거래를 하고 있는 외국기업이 북한에 신뢰를 갖도록 하는 긍정적 효과가 있다. 북한도 당사자의 사상과 제도, 무역관행과 태도 등이 서로 다르므로 상호 신용을 지키는 것은 대외무역의 확대발전을 담보하는 필수적인 요구라고 인식하고 있다.

이미 국가무역 지도기관과 무역관련 기관, 무역업체를 포함해 국내에서 통용되는 전자무역체계가 수립되었다. 이를 통해 무역관련 수속시간과 비용을 대폭 줄이는 통신시설의 기반을 마련했다. 대금지불 의무를 성실히 이행하는 것은 신용을 지키는 중요한 방법이다. 이행 가격과 운임 등 다른 국가에 갚아야 할 돈은 어떤 일이 있어도 제때에 전액 지불해야 한다고 강조한다. 국가 차원에서 기업이 신용을 지키도록 강조하는 것은 고무적이다. 예전에 적지 않은 외국기업들이 북한 회사와 경제협력을 정상적으로 하고 있을 때 적시에 대금지불이 이뤄지지 않아 송사로 이어지는 일들이 비일비재했다. 이런 일들이 늘어나고 있지만 북한 정부는 '한 눈 뜨고 한 눈 감는' 식의 태도를 보였다. 이는 북한의 더욱 많은 기업들이 돈을 떼먹는 현상을 조장하기도 했다. 이 때문에 북한과 무역거래를 했던 사람들이 후회하면서 더 이상의 거래를 꺼리는 현상도 나타났다. 김정은 위원장은 이런 문제가 심각하다는 것을 인지하고 송사에 걸린 북한기업에게 대금결제를 제때에 하도록 지시했다. 채무상환의무를 이행하지 못하더라도 회피하지 말고 외국 측과 지속적으로 소통하면서 해결책을 마련해 쌍방의 협력관계를 악화시키지 말라는 것이다.

북한의 대외무역은 두 가지 문제점을 안고 있다. 무역의 수출입 비중이 균형을 잃은 것과 교역대상 역시 한두 국가에 편중됐다는 점이다. 수출은 광산류 같은 단일 상품군에 집중돼 무역구조가 심각하게 기울어진 상태로 앞으로 가공품수출과 기술무역, 서비스무역의 비중을 높이는 방향으로 무역구조를 개선해야 한다. 그리고 한두 국가에 무역이 편중되면 다른 수요자를 찾기 어려울 뿐 아니라 유리한 조건으로 거래를 할 수도 없다. 그러므로 여러 국가와 무역관계를 맺어야 특정 상대국과의 거래에서 우발적인 사태나 자연재해로 인한 손실을 방지할 수 있다. 더불어 사상과 제도의 차이에 상관없이 북한의 자주권을 존중하고 북한을 우호적으로 대하는 자본주의 국가와도 무역관계를 확대해 시장의 폭을 넓혀야 한다.

2022년 1월 28일 조선최고인민회의 상임위원회는 제14기 제19차 회의에서 기존의 「무역법」을 수정, 보충했다. 이번에 '모든 무역활동을 국가경제의 자립적 발전을 도모하는 방향에서 확대 발전시키고 무역사업에 대한 중앙집권적, 통일적 지도와 통제를 더욱 강화하기 위한 조항'을 추가했다. 이 「무역법」은 1997년 12월 10일에 처음 제정되었으며 이번까지 총 7차례에 걸쳐 개정됐다. 이처럼 북한에서는 관련법을 부단히 수정 및 보충하면서 완성도를 높여가고 있다. 「무역법」을 시대적 요구에 맞게 수정하는 것을 보면 현재 어려운 상황에서 자원과 자본을 낭비하지 말고 국가의 살림살이를 전반적으로 관리하려는 뜻을 내포하고 있는 듯하다.

대외경제관계를 확대 발전시키려면 무역의 폭도 넓혀야 하지만 합영, 합작의 기회도 늘려야 한다. 북한은 타국에서 원료와 자재를 들여와 가동할 수 있는 설비를 엄격히 통제한다. 계약기간이 만료되어 해당 설비가 북한에 양도된다고 하더라도 원자재를 수입해야 한다면 생산과 건설을 정상화할 수 없기 때문이다. 그런데 이 점에 대해서는 약간의 조절이 필요하다. 국산화 실현을 앞당기려면 외국의 선진기술과 설비를 하루 빨리 수용해야 하는데 이것저것 가늠하다 보면 기회를 놓치게 된다. 더구나 원자재 문제 때문에 합작을 제한한다면 북한이 추구하는 국산화는 자연스럽게 지연될 수밖에 없을 것이다.

북한 정부는 경제특구를 활성화하는 방향으로 외국투자자를 적극 유치하려고 한다. 하지만 기대와는 달리 경제지대나 경제개발구에서 큰 성과를 내지 못하는 실정이다. 각 도마다 경제개발구를 만들어 광범위하게 투자유치를 하겠다는 의지를 보였지만 여러 요인으로 인해 모든 경제특구들이 이름만 남아있는 빈껍데기 상태가 됐다. 외국투자자들을 적극적으로 유인하려면 유리한 투자환경과 조건을 보장해야 한다. 투자자의 인신과 자산의 안전을 법적으로 담보해야 할 뿐 아니라 그것을 당사자들이 느낄 수 있도록 국가가 감독해야 한다. 그렇지 않으면 경제특구는 유명무실해지는 결과를 초래할 수밖에 없다.

북한에서는 여러 가지 형태의 경제개발구를 창설해 지방경제를 활성화,

현대화하고 인민생활을 향상시키는 데 필요한 상품과 기술, 자금문제를 해결하며 수출 증대 및 무역구조 개선을 위해 노력하고 있다. 2013년 5월 29일 「조선민주주의인민공화국 경제개발구법」을 채택했으며 이후 현재까지 등록된 경제특구(중앙급과 지방급)는 총 29개에 달한다. 북한에서 말하는 특수경제지구는 경제지대와 경제개발구 두 가지 형태를 통칭하는 말이다. 내가 이해한 바로는 북한은 국가차원에서 경제특구의 외자유치 효과에 대해 전면적으로 검토하고 있으며 보다 효과성 있는 개발정책을 연구하고 있다.

북한은 최근 각종 관광자원개발에 관심을 쏟으며 국내외 관광객에게 북한 고유의 관광 상품을 선보이고 있다. 북한의 명산, 해변, 폭포, 지하 명승지와 자연보호구역을 많이 개발해 관광객이 북한에서만 느낄 수 있는 즐거움을 제공하려는 것이다. 관광을 돈벌이의 대상으로만 볼 것이 아니라 인민생활의 향상을 위해서라도 반드시 활용해야 한다. 이러한 의도에서 건설 중인 곳이 바로 원산갈마해안관광지대이다. 관광은 국제제재에 포함되지 않기 때문에 북한도 외국관광객 유치에 공을 들이고 있으며 특히 호텔 건설과 관광버스 개선 등에 힘을 쏟고 있다. 외국관광객의 만족도를 높이기 위해 서비스 품질 제고와 다양한 관광 상품 개발에 주력하고 있다.

내각의 기능

북한의 내각은 국가의 최고행정기구로서 중국의 국무원과 같은 기능을 발휘한다. 이 내각은 총리, 부총리, 행정부문의 상과 기타 필요한 성원으로 구성되어 있다. 북한은 2021년 1월 18일 최고인민회의 제14기 제4차 회의에서 새로 임명된 내각성원의 명단을 발표했다. 6명의 내각부총리와 20명의 상, 1명의 원장이다. 부총리 중 한 명은 국가계획위원회 위원장을 겸하고 다른 한 명은 농업상을 겸한다. 20명의 상들은 내각 사무장, 전력공업상, 화학공업상, 철도상, 채취공업상, 자원개발상, 체신상, 건설건재공업상, 경공업상, 재정상, 노동상, 대외경제상, 도시경영상, 상업상, 국가건설감독상, 고등교육상, 보건상, 문화상, 중앙은행총재, 중앙통계국 국장을 맡게 되며 중앙검찰원 원장 1명까지 포함해 내각이 구성된다. 김정은 위원장은 새로운 내각성원들에게 '애국충심'과 '이민위천사상'을 명심하고 당과 인민의 기대와 신임을 저버리지 않고 한층 더 분발해 국가의 경제사업에서 뚜렷한 성과가 있기를 바란다고 요구했다.

조선노동당 제7차 대회에서 내각이 경제전선의 사령부라는 논의가 처음 제기됐다. 이런 주장은 선군정치에서 경제건설을 중심으로 하는 역사적 전환기에 내놓은 것이라 주목할 필요가 있다. 당시 국가자원이 주로 국방건설에 사용됐다면 이제부터 인민경제 영역으로 돌려야 한다는 의미가 담겨 있는 것이다. 북한은 국가자원을 민생으로 돌리기 위한 노력을 수년간 꾸준히 추진하고 있다. 결과적으로 그 수치가 점차 증가하고 국가경제가 정상궤도에 진입하고 있으며 경제 부문들은 경제법칙에 따라 생산을 진행하고 있다.

조선노동당 제8차 대회에서 내각의 사령부 역할을 재차 강조했고 내각이 사회주의 계획경제발전과 경제회복의 기능을 책임지고 이행할 것을 주문했다. 이 점에 대해 외부에서는 북한이 다시 과거의 길로 돌아가는 것이 아닌가라는 의구심을 갖는 일부 '전문가'들이 있다. 나는 과거로 돌아가려는 것이 아니라 이른바 특수기관들의 각종 특혜를 이용한 부패를 막기 위함이라고 본다. 이런 특수기관들이 자기 소속 단위의 이익을 과도하게 챙기면서 국가경제 각 부문에 필요자원이 균형있게 분배되지 못해 인민경제 전반에 큰 손해를 끼친다. 그러므로 내각 중심의 경제관리체계를 조직할 때 경제 순환을 제대로 작동시키자는 주장이 제기된 것이다. 내각은 국가경제의 총괄관리기구로 국가경제발전계획을 세우고, 인민경제 각 부문의 합작을 조절하며, 경제활동을 통일적으로 지휘하면서, 국가가 제정한 경제발전전략 임무를 완성해야 한다. 국가에서는 내각 기능을 정상화하는 한편 기타 관련 부문으로 하여금 내각의 지휘를 존중하고, 특권의식을 내려놓고, 통일적인 조절을 받으면서, 제한된 조건일지라도 경제건설을 위해 모든 역량을 집중해야 한다고 요구하고 있다.

사회주의국가는 생산수단에 대한 사회적 소유에 기초해 국가경제 전반을 통일적으로 장악하고 계획적으로 지도 관리한다. 사회주의 경제건설에서는 국가의 경제조직자적 기능을 강화해야 인민대중의 요구와 이익에 걸맞게 경제사업 전반에 대한 통일적이며 중앙집권적 지도관리를 실현하면서 부문, 지역, 기업 단위의 창조성을 적극 발양시킬 수 있다. 주체사상을 구현했다고 하는 북한식 경제관리방법은 근로자 대중이 경제의 실질적인 주인이 되어 생산과 관리 분야에서 주인으로서의 책임과 역할을 다하도록 하는 방법이다. 이 방식의 장점은 경제사업에 대한 당의 영도를 확고히 보장하면서 국가의 전략적 경제관리를 실현하며 기업이 실질적인 경영권을 가지고 생산과 관리를 주도적으로, 창의적으로 해나가는 사회주의 경제관리방법이라는 데 있다.

사회주의에서는 국가가 모든 자원을 통일적으로 장악하며 기업은 국가자원에 대한 이용권한만을 갖는다. 이와 관련해 국가의 전략적 경제관리에서는 기업이 사회주의 기업책임관리제의 요구에 맞게 국가자원을 합리적으로 동원 및 이용해 경영활동을 주도적, 창의적으로 할 수 있는 경제적 조건과 법률적 환경을 마련해야 한다. 중국의 경우 다소 다른 방법으로 국가가 제정한 경제발전 5개년 계획을 수행한다. 우선 중국은 사회주의 성격의 소유제 형태를 취하면서 다양한 소유제를 허용한다. 전민소유제와 집단소유제를 유지하면서 개인소유제를 인정하게 되었고 현재는 혼합소유제 형태(전민소유제와 개인소유제의 혼합)까지 허용하고 있다.

다음으로 경제지도자적 기능은 국무원에서 통일적으로 지휘하는 것은 같지만 생산성에 관한 정부 기능은 지휘기능이 아니라 정책조정의 기능으로 전환됐다. 다시 말해서 업종별 책임기관은 정책으로 방향을 조절하지 과거처럼 기업 경영을 직접 지휘했던 방식은 사라졌다. 따라서 정부가 권장하는 업종에 대해 세금혜택이라든가 각종 지원정책으로 기업의 관심이 흐르도록 만들고, 만약 제한해야 하는 업종이라면 여러 가지 제약조건을 달아 해당 업종의 확장을 견제한다. 특히 환경오염산업에 대한 규제는 이미 강제적 수단을 동원해 제한시키거나 오염방지 수준까지 시설을 개선하도록 압박한다. 즉 정부는 거시적 차원의 기능을 수행하며 정부 정책을 통해 균형을 이루도록 경제조절기능을 수행한다. 이제 북한에서도 수요와 공급의 원리인 경제적 원칙에 충실하려고 하며 정부의 조절기능을 바탕으로 점차 균형을 잡아가고 있다.

북한의 경우 전략기간에 경제발전으로 도달해야 할 수준의 목표를 전략적인 경제지표로 규정한다. 그런 국가경제발전 전략목표지표로는 국가의 경제발전을 종합적으로, 개괄적으로 반영하는 사회 총생산액 또는 국내 총생산액, 국민소득, 인민경제 발전속도, 부문별 생산액, 주요 품종별 현물생산량 등이 될 수 있다. 내각은 국가의 전략적 경제관리를 통해 국가의 경제발전전략을 바로 세우고 집행을 위한 경제조직사업을 구성해 나가면서, 기업이 과학적인 경영전략, 기업전략에 따라 기업 활동을 창조적으로 벌여나가도록 해야 한다. 또한 국가경제 전체가 뚜렷한 목표를 가지고 하나의 생명 유기체처럼 활력 있게 움직이며 발전해 나가도록 해야 할 것이다.

내각은 국가경제발전전략과 단계별 인민경제 발전전망 계획을 현실적으로 세워야 한다. 그리고 집행을 위한 경제조직사업을 구성하며 끝까지 뚝심있게 추진해 나가야 한다. 요령주의, 형식주의, 패배주의는 국가의 전략적 경제관리에서 허용하지 말아야 할 금물이다. 조선노동당 제7차 대회에서 국가경제 전략목표 관철을 위한 내각의 중점사업을 제정했다. 내각은 국가의 전략적 경제관리에서 자립경제강국, 지식경제강국 건설의 전환적 국면을 만들어가기 위해 전력산업, 석탄산업, 금속산업과 철도운수부문 같은 인민경제 선행부문, 기초공업부문, 경제강국건설의 주요 방향인 농업과 경공업, 경제의 기둥이 되어야 할 첨단산업부문을 중심 고리로 정하고 이 부문에 국가역량을 집중하도록 했다. 조선노동당 제8차 대회에서는 새로운 전략목표를 내놓았다. 새로운 5개년 발전계획의 중심과업은 "금속공업과 화학공업을 관건적 고리로 틀어쥐고 기간 공업부문들 사이의 유기적인 연계를 강화하여 실제적인 경제 활성화를 추동하며 농업 부문의 물자기술적 토대를 향상시키고 경공업 부문에서의 원료의 국산화비중을 높여 인민생활을 한 단계 올려세우는 것이다."[5] 내각은 내각책임제, 내각중심제를 강화해야 국가의 경제사령부로서의 기능을 원만하게 수행해 경제 전반에 대한 통일적 지도와 전략적 관리를 할 수 있다.

3 공장, 기업, 농장의 이모저모

북한은 병진노선이 시행되는 기간 동안 경제부문에 전례 없던 새로운 정책을 도입하며 중대한 전환점을 맞이했다. 이를 통해 공장과 기업의 생산능력이 일정한 수준으로 올라서게 되었다. 즉 기업책임관리제라는 새로운 정책이 시작됐으며 이에 힘입어 기업 스스로 능력을 충분히 발휘할 수 있게 전력을 기울였다. 기업의 현대화, 국산화 실현을 위해 노력하고 노동자 동원을 위한 새로운 방법이 시행되면서 공장과 기업이 생기를

---

5) 「조선로동당 제8차대회에서 한 결론: 김정은」, 『로동신문』, 2021년 1월 13일.

찾기 시작했다. 물론 경제기초가 아주 낮은 단계에서 시작을 하다보니 어려움이 한두 가지가 아니었다. 국제적인 봉쇄와 제재 속에서 수출입의 길이 막히고 합영합작의 대상이 나서지 않는 현상이 보편화됐다. 여러 난관에 봉착했지만 자력자강을 주장하는 북한에서는 국산화 목표를 실현하기 위해 온갖 노력을 하고 있다. 그리고 그 속에서 성공한 기업도 하나둘 생겨나기 시작했다. 나는 평양에서 어려운 고비를 이겨내면서 생기를 발산하는 기업과 농장 몇 곳을 돌아보았다. 다음의 내용은 '북한의 공장, 기업들이 병진노선 하에서 어떻게 자강력을 키우고 새로운 발전의 기회를 만들어 왔는지' 살펴보려고 한다.

금컵체육인종합식료공장

금컵체육인종합식료공장은 이 시기의 경제건설과정에 배출된 모범기업으로 가공식품 분야에서 획기적인 혁신을 일으킨 대표 기업이다. 이 기업은 국가에 손을 내밀지 않고 자체적으로 설비의 현대화를 실현해서 인민이 소비하는 수천 종의 가공식품을 생산하는 기업으로 성장했다. 나는 2016년 11월 22일 이 회사를 방문했고 리정호 사장과 그 성공담을 나누는 기회를 가질 수 있었다. 리정호 사장은 김일성종합대학 역사학부 졸업생인데 나를 김일성종합대학의 경제학 박사라고 반겨주면서 바쁜 시간을 할애해 주었다. 우리는 4시간 동안 허심탄회하게 이야기를 주고받으며 깊은 대화를 나누었다. 2016년 당시 리정호 사장은 44세였고 금컵무역회사를 시작으로 산하에 3개 공장(금컵체육인종합식료공장, 금컵축전비품공장, 금컵 1식당, 2식당)을 둘만큼 착실하게 기업을 키워가고 있었다. 공장은 'ㄷ'자로 지어져 있었는데 아래층은 생산공장이고 3층에는 현대화된 수영장이 있는 종합 서비스시설이 갖추어져 있었다. 그전에는 단층 건물이었지만 2016년도에 공장건물을 신축했고 그 당시 직원은 총 360명 정도였다.

금컵무역회사는 체육성 소속으로 2009년 12월 12일에 리정호가 사장으로 부임하면서 설립했고 2010년 1월에 정식으로 창립했다. 그때 나이가 36세였는데 그는 13년간의 무역경력을 바탕으로 체육인에게 필요한 영양공급을 전문으로 하는 무역회사를 맡게 되었다. 이런 경험을 바탕으로 나중에 체육인을 위한 식료품 공급생산기지를 만들어 보자는 구상을 하게 된다. 금컵체육인종합식료공장은 2010년 4월에 착공해 2011년 1월 27일에 정식으로 개업했고 1기 공사에 5,000㎡의 공장건물을 지으며 생산을 시작했다. 2013년에 목재공장을 건설한 이후 2기 공사를 시작했는데 2015년 3월 9일부터 리빌딩을 시작해 10월 5일에 완공했다. 공장은 총면적 28,500㎡로 확장됐다.

"총투자규모는 900만 달러였는데 자체로 700만 달러를 해결하고 우리 원수님께서 강재400톤, 시멘트 6,000톤, 자금 100만 달러를 지원해주었습니다"라고 말하는 리정호 사장은 어렵게 시작한 사업이 원수님께서 관심을 준 덕에 빨리 완성할 수 있었다고 말했다. "원수님 말씀이 체육선수들이 훈련과 경기를 할 때 껌을 씹는 것은 건방진 것이 아니라 수분 소모와 갈증 해소를 위한 것이다, 우리 자체로 껌을 생산하는 것이 좋겠다고 하셔서 껌 설비를 이해하기 위해 유럽의 여러 국가들을 돌아보게 되었습니다. 독일, 프랑스, 이탈리아, 스위스 등지를 방문하고 참관조사를 거쳐 형편에 맞게 구입하기로 결심했습니다"라며 창업하게 된 사연을 털어놓았다. 유럽에 가서 껌 설비를 구입하려고 아무리 돌아봐도 최소 400만 유로가 필요한데 손에 쥔 돈은 겨우 250만 달러밖에 없었다. 고민 끝에 250만 달러에 해당하는 핵심 설비만 구입하고 돌아와서 나머지는 자체로 해결했다. 리정호 사장은 "국제적으로는 껌을 씹어보고 그 국가의 식품공업을 평가한다는 말이 있습니다. 그렇다고 무턱대고 들여오는 것이 아니라 자력자강의 실천을 통해 자체로 해결하는 데서 우리의 제품을 만들어낼 수 있게 되었습니다"라고 소회를 밝혔다. 공장 건설 당시 평양방직기계공장에서는 설비 연구제작을 도와주었고 김일성종합대학에서는 현대통합 관리시스템을 지원해주었다. 그리고 국가과학원에서는 품질관리시스템 등을 지원받았다.

2016년 1월 17일 김정은 위원장은 이 공장의 현지지도 당시 "국가에 손을 내밀지 않고 자체로 공장을 만들고 하나의 공장에서 새끼치는 개건현대화와 경영전략에서 앞장서는 모범기업이다"라고 칭찬을 아끼지 않았다. 김정은 위원장은 리정호 사장한테 '청도깨비'라는 별명을 붙여주기까지 했고 자기 공장자랑을 많이 한다고 '자랑쟁이'라고 불렀다는 것이다. 리정호 사장은 국가지도자 앞에서 주눅들지 않고 솔직하게 자기 생각을 이야기했는데 그 점이 맘에 들었는지 치하를 아끼지 않았다고 자랑삼아 이야기했다. 리정호 사장은 식품을 직접 만들게 된 계기부터 털어놓았다. "내가 어렸을 때 가장 먹고 싶었던 것을 만들고 싶었다. 어렸을 때는 명절이 되어야 과자 같은 당과류를 배불리 먹을 수 있었다. 이제는 인민들이 매일 명절 쇠는 느낌이 들게 해주고 싶었다." 막상 시작하고 보니 무엇부터 하면 좋을지 몰랐다고 한다. 초창기에는 남이 하는 대로 따라 하다 어느 순간에 이래서는 안 되겠다는 생각이 들었다고 한다. 그는 우선 2,500만 명이 먹는 식료품에 대한 조사부터 진행해야겠다는 생각이 들었다. 인구수와 수지타산에 대한 조사였는데 직원들을 시켜 자루를 메고 평양시장에서 팔고 있는 식료품을 종류별로 구매해서 돌아와 풀어헤치고 검토하기 시작했다. 이러한 조사와 노력 끝에 결국 인민이 원하는 제품이 무엇인지 찾을 수 있었다.

평양에는 원래 금성식료공장이 있었다. 국영회사인 금성식료공장은 거의 모든 종류의 식품을 다 생산하고 있었다. 이제 금컵체육인종합식료공장은 식품업계의 대표 회사와 경쟁해야 하는데 그 경쟁에서 이길 수 있는 방법은 원가를 줄이고 품질을 높이는 길밖에 없다. 국가가 지정해준 원가분석, 품질기준을 엄격히 준수한다는 전제 하에 '소비자의 입맛을 따라가야 한다, 소비자들의 입맛은 못 속인다, 소비자의 입맛을 기준으로 삼아야 그들의 신뢰를 받을 수 있다'라는 깨달음을 얻게 되었다. 전국 각지의 도매상이 식료공장에서 만든 식품을 판매할 때 가장 꺼려하는 점이 바로 변질 문제다. 여기서 힌트를 받은 리정호 사장은 식품에 유통기한을 명시하기 시작했으며 방부효과를 살리는데 주력했다. 이러한 노력의 결과 금컵식품은 판매유통과정에 품질변화가 없다는 소문이 나기 시작했고 안심하고 식품을 먹어도 된다는 이미지를 심어주게 됐다. 그리고 소비자 성향을 분석해 보니 과거에는 단 것을 선호했지만 현재는 달지 않은 빵을 선호했다. 이전에는 생산기일, 보관기일, 생산업자를 보는 일이 거의 없었지만 요즘 소비자는 모두 확인한다. 소비자로부터 신뢰를 얻는 일이 무엇보다 중요하다는 점을 깨닫게 되면서 일의 실마리가 점점 풀리게 되었다.

김일성종합대학 재학 시절에 창조와 건설, 또는 창조와 혁신이라는 말은 배웠지만 개조와 혁신이란 말은 듣지 못했다. 리정호 사장은 오직 창조만이 살 길이라는 확신을 가지고 새로운 제품개발에 몰두했다. 요즘에는 옆집에서 뭐가 잘 된다고 하면 무턱대고 따라하는 경향이 있다. 식당, 석탄, 아연, 빵 등 뭐든 남이 된다는 것을 따라하는 경향이 있다. 그러나 자신은 북한에 없는 것, 반드시 필요한 것을 선택해야 한다고 생각했다. 그와 전체 종업원이 흘린 땀은 헛되지 않았다. 2016년 당시 하루 생산판매량은 40톤에 이르렀으며 전국 각지의 상점에 다 공급한다. 현재 전국 가공식품 수요의 55%를 담당하는데 물량부족으로 판매가 중단되는 경우도 있다고 한다. 김정은 위원장이 현지지도할 때만 해도 생산품종이 360종류에 불과했지만 지금은 680종류에 달한다. 70일 전투기간에 70종류의 신제품을 창안하기도 했는데 이제는 다른 기업도 저마다 식료품 생산에 가담하다 보니 북한은 진정한 경쟁상태에 돌입하게 되었다고 솔직하게 말했다.

그는 판매수익에 대해 이렇게 설명했다. "원수님께서는 공짜라는 것이 없어야 한다, 무조건 돈 주고 사가게 해야 한다. 그래야 경제가 순환되고 확대재생산이 이뤄질 수가 있다고 말씀하셨습니다." 지금은 전국 각지에서 현금을 들고 와서 제품을 실어간다고 했다. 2016년 기준으로 하루 평균 4만 달러의 영업 매출을 올리고 있었는데 한 달이면 120만 달러, 연간 매출 1,500만 달러라는 계산이 나온다. 이윤율은 30~40% 정도라고 하니 그렇다면 연간 이윤은 400~500만 달러로 짐작된다. 수출은 이뤄지고 있냐는 질문에 리정호 사장은 솔직히 국내식품 기준에는 도달했으나 아직 국제 ISO 기준에는 미달했다고 털어놓았다. 그러나 특색 있는 제품에 한해서는 구매제의가 들어오기도 한다. 중국 쪽에서 10종류는 수입하겠다는 제안이 왔지만 제품이 없어서 못 보낸다고 했다. 내가 "광고도 안하고 어떻게 소문이 나기 시작했는가"라고 질문을 던지자 그는 웃으며 빵부터 소문나기 시작했다고 한다. "솔직히 원수님 현지지도의 덕을 많이 봤지요"라고 자랑삼아 이야기 했다. "원수님께서 회의를 하시다가 요즘 빵이 어디 것이 맛있냐고 물었는데 그 물음에 모두들 금컵이라고 했다는 것입니다. 그 자리에서 원수님은 당장 금컵에 가보자고 하셨고 그래서 회의 도중 금컵을 방문하게 됐습니다." 김정은 위원장은 처음 공장방문 때 국가의 힘을 빌리지 않고 스스로 일으킨 점에 대해 치하하면서 도와줄 것이 없는가 하고 물었다고 한다. "없습니다"라고 말했더니 원수님께서는 "금컵은 동무가 있어서 마음이 놓인다. 이런 공장이 3개만 돼도 내가 발을 편히 뻗고 잠을 잘 것 같다"고 말했다. 돌아서 가던 걸음을 멈추고 김정은 위원장은 조금이라도 보태서 쓰라고 하면서 100만 달러의 자금과 물자를 보내주겠다고 했다. 결국 그 돈을 공장 현대화와 생산 확대에 요긴하게 사용할 수 있었다. 김정은 위원장은 1년 후에 다시 와보겠다고 했고 정말 1년 만에 다시 찾아주었다. 그때는 리정호 사장이 중국에 출장을 간 기간이어서 만나지 못했다. 약속을 꼭 지키는 "원수님께 직접 감사를 드리지 못 한 게 못내 아쉬웠습니다"고 했다. 일할수록 힘이 솟는다고 말하는 리정호 사장은 "저로서는 원수님께서 인정해주는 것이 가장 큰 혜택입니다"라고 감격에 차 말했다.

그는 공장 내부의 관리체계에 대해서도 이렇게 소개했다. 한마디로 집단적 지도체제라고도 할 수 있는데 다른 말로 3인 1체제라고도 한다. 아버지 격인 지배인은 전략수립을 위주로 하고 어머니격인 당위원장은 정책적 측면에서 균형을 잡아주며 기사장은 생산대책을 세운다. 기술준비실장(책임기사)이 총책임을 맡고 그 아래 기술준비원(작업반장)을 중심으로 생산기술공정이 운영된다. 현장에는 작업반장이 11명 있는데 그들은 연구원이자 생산자이기도 하다. 반장들은 외국견학을 자주 간다. 신제품 기획도 그들이 하고 생산도 그들이 하기 때문이다. 과거에는 기술진과 생산라인이 분리되었는데 서로 갈등하는 부작용이 생겼다. 그래서 모든 부문을 하나로 통합하고 재정도 하나로 통일시켰더니 관리의 효과성이 크게 제고됐다. 물론 이중에서 지휘관이 가장 중요하다. 지휘관은 바로 사장이다. 노동자는 8시간만 일하면 되지만 사장은 24시간 일해야 한다. 회사가 이익이 생겼다고 사장이 먼저 이익을 챙기면 아무도 따라오지 않는다. 자기는 지금도 40m² 의 집을 쓰고 있으며 가정에서는 아직도 21인치 텔레비전을 사용한다고 했다. 지휘관은 노동자의 모든 것을 책임져야 한다. 조직은 지휘관이 검을 어떻게 휘두르는가에 따라 결정된다. 출중한 장군 아래 약한 병사가 없듯이 아래 간부들은 그를 따라 15년간 함께 일해 온 사람들이다. 모든 사람들의 기대는 공장을 세계적인 1등 기업으로 만드는 것이다. 모두들 '기업부터 일궈놓자, 그러면 나도 잘 살게 된다'는 구호 아래 하나로 뭉쳤다고 한다.

제품개발에 대한 요구도 상당히 높았다. "경애하는 장군님께서는 자기 땅에 발을 붙이고 눈은 세계를 보라고 말씀하셨습니다. 밖을 보지 못하면 붕어빵 밖에 만들 수 없습니다"라고 리정호 사장은 말했다. 신제품 개발이 없으면 경쟁력이 없고 경쟁력이 없으면 기업은 죽는다. 그가 고안해 낸 방법은 직원의 참여도를 높이는 것이다. 한사람이 다섯 가지씩 새 제품을 제안하도록 요구했고 그것을 품평하는 시스템을 도입했다. 이렇게 아이디어가 많아지다 보니 그 속에서 만족스러운 제품을 찾을 수 있었다. 제품선정 기준은 사장이 결정하는 것이 아니라 인민과 체육인의 평가를 기준으로 삼았다. 모두가 머리를 싸매고 고안하면 새 제품이 안 나올 수 없다. 이것은 개조가 아니라 창조라고 덧붙였다. 신기술 개발과 신제품 출시는 국가발전에 기여할 수 있는 일이므로 기술개발투자에 자금과 인력투자를 아끼지 않는다고 한다. 신기술개발을 위한 투자비용은 40만 달러 정도인데 이 비용은 무역회사의 수익에서 충당한다. 무역회사는 공장을 활성화시키기 위해 존재하기 때문이다. 유럽 국가와의 무역거래로 수익을 얻고 있기에 공장의 연구개발을 적극 지원할 수 있는 여력이 있었던 것이다. 식당에서 번 돈으로 노동자의 복지를 해결하고 해외출장도 보낸다. 원자재 구매부터 생산과 판매에 이르기까지 모든 것을 기업 자체로 해결하고 있는데 요즘은 주문생산까지 업무영역을 확장했다고 한다.

기업책임관리제의 도입에 대해 그는 이렇게 설명했다. 사회주의 기업책임관리제가 가장 큰 힘이 됐다. 정책의 정당성, 정확성이 없이는 이런 일을 대담하게 벌일 수 없다는 것이다. "쉽게 이해하자면 연간 국가에 바치는 액상 규정만 완성하고 나면 나머지는 자체로 처분할 수 있다는 것입니다." 그는 기업관리책임제를 사장책임제라고 이해하고 있었다. 기업의 인사권, 재정권, 생산경영권, 가격제정권, 원자재구매권, 판매권 모두 책임지고 있는 사장의 몫이라는 것이다. 2014년부터 국가가 규정한 생산량의 30% 납부기준을 완수한 다음 70%는 기업이 자체로 처리할 수 있는 권한을 가진다. 뿐만 아니라 증산했을 경우 온전히 기업의 몫이 된다. 국가지표는 매년 달라질 수도 있지만 기업이 많이 남기면 확대재생산을 할 수 있고 더 많은 공장을 지을 수 있어 결국에는 국가와 기업 모두 이득이 된다. 가격은 원칙적으로 국가에서 제정한다. 그러나 국가가 최종 결정하기 전에 기업의 의견을 참고해야 한다. 원가계산은 기업이 하기 때문에 결국 가격을 정하는 주인은 기업이 된다.

경영관리부서는 무역, 재정, 종합, 운수와 창고, 대외사업 등 다섯 개 부문으로 나뉜다. 생산자와 관리자의 구조는 피라미드식으로 짜여 있는데 관리자를 최소한도로 맞추는 것이다. 즉 일하는 꿀벌이 많아야 한다. 또한 관리자는 특권이 없어야 하는데 만약 관리자 특권이 발견되면 노동자들이 말을 듣지 않기 때문이다. 기업 내부에도 독립채산제를 도입했는데 아버지와 아들의 관계처럼 각자 자기의 몫을 책임지고 완수하는 제도로 운영되고 있다. 그러나 재정은 집중관리를 실시해야 관리의 효과성을 높일 수 있다. 그는 노동자에 대한 보상 문제에 대해서도 대답을 회피하지 않았다. 물질적 자극과 정신적 자극을 결부해서 진행한다는 것이다. 2016년 기준으로 기술자 중 빵 반장은 250달러(북한 원을 미국 달러로 환산한 것임)를 받았다고 한다. 물론 어떤 해에는 50달러를 받았을 경우도 있지만, 일반적으로 기술자들은 200달러, 기능공은 150달러, 노동자는 100달러 정도 받는다. 근로자에게 주는 또다른 혜택은 옥상에 마련된 수영장종합시설의 사용권을 제공하는 방식으로 상금을 주는 것이다. 기술자는 가족과 함께 1주일에 1회, 기능공은 1개월에 1회, 노동자는 1분기에 1회 무료사용 가능하다. 이 휴식처는 주로 체육선수들이 경기에 출전하기 전 피로회복 용도로 사용하는 공간인데 때로는 노동자들의 휴식처로도 사용된다. 외부인은 유료로 수영장을 이용할 수 있으며 1인 사용료가 12달러라고 한다.

그는 자신의 세계관에 대해 이렇게 이야기한다. 조국을 위해 이바지하겠다는 일념으로 충만하기에 힘든 줄 모르게 일에 매달린다고 했다. "조국이 나를 낳아주고 키워줬습니다. 종합대학에서 배움의 꿈도 이뤄주고 국가의 간부로까지 키워줬습니다. 나부터 잘 살겠다고 하면 기업이 잘 될 수 없습니다." 기업이 잘 되려면 직원교육이 필수적이다. 그래서 공장에서는 원격교육을 실시하는데 현재 종합대학과 경공업대학 등에 100여 명이 수강 중이며 공장 내에 wifi가 설치되어 있어서 아무 곳에서나 강의를 들을 수 있다.

 "이렇게 큰일을 했는데 다음 꿈은 무엇인가"라고 묻는 나의 질문에 그는 자기의 꿈을 이렇게 설명하였다. "두바이에 출장을 갔다가 사막에 건설한 100층짜리 건물을 보고 그런 거리를 평양에 건설하고 싶다는 생각이 들었습니다. 중국에도 8년 전에 가본 적이 있는데 변화가 아주 크다는 것을 목격했습니다. 그때 제 꿈은 직원들의 주택을 수준 높게 지어주고 싶은 것이었습니다. 1차로 200세대를 짓고 나중에는 현대적인 거리를 조성하려고 합니다. 상점, 학교, 탁아소, 오피스텔, 백화점 등이 다 들어선 그런 거리를 말입니다. 다시 말해서 세계적으로 으뜸가는 거리를 만드는 것이 제 꿈입니다." 본인은 "선군시대 공로자의 영예를 받아 안았고 금컵종업원들은 김정은 위원장의 두 차례에 걸친 현지지도가 있었기에 항상 고무되어 있으며 힘든 줄 모르고 매일을 알차게 일하고 있다"고 한다. 이제 리정호 사장은 온 나라가 다 아는 사장이 됐다. 그러나 그의 꿈은 더욱 커지고 있으며 "원수님께 걱정을 덜어드리지 못하는 것이 안타깝다"고 자신을 더욱 채찍질한다. 덧붙여 그는 "인민경제 전반이 다 같이 함께 일어섰으면 좋겠다, 자식들의 장래 문제, 집 문제까지도 기업이 해결해야 한다"고 했다. 기업의 책임감까지 이야기하는 것을 들으면서 국가를 위해서 보탬이 되련다는 그 꿈이 꼭 이뤄지기를 마음속으로 바랐다.

'봄향기'와 '은하수'

 북한 여성도 화장품을 좋아하고 좋은 화장품을 선호한다. 그들은 자국에서 생산하는 화장품을 더 선호하는 편이어서 화장품 생산기업들은 아름

다움을 추구하는 인민의 수요를 충족시켜주기 위해 힘쓰고 있다. 신의주화
장품공장에서 생산하는 '봄향기' 화장품과 평양화장품공장에서 생산하는
'은하수' 화장품이 북한 전역에서 유명한 대표 화장품이다. 이 두 공장의 화
장품은 이미 북한 사람들에게 유명상표로 인식돼 있어 인민이 가장 많이
구매하는 화장품이 되었다.

　김정은 위원장은 2018년에 두 차례나 '봄향기' 화장품 공장을 현지지도했
다. 개성고려인삼을 주성분으로 하는 '봄향기' 화장품은 생물공학기술을 응
용한 화장품으로서 특허기술을 갖고 있다. 피부 겉에만 작용하는 것이 아
니라 피부층의 섬유아세포까지도 활성화시키고 재생시켜 '젊은 피부'를 유
지시켜준다. '봄향기' 화장품은 초임계유체 추출기술을 이용해 천연식물추
출물과 생명공학적 방법으로 사람의 피부성분을 모방한 원료를 이용했으
며, 그 배합도 인체의 생리적 특성에 맞게 과학적으로 설계했다고 소개한
다. 따라서 노화방지에도 효과가 뚜렷하고 섬유아세포를 활성화시키는 작
용이 있어 유럽의 유명한 화장품 못지않게 국내소비자는 물론 해외소비자
도 선호하는 화장품으로 인정받고 있다. '봄향기' 화장품은 이미 관광 상품
으로 지정돼 외국관광객의 눈길을 끌고 있다.

　'봄향기' 화장품과 어깨를 나란히 하고 있는 화장품으로는 '은하수'가 있
다. 나는 '은하수' 화장품을 생산하는 평양화장품공장을 참관한 적이 있다.
이 공장은 1962년에 창립해 일반생활용 비누, 치약을 만든 것에서 시작해
현재의 유명 화장품을 생산하는 단계까지 이르렀다고 한다. 이 공장에서는
'은하수' 화장품 계열 50여 종, 총 80가지의 제품을 생산한다고 한다. 로션과
스킨, 크림, 오일크림, 파우더 크림 등으로 계절과 기후특성, 피부 성질에
맞는 다종화, 다양화를 실현했다고 한다. 또한 공장의 화장품연구소에서는
수요자의 기호와 연령, 체질별 특성에 따라 아이브로우, BB크림, 립 제품,
블러셔 등 9종, 10여 가지의 메이크업용 화장품도 새롭게 연구개발했다고

한다. 초순수 생산공정을 새로 건설해 각 공정의 무균화, 무진화를 실현하고 제품의 품질을 보장한다. 특히 새로 개발된 남성용 샴푸 등 샴푸와 린스의 품질도 높아졌다.

북한에서 화장품이 인기업종으로 부상하면서 경쟁제품이 여러 곳에서 나타나기 시작했다. 금강산화장품공장에서도 개성고려인삼을 주원료로 하는 화장품을 개발해 제품을 출시했는데 포장설계가 다른 제품보다 더욱 눈에 띈다. 포장이 세련되다 보니 제품을 진열한 매대에서 가장 시선을 끄는 화장품 중 하나가 됐다. 그 외에도 '금강산', '미래', '팔선녀', '진달래', '아침' 등 다양한 화장품 브랜드가 등장해 서로 경쟁관계를 이루고 있다. 김일성종합대학 생물산업연구소에서도 '룡남산'이라는 기능성 화장품이 출시돼 전망있는 제품으로 인정받고 있다. 이런 화장품들은 전람회에 출품되며 좌판마다 소비자의 눈길을 끄는 수법을 다양하게 선보이고 있다. TV로 영상을 보여주는 데도 있고 현장에서 직접 체험하게 하는 등 외국과 별반 다름없는 판촉활동을 벌인다.

내 생각에 북한에서 국산화를 가장 먼저 실현한 업종으로는 식품가공류가 될 수 있지만 국산제품을 널리 외국에까지 알리는 데는 화장품 업종의 기여도가 크다. 두 업종 모두 한두 개 업체가 뛰어들어 재미를 보게 되자 너도나도 뒤따라 나서는 공장이 늘어났고 이후 치열한 경쟁을 벌이게 됐다. 북한산 식품과 화장품이 인민의 호감도를 유발시킬 수 있었던 데에는 북한 사람의 취향과 피부에 맞게 상품을 개발했기 때문이다. 그리고 가격부담이 덜한 것도 국산화의 속도를 높여주었다. 이제 국경이 열리고 많은 외국관광객이 들어오게 되면 북한의 화장품은 매출을 높이 올릴 수 있는 가장 좋은 품목이 될 것이다.

평양버섯공장

평양버섯공장은 완전 국산화 시설을 갖추고 버섯생산의 과학화, 집약화, 공업화를 실현한 대표적인 기업으로 꼽힌다. 2016년 1월에 완공된 이 공장은 총 건축면적이 19,950여㎡에 달하는데 흰곰봉버섯, 팽나무버섯, 느타리버섯 등 맛 좋고 영양가 높은 버섯을 연간 1,000여 톤 생산하는 현대적인 버섯생산기지다. 이 공장은 원료저장공정, 원료분쇄공정, 기질혼합공정에 현대적인 설비를 도입했는데 작업자가 콘솔에서 버튼을 누르면 저장과 분쇄, 혼합이 자동으로 진행된다. 파이프라인에 기질병을 차례로 적재기에 넣고 기질을 가득 채운 뒤 카트에 실어 자동멸균로에 옮긴다. 이렇게 자동화 시스템을 통해 기질의 발효가 이루어지고 있다. 파종장, 배양장의 자동화 수준이 높고 특히 온습도, 탄산가스 농도에 따라 냉온풍기와 배풍기, 가습기가 자동으로 작동하면서 버섯재배에 알맞은 조건을 조성한다. 경영정보체계, 자동조종체계, 생산관리체계가 다 갖춰져서 원료투입부터 출하에 이르기까지 통합생산체계를 완벽하게 구축해 생산공정의 자동화를 실현할 수 있었다.

버섯공장의 설비를 자체의 힘과 기술, 자재를 가지고 만들었다는 사실은 전적으로 당이 요구하는 국산화 방침이 관철되고 있다는 증거다. 버섯재배를 위해 세계의 선진 기술능력과 실리적인 재배방법을 적극적으로 수용한 덕분이다. 또한 버섯품종을 늘리고, 발효법으로 공업화를 실현하며, 생산원가와 에너지를 절약하고, 생산량 증가를 위해 계속해서 노력하고 있다.

공장의 흐름식으로 식용버섯을 생산하는 기업 외에 온실에서 식용버섯을 생산하는 농장도 늘고 있다. 사실 북한에서 온실을 받아들인 지는 오래되지 않았다. 하지만 온실재배의 양이 점차 늘어나는 추세를 보이면서 채소 공급이 많아지다보니 식탁 위의 식자재가 풍부해지고 있다.

평양어린이식료품공장

나는 2016년 11월 23일 평양어린이식료품공장을 방문하면서 공장의 현대화가 어떻게 이뤄지고 공장에서는 현대화를 통해 어떤 변화를 가져오고 있는지 알아볼 수 있는 기회를 가졌다. 안내를 맡은 젊은 기술담당 책임기사 전철주(30세)는 김책공업종합대학 박사원을 졸업했는데 젊은 패기가 넘쳐흐르고 자신감에 충만한 모습이라서 아주 좋은 인상을 받았다.

평양어린이식료품공장은 1977년 10월 15일에 창립한 40년의 역사를 자랑하는 공장이다. 주원료로 콩을 사용하는데 농업성에서 정한 수매량을 공급받는다. 공장은 연간 2,000톤의 콩 처리능력을 갖고 있으며 8종, 60가지의 상품을 생산한다. 아기 분유, 영양미 반죽, 콩 요구르트, 두유, 콩분유, 영양사탕, 야채가루 등이 대표 상품이다. 생산된 제품은 일용식료 공업성을 통해 상업성 소속의 상점을 거쳐 교육성 산하의 학교에 공급된다. 한마디로 각 국가기관의 협업이 필수적인 특별한 공장이다.

이 공장의 상품은 평양에 있는 소학교와 중학교에 무상으로 공급하는데 매일 60톤의 우유가 학교로 배달된다. 탁아소에는 요구르트 3톤을 공급하는데 이는 김일성 주석 시절부터 지금까지 동일하게 제공되는 양이라고 한다. 공장에서 받은 요구르트를 탁아소에서는 오전, 오후 휴식시간에 아이들에게 먹인다. 탁아소 내 모든 아이들이 매일 1컵(200g)씩 무상으로 공급받고 있는 것이다. 전국 각지에 어린이식료공장이 있으며 아동병원, 평양산원, 육아원에도 상품을 공급하는데 거리가 먼 곳은 가루 형태로 보낸다. 임산부 검진에서 모유가 안 나온다는 검진서가 있으면 우유가루를 공급받을 수 있는 대상이 된다. 이 공장의 두유 운송차량은 '사랑의 왕차'로 불리며 도로를 신호제한 없이 통과할 수 있다. 이는 국가 차원에서 어린이들의 영양공급을 얼마만큼 중시하고 있는지 알 수 있게 하는 대목이다.

평양어린이식료품공장의 제품은 평양제1백화점, 광복거리상업중심, 역전 백화상점 등 전통적인 국영상점뿐만 아니라 미래과학자거리, 꽃봉오리상점 등 새로 조성된 주택지역 상점에서도 판매된다. 상품의 품질개선을 위해 일용식품공업성에서는 어린이식품축제를 조직하는데 각 생산 단위들이 선진기업을 본받아 그들을 따라잡도록 경쟁을 유도하려는 목적이 있다. 젊은 기사의 사무실에는 이 공장의 첫 투자자인 재일본조선인총연합회 최경식 선생의 사진이 걸려있다. 현재는 현대화되어 거의 첫 투자의 흔적은 찾아 볼 수 없지만 첫 투자자를 잊지 않기 위해서란다.

평양어린이식료품공장에는 600명의 직원이 있는데 공장에서는 국산화 실현을 위해 인재를 육성하며 전문연구원만 80명이나 된다고 한다. 그 외 대졸은 180명, 전문학교 졸업까지 합하면 470명, 전문학교 졸업생 위주의 원격교육을 받는 사람이 180명이라고 한다. 그만큼 노동자 집단의 지식 보유를 중시한다. 현 지배인은 경공업 분야 기초식품기업의 간부로 일한 경험이 있는 평양시인민위원회 부위원장 출신이다. 이처럼 지배인의 과거 경력을 통해 공장의 중요성을 확인할 수 있다. 어린이 식품의 중요성을 고려해 아무에게나 맡길 수 없다는 것이다. 계획경제는 각 부문의 협동조합으로 이루어진다. 기업경영자의 과제는 경영관리 개선 노력을 소홀히 하지 말고 국가의 생산임무도 완수해야 하며 종업원의 복지도 높여줘야 한다. 과거 국가가 모든 복지를 책임지던 때와 달리 기업이 종업원의 복지를 담당해야 하는 시대를 맞이했다는 점에서 지배인의 어깨가 무거워지는 것도 당연하다.

공장이 78%의 국산화율을 실현하자 인력이 남아도는 현상이 발생했다. 공장에서는 현대화 이후 생산을 24시간, 3교대로 운영하며 기존 노동력의 1/3로 그전에 하던 작업을 다 할 수 있게 됐다. 그로 인해 나머지 400명의 노동력을 어떻게 배치해야 할지 새로운 문제가 생겼다. 이처럼 지배인을 가장 고민하게 만드는 유휴노동력 문제는 기업 또는 경제 성장기에 겪는 일반적인 고통이다. 북한도 이런 고민단계에 도달한 것이다. 그렇다고 유휴노동력을 무작정 사회로 내보낼 수도 없다. 이 공장에서는 유휴노동력 문제 해결을 위해 공장 내 기타 서비스시설을 만들고 그곳에 인력을 투입했다. 이를 통해 새로운 일자리도 창출하고 노동자의 복지도 해결하며 주변의 주민을 대상으로 유료서비스를 제공할 수 있는 방법을 고안해내고 있다.

현재 평양어린이식료품공장은 기업책임관리제를 완전히 도입한 것이 아니라 반독립채산제, 반예산책임제를 실시하는 비교적 독특한 사례다. 국가의 부담 경감 차원에서 기업이 노동자 우대를 위해 쌀을 보상으로 지급한다. 과거에는 모든 배분을 국가가 책임졌다면 이제는 공장이 자체적으로 직원의 식량공급을 책임진다. 복지를 위한 생산은 국가임무를 완수하고 나서 초과생산의 이윤으로 충당되는데 일종의 부업으로 볼 수 있다. 상업용 제품생산의 경우 원자재를 제외하고 모든 시설과 노동력을 사용할 수 있는 정책이 주어졌기에 공장 지배인이 얼마나 운영의 묘를 살리는가에 따라 이윤의 크기가 결정된다. 물론 사회주의 사회는 정신적 장려를 중시하며 물질적 장려는 보조적 수단으로 활용하는 입장이지만 보통의 인민에게 물질적 장려의 효과가 더 높은 것이 현실이다. 공장에서는 공급용 제품과 상업판매용 제품을 나눠서 생산하고 있는데 무상공급용 제품을 90%, 상업판매용 제품을 원가보상 차원에서 10% 정도 생산한다. 보통 국가계획에 준해서 기업의 생산계획을 세우는데, 국가의 5개년 발전계획에 따라 각 성마다 제정한 5개년 계획이 있고 이를 따라 기업도 5개년 계획을 정한다고 한다.

내가 볼 때 북한에는 두 가지 유형의 기업이 존재한다. 하나는 금컵체육인종합식료공장처럼 완전한 기업책임관리제를 실시하는 기업인데 이 유형은 무역회사가 새로 설립한 기업이 대부분이다. 다른 하나는 평양어린이식료품공장, 평양곡산공장, 대동강맥주공장과 같은 전통적인 국영기업으로서

반독립채산제, 반예산책임제를 실시한다. 어느 유형이든 국가계획을 완수해야 한다는 공통점이 있으며 생산지표와 생산량의 결정권이 서로 다르다는 차이점이 있다. 전자는 생산지표와 생산량을 자체적으로 정하고 후자는 국가지표에 따라 생산계획과 생산량을 정한다. 물론 후자도 자체적으로 생산지표와 생산량을 정하는 부분이 있지만 반드시 원가기준을 국가에 보고하고 생산해야 한다. 기업이 원자재를 구입할 때는 국정가격에 따라 계산한다. 다른 통로를 통해 구매할 경우 반드시 해당 국가부문의 허가를 받아야 한다. 기술혁신을 통해 원자재를 절약할 경우에도 국가에 보고해야 하며 국가에서는 절약한 수준에 따라 장려를 실시한다.

현재 북한에서는 국영기업과 신형기업 간에 치열한 경쟁이 일어나고 있다. 국영기업의 경영관리방식에서 어떻게 경쟁력을 개선하고 있는지 물었더니 목표설정에 따라 차이가 난다고 했다. "국영기업이나 다른 유형의 기업이나 각자 우위와 장점이 있는데 질 좋은 제품을 생산하려고 하면 반드시 상호경쟁을 벌여야 하지 않겠는가"라고 답했다. 어린이식료품공장에서는 세계와 경쟁해서 가장 좋은 것을 아이들에게 먹이는 것이고 금컵 같은 기업은 체육인에게 최고의 식품을 제공해야 한다. 어느 기업도 식품안전을 우선 순위에 놓아야 하며 시장에 판매되는 상품은 소비자의 솔직한 평가를 받을 준비가 되어 있어야 한다는 것이다.

필자가 책임기사에게 "요즘 식료품생산에서 앞을 달리고 있는 금컵이 부럽지 않은가?"라며 물었더니 "자기가 몸담고 있는 어린이공장에는 비할 수 없는 우대가 있다. 모두가 국가를 위한 것인데 부러운 것이 없다. 원수님 계획 중에 있기에 그 일을 한다는 영예를 안고 연구사업에 분발할 수 있으며 원수님이 요구하는 개건 현대화를 위해 높은 정신력을 가지고 새로운 돌파구를 향해 힘든 줄 모르고 일한다"라고 답했다. 이 젊은 책임기사는 전초선에 있는 공장 즉 전 인민의 사랑을 받는 공장에서 근무하는 것을 자랑스럽게 생각하고 있었다. 국가의 중요 행사 때 당에서 군단급 지휘관 대우를 해줘 주석단에 오르기까지 했다. "만 3년 만에 입당한 30대 박사여서 동무들이 부러워합니다"라며 자신을 부러워하는 사람이 더 많다고 자랑한다. 자기들 손에 미래가 달려있다는 각오로 국가가 공급하는 어린이식품을 조금이라도 불성실하게 생산할 수 없다며 높은 경각심을 유지하고 있는 젊은 책임기사는 당당함과 자신감을 내비치고 있었다. 그들은 '불굴의 정신력에 첨단과학기술력을 더해 후방사업을 잘하겠다'는 정신으로 힘든 줄 모르고 일한다고 한다. 공장 참관을 통해 지식을 보유한 젊은 세대가 생산 일선에서 지식경제의 시대적 요구에 맞게 배운 지식과 능력을 충분히 발휘하고 있음을 느꼈다.

평양곡산공장

2016년 11월 25일 필자는 평양곡산공장을 방문했다. 공장의 기술담당 책임기사 김대혁(41세)이 공장안내를 맡았는데 젊고 시원시원한 성격에 생산 전반에 대해서도 꿰뚫고 있었다. 38세에 기술발전 책임기사로 3년째 일하고 있다는 그는 평양기계종합대학 박사원 졸업생이다. 평양곡산공장은 북한에서 CNC화를 가장 먼저 도입한 기업이며 국산화 실현에 앞장서는 곳이다. 이 공장에서도 기술혁신을 진행한 뒤로 1,500명의 유휴노동력 문제가 새롭게 제기됐는데 역시 공장 내에서 다른 업무에 투입시키고 있다. 주택건설 등 후속사업을 조직하는 등 노동력을 합리적으로 조절하고 있다. 2014년부터 기업책임관리제를 도입하기 시작했는데, 이 제도의 도입으로 공장의 생산능력을 제고할 수 있었고 계획완수 후 여유공간을 경영활동에 사용해 추가 이윤 획득이 가능했다.

평양곡산공장은 오래된 국영기업이며 주로 인민에게 공급하는 식품을 생산한다. 이 공장 제품은 상업망 공급 위주여서 인민에게 골고루 분배되도록 배급한다. 명절 때는 주로 국가가 부담해서 선물을 나눠준다. 국가의 공급 임무를 완수한 후 원가에 이윤을 덧붙여 팔 수 있는 식료품을 생산하기도 하는데 이 경우 금컵체육인종합식료공장 같은 유명기업과 경쟁을 해야 한다. 물론 생산목적이 다르고 경영전략도 다르다. 하지만 식품의 자체 판로를 개척해야 하는 것뿐만 아니라 수지타산과 가격, 품질, 맛 등을 놓고 시장판매를 주로 하는 다른 식품기업과 경쟁이 불가피하다.

공장생산의 주원료인 옥수수는 계획 부문에서 지정한 2개 군에서 들여온다. 연간 3만 톤의 옥수수를 국가가 지정한 가격기준으로 구매한다. 48,700톤의 식료품을 생산하며 합의 가격에 준해서 가격이 정해진다. 즉 국가가 상한선을 정해주면 기업이 실제 판매가격을 정한다. 원자재를 비롯해 전기, 석탄은 현금으로 결제해야 한다. 생산물 판매도 계획분은 상업망을 통해서 팔고 나머지는 자체로 판로를 개척한다. 곡산공장 방문을 통해 전통적으로 배급해주는 식료품도 품질의 제고가 필요해졌다는 사실을 느낄 수 있었다. 이제는 북한에서도 인민에게 아무 것이나 나눠줄 수 없는 시대가 됐다. 과거에는 인구 당 분배되는 개수에 치중했다면 이제는 질적 요구가 동반되고 있어 공장의 생산책임은 커졌고 지배인의 역할이 더욱 중요해졌다.

장천남새전문협동농장

나는 2016년 11월 24일 평양 근교에 있는 장천남새전문협동농장을 방문했다. 마을 어귀 멀리서 한눈에 바라보이는 동네가 도시처럼 질서정연하게 자리 잡고 있어 전혀 농촌 같지 않았다. 농장의 선전부위원장인 김영호(51세, 농업대학졸업)의 안내를 받으며 협동농장의 현황에 대해 깊은 이야기를 나누었다. 장천남새전문협동농장은 총 422세대가 살고 있는데 1890년도부터 사람이 살았던 오래된 마을이라고 한다. 김영호 선생은 "해방 초기부터 수령님께서 관심을 돌려준 농장인데 주로 수도 시민에게 채소를 보장하기 위해 채소 농업을 전문으로 하고 있다"고 소개했다. 그전에는 채소농사와 벼농사를 겸했지만 2012년부터는 채소 재배면적을 늘려 채소전문농장으로 전환하게 되면서 박막 방식을 전격적으로 도입했다고 한다.

평양 주변의 채소 전문 농장 중 장천남새전문협동농장은 온실재배 면적이 가장 큰 농장이다. 온실은 사계절 생산이 가능하다는 장점이 있어 박막 방식이 도입된 후로는 생산량이 배로 증가했다고 한다. 온실에서는 배추, 무, 오이, 부추, 시금치, 양배추, 가지, 고추 등 다양한 채소를 재배한다. 2016년 11월까지 16,000톤에 해당하는 채소를 생산했다고 한다. 현재는 농산반 4개, 채소반 10개, 기계화작업반 1개, 축산작업반 1개로 나뉘어 있다. 1개 작업반은 약 80명이며 그 아래 평균 15명 정도의 인원이 포함된 4~5개의 분조가 분조관리제 안에서 포전담당제를 실시하고 있다. 농장 내에서도 사회주의 경쟁이 치열하게 벌어진다. 농장 구성원끼리, 분조끼리, 작업반끼리 모두 경쟁을 한다. 해당 구역의 담당자가 노력하지 않으면 농사를 망친다. 그래서 농장 구성원의 책임성과 자각을 요구한다.

경쟁의 결과는 누가 1헥타르 당 생산량을 더 많이 내는가로 결정된다. 경쟁에서 앞서간 분조는 뒤처진 조직을 가르쳐주고 끌어주며 서로 협력한다. 부부는 같은 분조에 속하지 않는 다는 점이 재미있다. 그러다보니 집 배설물을 서로 가져가기 위해 부부 간에 서로 다툼이 일어나기도 한다. 부부 사이지만 서로 각 분조의 비밀을 지키려 한다거나 자기 분조의 자랑을 늘어놓으며 좋은 경험을 서로 공유한다고 한다. 경쟁의 결과가 나오면 시상을 진행한다. 1등에게는 정치적 인센티브와 물질적 인센티브가 주어진다. 정치적 인센티브로는 견학일정의 우선배정, 단체사진이나 개인사진 촬영, 군복무를 하는 자녀에게 편지 보내기, 축하연 등이 있다. 물질적 인센티브 중 중요한 것은 계획된 생산량을 제외한 소득이 모두 자기 몫으로 돌아갈 수 있다는 점이다. 2015년 농장 구성원들은 평균 74만원의 현금을 분배받았고, 쌀은 1인당 325kg를 지급받았으며, 채소류는 계절별로 공급받았다. 자기 텃밭의 수확물 전체는 물론 모두 자신의 몫이다.

우량종자는 채소 생산량을 늘리는 핵심으로 농장에서 사용할 종자는 농장관리위원회에서 일괄적으로 공급한다. 화학비료도 국가에서 공급하며 농장의 기술자들이 관개하고 비료를 주도록 지도한다. 유기비료는 농장에서 자체적으로 해결해야 하며 주로 동물의 분뇨나 인분을 이용한다. 분조 조장은 자신이 담당하고 있는 지질에 대해 잘 파악하고 있어 어떠한 비료를 사용해야 하는지 숙지하고 있으며, 농장에서는 토양에 따라 토양을 개량할 수 있는 과학적 관리방법을 고안한다. 이들은 일반적으로 생물활성 비료와, 축산물 퇴비가 토양의 질을 개선시키는 데 적합하다고 보고 있다.

농장의 중요한 의사결정은 집단책임제로 농장당위원회의 지도하에 모든 문제를 집단적으로 논의하고 결정한다. 관리위원장은 어린이집·유아원·학교 등 농장 전반을 총괄하며, 총농예사는 채소 담당 부위원장을 겸임해 채소의 생산관리를 담당한다. 농장계획은 구역 협동농장 경영위원회에서 제정하고 작업반 계획, 분조별 계획, 개인계획을 차례로 수립한다. 구체적으로는 토지등급과 용수조건 등을 종합적으로 평가해 계획이 결정된다. 한 가지 놀라웠던 일은 농장에 있는 원격교육실에서 어느 여성 농장 구성원이 컴퓨터 앞에 앉아 공부하는 모습이었다. 농장구성원인 왕은정(34세)은 과학기술보급실에서 원격대학 공부를 하고 있었다. 오래전부터 종합대학 생물학부의 영어수업을 듣고 있다면서 시험에 통과하면 졸업증과 학위증도 받을 수 있다고 한다. 판매는 공급제로 팔고 채소는 국가가 일정한 가격을 성해 시중가보다 싸게 파는 현금거래 방식이다. 농장에서는 계절별로 다양한 채소를 생산해 평양시민의 장바구니 수요를 감당하고 있다. 국가로부터 받은 현금은 농장의 총수입이 되어 농기구 등 생산자재 추가 구입은 물론 농민 복지에도 사용됐다. 연말에 농장들은 생산 정상화에 필요한 자금을 남기고 보수비와 문화비를 저축한다.

주택은 모두 국가가 지어주고 농장원이 입주증을 발급받으면 영구적으로 사용할 수 있다. 농촌의 건축은 모두 협동농장의 부동산으로 농장원이 무료로 입주할 수 있다. 이 농장은 얼마 전 주택 48채를 지었는데, 단층집과 다층집, 단층집 1가구 2칸, 다층집 1가구 3칸이었다. 삼대가 한 집에 함께 살면 집을 한 채 더 받을 수 있다. 농장 안의 교사와 의사는 농민이 아니지만 농촌에서 일하고 있어 집을 분배받는다. 주택에는 TV, 가구, 이불 등이 모두 갖춰져 있어 입주한 후 크게 돈을 소비할 일이 없다고 한다. 농장에서는 무상교육과 무상의료가 실시되고 있으며 학교는 사회적인 관심 속에서 운영된다. 병원 의사는 의학전문대학 졸업생으로서 큰 병을 제외한 대부분은 농장 내 병원에서 치료받을 수 있다. 김철용 원장은 장천리 인민병원 원장인데 평양의학대학 졸업생이라고 한다. 김원장은 과거에 가난했던 마을이 성장한 것을 보고 놀라지 않을 수 없으며 이런 농장에서 일하게 된 것을 기쁘게 생각한다고 말했다.

최근 국가예산에도 농장예산이 포함되고, 국가가 농장에 대부도 해준다. 장천농장은 이러한 국가적 혜택을 누리다보니 농장구성원들은 자부심을 느끼며 일하고 있으며, 더 많은 생산을 통해 보답하자는 결심에 공급계획을 완료한 뒤 증산한 채소에 대해서도 자발적으로 모두 국가에 납부했다고 한다. 주변 다른 농장들은 농장축적금을 가지고 농장의 살림살이를 해결해야 하기 때문에 장천 논장을 부러워한다. 이 점으로 미루어 볼 때 장천남새종합농장은 특단의 정책을 바탕으로 한 농장이지만 미래 농촌의 발전모델로서 북한 농촌의 면모를 바꿀 수 있을 것이다.

미곡협동농장

북한의 주요 작물인 벼와 옥수수의 생산량은 식량문제와 직결된다. 하지만 벼와 옥수수만으로는 식량문제를 해결에 역부족이므로 북한은 콩과 감자를 포함해 다양한 작물을 재배하는 등 농산물의 생산량 확대를 도모하는 농업기술의 발전을 추진하고 있다. 특히 북한은 농산물의 증산을 위해 인민이 선호하며 수확량이 높은 채소의 종자개량을 적극적으로 시도하고 과학기술을 이용한 우량품종의 육성을 강조한다. 아울러 토지평탄화, 자연흐름식 수로공사, 종합적 기계화, 미생물 비료와 유기질 비료 등의 사업도 증산에 필요한 필수조건이다. 농장은 주로 유기질 비료에 의존해 토양을 비옥하게 만들고 있지만 매년 상황은 대동소이해서 농경지의 완전한 개량은 장기적으로 해결해야 할 문제로 남아있다.

최근 북한에서는 채소의 종류와 생산량을 늘리고, 축산·수산·양식을 통해 영양이 풍부한 식량을 생산하는 등 다양한 변화를 통해 식량부족 문제를 해결하려고 한다. 특히 온실채소 생산에 과학적인 재배기술을 적용해 큰 진전을 이루고 있다. 미곡협동농장에서는 온실 뒷벽과 물탱크 주변에 용기를 배치하는 입체적 재배법을 통해 온실채소의 생산량이 크게 향상돼 작년보다 100여 톤을 증산했다고 한다. 숙천군의 한 채소 온실농장에서도 온실의 뒷벽을 이용한 하계 입체농법을 적용해 채소 생산량이 종전에 비해 5배 이상 증가했다. 또한 이 농장은 돔형 연동온실과 토벽형 박막온실의 생산량을 증가시키는 데도 성공했다. 토벽형 박막온실이란 온도유지에 유리한 토벽식 박막온실에서 재배단계를 6단계로 나누고 단계와 시기에 따라 다른 작물을 재배하는 방식을 말한다. 시금치, 쑥갓, 배추, 토마토, 오이 등의 순서로 재배 작물의 구성과 순서를 합리적으로 조직해 1헥타르 당 300여 톤의 생산량을 보장하는 과학적 농법의 대표적인 사례다.

4 인민생활

국제제재가 심각한 상황에서 북한의 경제성장은 과연 어떠한가? 2018년 10월 13일 교도통신의 보도에 의하면 조선사회과학원 경제연구소 리기성 교수가 북한의 2017년 GDP는 307억 400만 달러, 1인당 GDP는 1,214달러라고 발표했다(GDP의 경우 2016년 296억 달러 대비 3.7% 증가를 기록). 경제 관련 통계를 대외적으로 공표하는 일이 드물었던 북한인데 국가 주요 연구기관의 통계수치 발표는 주목할 만한 일이다. 내가 다른 경로를 통해 입수한 2013년 자료 또한 참고할 만하다(이것은 어디까지나 비교를 위한 참고자료임을 밝혀둔다). 2013년 북한의 GDP는 249억 9,800만 달러였으며, 부문별로 나눠보면 공업이 41.36%, 농업이 12.65%, 건설이 12.51%, 기타가 32.48%였다. 당시 1인당 GDP가 1,013달러였는데 이러한 수치를 고려하면 북한경제가 국제제재에도 불구하고 전반적으로 성장했음을 알 수 있다.

북한의 노동자가 일반적으로 월급을 얼마나 받는지도 외국에서 많은 관심을 표하는 부분이다. 월급은 보통 인민들의 생활수준을 가늠할 수 있는 척도가 되기 때문이다. 평양에는 몇 년 전만 해도 월급이 3,000~5,000원 수준이었는데 이제는 15만 원을 웃도는 사람이 있는 등 과거에 비해 개인소득이 부쩍 상승했다. 어떤 직장에서는 40만 원 정도를 받는 곳도 있다고 전해진다. 사회주의 건설을 지향하는 북한에서 소득격차가 벌어지는 것은 이해하기 어려울 수 있다. 하지만 직장의 노동자마다, 시장의 상인마다, 거리의 택시 운전수마다 조금이라도 돈을 더 벌고 싶어 하는 마음이 있기 때문에 부지런히 일하는 사람이 늘어났다. 이처럼 소득증가를 위해 노력하는 인민이 눈에 띄게 증가하면서 경쟁을 통한 상품의 질적 향상과 서비스 품질이 제고되는 현상을 북한에서도 쉽게 발견할 수 있게 됐다.

북한을 방문해본 사람들은 길가에 지나다니는 북한 사람의 옷매무새를 보고 놀라는 경우가 많다. 사람들이 깔끔하게 차려입은 모습을 보고 그들의 월급이 적지 않을 것으로 생각한다. 사실 화려한 옷차림이 아니라 정돈된 옷차림이라고 말하는 게 더 정확한 표현인데 북한에서는 흔히 고상한 옷차림이라고 이야기한다. '저 사람들이 무슨 돈으로 옷을 구매를 했을까'라는 의혹에 찬 눈길로 볼 수도 있지만 거리의 사람들이 모두 깔끔한 차림으로 다니는 것은 인민의 문화생활 방식과 문명의 발전 정도를 반영하는 것이라 할 수 있다.

북한에 있을 때 종종 김일성종합대학의 교원주택을 방문했던 적이 있다. 그때마다 집주인들이 집안의 살림살이 모두 국가에서 받았다고 말했다. 주택의 면적은 180~240m² 정도 되며 응접실과 침실, 주방 등 6~7개의 방이 있다. 소파, 침대, 옷장, 책장, 심지어 주방의 기구와 그릇까지 모두 구비되어 거의 몸만 들어오다시피 했다는 것이다. 컬러TV, 냉장고 같은 가전제품이 보편적으로 갖춰져 있고 어떤 가정에는 피아노까지 있어 윤택한 생활을 한다는 느낌이 들기도 했다. 물론 국가에서 주택을 무상으로 공급하고 교육 및 의료 서비스도 무상으로 제공하기 때문에 인민들의 생활 격차가 크지 않다고 볼 수 있지만, TV와 냉장고 같은 전자제품의 질적인 부분에서 소득이 높은 가정과 그렇지 못한 가정의 차이를 관찰할 수 있다.

길가에 등교하는 어린이들은 대부분 혼자 다니며 부모가 학교에 데려다 주는 경우는 거의 찾아볼 수 없다. 그만큼 북한 사회의 치안은 안전하다고 판단가능하다.

식량공급체계

북한은 계획경제를 실시하는 국가로 줄곧 국가에서 주민들의 식량배급을 책임졌다. 성인기준으로 1일 700g, 학생은 1일 500g, 그리고 직장이 없는 사람은 300g을 배급받았다. 그래서 한때는 '700g짜리', '300g짜리' 하며 직장인과 취업준비생을 부르기도 했다. 대체로 장마당에 나가는 사람들은 300g짜리 배급자였다고 한다. 그런데 언제부턴가 사람들이 국가의 배급에 의존하지 않고 기업복지를 통해서 혹은 스스로 식량문제를 해결하는 현상이 일상화됐다.

북한에 새로운 기업관리방법으로 기업관리책임제가 도입되면서 기업에 소속된 노동자는 해당 기업에서 배급을 담당하게 됐다. 직장을 통해 배급을 받으면 국가 상업망의 배급을 받을 수 없어 국가는 배급 부담을 덜 수 있게 됐다. 새로운 제도의 도입 이후 북한에서는 공장과 기업에서 급여 외에 추가로 제공해주는 배급의 양을 기준으로 직장의 복지수준을 비교하는 현상이 나타났다고 한다. 급여 외에 식량배급과 다른 복지가 충분히 제공해주는 기업이나 공장은 자연스럽게 사람들이 선호하는 좋은 직장이 되는 것이다. 2018년 평양 거주 근로자의 평균임금은 북한 돈으로 약 15만원이며 대체로 직장에서 월급의 20% 전후 정도되는 분량의 배급을 받았는데 좋은 직장의 경우 월급과 유사한 수준의 배급을 나눠줬다고 한다.

아직도 국가에서 배급을 책임지는 분야는 학교 교원과 학생, 공무원과 연구원이다. 이들은 주택도 무상으로 공급받으며 일상생활에 필요한 배급도 국가의 몫이다. 보통 대학 교원과 연구원들은 소비카드로 보조금을 받는데, 지정된 '미래상점'에서 소비카드를 사용해 원하는 물건을 구매할 수 있다. 이는 국가가 획일적인 상품을 지급하는 방식이 아니라 본인들이 원하는 상품을 구매할 수 있도록 해서 교원과 연구원이 환영하는 방법이라고 한다. 최근 북한은 국가의 재정 부담을 줄여나가는 추세이기 때문에 공장과 기업은 자체적으로 직원복지를 해결하는 방향으로 정책이 조정되고 있지만, 비생산적인 기관이나 단체는 여전히 국가 배급체계에 의존하고 있는 실정이다. 이처럼 비효율성을 완전히 제거하지는 못했으나 소득수준이 나날이 호전되고 상품 공급이 풍부해지면서 북한 사람들이 배급에만 의존하던 현상은 점차 사라져가고 있다.

상업망

국가의 관리체계에서 국가 상업망은 상업성이 책임지며 이를 통해 주민에게 상품을 공급한다. 그런데 국가의 배급이 축소되고 시장이 활성화되면서 새로운 형태의 상업망이 나타나기 시작했다. 이런 현상은 두 가지 특징을 보여주는데 국가배급의 시장화 경향과 국영상점 외 다양한 형식의 상업망 공존이다. 상술한 특징을 보여주는 대표적인 사례로 광복거리상업센터, 보통강상업센터 같은 복합상가를 들 수 있다. 이 시설들은 공통적으로 1층 슈퍼마켓, 2층 의류와 신발, 3층 다양한 식당 등의 구성을 보인다. 이런 종합적인 상업망의 출현으로 전통적인 백화점은 도전에 직면하게 됐다. 미래과학자거리, 려명거리 등 종전에 없던 상업망이 새롭게 나타나면서 평양제1백화점 같은 상점은 비상에 걸렸다.

시대의 변화에 따라 평양 제1백화점도 상품 매대를 접근성 좋게 진열해 구매욕구를 높이는 등 고객 유치를 위해 많은 노력을 쏟는다. 특히 이전보다 상품의 종류가 다양해졌다는 것이 눈에 띈다. 과거에는 실제 판매용이 아닌 전시용으로 상품을 배치해놓는 일이 다반사였다면 이제는 그런 모습을 찾아볼 수 없다. 백화점마다 여러 공장과 기업소의 직판장이 들어와 있다. 평양아동백화점에도 이전에 비해 아동 상품이 빼곡하게 진열돼 있으며 특히 어린이 지능개발 관련 상품이 눈길을 끈다. 지능완구 코너에는 늘 사람들이 몰려 있는데 이런 상품은 대부분 수입품이라 가격이 비싸지만 아이들의 지능 개발을 위해 부모들이 구매를 꺼리지 않는다.

길가 곳곳에 들어선 좌판에서는 대체로 청량음료, 군고구마 같은 간판을 달고 체인형태로 운영을 한다. 최근에는 체육복권 매대와 가정용 전자제품 수리소 등 24시간 운영되는 편의시설이 도처에 세워지기도 했다. 아파트 주변에 설치된 간이 매대는 밤낮 가리지 않고 운영되며 대부분 가정별로 운영해서 식구들이 교대로 매대를 관리한다. 야간에는 매대에서 수면을 취하며 생필품을 판매하기도 하는데 길목에 있는 매대는 지나다니는 행인 위주로, 주택구역에 설치된 매대는 지역 주민을 대상으로 판매한다.

최근 몇 년간 북한에서 가장 빠르게 변한 것은 서비스 분야라고 말할 수 있다. 식당, 사우나, 각종 상점이 곳곳에 있다. 우선 양적으로 급증했고 서비스의 질도 눈에 띄게 향상됐다. 인테리어를 새롭게 해서 업장의 분위기를 일신한 곳이 많은데 과거의 북한 스타일을 넘어서 유럽 스타일의 디자인까지 받아들인 흔적을 발견할 수 있다. 이러한 변화는 경쟁으로 초래된 결과다. 디자인뿐만 아니라 인테리어 자재에 대한 선택도 다양해져서 외국인 가운데 처음 북한을 방문해 본 사람들은 '이곳이 말로 듣기만 했던 그 북한이 맞느냐'는 의아함 속에 놀라움을 드러내기도 한다. 자기가 알고 있던 기존의 북한과 다른 점이 많아서 놀라는 사람이 많다고 전해진다.

서비스의 질적인 측면을 보면 과거에는 식당의 메뉴가 단출하고 음식 사진도 없었지만 지금은 사진 없는 메뉴판을 찾기 힘들 정도다. 식당 간의 경쟁으로 메뉴판의 도난을 걱정해 보안책을 강구하는 식당도 있으며 경쟁 중인 식당에서 만드는 음식의 레시피를 알아내려는 '첩보전'이 일기도 한다. 식당의 요리 수준도 한층 높아져 실제로 먹어보면 예전에 맛볼 수 없었던 요리들이 식탁에 오른다. 가장 인상적인 곳은 광복거리 상업센터 3층에 자리 잡은 간이음식점이다. 뷔페식으로 자기가 원하는 음식을 골라 담아 마지막에 계산하는 방식인 음식점으로 지역 사람들에게 가장 인기가 많다. 가격도 비싸지 않고 양도 많으며 맛도 좋아 가족이 주말에 모여 식사하기 좋은 장소로 꼽힌다. 점심과 저녁시간에 항상 줄을 서 있는 모습을 볼 수 있다. 한 쪽에는 아이들이 좋아하는 햄버거, 치킨 같은 서양식도 제공하며 다른 한 쪽에는 어린이 놀이터가 있어 온 가족이 함께 즐길 수 있는 공간이 마련돼 있다.

2019년 7월 동평양에 위치한 평양 대성백화점은 1년 만에 재개장했다. 광복거리 상업센터 같은 복합상가이지만 판매상품은 고급스러운 수입품이 대부분이다. 상점은 지상 5층, 지하 1층으로 총 6층의 구조다. 1층은 슈퍼마켓으로 북한에서 생산되는 각종 식료품과 잡화가 주로 진열돼 있어 북한산 식료품을 다양하게 맛볼 수 있다. 2층은 의상과 전자제품 판매 구역인데 대부분은 외국에서 수입한 상품이다. 전자제품도 외국의 최신식, 최고가의 제품이 판매되고 있으며 TV, 냉장고, 세탁기, 노트북, 고급카메라 등이 진열돼 있다. 3층은 고급 일용품과 가방, 신발류 매장이다. 고급 화장품 매장에는 세계 유명 브랜드를 다 가져다 놓았으며 한쪽의 롤렉스 매장도 눈길을 끌었다. 내가 판매원에게 "이렇게 비싼 물건들이 잘 팔리는가?"라고 묻자 판매원은 주저 없이 "팔립니다"라고 대답했다. 구매력에 대해 걱정하지 않아도 된다는 뜻으로 들린다. 소문에 의하면 개업하는 첫날 많은 사람이 몰렸는데 어떤 제품은 몇 시간 안에 품절됐다고 한다. 4층은 식당 구역인데 불고기, 볶음요리, 유럽음식 등 여러 종류의 음식을 맛볼 수 있다. 2층으로 된 부속건물은 지하 1층을 포함해 가구와 건자재를 전문적으로 판매한다. 이곳도 마찬가지로 대부분이 수입품인데 팔리지 않을 물건이면 들여오지 않았을 거란 생각에 고급제품의 수요가 일정하다는 점을 알 수 있었다.

장마당

장마당은 처음 상품공급의 부족을 보충해주는 형태로 시작했는데 이제는 일상생활에 없어서는 안 될 상품공급의 중요 형태로 자리매김했다. 보통 농촌에서는 10일장(매월 1일, 11일, 21일)이 열리는데 자기들의 여유 농산물을 서로 교환하거나 매매하는 형식이었다. 그러던 것이 2002년 7월 1일 경제관리 개선조치로 장마당을 허용하면서 평양 길목에서 처음으로 자유로운 장마당이 만들어졌다. 장마당의 수요가 날이 갈수록 늘어나자 정부에서는 조직적으로 장마당을 관리하기 시작했으며 구역마다 시장 건물을 짓고 통일적으로 관리하는 형태로 발전하게 됐다.

평양에는 구역마다 장마당이 자리 잡고 있으며 안으로 들어가면 지정된 공간과 매장에서 판매상이 동일한 복장을 입고 똑같이 생긴 매대 앞에서 거래하는 모습을 볼 수 있다. 80cm x 40cm 규격의 표준매대가 매 사람 앞에 놓여있는데 그러다 보니 물건을 파는 상인들이 서로 어깨를 부딪칠 정도로 빼곡하게 앉아있다. 때로는 물건을 사는 사람보다 파는 사람이 더 많아 보일 때도 있다. 세계적으로 장마당 관리를 가장 잘하는 곳을 뽑는다면 아마도 북한일 것이다. 질서정연하고 깨끗하고 매장 구역마다 다른 색상으로 통일된 복장을 착용한 곳은 없을 것이다. 장마당은 오전에는 운영하지 않으며 오후 2시 이후에 영업을 시작한다. 저녁 7시까지 영업을 하며 일주일에 하루는 폐장한다. 매일 일정한 관리비를 지불해야 판매할 수 있는데 시장관리 측면에서 판매금지 품목이 정해져 있고 이를 수시로 단속한다.

시장 안에는 없는 물건이 없을 정도로 다양하다. 신선한 채소, 수산물, 의류, 신발, 식품, 철물, 일용품 등 구역으로 나뉘어 판매된다. 의류와 일용품은 대부분 중국산이 많으며 의류를 보면 색깔과 디자인 면에서 이전보다 화려해지고 있음을 느낄 수 있을 정도로 달라지고 있다. 모든 장마당마다 매일같이 북새통을 이루는데 그만큼 시장에 대한 의존도가 높다는 것을 알 수 있으며, 이는 인민생활이 다양해졌음을 간접적으로 설명해주는 것이다. 상품의 질이 점차 좋아지고 있으며 가격도 해마다 올라가고 있음을 감지할 수 있다. 즉 인민의 눈높이가 올라가며 소비 수준도 그만큼 따라준다고 봐야 한다.

평양에서 외국인이 갈 수 있는 시장은 통일거리시장으로 한정돼 있는데, 이는 외국인과 접촉하는 사람의 범위를 줄이기 위해 통일거리시장 한 곳으로 지정했기 때문이다. 외국 공관과 외국인 주재원도 일상생활에 필요한 물건을 구매해야 한다. 그런데 외국인은 북한화폐를 사용할 수 없고 시장에서는 외화가 유통될 수 없는 구조다 보니 외국인이 장마당에서 물건을 구입하려고 하면 반드시 환전을 해야 한다. 한동안 장마당 근처에서 불법으로 환전해주는 사람들이 있었는데 그런 암거래를 단속하기 위해 장마당 내에 환전소를 설치했다. 문제는 개인이 몰래 환전해주는 환율보다 적게 주면 암거래를 금지할 수 없다는 것이다. 그래서 장마당의 환전시세는 외부의 암거래에 비해 그다지 차이나지 않게 결정된다. 이러한 과정을 거치면서 외부에서 사사로이 달러나 위안화를 북한 돈으로 바꾸는 일이 줄어들었고 결국 개인환전 현상이 근절됐다.[6] 새로운 것을 도입하면 그에 상응하는 변화가 발생하기 마련이다. 오늘의 북한은 그런 변화에 대처할 때 새로운 현상의 대두를 허용한다는 점에서 과거와 다른 면을 보여준다. 물론 외국인이 장마당 안에 들어가서 촬영하는 것은 여전히 금지사항이지만 말이다.

나는 평양만이 아니라 라선의 장마당도 다녀왔다. 라선에는 평양보다 훨씬 큰 규모의 장마당이 있으며 북한 북부지역의 시장물류 집산지 역할을 한다. 중국 상품이 먼저 라선에 집결하면 거기서 북부지역의 장마당으로 도매가 이뤄진다. 북한의 남쪽지역 물류도매 집산지는 신의주인데 역시 중국의 물자를 들여오기 편리한 지리적 위치를 이용해 유통업이 활성화됐다.

---

6) 북한에는 두 가지 환율이 통용되고 있다. 하나는 국가가 지정하는 공식환율이고 다른 하나는 시장환율에 가까운 협동환율이다. 많은 외국인들은 이런 현상을 이해하기 어려우며 쉽게 환전을 하지 못한다. 이 두 가지 환율 모두 매일 변동되며, 북한의 화폐가치가 하락하는 쪽으로 흘러가고 있다. 국가환율은 상대적으로 안정적인데 약 1달러에 북한 돈 100원 정도이다. 그러나 실제 이 가격으로 환전되는 경우는 드물고 대부분 협동환율에 준하여 환전된다. 2019년 협동환율은 1달러에 북한 돈 8,250원이었는데 국가환율과 비교하면 약 80배의 차이가 난다.

평양 근교 평성시장에서는 주로 평양의 장마당에 물건을 공급한다. 평성시장의 규모는 평양 내 개별 장마당보다 몇 배 크며 이런 시장을 장악한 사람들은 평양 내 전체 장마당의 공급을 책임지고 있어 시장을 움직이는 '큰손'으로 불리기도 한다. 이들은 물건을 대량으로 비축하고 거대 자본을 돌리고 있어 북한의 유통업계에 커다란 영향력을 끼친다고 한다.

이처럼 장마당이 활성화된 상황에서 '장마당이 어떤 역할을 하는가 또는 장마당의 성격은 무엇인가' 등의 질문은 매우 중요하다. 북한 학자들은 장마당을 일시적으로 경제가 어려울 때 보충하는 역할로 인식하며 조만간 계획경제가 정상화되면 자동적으로 사라질 것이라고 평가한다. 하지만 현실적으로 장마당은 이미 보충의 존재를 넘어서 상품공급의 큰 비중을 차지한다. 장마당에 가면 생활용품이나 식품을 비롯해 다양한 종류의 상품을 팔고 있고, 더구나 가격을 흥정할 수도 있어 이미 사람들이 애용하는 장소가 됐다. 장마당에서는 상인 간에 판매경쟁이 벌어지는데 이로 인해 상품의 품질과 신선도가 개선되며 구매자인 시민들이 좋은 물건을 싸게 살 수 있어 만족도가 높다. 또한 장마당은 많은 이들의 취업문제를 해결하는 효과도 있다. 북한에서 소매업과 일반 서비스업에 종사하는 사람의 수를 추산해 본다면 대략 인구의 1/5은 될 것이다. 수치의 과장이 있을지 모르지만 장마당은 매우 많은 사람들의 가정경제에 도움을 주고 있다. 그리고 이러한 과정을 통해 상업을 익히고 상인을 육성하며 시장경제를 받아들이는 교육의 장이 됐다고 생각한다. 장마당이 국가 상업망의 보충인지 아니면 새로운 상업의 형태인지 당분간 단정짓기 어려워 보인다. 하지만 발전 추세를 고려할 때 향후 주민의 수요 여하에 장마당의 미래가 달려있다고 생각한다.

휴대폰

북한을 잘 모르는 사람들이 흔히 중국의 어느 시기와 북한이 비슷한지 물어본다. 나는 이 질문을 들을 때마다 중국의 이동통신 보급이 언제부터 였는지, 현재 보급률은 어느 정도 인지 반문한다. 그러면 상대방은 북한에서도 휴대폰을 사용하고 있는가라며 의아해한다. 북한에서 휴대폰을 사용하게 된지 벌써 10여 년이 지났다. 현재 휴대폰 가입자가 약 700만 명 정도로 인구 대비 1/3에 해당한다. 이동통신의 도입 시기나 휴대폰의 보급률을 고려했을 때 무작정 중국에 뒤쳐진다고 말할 수 없다.

북한의 이동통신은 10여 년 전 조선체신성과 이집트의 오라스콤 회사의 협력으로 시작했으며 현재 3세대 이동통신 체계를 운영하고 있다. 지금 운영되고 있는 북한 이동통신망은 체오(CEO)사(체신성과 오라스콤 협력회사)와 강성네트(체신성 소속회사) 두 개가 있는데 체오사는 191번과 192번으로 시작하는 전화번호를 운영하고 강성네트는 195번으로 시작하는 전화번호를 운영한다. 400만 명의 가입자를 보유한 체오사는 주로 평양을 중심으로 서비스를 제공한다. 300만 명의 가입자가 있는 강성네트는 초기에 지방에서만 서비스를 제공했는데 요즘은 평양 시내까지 서비스 범위를 확대했다. 이동통신 도입 초창기에는 서비스의 경계선이 명확해 서로의 지역을 넘지 않는 것이 원칙이었는데 대북제재로 체오사의 오라스콤이 철수하자 강성네트가 평양에 입성하게 됐다. 이로 인해 강성네트 사용자는 오히려 서비스 지역이 확대됐지만, 체오사를 이용했던 평양 사람의 경우 지방출장이라도 가게 되면 통화가 안 되는 불편을 겪어야 했다. 그래서 보통 북한 사람들은 체오사의 고려링크 번호와 강성네트의 번호 모두 사용할 수 있게 2개의 휴대폰을 갖고 다니는 경우가 많다. 똑같이 체신성 소속이라고 하지만 독립채산제를 실시하기 때문에 체오와 강성은 서로 경쟁상대다. 최근 들어

서비스 확장성 측면에서 강성네트가 우세하게 되며 가입자 확보에 유리한 고지를 선점했다. 아무래도 서비스 지역이 전국 범위이기 때문에 지방출장이 잦은 간부나 상인의 경우 강성네트를 더 편리하게 사용할 수 있다는 점이 크게 작용했다.

휴대폰 가운데 스마트폰이 70%를 차지하며 대당 평균 가격은 대략 300~500달러 정도이다. 현재 휴대폰 브랜드는 '평양', '아리랑', '진달래', '푸른 하늘', '길동무' 등 5가지가 있으며 대부분 OEM으로 생산된다. 시간이 지날수록 새로운 기종이 출시되며 휴대폰 수요량이 늘어나는 추세를 보이고 있어 평균 2~3년에 한 번씩 새 것으로 교체한다고 한다. 처음 휴대폰을 출시했을 때 간단한 통화기능만 탑재된 기종을 200달러에 팔았는데 그때는 어디서 돈이 나서 휴대폰을 구매하는지 궁금할 정도로 놀라웠다. 물론 지금도 마찬가지지만 그 많은 가입자들이 모두 새 기종의 휴대폰을 선호하는 데에 납득이 잘 가지 않을 때가 있다.

지금은 3세대 운영체계지만 곧 5세대 방식으로 도약하기 위해 준비 중인 것으로 알고 있다. 당연히 4세대 방식을 거쳐서 가겠지만 아마도 극히 짧은 과도기를 보낸 후 다른 국가들과 유사한 수준의 5G시대가 열릴 것이다. 김일성종합대학의 조선이동통신연구소에서는 이미 5세대 이동통신방식의 연구를 하고 있으며 스마트 도시의 도입을 위해 준비 중이다. 북한판 '위챗'(중국의 웨이신) 개발을 이미 완료해 정부의 허가를 기다리는 중이다. 만약 사용 허가가 떨어진다면 북한에서도 전자지불방식이 실현될 것이며, 머지 않아 사진 전송과 동영상 전송도 이뤄질 것으로 예상할 수가 있다. 현재까지는 스마트폰에서 사진과 동영상을 전송할 수 없다.

통화의 속도와 질을 유지하기 위해 이미 wifi가 도입되기 시작했으며 미래과학자거리, 김일성종합대학 같은 장소에 설치를 완료해 시범 운용하고 있다. 평양해양과학기술교류사가 전담해 wifi를 설치하는데 아직 국내용으로만 개통해서 외국인은 사용 불가능하다. 외국인의 경우 191번으로 시작하는 휴대전화 통신망에 가입할 수 있는데 번호개통비용만 200달러이다. 북한 통신망에 가입하게 되면 본인이 원래 사용하던 망은 접속을 할 수 없게 되는데 외국인의 입장에서 이 점이 가장 불편하다. 그래도 원래 사용하던 휴대폰으로 북한의 통신망에 가입해 사용할 수 있으며 인터넷 네트워크 접속이 허용된다. 통화비용은 내국인보다 훨씬 비싸며 위챗을 사용할 경우 데이터 비용이 만만치 않게 나온다. 만약 중국에서 사용하는 것처럼 북한에서 동영상을 보기라도 한다면 1시간에 100위안 정도 지불해야 한다. 북한에 처음 방문했던 사람들은 이런 상황에 어이없어하며 휴대폰을 돈 먹는 기계로 비유하기도 한다. 이 때문에 부득이하게 휴대폰 사용을 스스로 자제하게 된다. 그리고 매달 번호유지비용으로 22달러를 내야 하는데 만약 개인사정으로 그 번호를 몇 달 사용하지 않다가 시간이 지나서 다시 개통을 하려고 하면 사용하지 않았던 기간의 번호보존비용까지도 지불해야 한다. 휴대전화 개통은 매번 북한에 들어갈 때마다 재등록해야 하며 북한에 자주 왕래하는 외국인을 위해 공항에서 직접 개통서비스를 제공해한다. 비용 충전은 호텔 데스크에서 가능하며 입금 즉시 개통이 된다. 국내 전화 비용은 분당 0.28달러이며 국제통화요금(북한-중국)은 분당 2.2달러 정도 된다.

북한 내국인의 경우 휴대폰 통신요금은 전화와 문자 통합 요금제로 시행되며, 북한 돈 2,890원이면 통화 200분과 통보문(문자) 20개를 사용할 수 있다. 만약 추가로 사용하고 싶으면 15달러짜리 카드를 구입해 요금을 충전해야 하며 이때 요금은 외화 가격으로 계산한다. 휴대폰 사용은 북한 사람들에게도 많은 변화를 가져왔는데, 주로 정보소통의 속도가 빨라지면서 생활리듬도 빨라지게 됐다. 과거에는 서로 약속해서 만나려고 하면 암호를 맞추듯이 해야 만날 수 있었으며 약속 당사자가 장소에 나타날 때까지 기다려야 하는 게 일상이었다. 휴대폰의 상용화는 이런 약속 방식마저도 바꾸게 했으며 일의 효율성도 제고시켰다. 가령 흰 셔츠 20장을 장마당에서 구매하려고 했지만 어떤 가게를 찾든지 간에 필요한 디자인, 치수, 수량을 맞출 수 없었는데, 휴대폰 사용이 가능해지면서 요구사항만 알려주면 1시간 안에 지정된 장소로 20장을 배달받을 수 있게 됐다.

택시

최근 택시는 평양 시내에서 가장 눈에 띄는 교통수단이 되었다. 숫자가 크게 증가했을 뿐만 아니라 서비스 태도도 상당히 좋아졌다. 아무 데서나 탈 수 있어 이동의 편리성이 크게 확대됐다. 북한의 택시는 외형이 북경의 택시와 똑같아서 택시만 보면 평양인지 북경인지 헷갈릴 때가 많다. 평양의 택시는 모두 중국에서 수입한 차량이어서 차체에 씌워진 색깔도 똑같이 그대로 사용하는 것이다. 몇 년 전까지만 해도 74번, 75번으로 시작하는 택시가 100여 대 정도였는데, 요즘은 3,500대 정도로 급증해 도로에 택시만 보일 때도 가끔 있다. 총 10여 개의 택시회사가 운영 중이며 규모가 작은 회사의 경우 200~300대, 큰 회사는 1,000여 대 정도 차량을 보유하고 있다. 택시운영도 수익 업종이다 보니 일정한 수준의 배경과 자금운용능력이 있어야 택시회사를 운영할 수 있다.

북한의 택시기사도 중국과 마찬가지로 일정 수준의 수익을 택시회사에 내고 나머지를 본인이 소유할 수 있는데, 북경과 비교하면 택시기사가 약 3배 정도 많은 사납금을 내야한다고 해서 이해하기 어려웠다. 북한의 택시 기본요금은 2달러로 일반 노동자의 평균소득에 비해 비싼 편이다. 택시기사는 처음에 사납금으로 하루 90달러를 회사에 내야 했지만, 제재가 가중되고 석유값이 오르는 데다가 승객이 점차 줄어 택시기사들이 사납금을 충당하지 못하는 상황이 많아졌다. 이후 납부금을 조정해 하루 평균 75~80달러로 낮췄다. 이 금액에 연료값 30달러 정도가 포함되기 때문에 택시기사가 실제로 회사에 납부하는 금액은 약 50달러 정도다. 어떤 회사의 택시기사는 새벽부터 늦은 밤까지 운행하는 경우가 있으며 또 다른 회사는 교대로 운전을 하는 등 회사마다 근로형태가 다르다. 일부 택시는 격일제로 운행하기도 해 사실상 택시기사들이 당일 수익은 매번 채우기에는 어려운 구조다. 택시가 운행 중 고장나면 택시기사가 책임치고 수리를 해야 하며 교통법규 위반도 본인의 돈으로 벌금을 내야하기 때문에 안전하게 운행해야 한다. 택시업이 어렵기는 하지만 현금수입이 되는 터라 변혁기에 가장 먼저 돈을 벌 수 있는 업종으로 인정받아 선망의 직종으로 자리 잡았다. 중국에서는 개혁개방 초기에 현금수익이 가장 많았던 직종이 택시기사라서 이들을 대상으로 한 범죄가 빈번히 발생해 운전석에 철조망을 설치하는 등 범죄예방을 위해 노력했던 기억이 생생하다. 북한의 택시기사는 대부분 군에서 운전병으로 복무했던 사람들이 하는 경우가 많다고 한다.

택시의 수가 급증하면서 이용객의 수도 늘어났지만 물건을 배달하는 일도 많아졌다고 한다. 장마당에서 물건을 판매하거나 구매할 때에도 택시를 이용하는 경우가 많아졌다. 사람과 물건의 이동이 늘어난다는 것은 그만큼 경제가 순환한다는 증거다. 처음에는 외국인 위주로 택시가 운영됐는데 이제는 북한 사람도 택시를 타는 일이 보편화됐다. 초창기에는 택시비를 외화로만 받았는데 요즘은 북한 돈으로 받기도 하고 거스름돈을 북한 돈으로 주기도 한다. 그만큼 북한사람의 택시 이용이 일상화되고 자유로워졌다는 방증이다.

북한의 택시요금과 관련해서 요금을 북한 화폐가 아닌 외환으로 받는 것은 납득하기 쉽지 않을 수 있다. 북한에서는 유통되는 화폐 가운데 1순위는 달러, 2순위는 위안화, 3순위는 북한 돈의 순서로 선호한다. 이렇게 외환을 우선한다는 것은 그만큼 북한 돈이 평가절하되었다는 뜻이며, 위안화보다 달러를 더 인정하는 것은 위안화의 위폐 가능성을 염두에 둔 것 같다. 그리고 대부분의 택시를 중국 상인에게서 수입하기 때문에 투자상환을 해주려면 외화가 필요하다. 만약 북한 돈으로 수입대금을 지불하려면 환율하락으로 차후에 더 많은 비용을 지출해야 될 우려도 있고, 기본적으로 외환이 부족한 북한에서 환전 자체가 어려울 수도 있다. 그래서 북한은 택시업 같은 대외협력 형태의 업종에 한해 국내에서도 직접 외환을 받을 수 있도록 허용했으며 이러한 결과로 택시기사도 사납금을 납부할 때 달러로 대금을 지불하도록 정해진 것이다.

북한이 택시를 많이 이용하게 된 원인 중 하나는 시내버스가 부족하기 때문이다. 대부분의 버스가 낡아서 언제 어디서 버스가 멈출지 모르는 상황이 벌어지기도 하며, 히터나 에어컨이 없기 때문에 운행 중 정차할 때에는 차 안에서 고역을 치러야 한다. 그러나 택시비용이 만만치 않아 매일 타고 다닐 수는 없다. 그래서 대중교통 해결에도 새로운 변화가 일어나기 시작했다. 여객운수기관이 운영하는 노선버스(대형버스, 소형버스)는 보통 500원의 요금을 받는데 약 30분 간격으로 운행된다. 너무 긴 배차 간격을 해결하고자 같은 노선에 새로운 버스를 투입시켜 기다리지 않고 바로 승차할 수 있는 버스택시가 투입되기 시작했다. 가격대는 북한 돈 1,000~2,000원인데 버스를 기다릴 일이 없으니 사람들이 선뜻 이용하게 됐다. 새로운 버스택시의 투입도 택시처럼 중국과 협력해 운영하는 경우가 많았다. 요즘에는 평양 무궤도전차공장에서 신형 무궤도전동차가 대량 제작되면서 민간의 교통문제가 점차 개선되고 있다. 얼마 전까지만 해도 사람들이 두세 정거장 정도는 걸어다니는 것이 일상이었는데, 이제는 돈만 있으면 아무런 걱정 없이 버스를 탈 수 있어 편리해졌다. 북한에서도 돈 벌어야 한다는 말이 자연스럽게 오가는 것은 이상한 일이 아니게 됐다.

식당과 목욕탕

평양을 기준으로 한다면 최근 북한에서 식당이 말 그대로 우후죽순 늘어났다고 말할 수 있다. 몇 년 전까지만 하더라도 식당은 몇 군데 없었고 그마저도 대부분 외국인이 다닐 수 없는 작은 식당이었다. 식당에 외국인의 출입을 제한시킨 것은 자국의 초라한 모습을 외국인에게 노출하고 싶지 않았으며 특정한 절차를 거쳐야 가능했던 외국인과 내국인의 접촉을 사전에 방지하려는 의도도 있었기 때문이다. 그런데 창전거리가 들어선 시점부터 새롭게 장식한 식당이 곳곳에 문을 열기 시작했다. 마치 인테리어를 누가 더 잘 하는지 겨루기라도 하듯이 다양한 분위기의 식당들이 간판을 내걸고 영업을 시작했다. 덩달아 음식의 수준도 많이 높아졌는데 이런 식당에 소속된 많은 요리사들이 중국에 소재한 북한식당에 파견된 경험이 있다고 한다. 그래서 중국스타일의 음식이 식당 메뉴에 반영되기도 했고 외국인의 출입을 허용하는 식당도 증가했다.

북한에서 가장 유명하고 해외에도 많이 알려진 식당은 옥류관이다. 옥류관은 냉면으로 유명하다보니 평양을 방문하는 외국인에게 '옥류관 냉면을 맛보지 않고 돌아오는 사람은 평양을 다녀왔다고 말할 수 없다'는 말이 생길 정도다. 그전에는 안산관, 알론식당, 아리랑식당을 유명 식당으로 꼽았다면 최근에는 유경식당, 대동강3식당, 대동강배식당, 무지개배식당, 금별식당, 해동식당 등 많은 식당이 알려졌으며 이 중 대동강3식당의 맥주바는 외국인이 즐겨 찾는 명소가 되었다. 이 식당에는 대동강 생맥주가 공장에서 직송되고 있어 신선도를 유지하고 있으며 다양한 종류를 맛볼 수 있다. 이 대동강 맥주바는 내가 2013년도에 디자인해서 인테리어를 꾸며준 곳인데 북한에서는 아직도 맥주바의 분위기를 따라올 곳이 없을 만큼 특색이 있는 곳이다. 또 하나의 자랑거리라면 역시 내가 장식을 해준 식당인데 대동강맥주공장 건너편에 있는 송화식당(대동강2식당)이다. 여기서는 야외에서 양갈비와 양다리를 불고기로 해 먹을 수 있는 분위기 좋은 곳으로 외국인에게 인기를 끌고 있다. 양고기는 중국 내몽골에서 수입하며 육질이나 맛이 북한의 다른 곳에서 찾아볼 수 없는 식당이다 보니 생맥주를 곁들일 수 있는 이곳은 오래도록 인기가 식지 않고 있다.

대동강 강변에 새로 건설된 대동강 수산식당은 주로 활어를 요리해 주는 종합식당이다. 민족음식, 중식, 동양식, 일식, 서양식 등 다양한 요리를 서비스하고 있으며 비교적 가족 단위로 찾는 고객이 많은 편이다. 가격대도 만만치 않은데 사람이 몰리는 것을 보면 그만큼 소득이 동반하기 때문인 것은 분명하다. 이 식당에서는 문재인 대통령 부부가 김정은 위원장 부부와 함께 식사했다는 민족식당의 원탁테이블이 인기를 끌고 있다. 그 자리에 앉아 지도자들의 생활을 체험해보고 싶어하는 사람이 많아서인지 항상 좌석이 채워져 있다. 나도 여러 번 손님을 모시고 그 자리에 앉아 식사해 본 경험이 있는데 마음을 흥분하게 만드는 자리임에는 틀림없다. 2층 한 편에는 냉동 해산물을 판매하는 슈퍼마켓이 크게 자리 잡고 있다. 각종 해산물이 진열되어 있으며 털게, 왕새우, 광어 등 이름을 붙여 놓았고 가격도 표시해 놨다. 중국인들은 이 식당의 해산물이 훨씬 먹음직스럽고 가격대가 싸기 때문에 대량구매해서 중국으로 가져가고 싶다고 말하는 사람들이 많다. 그러나 여기서는 인민에게 판매하는 수준으로 음식가격이 책정돼 비교적 싼 가격이지만, 외국인의 경우 무역으로 거래하려고 한다면 다른 가격으로 협상해야 한다.

북한 사람들의 목욕문화도 많이 바뀌었다. 옛날에는 동네에 있는 목욕탕을 찾을 수밖에 없었지만 요즘은 한증이라고 해서 땀을 내기도 하고 쉬기도 하는 새로운 목욕문화가 퍼지고 있다. 서비스 단위들이 저마다 한증목욕탕을 열다보니 목욕서비스 경쟁도 보편화됐다. 한증 목욕탕 입장료는 일반적으로 1~3달러이며 많게는 7~8달러 정도다. 한증목욕으로 유명하고 시설이 괜찮은 곳은 우의탑 아래의 작은 호텔인 모란숙소가 있다. 가장 비싼 곳은 류경관이며 처음 개장했을 때 입장료가 15달러였다가 요즘은 인하해서 10달러다.

　류경관은 북한에서 가장 규모가 크고 비싸게 운영되는 서비스 시설이다. 처음에는 해당화센터였는데 북경의 '해당화식당'에서 벌어들인 수익으로 평양에 건설한 대형 서비스센터다. 이후 이런저런 이유로 류경관으로 이름이 변경됐으며 필자가 북경에서 운영하고 있는 대동강식당과는 협력관계를 맺은 회사이기도 하다. 류경관의 출현은 북한의 전통 외식업이 한 단계 업그레이드되는 계기가 됐고 북한에 여러 가지 소비문화를 탄생시키는 역할을 했다. 이런 문화가 새롭게 퍼지면서 휴식실과 안마실, 미용실 등이 연이어 생겼는데 한동안 퇴폐문화의 온상이 된다고 해서 남녀공동 휴식을 제한하는 일이 벌어지기도 했다. 2017년 3월 19일에 인민보안성의 명의로 '반사회주의 행위와 비사회주의 행위를 근절하는 데에 대한 포고문'이 공표됐다. 이 포고문의 발표 후 모든 서비스 단위들이 식당과 목욕탕의 문에 안을 들여다 볼 수 있는 작은 창문을 내도록 요청받았으며 한증은 남녀출입구를 따로 만들어야 하는 규정이 생겼다. 식당이나 목욕탕 같은 대중편의시설은 현지의 소비수준을 알리는 창구 역할을 한다. 이런 시설들은 체험자의 입소문을 통해 평판이 신속하게 퍼지기 때문에 서비스시설의 지배인들은 특색을 살리고 신용도를 높여야만 고객을 확보할 수 있게 됐다. 북한의 서비스업 종사자들에게 이 두 가지를 잃으면 고객을 확보하기 어렵다는 공감대가 형성돼 있는 것이다.

대동강맥주

북한에는 인민에게 공급되는 맥주가 용성맥주, 봉학맥주, 평양맥주와 대동강맥주 등 모두 4가지 종류의 맥주가 있다. 용성맥주와 봉학맥주는 생산량은 많지 않은데도 국가연회에 자주 등장하는 맥주다. 그 가운데 대동강맥주는 대규모로 생산되면서 점차 명품으로 자리 잡았다. 대동강맥주는 영국의 설비에 독일의 기술로 제조되며, 생산량은 연간 7만 톤 정도로 북한 전체 맥주 생산량의 90%를 차지하고 있다. 북한은 물론 전 세계적으로 유명세를 타고 있어 대동강맥주라면 모르는 사람이 없을 정도다.

대동강맥주는 현재 총 8가지 종류의 맥주를 생산하고 있다. 1번부터 7번까지 번호로 구별되는데 주로 보리와 쌀의 비율에 따라 나뉜다. 1번은 100% 맥아로 만들며 맥아향이 짙고 쓴 맛이 강한 맥주이다. 2번은 70% 맥아에 30%의 흰쌀을 배합해 만들며 맥아향과 호프향이 풍부하고 거품이 많다. 이 2번 맥주는 대동강맥주의 기본 품종으로 가장 잘 팔리는 맥주다. 3번은 각각 50%씩 섞어 흰쌀과 맥아의 고유한 맛을 부드럽게 결합시킨 맥주다. 4번은 맥아 30%에 흰쌀 70%를 배합해 쓴맛을 낮추고 연한 맛을 살림으로써 알코올과 쓴맛에 예민한 소비자들에게 호평을 받는다. 5번은 100% 흰쌀로 첨단 양조기술을 이용해 만들었으며 맥주는 맥아로만 만들어야 한다는 상식을 깬 독특한 맥주이다. 6번과 7번은 흑맥주인데 6번은 특별히 만든 진한 색 맥아, 캐러멜향 기름에 흰쌀을 넣어 만든 것이며 커피향이 진하고 주정이 높다. 7번은 색과 맛이 연하며 초콜릿향이 난다. 알코올 농도는 5.5도이며 맛이 진해 일반 맥주처럼 마시다가는 취하기 일쑤다. 또 하나의 품종은 밀맥주인데 2016년도에 대동강맥주 축전을 치르고 다음 해의 2차 축전을 준비하면서 내놓은 신제품이다. 즉 100% 밀로 제조된 것이며 이 밀맥주는 그전의 1번~7번 맥주보다 약간 혼탁하게 보이는 차별점이 있다. 사실 외국에서 유명한 맥주는 모두 밀맥주인데 그에 맞춰 알코올 농도를 원래보다 1도 낮춰서 4.5도로 만들고 있어 소비자의 반응도 나쁘지 않다고 한다.

대동강맥주와 관련해 한국에서 벌어진 에피소드가 있다. 2012년에 한국의 동아일보 주관으로 대동강맥주와 한국의 3대 맥주를 비교하는 이벤트를 열었다. 2012년 영국주간지인 『이코노미스트』의 보도가 발단이 됐는데, 영국작가 다니엘 튜더가 '한국의 맥주가 북한의 대동강맥주보다 맛이 없다'는 기사를 썼던 것이다. 이 기사가 보도된 후에 동아일보 주관으로 남과 북의 맥주품평회가 열렸고, 결론적으로 총 7가지의 평가지표 모두 대동강맥주의 우세로 나타나 압도적인 결과를 보였다고 한다. '맥아향을 강조한 독일식 라거', '독일식 라거, 단 품질은 의심스럽다', '색다른 향과 맛', '향이 강한 맥주, 마음에 든다' 식의 평가가 있었다고 전해진다. 물론 맥주전문가도 있었지만 일반 소비자, 독일인 등 다양한 사람들이 품평에 참가해 각자의 소견을 밝힌 이벤트였는데 그 결과가 보도된 이후 한국에 대동강맥주라는 이름이 급속히 퍼지기 시작했던 것이다.

대동강맥주의 맛이 훌륭하다는 사실이 알려진 것은 2016년도에 첫 '평양대동강맥주축전'을 개최하고 나서다. 물론 그 이전에도 간혹 알려지기는 했지만 본격적으로 국제적인 지명도를 얻게 된 것은 이때부터다. 후일담이지만 이 축전은 내가 기획안을 내고 몇 년 동안 행사 시행을 시도한 끝에 조선인민봉사총국 산하 617무역회사와 협력해서 이뤄진 사업이다. 행사는 대동문유적지 바로 옆에 있는 대동강배식당의 정박장에서 진행했다. 설계안을 제출하고 정부의 허가를 받기까지 몇 개월이 걸렸는데 행사장에 필요한 모든 물자는 북경에서 트럭으로 운송했다. 행사의 규모는 좀 작았지만 매일 찾아오는 방문객들이 줄 서서 먹으며 유명세를 탔다.

대동강맥주축전은 8월 8일부터 9월 9일까지 1개월 동안 진행됐는데 참가인원은 총 4만 5천 명에 달해 북한 인민이 즐기는 행사로서는 만족도가 가장 높은 것 중의 하나였다. 이 축제에 대해 외국 언론들은 각종 추측성 기사를 내놓으며 외국인 관광객을 끌기 위한 것이라고 보도했지만 사실 참가 인원 가운데 외국인은 약 3,000명 정도 밖에 되지 않았다. 그것도 관광을 온 사람들이었지 맥주축전을 빌미로 참가단을 일부러 모집하거나 초청한 것이 아니었다. 축전장의 규모가 크지 않아서 한번에 800명가량 수용 가능했는데 매일 대기자들이 줄을 섰고 보통 1~2시간을 기다려야 입장을 할 수 있는 정도였다. 맥주축전 소식이 국내뿐 아니라 외국에도 빠르게 전파됐는데 현장에 있던 외국인들이 사진을 찍어 위챗 같은 SNS에 올리면서 파급력이 높아졌다.

맥주축전에 참가한 사람은 대부분 북한사람이었다. 북한에서 이런 행사가 처음 있는 일이라 호기심을 가졌던 것도 있지만 현장 분위기를 전하는 사람들의 소문을 듣고 확인 차 온 사람도 적지 않았다고 한다. 흥미로운 것은 맥주축전의 방문객 가운데 여성이 전체의 60%를 차지했다는 점이다. 이처럼 여성의 참여율이 높았던 것은 축제기간이 마침 '200일 전투' 기간이어서 남자들 대부분이 건설현장에 있었기 때문인 것으로 추정되며 더불어 북한 여성들의 사회활동이 그만큼 커졌다는 것을 알 수 있다. 이외에도 미국의 봉쇄가 한창 가중되고 있는 시점에 맥주축전이 열렸기 때문에 제재와 압박으로 북한이 붕괴되지 않는다는 것을 간접적으로 증명하는 역할도 했다. 조선중앙통신은 "평양대동강맥주축전은 미국과 그 추종세력의 고립 압살 책동을 짓부시며 사회주의문명강국을 보란 듯이 건설해 나가는 우리 인민의 행복하고 낙관에 넘친 생활모습을 그대로 보여주고 있다"라고 보도한 바 있다.

현재는 시중에서 금강맥주의 생맥주가 잘 팔리며 용흥맥주의 캔맥주가 새로 출시됐다고 한다. 대동강맥주도 캔맥주를 생산하고 있다. 평양 곳곳에 맥주바가 생기기 시작했는데 가게 자체적으로 제조한 생맥주가 잘 나간다고 한다. 대표적으로 양각도 호텔바에서 팔고 있는 생맥주를 꼽을 수 있다. 대동강맥주는 주로 단둥을 통해 중국에 있는 북한식당에서 판매한다. 국제제재가 심화되면서 많은 북한식당이 영업을 중단했는데 그만큼 대동강맥주의 해외판매가 줄어들었다고 볼 수 있다. 요즘은 코로나 사태로 인해 북중 세관이 문을 걸어 잠근 상황이라 한동안 중국에 있는 북한식당에서도 대동강맥주가 품절되기도 했다. 2021년 여름에 한 번 들어온 적이 있으며 물량이 작으니 비싸게 판매할 수밖에 없지만 대동강맥주에 맛을 들인 사람들은 계속해서 찾는다. 그래도 대동강맥주의 참맛을 느끼려면 평양에 가서 맛봐야 한다. 평양에서 대동강맥주를 맛본 중국인들은 하루빨리 북한의 상황이 회복하기를 기대하고 있다.

축전과 상품전시회

북한의 명절은 양력설, 설(음력), 2.8 건군절, 2.16 광명성절, 3.8 국제부녀절, 4.15 태양절, 6.1 국제아동절, 8.15 해방절, 8.27 청년절, 추석, 9.9 국경절, 11.16 어머니날, 10.10 당창건 기념일 등이 있다. 북한은 축전을 명절처럼 여겨 일을 크게 벌이는 경향이 있다. 북한의 축전은 매년 혹은 격년으로 실시한다. 대표적인 축제가 4.15 태양절에 열리는 '4월의 봄 국제친선예술제'로 격년제이다. 1982년 4월 제1회가 개최되었는데, 세계 각국 예술가의 우의와 문화교류를 강화하기 위해 개최됐다. 성악, 기악, 무용, 서커스 등 무대예술의 모든 분야를 망라하는 대규모 국제예술제인데 이때 많은 국제예술단이 평양을 찾아 무대에서 교류공연을 펼친다. 북한 문화성 산하 조직기구인 조선예술교류협회에는 '4월의 봄 국제예술축전' 조직위원회라는 상설기구가 있어 역대 예술제를 조직했다. 나는 예술제조직위원회의 상임이사로 위촉되어 적게나마 도움을 주려고 노력 중이다.

2008년부터 역시 격년제로 치러지는 국내의 인민예술축전이 있는데 각 도마다 예술단을 파견해 평양에서 예술콩쿠르 무대를 펼친다. 축전은 예술단과 예술선전대, 기동예술선동대, 예술소조로 나뉘어 진행된다. 격년제 축전으로 조선국제영화축전도 있는데 1987년부터 시작해 2019년에 17회를 맞았다. 영화축전에는 약 30여 개 국가의 영화가 출품되며 장편예술영화, 기록영화, 단편영화, 특별상영, 통보상영 등으로 나뉘어 진행된다. 국제심사위원이 출품된 영화를 심사하고 수상작품에게는 여러 가지 횃불상을 수여한다. 축제기간은 약 10일이며 보통 개막식과 폐막식을 양각도 호텔 근처에 위치한 국제영화관에서 치른다. 행사는 주로 축사와 심사위원 발표 그리고 출품한 영화 관람 등으로 진행된다. 국제적으로 유명한 영화제의 규모나 화려함에 비교가 안 되지만 소박한 분위기 속에서도 각 국가의 영화 작품이 교류된다는 점이 특이한 사항이라고 생각된다. 나는 1997년 제7차 영화축전부터 시작해 매번 초청받아 참석하고 있으며 항상 중국영화 작품을 추천했다. 주최 측에서는 세계 각국의 영화제 자료를 요구하며 특히 개막식과 폐막식의 영상 자료를 필요로 한다. 최근에 열리는 북한국제영화축전을 보면 개막식과 폐막식에서 새로운 분위기로 연출을 시도하며 국제화 방향으로 한 걸음씩 나아가고 있음을 느끼게 한다.

이외에도 다양한 축전이 있다. 2016년에 처음으로 열린 축전으로 '원산국제친선항공축전'이 있다. 이 축전에서는 군용 및 민간 비행기가 에어쇼와 낙하산 강하, 모형 항공기의 조종비행, 유람비행, 음악무용 종합 공연을 비롯해 다채로운 체육문화행사가 진행됐다. 그리고 해마다 태양절 요리축전이 진행된다. 2017년 4월 4일부터 7일까지 평양면옥에서 진행된 '제22차 요리전'에는 전국 각지 요리사들이 만든 1,600여 점의 특색있는 요리와 음료, 70여 건의 과학기술 성과자료가 출품됐다. 성, 중앙기관, 평양시와 각 도에서 선발된 80여 개의 단위가 참가해 유명요리 및 지방특산요리 전시회, 지정요리 전시회, 미꾸라지요리 전시회, 요리 과학기술 성과전시회와 요리사, 접대원의 기술경연 및 시범출연, 요리 전공 대학생의 요리기술 경연 등 다양한 행사가 열렸다. 옥류관, 청류관, 양각도 국제호텔, 경흥지도국, 모란봉구역 종합식당, 함경남도 급양편의관리국, 평양호텔, 평양면옥, 국가관광총국, 보통강 여관관리국, 창광 봉사관리국, 대동강구역 종합식당 등에서 출품한 요리가 호평을 받았다.

최근 북한에서는 전시업종이 뜨는 추세다. 대표적인 전시회로 대외경제성 주최의 상품전시회가 있는데 3대 혁명전시관에서 해마다 두 번씩 국제상품전시회가 열린다. 매년 5월에 '평양국제봄철상품전시회'와 9월에 '평양국제가을철상품전시회'가 개최된다. 근래에는 '녹색건자재전시회, 가구전시회' 등 전문분야의 전시회가 열리기도 한다. 해마다 규모가 늘어나 3대 혁명전시관에서 수용이 불가능해 평양체육관으로 장소를 옮겨 진행하기도 한다. 이런 전시회에서는 전시물의 현지판매가 가능하며 북한 정부는 판매한 상품에 대해 세금을 징수한다. 그래서 평양 시민들은 해마다 봄과 가을에 열리는 상품전시회를 기다리고 있다. 이런 전시회에서 수익을 본 업체들은 정기적으로 참여하는데 보통 수십 개의 외국업체가 참가한다. 다만 참가하는 외국업체의 대부분은 여전히 중국기업이다. 전시회 참가의 성과 여부는 가져간 물건을 얼마나 팔고 나오는가에 달려있다. 그러므로 전시회에 가져가는 물품과 가격, 수량을 정하는 것이 관건이다. 여러 번 참가한 업체는 요령이 생겨 대체적으로 가져간 물건을 현지에서 깨끗이 팔아버리고 돌아온다.

또 다른 축전으로 해마다 열리는 전국과학기술축전이 있다. 2017년 4월에 열린 '제32차 전국과학기술축전'에서는 생산공정의 자동화, 지능화를 실현하는데 기여할 수 있는 560여 건의 과학연구 및 기술혁신 성과가 발표됐다. 축전에서 영화편집 과정의 종합정보화체계, 무인 먹이공급기, 제4세대 촉매생산공정, 무연탄 가스화에 의한 고온공기 연소기술 등이 특등 연구 성과로 인정받다. 조선 과학기술전당에서는 국내외 과학기술전시회를 빈번하게 조직하면서 호평을 받고 있다. 2017년 6월에는 과학기술전시회 명의로 '평양국제건강 및 가정의료기구 전시회'가 열렸고, 10월에 '평양국제건자재 및 가구전시회'가 열렸으며, 2018년 11월에는 '평양국제건강 및 체육분야 과학기술전시회'가 열렸다. 2019년 6월 17~20일에는 '평양국제건강전시회'가 열렸다. 3년에 걸친 전시회 모두 과학기술전당에서 열렸으며 내가 직접 참여해 기획하고 공동 주최한 전시회여서 그 내막을 잘 알고 있다.

이전에 북한에서 열렸던 전시회는 모두 종합전시회였다. 즉 너무 많은 상품을 기준없이 전시해 말이 전시회이지 특화된 분야의 전시회가 아니었다. 나는 과학기술전당과 공동기획으로 단일 품목의 과학기술축전 개최를 합의하고 외국의 전문가를 초빙해 학술교류와 특강을 조직하는 등 과학기술교류를 주목적으로 하는 국제전시회를 만들어 가고 있다. 2017년부터 시작한 '국제건강전시회'는 단순한 전시회가 아닌 학술토론회가 겸해서 열리다보니 북한 각지의 의료건강 분야의 종사자들이 대거 참가했고 그로 인해 양국 전문가 간 교류의 장이 열리게 됐다.

2018년 11월 22일부터 26일까지 진행된 '평양국제건강 및 체육과학기술전시회'는 직전 해에 있었던 경험을 살려 더욱 수준 높은 제품을 선보였다. 물론 국제제재가 계속되어 참가하는 국제기업의 수는 한정적이었지만, 중국 칭화대학의 장빙 교수가 북한의 건강전문가, 체육전문가 200여 명이 모인 자리에서 특강을 진행하기도 했다. 국제적 안목을 키우고 세계적인 건강수준을 따라잡기 위해 실질적인 교류의 장을 마련함으로써 북한 측의 호평을 받았다. 사람들의 건강증진과 기술발전에 도움되는 수백 종의 기능성 건강제품, 의약품, 의료기구, 체육기재, 소프트웨어 제품 등이 국내외 참가자를 위해 출품됐다.

2019년 건강전시회에서는 국제영양학 토론, 중국영양협회 조문상 이사장의 어린이 연령별 국제영양기준에 대한 발표 등으로 학술교류에 높은 열의를 보였다. 이외에도 칭화대학부속병원 장경병원의 간암외과 주임 서광훈 교수의 간암수술 특강이 있었고, 양국 외과의사 간 수술 임상경험을 나누며 토론하는 시간을 마련해 큰 호응을 받았다. 이러한 행사를 통해 국제적 수준의 전문가와 직접 토론할 수 있는 기회를 향후 정기적으로 개최하는 데 합의했다. 전시장에서는 김일성종합대학이 오리자놀 화장품과 졸레드론산 주사약, 실리칠산 세균섬유소막, 나노셀렌 올리고당 교갑약, 히알루론산 영양액 등 다양한 생물공학기술, 나노기술, 정밀유기합성기술을 이용한 상품을 출품해 인기를 끌었다. 그리고 오일 및 건강음료 종합공장 전시대에는 음료용 수소수와 사향수, 불로초꿀, 동충하초 영양액을 비롯한 10여 종의 제품이 출품되어 현장 시음이 이루어졌다. 몇 차례의 건강전시회를 통해 나는 각별히 건강을 신경쓰는 북한 사람의 수요를 파악할 수 있었고, 북한에서도 건강에 유익한 각종 보건식품과 의료기구, 체육기구들이 생산되며, 국가 차원에서 인민의 건강증진을 위한 노력을 꾸준히 한다는 것을 알수가 있었다. 북한의 한약제품이 중국인에게 주목을 받기도 했는데 안궁우황환, 우황청심환 등이 많이 알려지는 계기가 됐다.

최근에 진행된 북한의 전시회 중 가장 주목을 받은 것은 아마도 '자위-2021 국방발전전람회'일 것이다. 조선노동당 창당 76주년을 맞아 3대혁명전시관에서 열린 이번 전람회는 최근 5년간 북한이 개발 및 생산한 각종 무기, 전투기술 기재를 위주로 북한의 국방력을 집결시킨 행사였다. 김정은 위원장이 직접 참석해 연설을 했고 국방산업 부문의 공로자인 간부와 과학자, 기술자들이 초대됐다. 개막식에 앞서 종합군악대의 연주가 있었고 인민군 전투원의 격투시범 출연이 진행됐으며 특출한 공로자에게 각종 표창장 수여식이 있었다. 인상 깊었던 장면은 김정은 위원장이 주요 간부들과 함께 전시장 안에서 북한의 무기를 배경으로 맥주를 마시는 모습이었다. 김일성 광장에서 퍼레이드로만 볼 수 있던 무기를 눈앞에서 만져볼 수 있는 방식으로 국방력을 과시했다는 점이 파격적으로 느껴졌다.

위락시설

북한에는 인민의 여가생활을 위한 위락시설이 곳곳에서 새로 건설되거나 현대화되고 있다. 이런 시설은 평양에 대부분 집중되어 있으며 직장이나 가정에서 모임을 할 때 놀기 좋은 장소로 알려져 있다. 문수물놀이장, 릉라인민유원지, 릉라곱등어(돌고래)관, 류경원, 미림승마구락부, 사격장 등이 신설됐고 만경대유희장, 개선청년공원, 중앙식물원과 중앙동물원은 새롭게 장식을 해서 고객을 끌고 있다. 인민들은 휴일에 단체로 참관하면서 맘껏 즐기고 쌓인 스트레스를 풀 수 있다. 물론 휴식을 참관지에서만 하는 것은 아니다. 평양 시내에 있는 모란봉공원을 찾는 사람들이 가장 많고, 가족끼리 주변 산을 찾는 경우도 많다. 들놀이를 가면 춤판이 벌어지곤 하는데 동참해서 흥을 돋우기도 해봤다. 사람 사는 곳은 모두 똑같은 것 같다. 적당한 휴식이 있어야 건강한 몸으로 일을 더 잘 할 수 있다.

북한 사람들이 가장 기다리는 명절은 3.8 국제부녀절이다. 직장인 중에 3.8절이 오기를 기다리는 사람이 많다고 한다. 어머니날이라는 여성의 명절도 있지만 이때는 주로 가정에서 보내고, 3.8절만큼은 직장인들이 모여서 함께 노는 날로 생각한다. 남성이 여성을 위한다는 명분으로 술자리도 마련하고 들놀이도 조직한다고 한다. 그래서인지 북한에서 맥주와 소주의 일 매출이 가장 높은 때가 바로 3.8절이다. 최근에는 양주도 잘 팔린다고 한다. 평양에 가면 가장 눈에 띄는 술이 양주인데 주로 동남아에서 수입된다고 한다. 식당마다 양주를 비치해 놓지 않은 곳이 없다. 일반식당이 아니라 양주를 판매하는 고급식당이라는 점을 어필하려는 면이 없지 않지만 1년에 한 병만 팔린다고 하더라도 꼭 비치해 놓는다. 그런데 그 양주 한 병이 3.8절에 팔릴 가능성이 높다.

평양골프장에서도 들놀이 나온 젊은이들을 쉽게 찾을 수 있다. 이들이 이동식 스피커를 들고 와서 음악을 크게 틀어놓고 춤추는 모습은 흔히 볼 수 있는 광경이다. 한쪽에서는 배구나 배드민턴 같은 스포츠시합을 하기도 한다. 실컷 놀고 나서 둘러앉자 맥주 한 잔씩 나누면서 게임도 하며 즐거운 하루를 보낸다. 평양골프장은 건설된 지 20년이 넘었으며 북한 사람이 골프를 치는 경우는 극히 드물다. 대부분 외국인이 치고 있기 때문에 평소에 사람이 적은 편이다. 그 때문인지 결혼하는 젊은 부부들이 웨딩사진 촬영을 위해 이 골프장을 많이 찾는다. 자연경관이 좋고 평소에 와볼 수 있는 기회가 없으니 결혼사진이라도 멋있게 찍고 싶어서 찾는 것 같다.

대동강과 보통강변을 걷다보면 낚시하는 남성을 많이 보게 되는데 이들은 좋은 낚싯대를 구하려고 애쓰고 있단다. 낚시를 즐기는 사람이 증가하고 종종 낚시시합이 열리다보니 서로가 보유한 낚시장비가 비교 대상이 되는 바람에 사람들이 더 좋은 낚싯대를 장만하기 위해 공을 들인다는 것이다. 또한 평균수명이 늘어나 평양의 동네공원이나 휴식처 마다 노인들이 모여 앉아 카드놀이를 하거나 장기 두는 것을 어렵지 않게 볼 수 있다. 중국에서 자주 보던 광경이었는데 평양에서도 노인들이 모여 여가를 즐기는 모습을 보게 된 것이다.

모란봉공원에는 늘 여기저기서 녹음기를 틀어놓고 춤을 추는 모습을 볼 수 있다. 중국에서는 노인들이 광장무(广场舞)를 많이 추는데 평양에서는 자유로운 형식의 춤을 추는 것이 다를 뿐이다. 신나게 춤을 추는 깃도 인상적이지만 노인들의 얼굴에 수심이 가득 찬 사람을 볼 수 없어 일상에서 영위하는 문화생활에 만족감이 높아졌다는 느낌을 받았다. 옆에서 춤을 추다가 잠깐 앉아 쉬고 있는 할머니에게 기분이 어떠냐고 물었더니 "기분이 좋습니다, 이게 다 노동당의 덕분입니다"라고 누가 시키지도 않은 말을 했다. 이처럼 다양한 여가생활이 보편화되면서 일의 효율성도 높아지고 단체의 단결력도 높아진다고 한다.

대중 체육

북한 사람들은 놀기도 좋아하고 예술과 체육에 소질이 있는 사람이 많다. 북한에서는 체육을 대중화, 생활화해야 한다는 방침 아래 모든 인민이 체육활동에 참가하도록 요구한다. 기관, 기업과 협동농장에서는 자기 단위의 특성에 맞게 체육시간을 정하고 모든 구성원들이 아침체조와 쉬는 시간 체조, 걷기와 달리기, 배구와 탁구, 태권도 같은 여러 종류의 운동 활동에 일상적으로 참여한다. 명절이나 휴일에도 체육대회나 체육야유희를 계획해 간부와 근로자 모두 적극적으로 운동을 즐긴다고 한다.

학교는 육상과 기계체조, 태권도, 수영 외에 배구, 축구, 탁구, 체육무용을 비롯한 집단 체조 등 다양한 운동에 학생의 적극 참여를 요구한다. 일반 가정에서도 아침 달리기와 걷기를 꾸준히 하는 사람이 늘고 있다. 정부는 건강증진을 위해 사람들이 인민체력검증사업에 참가해 합격하도록 고무하고 있다. 이처럼 체육활동의 수요를 충족시키기 위해 전국 각지에 종합체육관, 수영장, 체육인 숙소, 체육구락부를 세웠다. 평양에는 김일성경기장, 5월 1일 경기장 같은 유명 체육시설이 있으며 여러 종목의 체육관이 모여 있는 종합체육거리를 만경대 구역에 조성했다. 바로 청춘거리라고 불리는 이 곳에는 송구관(핸드볼), 탁구관, 배구관, 농구관, 역기관, 중경기관, 경경기관, 배드민턴관, 수영장, 태권도전당, 훈련장 등이 들어서 있는데 이 가운데 태권도전당이 가장 유명하다. 각 도, 시, 군에서는 모범체육 단위가 되기 위해 도처에 체육소조를 운영하고 체육대회와 종목별 체육경기를 조직한다. 도 대항 경기대회, 성 중앙기관 경기대회, 문화예술부문 경기대회, 전국대학생 경기대회, 대황소상 씨름경기대회 같은 다양한 경기들이 펼쳐진다.

북한에서 대중체육하면 빼놓을 수 없는 것이 바로 대집단체조이다. 대표적으로 '아리랑' 예술공연이 있는데 기네스북에 등재될 정도로 세계적인 작품이다. 약 10만 명의 초등학생과 중학생이 동원되는 이 공연은 규모가 방대해 현장에서 직접 관람한다면 놀라지 않을 수 없다. 배경대미술과 기계체조, 음악과 무용, 현대적인 레이저 기술이 한데 어우러진 공연은 감탄을 자아내게 한다. 특히 배경대미술은 2만 명이 동시에 참가하는 배경대로서 한 치의 오차도 없이 장면을 바꾸는 것은 북한만이 할 수 있는 공연이라고 생각한다. 거의 10년간 5월 1일 경기장에서 공연을 펼쳤던 '아리랑' 집단예술공연은 2013년에 잠시 중단되었다가 2018년 북한의 공화국 수립 70주년을 기념해 '빛나는 조국'으로 다시 공연을 재개했다. 이 공연은 3D기술과 무인기(드론) 등이 총 동원된 종합예술의 경지를 보여주었다고 전해진다.

같은 해 9월 19일 문재인 대통령 일행은 평양을 방문하여 이 '빛나는 조국' 공연을 관람했다. 그런데 놀랍게도 문재인 대통령이 공연 전 평양시민을 상대로 7분가량 직접 연설을 했다. 남북을 하나로 화합시키는 역사적인 장면이 연출된 것이다. 그 당시 나도 평양에 있었는데 현장에 다녀온 북한 사람의 이야기를 들어보면 곧 통일이 올 것처럼 느껴졌다고 한다. 상상도 하지 못했던 일이 벌어진 만큼 북한 사람들에게 안겨준 충격도 그만큼 컸던 것이다. 적대관계에 있던 한국 대통령의 연설을 평양시민들이 직접 듣게 했다는 건 파격적인 사건이 아닐 수 없다. 하지만 사람들을 설레게 했던 그 광경이 더 큰 화합으로 이어지지 못해 아쉬움을 금할 수 없다.

2019년 6월부터 10월까지 '인민의 나라'라는 이름으로 새로운 공연을 시도했다. 이전의 '아리랑' 공연과 다르게 주석단 앞에 대형무대를 설치하고 전문예술단이 한 단계 업그레이드된 공연을 펼쳤다. 6월 20일 저녁 북한을 방문한 중국의 시진핑 주석과 펑리위안 여사가 김정은 위원장과 리설주 여사와 함께 '인민의 나라' 대집단체조와 예술공연을 관람했다. 중국의 신화통신에서는 "이날 저녁 10만 명이 들어가는 5.1경기장에는 관중들로 꽉 채워졌고 '시진핑 주석과 펑리웬 녀사를 열렬히 환영한다', '북경-평양 등 플랭카드가 눈길을 끌었다"고 소식을 전했다.[7] 이번 공연은 북한이 시진핑 주석의 방문을 위해 준비했다. 수만 명의 군중이 공연에 참가했고 북한의 3대 예술단이 합동공연을 하면서 웅장한 분위기를 연출했다. 공연은 '사회주의는 우리의 락원', '승리의 메아리', '더 좋은 래일을 위하여', '불멸의 친선' 등 4개의 장으로 구성됐으며, 북한의 민족적 특색을 살리고 사회주의 사업에서 이룩한 성과를 찬양하는 내용이었다고 한다.

나는 '아리랑', '빛나는 조국', '인민의 나라' 공연을 여러 차례 관람한 경험이 있으며 매번 볼 때마다 새로운 느낌을 받았다. 이 공연에 참가한 학생들은 반 년 이상 뜨거운 뙤약볕 아래에서 연습하느라 고생했지만 모든 학생이 긍지를 가지고 참가해 매우 큰 자랑거리로 생각한다고 들었다. 어른들은 자신이 어렸을 때 대형 국가작품에 출연한 경력을 자랑스럽게 생각하며 그런 활동을 통해 성취감을 얻는 계기가 됐다고 말을 하곤 했다.

부언한다면 이 5.1 경기장은 평양 대동강변에 있는 릉라도에 자리 잡고 있으며 활짝 펼친 낙하산 같은 모양으로 독특한 건축양식을 보여준다. 1989년 5월 1일에 준공된 이 경기장은 수용 능력 15만석의 종합문화기지로, 이곳에서 각종 국제 · 국내경기뿐 아니라 다채로운 문화행사도 진행한다. 1989년 7월 제13차 세계청년학생축전 개폐막 행사와 2002년부터 시작된 김일성 상계관 작품 대집단체조 및 예술공연 '아리랑'을 2012년까지 진행했다. 2018년에는

---

7) 「조선은 시진핑의 방문을 위하여 특별히 창작한 공연을 펼쳤으며 현장이 아름답고 장관을 이루었다」, 『중국신화통신사』, 2019년 6월 21일.

정권 수립 70주년을 기념해 대집단체조와 예술공연 '빛나는 조국' 공연을 5.1 경기장에서 했다.

문화 예술

북한은 예술을 중시하는 국가로 알려져 있다. 필자가 어려서부터 익숙했던 혁명가요와 혁명가극은 지금도 다시 들으면 친근감을 느낀다. 북한을 대표하는 예술단은 만수대 예술단이다. 이 예술단의 공연은 높은 수준을 선보이며 공연을 보는 자체로 사람들의 향수를 불러 일으킨다. 피바다 가극단도 역사가 오랜 예술단으로서 가극 분야의 최고 예술단이다. '꽃 파는 처녀', '피바다' 가극은 북한의 대표적인 혁명가극으로 북한의 자라나는 세대에 대한 전통교육의 측면에서도 중요한 역할을 수행한다. 특히 '홍루몽', '양산백과 축영대' 등 중국의 명작을 가극화한 작품이 널리 알려져 수차례의 중국 순회공연을 통해 열광적인 반응을 이끌어 낸 바 있다.

요즘 인기 많은 모란봉악단은 국제적으로도 널리 알려져 있으며 전통 예술의 범주에서 벗어나 현대적 감각의 음악으로 무대공연을 펼친다. 이 악단의 공연은 인민의 문화생활에 새로운 형식을 부여한 예술로 자리매김하고 있다. 모란봉악단은 2012년 7월 시범공연으로 첫 선을 보이자마자 폭풍 같은 반향을 일으켰다. 10여 명의 연주가와 소수의 가수로 꾸려진 악단은 몸에 배인 세련된 연주기법으로 풍부하면서도 장쾌한 선율을 멋지게 연주한다. 모란봉악단은 기존의 관례에서 벗어난 새롭고 진취적인 공연으로 각별한 인기를 끌고 있다. 청봉예술단도 유명한데 모란봉악단과는 차별점을 두어 전통의 멋이 가미된 현대예술을 주로 공연한다. 국가공훈 합창단과의 합동공연을 보면 클래식과 현대적 스타일이 자연스럽게 어우러지면서 그 매력을 발산한다.

국립교향악단, 국립연극단, 국립교예단 등 국가 예술창작단의 공연을 관람한 북한 인민은 진한 향수에 젖어 든다고 한다. 만수대창작사는 미술품 창작의 대표 단체로서 집단창작의 형태를 취하고 있으며 국가의 중대한 작품창작은 물론 아프리카나 동남아 등 해외 국가 프로젝트도 완성하는 실력을 갖추고 있다. 2019년 1월 26~28일까지 북경대극장에서 모란봉악단과 국가공훈 합창단의 합동공연이 중국 사람들에게 열광적인 반응을 얻은 바 있다. 그 당시 공연을 보고 싶어하는 사람들이 많은데 표를 구하지 못해 암표가 나돌 정도로 인기였던 공연이었다.

2017년 북한에서 김원균명칭음악대학 산하에 평양현대음악학교를 세운다는 소문을 들었다. 그때 나는 현대악기 15조를 이 학교에 기증한 바 있으며 국가에서 발급한 기증서도 받았다. 기증의 목적은 특별한 이유가 없다. 새로 문을 여는 학교이기에 여러 기자재가 부족한 실정이고 문화성과의 인연으로 기증하게 됐다. 평양현대음악학교에서는 기타, 전자음악, 타악기 등 현대음악의 예술인재를 키우는 것이 목표라고 한다. 2019년에는 국가로부터 학교 부지를 받아 곧 학교 청사도 짓는다고 한다. 뿐만 아니라 러시아와 중국에 가서 현대음악 교육에 대한 연수도 진행했는데 이를 통해 하루빨리 현대음악의 정규 교육을 실시할 수 있도록 준비 중이라고 한다. 중요한 것은 외국의 전문 교원을 초빙해 평양에서 직접 교육을 실시하는 방안을 모색 중이라는 점이다. 문화 예술의 국제화를 위한 새로운 길을 모색하려는 북한의 의지를 엿볼 수 있다는 생각이 들었다.

북한의 영화 및 방송예술단은 2009년에 북중 수교 60주년 기념으로 중국의 11개 도시를 순회하면서 공연했던 예술단이다. 주로 북한영화의 주제곡을 불렀는데 방문하는 곳 마다 큰 박수를 받았다. 꽃분이 역을 맡았던 인민배우 홍영희와 영화 '꽃파는 처녀'의 주제곡을 불렀던 인민예술가 최삼숙과 함께 공연을 다니면서 관객의 박수갈채를 받았던 기억이 생생하다. 물론 나중에 방송예술단이 방송음악녹음사로 축소되기는 했지만 아직도 영화음악과 TV 드라마의 음악을 만들고 있다.

중국에서는 60년대 중반부터 70년대 중반까지 문화대혁명의 영향으로 약 10년간 예술영화를 만들지 않았다. 북한 영화는 중국인에게 예술영화의 공백을 메워준 경험이 있으며 그때 알려진 북한의 영화와 노래는 지금도 50대 이상의 중국인이라면 모르는 곡이 없을 정도로 중국의 문화생활에 뿌리내린 바 있다. 아직도 중국인들은 옛날 노래를 부를 때면 북한 영화음악을 즐겨 부르는 사람이 적지 않다. '꽃 파는 처녀', '피바다', '꽃피는 마을', '남강마을 여성들', '영원한 전사' 등 북한 영화 50여 편이 중국에서 방영되며 하나의 '조류'를 형성해 당시 북한 영화를 보지 않고 자란 중국인이 없을 정도였다. 북한 영화의 대사를 외우면서 영화를 기억하는 사람도 많다. 일각에서는 북한의 예술영화가 중국 영화 100년의 역사 중 최소 10년의 공백을 메운 역할을 했다고 이야기한다. 이후 제작된 시리즈 예술영화 '민족과 운명' 같은 영화도 북한의 예술성을 자랑하는 대표작으로 중국에 널리 알려져 있다.

북한에는 예술극장과 영화관도 많다. 극장의 경우 국가를 대표하는 시설이어서 현대적으로 만들어진 예술극장이 적지 않다. 하지만 영화관은 오래된 시설이 많아서 현대화를 해야 할 곳이 많다. 양각도에 위치한 평양 국제영화관은 북한의 영화관 중에서 가장 대표적인 곳인데 이미 현대화를 완료해 격년제의 국제영화축전을 이곳에서 개최한다. 아쉽게도 여러 사정으로 북한에서 영화제작이 중단돼 북한의 새로운 예술영화를 볼 수 있는 기회가 사라졌다. 2018년부터 다시 영화총국이 문화성에서 독립하게 돼 향후 영화 창작에 대한 지원의 폭이 확대될 것으로 예상한다.

결혼식

결혼식은 어느 국가에서나 중요한 문화인데 이 점에서는 북한도 예외가 아니다. 특히 북한의 결혼식 문화 가운데 눈길을 끄는 것은 신랑 신부의 행렬이다. 평양 만수대 동상에 가면 결혼하는 신랑 신부가 꽃다발을 증정하는 모습을 자주 볼 수 있다. 그들 뒤에는 가족이나 친구들이 무리를 짓고 서있는데 그 자체가 결혼식의 일부라고 한다. 가이드에게 물어보니 "오늘의 행복한 생활을 있게 해준 수령님과 장군님께 꽃다발을 올리자고 찾는다"고 설명했다. 꽃다발 증정이 끝나면 결혼기념 앨범을 위한 웨딩촬영이 이어진다. 자연 경관을 배경으로 신혼부부를 앞에 세우고 사진을 찍는다. 보통 카메라 사진사와 비디오 촬영기사가 연출까지 담당하는데 신랑 신부는 이들이 시키는 대로 포즈를 잡는다. 결혼식만큼은 배우가 되는 것이다. 결혼식이 많아지다 보니 웨딩서비스를 위해 촬영과 결혼식을 함께 기획해주는 전담 직업이 생겼다고 한다.

대동강에 가면 쾌속정을 타고 결혼사진을 찍는 모습을 자주 볼 수 있는데 최근 북한의 신혼부부들에게 인기라고 한다. 쾌속정 이용 요금은 15분에 10달러이고 촬영할 때 보통 2~3척이 함께 움직이며 여러 각도에서 촬영을 한다. 신혼부부는 배 위에서 각종 포즈를 취하며 행복한 모습을 카메라에 담는다. 촬영을 끝내고 나면 보통 대동강식당에서 피로연을 한다. 약 100명 정도 수용 가능한 공간에서 결혼식을 올리고 축하공연도 하면서 분위기를 끌어올린다. 결혼식 사회자 역시 인기직업으로 떠올랐는데 유명한 사회자는 예약이 어려울 정도로 일정이 바쁘다고 한다. 결혼하는 신랑 신부의 웨딩촬영은 평양골프장에서도 흔히 볼 수 있는데 여러 팀이 한 번에 몰리는 경우도 자주 목격했다. 골프치는 포즈를 취하는가 하면 숲 속에서 나무를 사이에 두고 둘이 서로 얼굴을 바라보는 동작을 연출하는 현장의 모습을 볼 수 있었다.

북한 여성의 평균 결혼연령은 25~27세, 남성의 평균 결혼연령은 27~30세라고 한다. 남성은 보통 군대에서 9년을 복무하기 때문에 결혼이 늦어져 중매결혼이 보편화됐다. 물론 연애결혼도 있지만 군복무 기간에 서로 만날 수 없기 때문에 남녀가 사진 교환을 통해 결혼 여부를 정하는 경우가 허다하다고 전해진다.

5 대외경제

북한의 대외경제를 담당하는 대외경제성은 대외무역과 투자유치를 책임진다. 북한은 대외경제협력을 확대하고 외국의 자본과 기술을 도입하기 위해 대외투자협력 관련 법률 및 규정을 만들었다. 북한의 외국인투자정책은 자주, 평화, 우호의 이념 아래 완전한 호혜평등의 원칙을 바탕으로 외국과의 무역, 투자 등 경제교류의 확대발전을 꾸준히 견지하고 있다. 국가의 자립적 민족경제의 토대를 강화하는 기초 위에서 국민경제 발전, 현대화 실현, 인민생활의 수준 향상에 필요한 외국인 투자를 수용한다. 북한은 정치·경제·문화·법률적으로 투자정책을 개선해 외국인 투자자에게 유리한 투자환경을 만들려고 노력한다. 그리고 자국이 사회·정치 환경의 안정성, 지리적 조건의 유리함, 경제발전 잠재력, 풍부한 광산자원, 인적자원의 경쟁력, 법률 환경의 타당성을 갖췄다고 홍보한다.

북한의 외자유치 정책은 투자허용, 투자장려, 투자제한과 투자금지 등 4가지로 구분해 시행된다. 투자허용 부문은 산업, 농업, 선설, 운수, 통신, 과학기술, 관광, 유통, 금융 등이다. 투자가 장려되는 분야는 첨단과학기술, 국제 경쟁력이 높은 제품 생산, 인프라, 과학연구 및 기술개발 분야다. 투자가 제한되거나 금지되는 분야는 국가안보를 저해하고 주민의 건강을 해치며 사회도덕생활을 파괴하는 분야다. 환경보호기준에 맞지 않는 대상, 기술이 낙후된 대상, 경제성이 떨어지는 대상 역시 포함된다.

북한의 대외경제는 무역과 투자로 나뉘는데 대외무역업무는 주로 대외무역단위 및 무역회사에서 진행한다. 과거에는 국가 지정의 무역회사를 제외한 다른 기업은 수출입 권한이 없어서 지정된 무역회사를 통해 수출입업무를 처리해야 했다. 그러나 최근 몇 년간 공장과 기업들이 무역거래의 직권을 부여받아 필요에 따라 원하는 물품을 거래할 수 있게 됐다. 투자유치는 일반 투자유치와 경제개발구 투자유치로 나뉜다. 현재 각 개발구에서는 외자유치를 위해 적극적으로 노력하지만 아직 제대로 된 실적을 쌓지 못했다. 그런데 경제특구의 외자유치 우대정책이 명확하고 세부적이어서 외국의 기술과 자본 유치를 위한 일정한 형식을 만들고 싶어 하는 북한의 의지가 보인다. 물론 외국인이 개발구가 아닌 기타 프로젝트에 투자하는 것도 허용되며 정부 차원에서도 투자정책 홍보에 적극 나서고 있다.

아직까지 국제제재가 풀리지 않은 상황에서 대규모의 외자를 유치하기는 쉽지 않다. 하지만 국제제재의 해제를 기대하며 다수의 중국 투자가들이 현지산업시찰과 투자정책설명회를 위해 평양을 방문했었다. 참고로 이 내용은 코로나 사태가 발생하기 전의 일이라는 점을 미리 설명해 둔다.

투자유치정책

북한이 투자유치정책을 제정한지 이미 30년이 지났다. 1991년 라선경제무역지구가 출범하면서 해외투자자에 대한 투자장려 혜택을 마련했다. 수년간의 경험을 통해 외자유치정책을 점차 보완하고 부수적인 법률과 규정을 완비했다. 북한에 이미 제정된 외국투자 관련 법규로는 '외국인투자법', '합영법', '합작법', '외국인기업법', '외국투자은행법', '외국투자기업 및 외국인세금법', '외국인투자기업파산법', '외화관리법', '외국인투자기업명칭 제정규정', '경제개발구법' 등 모두 64개가 있다.[8]

'외국인투자법' 제4조는 "국가는 외국투자가의 합법적인 권리와 이익을 보호하며 외국인투자기업과 외국투자은행의 경영활동조건을 보장하도록 한다"라고 규정한다. 외국인 투자가와 북한기업의 협력에 관한 규정도 갈수록 세분화돼 외국투자유치 정책 외에도 외국투자를 장려하는 우대정책이 따로 만들어지기도 했다. 외국인 투자자의 출자 비율에 제한이 없고 대개 투자 당사자 간 협의에 의해서 결정한다. 투자분 고정 재산과 경영물자에 대한 수입관세를 면제하며 외국투자기업이 생산한 상품의 수출관세를 면제한다. 첫 4년간의 경영손실을 차년도로 이전하는 규정, 감가상각 가속화를 허용하는 규정, 토지사용료 감면 규정, 수출입 권리 규정 등 경영 방면에서의 우대정책도 점차 구체화되고 있다.

외국투자 보장제도에는 부동산 임대, 노동력 보장, 공공 서비스, 분쟁 해결과 관련한 제도가 있다. 부동산 임대기간은 최대 50년으로 한다. 토지임대 우대조치는 장려부문에 투자한 외국기업이 대규모의 토지를 임대할 경우 일정한 우대를 해주는 것이다. 이 제도에 따르면 임대한 토지는 임대기간 안에 관련 기관의 허가를 받아 양도 및 상속할 수 있다. 토지 임대료의 경우 평양시는 $30\sim60€/㎡$이고 지방은 $7.5\sim50€/㎡$이다. 토지개발비는 토지정리와 도로 건설 및 상하수도, 전기, 통신, 난방시설에 지출된 비용을 말하는데 용도에 관계없이 $50€/㎡$이다. $1㎡$당 기준 가격은 각각 도로 $10.8€/㎡$, 통신 $3.1€/㎡$, 난방 $3.3€/㎡$, 상수도 $5.9€/㎡$, 하수도 $5.9€/㎡$, 전기 $4.2€/㎡$, 부지정리 $4.5€/㎡$이다. 개발한 토지가 기술 공법상 필요조건과 질적 수준

---

8) 『조선민주주의인민공화국 법규집(대외경제부문)』, 조선법률출판사, 2014.

을 보장하지 못할 경우 정도에 따라 제정된 가격에서 50%까지 낮춰 적용할 수 있다. 토지 사용료는 지방과 용도에 관계없이 1€/m²/년이다.

노동력 보장제도를 보면 근로자 채용 시 북한 노동자를 우선적으로 채용해야 하며 계약에 따라 정해진 관리인원과 특수직종의 기술자, 기능공은 외국인을 채용할 수 있다. 노동시간은 하루 평균 8시간이며 주 6일 근무하고 연간 270일간 이상 근무가 가능하다. 외국인 투자기업의 최저임금 수준은 일반부문 노동자는 30€/월이며 광산부문 노동자는 80€/월이다. 합작 기간에 분쟁이 발생할 경우 '외국인투자법'에 따라 협상을 통한 해결을 원칙으로 하며 북한의 중재, 재판 절차에 따라 해결하거나 제3국의 중재기관에 제기해 해결할 수 있다. 북한의 중재기관은 조선국제무역중재위원회, 조선해사중재위원회, 조선컴퓨터소프트웨어중재위원회가 있다.

최근 국가 차원에서 외국투자유치를 위한 새로운 규정과 정책 수립에 박차를 가하고 있다. 조만간 보다 구체적이고 신뢰할 수 있는 외국투자유치 관련 규정과 정책이 나올 것으로 예상된다.

경제특구와 경제개발구

북한은 1991년 12월 28일 정무원의 결정으로 라선경제무역지대를 첫 특수경제지대로 확정해 외국인 투자자의 참여를 권장하는 대외경제 활동을 시작했다. 라선경제지대는 총면적 746km²이며 북·중·러 삼국이 인접해 있어 국제경제협력과 기술교류에 확실한 장점이 있다. 북한은 이 지역에 투자하는 외국기업에게 각종 특혜를 약속하며 나진−선봉 자유무역지대의 투자환경 조성을 위한 법규를 준비했다. 북한의 첫 경제지대법으로 '라선경제지대법'이 제정됐다.

1991년 12월 28일, 북한의 첫 경제무역특구로 라선경제무역지대가 지정된 후 1993년 1월 31일, 북한 최고인민회의 상임위원회에서 '조선민주주의인민공화국 라선경제무역지대법'이 통과됐다. 라선경제무역지대를 국제중계수송중심지, 국제중계무역중심지, 국제금융중심지, 국제관광중심지로 만든다는 목표하에 합영, 합작, 외국기업이 허용되며 기업 소득세 감면과 특혜 관세 적용, 무사증제 실시, 자유 무역항 지정 등 일련의 조치가 취해졌다. 라선경제무역지대법과 관련 실행 규정으로 이 지역의 투자개발과 경영관리에 관한 각종 조건을 명확하게 할 수 있었다. 관세, 통신, 금융 방면의 우대정책이 구체화되면서 북한 정부가 외국인 투자자에게 유리한 투자 환경을 조성한다는 사실이 세상에 알려졌다. '라선경제무역지대법'은 2011년 12월 3일 북한 최고인민회의 상임위원회에서 제7차 수정을 거치며 완성도를 높였다. 기본법은 5장에서 8장으로 대폭 늘어났고 당시에 고려해야 할 모든 조항이 반영되면서 북한경제특구법의 모델이 됐다. 나는 2013년에 『조선경제특구지대법 해독』이란 책을 출판했다. 김일성종합대학에서 국제법을 담당하는 강정남 교수와 문답식으로 북한경제특구법을 이해하기 쉽게 해설해 놓은 책이다.

라선경제무역지대는 중계무역 중심의 자유무역경제특구이다. 자유무역경제특구는 개방적인 경제무역활동을 영위할 수 있도록 북한이 주권을 행사하는 기타 지역의 제도, 질서와 다른 규정을 적용받는다. 북한은 외국기업에 투자, 기업관리, 경영방식의 자유 선택권을 부여하며 세금감면과 각종 우대정책을 실시한다. 라선경제무역지대법 제1조에 "조선민주주의인민공화국 라선경제무역지대법은 경제무역지대의 개발과 관리에서 제도와 질서를 바로 세워 라선경제무역지대를 국제적인 중계수송, 무역 및 투자, 금융, 관광, 서비스 지역으로 발전시키는 데 이바지한다"고 규정한다.[9] 라선경제

---

9) 『조선민주주의인민공화국 라선경제무역지대법』, 법률출판사, 2012, 24쪽.

무역지대는 무역, 중계 무역, 수출 가공, 금융 서비스 활동을 복합적으로 진행할 수 있는 경제특구인 동시에 북한의 인민위원회, 검찰소, 재판소 등 국가권력을 행사하는 기관이 통상적인 행정업무를 진행하는 곳이기도 하다.

외국인 투자자는 규정된 범위 안에서 투자를 통해 창업, 생산, 가공을 할 수 있다. 토지임대기한은 50년이며, 외국인 투자자는 합작기한 내 자신이 세운 건축물에 대한 소유권을 인정받아 양도 또는 저당할 수 있고, 무역과 금융사업 권한을 갖는다. 또한 이 지역에 출입 시 무사증 제도를 도입해 외국인이 임시 또는 장기 거주할 수 있게 했다. 관세와 세금을 감면받을 수 있으며 정당한 외화소득을 외국으로 반출할 수도 있다.

당시 라선을 경제특구로 선정한 것은 다른 국가들과 경제 및 기술교류를 확대시킬 수 있는 측면에서 큰 의의가 있다. 무역, 자본 투자와 생산 연계 등 다양한 방식으로 발전하는 국제적 추세에 순응한 처사라고 볼 수 있다. 국제정세는 지극히 혼란했고, 소련이란 "큰 형"은 사회주의를 포기했으며, 동유럽의 사회주의 국가들은 시장경제로 전환했고, 중국도 개혁개방에만 집중했던 때이다. 어떤 의미에서 라선경제무역지대는 북한이 국제 변화에 부응하려는 대담한 시도로 볼 수 있다. 비록 기대했던 효과를 거두지 못했지만 라선경제무역지대가 법률적 측면이나 국제사무를 처리하는 면에서 아주 값진 경험이 되었으며, 이후 경제지대와 경제개발구의 모델로 작용한 것은 분명하다.

2011년 북한 최고인민회의 상임위원회에서는 '라선경제지대법'을 수정, 보완하는 동시에 '황금평, 위화도 경제지대법'을 제정했다. 이 두 지역 모두 중국의 투자를 적극적으로 유치하려는 목적을 갖고 있다. 북중 두 정부는 2012년에 공동개발위원회 출범을 합의하며 투자유치사업을 추진했다. 양국은 북중 공동개발 및 공동관리위원회를 발족했는데 중국 측이 위원장을 맡았다. 쌍방은 투자설명회와 프로젝트 소개 등의 활동을 전개했는데 결과적으로 큰 효과를 보지 못했다. 라선과 황금평 모두 공동관리위원회 청사를 짓고 양측의 대표가 입주했지만 국제사회의 대북제재가 가중되면서 실질적인 투자가 이뤄지지 못했다는 점이 아쉬운 대목이다. 북한은 여러 해에 걸쳐 특구 실험을 진행하면서 외국인 투자자와의 협력 경험을 쌓았고, 그 경험을 바탕으로 2002년 금강산 국제관광특구와 개성공업지구를 통해 드디어 남북 간 경제교류를 시작할 수 있었다. 이 두 사업은 2010년과 2016년에 각각 중단 사태를 겪은 이후 현재까지 재개가 불투명한 상황이다.

2013년 5월 29일 최고인민회의 상임위원회 정령 제3192호로 '경제개발구법'을 채택하고 공포한 이후 곧 이어 2013년 11월 21일 최고인민회의 상임위원회 정령 3,450호로 우선 8개의 도에 13개의 경제개발구를 창설한다고 선포했다. 뒤를 이어 2014년 6개, 2015년 2개, 2019년 1개, 2020년 1개, 2021년 1개씩 계속 추가되면서 현재까지 총 29개의 경제특구(경제지대와 경제개발구 포함)를 확정했다. 중앙급 경제지대 5개, 중앙급 경제개발구 4개, 지방급 경제개발구 20개를 결정하면서 점에서 면으로 점차 확대되는 모습을 보이고 있다. 중앙급 경제지대로는 라선경제무역지대, 황금평·위화도경제지대, 금강산국제관광특구. 신의주국제경제지대, 원산-금강산 국제관광지구 등이 속한다. 여기에 개성공업지구는 포함되지 않았는데 이는 북한이 개성공업지구를 외국 합작으로 보지 않기 때문이다. 중앙급 경제개발구에는 황해남도의 강령국제녹색시범구, 평양시의 은정첨단기술개발구, 남포시의 진도수출가공구, 양강도의 무봉국제관광특구가 포함된다. 지방급 경제개발구로는 평안남도의 청남공업개발구와 숙천농업개발구, 평안북도의 압록강경제개발구와 청수관광개발구, 자강도의 만포경제개발구와 위원공업개발구, 황해북도의 송림수출가공구와 신평관광개발구, 강원도의 현동공업개발구, 함경남도의 흥남공업개발구와 북청농업개발구, 함경북도의 청진경제개발구와 어랑농업개발구, 온성섬관광개발구, 경원경제개발구, 남양수출가공구,

무산수출가공구, 양강도의 혜산경제개발구, 남포시의 와우도수출가공구, 평양시의 강남경제개발구 등이 있다. 현재 구상 중에 있는 개발구로는 황해남도 해주경제개발구가 있다.

김정은 위원장은 조선노동당 제7차 대회에서 "경제개발구들에 유리한 투자환경과 조건을 보장하여 그 운영을 활성화하며 관광을 활발히 조직하여야 한다"고 강조했다. 정부 차원에서 투자유치 활성화를 위해 경제개발구에 유리한 투자 환경과 조건을 종합적으로 갖출 것을 요구했다. 북한의 실정과 세계적인 추세를 고려해 정치적 환경, 경제적 환경, 재정적 환경, 기업운영 관련 환경, 하부구조 조건, 법률제도, 행정기구 효율, 경쟁환경 등을 포괄적으로 보장해줘야 한다고 밝힌다. 또한 국제투자를 유치하려면 다른 국가보다 유리한 투자환경과 조건을 조성해야 한다는 것을 인식하고 있다. 경제개발구 운영에 대한 지도와 관리 부문의 당 정책을 확고히 하고 전략적인 발전방향을 옳게 규정하며 국제적 경험과 성과에 대한 정보보장문제, 경제외교문제, 통신문제, 승인수속문제 등이 종합적으로 해결되도록 사업체계와 질서를 바로 구축할 것을 요구한다.

북한에서는 개발구를 주관하는 국가행정기구의 조정을 위해 2015년에 국가경제협력개발위원회를 해체하고 그 기능을 대외경제성에 귀속시켰다. 대외경제성 산하에 대외경제협력 관리부문과 경제특구지도위원회를 설치하고 그 아래에는 원산-금강산 국제관광지구 개발총회사와 평양시의 은정첨단기술개발구, 강남경제개발구를 두었다. 북한의 경제지대와 경제개발구의 법률 규정과 관리방식이 중국의 경제특구모델과 유사한데 이를 통해 중국의 성공 경험을 학습하고 더불어 중국 투자자를 집중적으로 유치하려는 북한의 의도를 엿볼 수 있다.

합영과 합작

「조선민주주의인민공화국 사회주의헌법」제2장 37조에는 "국가는 우리나라 기관, 기업, 단체와 다른 국가의 법인 또는 개인들과의 기업 합영과 합작, 특수경제지대에서의 여러 가지 기업 창설 운영을 장려한다"고 명기되어 있다. 북한 정부는 1984년에 '합영법'을 제정 발표해 합영방식의 외국인 직접투자를 허용했다. 1990년대에는 '외국인투자법', '외국인기업법', '합작법'을 비롯한 20여 개의 외국투자관계법과 규정을 새로 제정하거나 수정, 보충해 외국인 투자자를 위한 법률적 토대를 마련했다.

합영·합작은 사상과 제도, 국적이 다른 기업 간 이루어지는 경제관계의 한 형태이므로 추구하는 목적과 그 실천을 위한 수단 및 방법이 서로 다를 수 있다. 이에 북한에 없거나 부족한 자원을 해결하고, 공장과 기업의 현대화를 촉진하며, 외화 자금의 충당과 현대적 경제기초의 건설을 위한 투자 유치를 원한다. 그래서 국가 차원에서 세계적으로 경쟁력 있는 가공품을 개발해 수출을 늘리고 외화를 많이 벌 수 있는 대상, 전략물자 수입품을 국산화하며 새로운 자원과 하부구조, 첨단기술을 개발할 수 있는 대상을 선정하라고 요구한다.

합영·합작 과정에서 북한기업이 경영상 우위를 차지해야 한다고 강조하는 것은 기업경영과 관련된 모든 기회와 과정을 북측이 주도해야 한다는 차원에서 협력기업을 제한하는 동시에 협력업체를 끌어들이기 위한 방편으로 풀이된다. 국제적으로 통용되는 시장의 객관적 기준을 충분히 고려하면서 총투자 수익 중 북한의 수익을 가능한 늘리려면, 북측이 경영 과정의 주도권을 가져와 이윤분배에서의 우위를 점해야 하기 때문이다. 합영·합작회사의 경제효과는 국내기업보다 반드시 높아야 하며, 경제효과의 총규모, 투자상환기간, 투자수익 등의 지표를 과학적으로 측정하고 손실이 발생해서는 안 된다. 북한도 실익이 없는 기업은 과감하게 해산 또는 도산시켜야 한다고 말한다.

종합해보면 북한은 북한기업과 외국투자기업이 합영·합작을 다각적으로 진행하도록 법률적 측면에서 보장하지만 현실적으로 합작 방식을 더욱 선호하는 편이다. 국가는 합영기업 관리를 합작기업보다 강화하고 있으며 북측 회사에 대한 요구 조건을 높이고 있다. 물론 현존하는 합영·합작 기업의 수를 볼 때 외국기업의 수가 많지 않다 보니 아직은 합영기업이 유리한지 아니면 합작기업이 유리한지 단정하기 어렵다. 게다가 대북제재로 인해 기존에 있던 합영·합작기업도 당분간 경영 중단 상태에 놓이다 보니 합영·합작의 전망에 대해 섣불리 단언하기는 어려워 보인다.

일반 무역

몇 년 전까지만 해도 북한 정부는 무역자격을 보유한 회사만 대외무역을 할 수 있었으며, 일반기업이 수출입이 필요한 경우 자격 있는 무역회사에 의뢰해야만 했다. 당시 북한에는 700여 개의 무역회사가 있었는데 이들 모두 대외경제성 소속으로 국가가 일괄적으로 자원을 관장해 계획적으로 대외무역을 진행했다. 북한은 특히 자립적 민족경제의 발전을 위한 대외무역의 필요성을 강조한다. 자립적 민족경제가 발전해야 국가의 경제적 위력이 공고해질 수 있다. 그래서 북한은 대외무역 가운데 과학기술 교류를 중시하고, 기술무역을 통해 국내기업에 유리한 기회를 만들어야 한다고 주장한다. 대외무역은 민족경제를 자립시키는 작용을 할 것이며, 민족경제의 발전은 수출입의 촉진제 역할을 할 수 있다. 자력갱생이라고 해서 모든 문제를 자체적인 원료와 재료, 기술로 해결하지 않는다. 다른 국가의 선진과학기술을 흡수해야만 국가의 경제기술 자립성을 빠르게 증진시킬 수 있다.

북한 대외무역 정책의 주요 내용은 대외무역에서 신용을 지키고 수입에만 의존하는 경향을 바로잡아 수출가공, 기술무역과 서비스무역의 비중을 높이는 방향으로 무역구조를 조정하는 것이다. 북한이 수출하는 주요 품목은 광물자원이며 광업기업은 본국의 수출자원을 잘 활용해 국가의 외화부족 문제의 해결을 요구받는다. 납, 아연, 마그네슘, 석탄 등 광물자원이 중요한 수출기지의 역할을 발휘하며 철과 비철금속, 화학공업 제품과 농산품 수출도 일정한 비중을 차지한다. 주요 수출 대상국은 사회주의 국가와 아시아, 아프리카의 개발도상국이다. 물론 일부는 유럽에 수출되기도 했다. 북한의 수입 항목으로는 석유, 코크스, 고무와 기계설비, 선진 기술 등이었다. 외화가 부족한 상태에서 맹목적으로 수입에 의존하면 국가예산을 낭비하게 되므로 수입품목에 대한 국가통제를 강화해 국가가 필요로 하는 중요 프로젝트에 집중적으로 공급해야만 했다. 따라서 북한 정부는 꼭 필요한 설비와 원자재를 구입하도록 관리를 강화했다.

국제제재가 아직 풀리지 않은 상황에서 북한의 대외무역 교역량은 현저하게 줄어들었다. 제재 품목이 구체화되면서 정상적인 무역활동에도 큰 타격을 입었다. 정부를 거치지 않은 우회 경로로 일부 교역이 이뤄지기도 했지만 그에 따른 원가 상승은 큰 부담이 아닐 수 없으며 어려운 국민 경제에 더욱 큰 압력으로 작용한다. 기업에 필요한 설비와 원자재를 공급하지 못하면 질 좋은 상품을 생산할 수 없다. 국제제재가 완화되어야 북한의 광물자원이나 수산자원의 수출길이 열리게 될 것이며 외화수입도 가능할 것이다.

가공무역, 기술무역, 서비스무역

북한이 가공품 수출무역과 기술무역, 서비스무역의 구조개선을 요구한다는 사실은 무역의 형태를 바꿔 과학기술 집약화를 높이고 유형별 가공품과 무형의 기술 및 서비스의 거래량을 증가시키겠다는 것을 의미한다. 다양한 형태의 무역을 통해 생산기술을 향상시키고 외화 수입을 늘린다. 가공무역은 국제시장에서 보편적인 방식으로 가공수준이 높을수록 그 상품의 가격은 높아진다. 또한 북한은 관세와 면세 등 경제적 레버리지를 활용해 가공품 수출을 장려하는 대신 원료 수출을 제한하는 정책을 펴고 있다. 기술무역은 지적재산권을 상품화해 거래하는 일종의 무역형태로서 무형자산인 기술의 이용권을 거래하는 것이다. 기술무역에서는 기술의 소유자가 자기 기술의 이용을 허가해주는 대가로 이익을 획득하며 기술의 수입자는 해당 기술을 이용해 새로운 상품의 생산과 수출을 늘릴 수 있다. 북한은 새로 개발한 기술의 특허 등록을 중시하고 기술의 상업화를 추진해 시장 개척과 확대에 필요한 장려 조치를 연구, 적용하며 기술상품거래 방식에 정통할 것을 요구한다. 서비스 무역도 외화수입을 증대시킬 수 있는 무역형태로 이 분야의 지속 발전은 대부분의 국가들이 공통으로 중시하는 문제다. 운수서비스, 관광서비스 등이 확대되어야 비즈니스 서비스의 종합수준을 높이고 외화수입을 늘릴 수 있다. 북한은 비대면 서비스, 제3국에서의 서비스 및 이동 서비스 등 다양한 형태의 서비스를 더욱 발전시켜 서비스 무역 장벽의 문제를 극복하고 서비스 무역시장 규모를 개척할 수 있는 대책을 마련해야 한다고 강조했다.

북한 정부는 북한 기업에 대해 가공무역, 기술무역, 서비스무역을 적극 권장한다. 하지만 전체적으로 규모가 일정하지 않은 데다 이 같은 무역 능력을 갖춘 기업이 많지 않아 잠재력을 더 발굴하고 다양한 협력 경험을 쌓을 필요가 있다. 북한의 무역은 국제제재의 영향으로 기존의 주문량이 감소하거나 중단되는 현상이 비일비재하다. 이는 국제환경이 북한에 미치는 영향이 그만큼 크다는 증거이며 향후 무역확대를 노리는 북한에게 부정적으로 작용할 것이 자명하다.

공장, 기업의 대외협력

북한은 계획경제를 실시해 국가에서 각 공장의 생산지표 지정과 원료 보급을 책임지고 공장은 생산만 하는 시스템이었다. 공장과 기업의 설비 교체나 원료공급에 필요한 수입은 전문 무역회사가 담당했다. 따라서 공장에 외사부서와 관련 담당자를 둘 필요가 없었다. 그러나 동일한 계획경제 체제이지만 2014년 국가 차원에서 기업책임관리제를 도입한 이후 연매출 50만 유로 이상인 공장과 기업에게 무역권을 부여하자 각 단위는 외사부서를 두고 독립적으로 대외무역과 합영 협력을 추진할 수 있게 됐다.

북한이 실시하는 새로운 경제정책은 국가에서는 지표만 계획하고 생산에 필요한 설비와 원료 공급, 나아가서 생산과 판매까지의 전 과정을 공장과 기업이 자체적으로 해결하라는 것이다. 공장과 기업마다 대외사업 담당자를 두기 시작했고 공장의 필요에 따라 직접 해외출장을 나갈 수 있게 되었으며 자신의 상대방을 찾아 합작을 추진할 수 있게 됐다. 공장이 필요한 물자를 선택해 수입하게 되면서 경제적 효율성이 더욱 증가했다. 즉 공장과 기업이 제한적으로 외국과의 거래를 진행했던 상황에서 생산부문이 직접 외국 업체와 거래하도록 변경된 것인데, 이는 직접 접촉을 통해 생산에 필요한 설비와 기술, 원자재의 수요를 파악하고 도입하라는 의미이다. 생산에 종사하는 사람이 해외에 가보고 경험해야 국제수준에 대한 전반적인 파악이 가능하다는 것을 알게 된 것이다. 공장과 기업 나름대로 외국과의 합작의 길을 모색하게 되면서 전반적인 수준이 높아지게 됐다. 물론 제재가 계속되는 환경에서 외국기업의 호응이 좋지 않을 수밖에 없다. 게다가 북한 기업의 자금력이 여의치 않아 좋은 것을 보고도 선택하지 못하는 경우도 많다. 이에 북한 기업은 중고 설비를 우선하는 경향이 있고, 일부 중요 설비만 수입하고 나머지는 자체적으로 해결하는 현상이 보편화됐다.

반면에 전문 무역회사도 새로운 도전에 직면하게 됐다. 과거에는 앉아서 편하게 무역업무를 했지만 이제는 공장과 기업이 자체적으로 대외거래를 시작하게 되면서 무역회사도 그들과 경쟁관계에 놓이게 된 것이다. 그래서 무역회사들은 외국과의 오래된 거래 경험을 바탕으로 새로운 길을 모색했고 이런 과정에서 앞서 소개했던 금컵체육인종합식료공장 같은 모범기업이 탄생할 수 있었다. 무역회사에서 공장운영으로 업무영역을 확대한 후 자체 상품개발과 시장확장을 통해 국산화 실현에 기여했을 뿐만 아니라 다른 무역회사들이 나아갈 길을 제시하는 효과도 발휘했던 것이다.

관광산업

북한의 관광산업은 가장 잠재력이 큰 업종이라고 할 수 있다. 세계적으로 널리 알려진 명승지들이 여러 곳 있는데 주요 관광지로 금강산, 묘향산, 백두산, 구월산, 칠보산과 개성의 고려 유적지, 원산 바다경치 등이 있다.

금강산은 북한의 제일의 명산일 뿐 아니라 세계적인 명산이다. 북한 동해 기슭의 중부에 있는 강원도의 고성군과 금강군, 통천군의 넓은 지역을 차지하고 있는 금강산은 아름다운 산악, 계곡, 수림, 폭포 등 그야말로 으뜸가는 관광지이다. 금강산은 외금강, 내금강, 해금강으로 나뉜다. 외금강은 금강산의 주봉인 비로봉을 중심으로 남북으로 뻗어간 봉우리들과 해안을 따라 길게 펼쳐진 해금강 사이를 포괄한다. 기세차고 웅장한 산악미를 보여주는 다양한 자태의 기암괴석과 유명한 계곡, 크고 작은 폭포와 연못이 한데 어우러져 천하절경을 이루고 있는 외금강은 남성적인 특징을 가지고 있다. 내금강은 금강산 서부지역에 펼쳐진 명승지로 깊고 아름다운 계곡의 여성미를 드러낸다. 해금강은 아름다운 호수와 바다 경치로 이름이 나있으며 그림 같은 바닷가 경치와 맑은 바닷물 아래의 만물상도 볼 수 있고 해수

욕과 낚시로 즐거운 시간을 보낼 수 있다. 금강산에는 1만 2천 봉우리를 거느리고 거연히 솟은 비로봉(1,639m)을 비롯해 1,500m가 넘는 봉우리만 해도 10여 개, 1,000m 이상의 봉우리는 100여 개 있다. 옛날에 왕이 하루 놀러왔다가 호수 경치에 심취해 3일을 놀고 갔다는 전설이 있는 삼일포, 기이하게 생긴 수많은 돌기둥이 동해바다를 눈부시게 장식하고 있는 총석정도 진풍경이다.

묘향산은 북한의 4대 명산 중 하나이며 산의 경치가 기묘하고 아름답기로 유명하다. 산에 싱그러운 향기를 풍기는 나무가 많다고 해서 묘향산이라 불린다고 한다. 묘향산은 자연의 아름다움과 웅장함을 모두 지니고 있다. "삼천리 금수강산이 다 명승이로되 묘향산을 보지 않고 경관을 논하지 말라"는 말이 있을 정도다. 또한 역사유물이 많은 것이 특징인데 북한 5대 사찰의 하나인 보현사를 비롯해 많은 문화유적과 유물이 보존되어 있다. 각 층 지붕의 처마 끝에 풍경이 매달려 있어 바람이 조금만 불어도 아름다운 소리를 내며 오랜 석탑 가운데 예술적 기교가 가장 뛰어난 것으로 알려진 8각 13층탑, 8만여 개의 목판으로 찍어낸 불교경전인 '팔만대장경'이 있다. 묘향산에 가면 꼭 둘러보아야 할 곳이 있는데 바로 국제친선전람관이다. 이곳은 세계 각국의 정치지도자, 저명인사들이 김일성 주석과 김정일 국방위원장에게 전한 선물이 진열돼 있다. 전람관의 총면적은 4만 6천㎡이며 본관과 1관, 2관으로 나뉘어 있다. 선물 1점을 보는데 1분이 소요된다고 가정하면 이 전람관에 전시된 선물을 다 보는데 2년이 걸린다고 한다.

백두산은 해발 2,750m로 북한에서 제일 높은 산이며 북한과 중국의 경계에 위치해 있다. 북한의 선조들은 예로부터 한반도의 모든 산줄기는 백두산에서 뻗어 나왔다고 하면서 조상의 산으로 불러왔다. 또한 한민족의 존엄과 기백의 상징이며, 슬기롭고 용감하고 순수한 민족의 넋이 백두산에서 비롯되었다고 한다. 백두산은 아름답고 장엄하고 웅장할 뿐 아니라 풍경이

다양하고 섬세하며 지형, 지질, 기상기후, 동식물상이 특이하다. 백두산 천지는 화산구인데 규모로 보나 아름다움으로 보나 세계적으로 으뜸가는 명승지이다. 천지의 면적은 9.16km², 둘레는 14.4km, 최대 깊이는 384m이다. 천지에서는 천지 산천어와 작은 생물들이 살고 있으며 호반에는 백두산 사슴, 노루, 늑대, 기러기와 같은 동물이 살고 있다. 또한 눈 속에서도 피는 만병초와 들쭉나무 등 수십여 종의 식물이 자라고 있다.

구월산은 북한의 중서부에 위치하고 있으며 예로부터 9월의 단풍이 유별나게 아름답다는 데서 그 이름이 유래됐다. 구월산에는 수십 개의 정각과 부감대가 있으며 등산로는 약 100km에 이른다. 구월산 관광지구에는 아름다운 풍경뿐만 아니라 구월산성, 월정사, 삼성사 같은 역사유적이 많다. 삼성사에서는 고조선의 환인과 환웅, 단군의 제사를 함께 지낸 곳이며, 안악 3호 고분도 건축술이 섬세하고 규모가 크며 화려하고 내용이 풍부하다.

칠보산은 일곱 가지 보물이 묻혀 있다고 해서 붙여진 이름인데 맑고 푸른 동해 바닷가에 높이 솟은 수많은 기묘한 봉우리와 깎아지른 절벽, 기암괴석과 울창한 수림으로 뒤덮인 깊은 골짜기가 아름다운 풍경을 이루고 있다. 여러 가지 독특한 모양의 돌문, 동굴, 협곡과 계곡마다 형성된 크고 작은 폭포는 칠보산의 자연경치를 더욱 아름답게 하고 있다. 칠보산에는 800여 종의 고등식물과 수백 종의 척추동물이 서식하고 있으며 특산품으로 유명한 송이버섯을 비롯해 백수십 종의 약초자원, 경제적 가치와 학술적 가치가 큰 식물, 동물이 분포해 있어 유전자 다양성의 중요한 저장고로 평가받는다. 칠보산은 내칠보, 외칠보, 해칠보로 나뉘는데 그 어느 곳이나 빼어난 경치를 자랑하며 오랜 역사를 가진 많은 역사유적이 보존돼 있다.

평양에서 남쪽으로 160km 떨어진 곳에 자리 잡고 있는 개성은 한민족의 첫 통일국가인 고려(918~1392년)의 수도였던 역사 도시이다. 개성에는 왕건왕릉과 경효(공민)왕릉, 선죽교와 표충비, 고려 성균관과 숭양서원, 명릉군과 칠릉군, 만월대와 개성 첨성대, 개성성과 개성 남대문 등의 역사유적이 있다. 개성에 가면 특유의 음식을 맛볼 수 있는데 구리그릇에 담은 전통음식이 12첩 혹은 15첩 반상으로 나온다. 여유가 있다면 꼭 개성 민속여관에서 1박 하기를 권한다. 500년 된 건물에서 민박할 수 있다는 것은 역사와 대화하는 느낌으로 후회 없는 여행이 될 것이다. 개성 시내에서 북쪽으로 25km 떨어진 곳에 있는 박연폭포는 금강산의 구룡폭포, 설악산의 대승폭포와 함께 북한 3대 명폭으로 손꼽힐 뿐 아니라 16세기의 유명한 유학자 서경덕, 유명한 여류시인 황진이와 함께 송도 3절로 불린다. '개성'하면 빼놓을 수 없는 것이 판문점이다. 개성 시내에서 남쪽으로 8km 떨어진 곳에 위치한 이곳은 지난 6.25전쟁에서 북한, 중국과 미국 사이의 정전협정(1953년 7월 27일)이 체결된 장소다. 이곳에는 정전협정 회의장, 정전협정 조인식장, 군사정전위원회 회의실, 중립국 감독위원회 회의실이 있으며, 회의실 건물의 가운데로 지나가는 군사분계선의 북측에 통일각과 판문각이 있다. 240km 길이의 콘크리트와 철조망으로 만들어진 군사분계선은 남과 북을 갈라놓고 있는데, 양측으로 각각 2km씩, 총 4km의 넓이로 비무장지대가 설정돼 있다. 이 지역은 70여 년간 사람이 드나들지 않은 자연 그대로의 모습을 갖고 있어 한반도에 평화가 찾아오면 전 세계의 관광객의 발길이 끊이지 않을 명소로 될 것이다. 그날이 멀지 않기를 간절히 바란다. 개성은 또한 세계적으로 이름난 약재인 고려인삼의 원산지로 2,000여 년의 인삼재배 역사를 갖고 있다. 개성 고려인삼은 인삼 중 최상품으로 꼽히며 '천하제일삼'이란 명성을 갖고 있다.

상술한 전통적인 관광명소 외에 관광특구나 경제개발구 형태로 새롭게 개발되는 관광지를 살펴볼 필요가 있다. 북한의 대표적인 관광지대로는 원산－금강산 국제관광지대, 금강산 국제관광특구, 신평 관광개발구, 온성섬 관광개발구, 청수관 광개발구, 무봉 국제관광구가 있다. 요즘 대대적으로 개발 중인 삼지연도 머지않아 중요한 관광지로 부상할 것이 틀림없다. 더 상세히 소개하고 싶은 곳은 다름 아닌 원산－갈마 해안관광지대이다. 동해 바다에서 가장 아름답다는 명사십리가 위치한 곳이며 김정은 위원장이 공 들여 추진하는 관광지이기도 하다. 아직 공식적으로 관광객을 받지 않지만 곧 준공되고 국제제재가 풀리면 해외 관광객이 몰려들 것으로 예상된다.

원산－금강산 국제관광지대는 2014년 6월 11일 최고인민회의 상임위원 회 정령 제48호 결정으로 채택됐는데 새로운 관광지로 집중 건설에 들어갔 다. 원산－금강산 관광지대에는 원산지구, 마식령스키장지구, 울림 폭포지 구, 석왕사지구, 통천지구, 금강산지구가 포함된다. 여기에는 금강산 국제 관광특구법, 경제개발구법, 외국인 투자관련 법이 적용된다. 위치로 보면 아시아 대륙의 동쪽, 한반도의 중부 해안가이며 항구 문화도시인 원산에 있다. 이미 원산 갈마공항이 건설됐고 북한의 유명한 관광지인 평양지구, 백두산지구, 칠보산지구, 남포지구로 가는 중간지점에 위치하고 있다. 원산 －금강산 국제관광지대는 관광 명소만 676개나 되며 그 가운데 역사 유적 지 142개, 백사장 11곳, 광천자원 4개, 자연호수 9개가 있으며 치료 효과가 있는 토양자원이 328만여 톤이나 되는 등 관광자원이 풍부하다. 앞으로 이 곳은 겨울철에는 마식령스키장을 중심으로, 여름철에는 백사장과 푸른 바 다, 해안 소나무 밭을 비롯한 해안가 풍경을 바탕으로 다양한 해양휴양관 광지로 개발될 것이다. 금강산으로의 등산도 좋지만 자연공원과 민속놀이 로 관광객의 발목을 잡을 것이 분명하다. 동시에 갈마비행장, 원산항, 원산 －금강산 철도노선 개건과 고속관광철길, 원산－금강산 도로 건설, 원산 시 내의 현대화 건설 등이 이뤄지면서 이곳을 찾는 해외 관광객에게 편의를 보장하게 될 것이다. 개발 계획은 확실하며 일부는 이미 건설을 마친 상태 지만 전반적인 건설목표에 이르려면 아직 자금난과 자재난 때문에 속도를 내지 못하는 실정이다. 국제제재의 부정적인 영향을 배제할 수 없으며 주변 관련국과의 협조가 잘 이뤄지지 않는 것도 사실이다. 국제정세가 완화되고 개발구에 대한 중앙과 지방의 지휘체계가 문제없이 진행된다면 조만간 이곳은 불야성을 이루는 국제관광지로 거듭날 것이다.

물론 평양에도 주요 관광지가 많다. 김일성광장, 주체사상탑, 만경대 살림집, 금수산 태양궁전, 만수대 대기념비, 당 창건기념탑, 만수대 의사당, 천리마 동상, 개선문, 평양역, 조국 해방전쟁 승리기념관, 조국통일 3대헌장 기념탑, 통일 전선탑, 우의탑, 해방탑, 대성산 혁명열사릉 등이 있는가 하면 역사유적지로 단군릉과 고구려 시조왕의 무덤인 동명왕릉도 있다. 중앙역사박물관, 조선미술박물관, 국가선물관, 김일성화－김정일화 전시관과 3대 혁명전시관 등도 관광할만한 장소로 추천한다. 공원, 유원지로는 모란봉공원, 종합적인 문화유원장소인 개선청년공원, 규모가 큰 종합적인 유희장소인 만경대유희장, 릉라인민유원지, 대성산유원지, 평양 용악산유원지, 5.1 경기장이 있으며 최근에 완성된 미림승마구락부, 문수물놀이장, 류경원 등이 있다. 중앙동물원, 중앙식물원 같은 자연생태를 담은 관광지도 가보아야 하는 장소다.

평양의 지하철은 영광역에서 봉화역까지 관광객이 체험할 수 있어 서민생활을 근거리에서 접할 수 있다. 평양 지하철의 특징은 지하 100m 정도에 건설되었다는 점인데 에스컬레이터를 타고 몇 분은 내려가야 탑승할 수 있다. 평양의 먹거리도 역시 빼놓을 수 없다. 옥류관 냉면은 그 명성이 대단해 꼭 먹어봐야 하는 음식이다. 2018년 4월 27일 남북정상회담이 판문점에서 열릴 때 북한 측에서 남측 관계자들에게 옥류관 냉면을 대접해 소문이 나기도 했다. 대동강에서 배를 타고 수려한 경치를 만끽하는 것도 좋으며 무지개배 식당도 특색 있는 식당으로 손색이 없다. 물론 새로 생긴 미래과학자거리의 이탈리아식당, 대동강변의 대동강 수산물식당, 려명거리의 상가도 가볼만한 곳이다. 이탈리아식당은 유럽풍으로 장식했으며 피아노 연주를 들으며 음식을 먹을 수 있어 고급스러움을 자랑한다. 려명거리에도 새롭게 간판을 내건 식당과 상점을 볼 수 있는데 이는 평양시민의 생활수준이 향상되고 있음을 방증한다.

이외에도 평양에서 55km 떨어진 남포에 유네스코 세계문화유산으로 등록된 강서세무덤, 덕흥리벽화무덤이 있는가 하면 대동강과 서해가 만나는 지점의 바닷물을 막아 건설한 서해갑문도 있다. 서해갑문은 바다물이 역류되지 않도록 막아서 농업용수로 사용한다는 것도 유명하지만 1994년 미국의 카터 대통령이 북한을 방문해서 둘러보았던 곳으로 더욱 많이 알려져 있다. 평양골프장도 빼놓을 수 없는데 20여 년 전에 일본 조총련 소속 기업가가 투자해서 건설했다고 한다. 풍경이 수려한 태성호 기슭에 자리 잡아 골프코스가 좋으며 현재 18홀에서 9홀을 더 추가해 27홀로 확장공사 중이다. 평양골프장은 골프 관광객의 편의를 위해 별장을 10개 동이나 지어 놨으며, 그곳에서 숙식은 물론 바비큐파티와 사우나도 즐길 수 있는 종합시설로 건설되었다.

2019년 북한은 종합치료 서비스 기지로 양덕 온천문화휴양지를 정식으로 오픈했다. 삼지연지구 1기 공사를 마감할 때 시공했는데 현지의 온천용수를 이용한 요양기지를 건설했다. 이곳 온천은 실내외를 현대화된 시설로 꾸몄으며 운동요법, 감탕요법, 식토요법, 모래요법 등 다양한 치료실을 갖추어 놓았다. 그 외 헬스장, 당구장, 물놀이장, 어린이 놀이터, 미니 골프연습장, 사격, 전자오락실 등 다양한 부대시설을 갖추었다. 겨울에는 스키, 썰매, 스노모빌 등 다양한 동계 스포츠를 즐길 수 있는 서비스가 준비돼 있다.

보고 즐기는 관광 외에도 북한은 중국인의 '홍색관광지'로 활용될 가능성이 높아 보인다. 중국 인민지원군 열사의 유골 19만구 이상이 아직 북한 땅에 묻혀있다. 그들의 후손이 수백만 명에 달해 관광문이 열리면 대규모로 북한을 방문할 것이 예상된다. 최근 중국정부에서는 거액의 자본을 들여

중국인민지원군 열사릉을 보수, 재건해 애국주의 교양기지로 활용하고 있다. 2020년 10월 25일 중국인민지원군 참전 70주년을 맞아 중국에서는 각종 기념행사가 개최되었는데 '항미원조정신'이란 개념이 등장했기 때문에 향후 영웅을 기리는 중국의 후손과 관광객의 북한 방문이 활발해질 것이 분명하다. 이는 북중 두 국가의 혈맹관계를 재증명하는 계기가 될 것이며 양국이 더욱 가까이하는 요소로 작용할 것이다.

북한은 관광호텔과 식당, 상업, 편의, 교통 운수 등 서비스 시설을 갖춰 외국 관광객을 위한 서비스 체계를 준비하고 있다. 비록 시설이나 규모 면에서 아직은 낮은 단계에 있다고 볼 수 있지만 국가관광총국에서 전반적인 관광체계를 관장하면서 관광지, 서비스시설, 여행사, 관광상품의 수준을 높이기 위해 애쓰고 있다. 여행사로는 조선국제여행사, 국제청소년여행사, 조선국제체육여행사, 조선국제태권도여행사, 묘향산여행사, 백두산여행사, 칠보산여행사, 원산여행사, 라선국제여행사, 대동강여행사, 중강여행사 등 26개가 있다. 북한에서는 관광상품을 더 많이, 더 좋게 개발하기 위해 박차를 가하고 있다. 서비스의 형태를 다양화하고 그 수준을 높여야 관광객의 만족도를 높일 수 있으며 이를 통해 경제적 수익도 자연스럽게 올라갈 수 있기 때문이다.

해마다 4월에 평양국제마라톤이 열리는데 매년 외국인 참가자 수가 늘어나는 추세였으며 특히 유럽인이 많이 참가했다. 영국인이 운영하는 고려여행사를 통해 매년 평균 약 3,000명의 외국관광객이 북한을 여행한다. 평양국제마라톤대회는 이후 중국인들이 합류하면서 참가인원이 증가해 평균 500명의 외국인이 참가했다. 이 행사 역시 코로나로 인해 잠시 중단된 상황이다.

물론 아직까지는 관광객을 대량으로 유치할 조건을 완비하지 못한 상태다. 특히 호텔 객실이 절대적으로 부족하다. 현재까지 평양에 확보된 외국인 투숙 조건에 적절한 개실은 3,500개 정도라서 일일 평양 체류인원을 5,000명 이내로 제한하는 실정이다. 코로나 사태가 잠잠해지면 북한에서 호텔 이용객의 수를 늘리는 작업이 이루어질 것으로 보이며 호텔투자에 관심을 갖는 중국 투자가도 자주 방문하는 것으로 알고 있다. 북한의 준비 상황에 따라 속도의 차이는 있겠지만 향후 북한 방문인원이 증가할 것이라는 점은 의심할 바 없다.

다음으로 외국인의 교통수단도 문제인데 국제항공노선과 국제기차가 절대적으로 부족하다. 현재 평양의 국제항공노선은 중국의 북경, 심양과 러시아의 블라디보스토크와 개통돼 있다. 북경의 경우 중국 민항기도 운항하고 있어 매주 5~6회 정도 평양을 왕복하지만 다른 노선에서는 평양행 비행기를 2~3일에 한 차례 운행할 뿐이다. 국제열차는 북경–평양 노선이 있으며 역시 중국기차와 교차운행을 해서 매주 6회 정도 운영한다. 주로 화물을 중심으로 하며 객차는 2량 정도만 연결하고 다녀서 인원의 유동에 극히 제한적이다. 북한을 방문할 때에는 특히 여름철에 항공티켓이나 열차표를 구하기 어렵다. 코로나 이전의 2018년과 2019년에는 북한에 들어가는 비행기표와 열차표를 구하는 것이 하늘의 별 따기라고 할 정도로 어려웠다. 입국인원을 하루에 1,000명으로 제한했음에도 불구하고 내국인의 외국출장도 늘어나는 등 해외이동의 수요가 증가하는 상황에서 북한은 사람의 대량 이동에 어려움을 겪고 있다. 이와 같이 교통수단에 문제가 있음에도 2018년에 외국인 관광객 약 20만 명, 2019년에 약 30만 명이 북한을 방문했다고 한다. 하지만 코로나 사태 발생 후 북중 간의 모든 항로와 열차가 중단된 생태이며 아직 언제 원상복귀될지 알 수 없다.

외국인 투자 현황

　외국인 투자기업의 유형을 보면 외국인기업, 합영기업, 합작기업 등 3가지가 있다. 외국인 기업은 외국인 투자자가 단독으로 투자해 운영하는 기업을 말한다. 합영기업은 북한 기업과 외국인 투자자가 공동으로 투자하고 운영하며 출자비율에 따라 이윤을 분배하는 기업을 말한다. 합작기업은 북한 기업과 외국인 투자자가 공동으로 투자하고 북한 기업이 운영하며 계약 조건에 따라 상대방의 투자금액을 상환하거나 이윤을 분배하는 것을 말한다. 모든 외국인 투자기업은 유한책임회사 형식으로 조직되며 조선민주주의인민공화국의 법인이 된다.

　외국인 투자기업 수는 2014년까지 371개로, 중국(홍콩, 대만 포함), 러시아, 이집트, 태국, 싱가포르, 말레이시아, 영국, 프랑스, 핀란드, 덴마크, 아르헨티나, 오스트레일리아, 폴란드, 네덜란드 등의 기업들이다.[10] 이후 큰 변화 없이 아직까지 그 통계 수치가 유지되고 있다고 보면 될 것이다. 오히려 2017년 9월 28일 중국 정부의 합영 철거령에 따라 중국 기업이 철수하는 바람에 전반적으로 감소하기도 했다. 등록되지 않은 기업 수는 통계적으로 파악하기 불가능하며 기업들 간에 여러 형태로 경제 활동을 벌이고 있는 실정이다.

　북한에 투자한 중국 기업은 정부관련 기업과 민간기업 두 종류로 분류된다. 정부관련 기업은 모두 중국 상무부에 등록되어 있으며 민간기업은 규모가 큰 기업만 중국 상무부에 등록되어 있다. 대부분의 민간기업은 등록되어 있지 않으며 이름이 알려지지 않은 회사들이 대부분이다. 양측에 등록된 중국 기업을 중심으로 북한에 중국상회라는 단체가 활동했는데 회원

---

10) 『조선대외경제성통계』, 2016.

이 많을 때는 100명 가까이 될 때도 있었다. 광산 업종에 합작하는 회사 중에 큰 기업이 많았으며 지린성, 랴오닝성 정부의 무역대표부도 현지에 상주하며 경제협력 관련 업무를 담당했다.

외국인 투자기업의 실태를 살펴보면 생산부문, 서비스부문, 판매시장으로 나뉘어져 있다. 생산부문에는 경공업, 채취산업, 건설건재산업, 전력, 전자산업, 수산, 임가공, 기계산업, 농업, 화학공업, 금속공업, 정보산업, 기타 등에 분포되어 있다. 서비스 부문에는 상업, 요식, 편의 쪽에 많이 편중되어 있으며 나머지는 자동차 수리서비스, 여객, 화물운송, 통신, 금융 등이 있다. 판매시장 쪽에는 국내판매기업과 수출기업이 있다. 양자협정체결 현황을 보면 북한은 28개 국가와 투자장려 및 보호협정을 체결했으며 15개 국가와 이중과세방지협정을 체결하였다.

〈표 1〉 투자장려 및 보호협정을 체결한 국가들

국가	체결일	국가	체결일	국가	체결일
덴마크	1996. 9. 10	슬로바키아	1998. 10. 27	이란	2002. 9. 30
나이지리아	1996. 11. 11	스위스	1998. 12. 14	몽골	2003. 11. 19
러시아	1996. 11. 28	불가리아	1999. 6. 16	중국	2005. 3. 22
이집트	1997. 8. 19	방글라데시	1996. 6. 21	예멘	2005. 6. 13
라오스	1997. 10. 15	말리	1999. 10. 11	수리아	2006. 5. 14
마케도니아	1998. 1. 23	인도네시아	2000. 2. 21	벨라루스	2006. 8. 24
루마니아	1998. 2. 4	이탈리아	2000. 9. 27	캄보디아	2007. 11. 1
말레이시아	1998. 8. 26	태국	2002. 3. 1	싱가포르	2008. 2. 12
체코	1998. 10. 27	베트남	2002. 5. 3		
세르비아	1998. 8. 26	리비아	2002. 7. 16		

출처: 『조선대외경제성통계』, 2016.

번호	국가	체결일	번호	국가	체결일
1	러시아	1997. 10. 26	9	인도네시아	2002. 7. 11
2	루마니아	1998. 1. 23	10	이탈리아	2002. 7. 29
3	불가리아	1998. 6. 16	11	마케도니아	2000. 6. 3
4	시리아	2000. 2. 21	12	몽골	2003. 11. 19
5	이집트	2000. 3. 2	13	스위스	2004. 7. 6
6	세르비아	2000. 12. 25	14	체코	2005. 3. 22
7	라오스	2001. 7. 17	15	벨라루스	2006. 6. 30
8	베트남	2002. 5. 3			

출처: 『조선대외경제성통계』, 2016.

남북경제협력

2000년 6월 15일은 한국 김대중 대통령과 북한 김정일 국방위원장이 처음으로 회동한 역사적인 날이며 '남북공동선언'이 채택된 날이다. 평양 상봉과 '6.15 남북공동선언'은 민족의 화해와 단합, 통일의 새로운 장을 펼치며 자주통일의 시대를 열고 사상과 이념, 정치적 견해와 종교적 신념의 차이를 뛰어 넘어온 결실이라고 평가된다. '6.15 남북공동선언'에 기초해 개성공업지구, 금강산 국제관광지구라는 새로운 형태의 특수경제지대가 군사분계선 상에 창설됨으로써 남북경제협력의 물꼬를 트는 계기가 됐다.

'북남경제협력법'은 2005년 7월 6일 북한 최고인민회의 상임위원회 정령 제1,182호로 채택됐으며 남북 사이에 진행되는 건설, 관광, 기업경영, 임가공, 기술교류와 은행, 보험, 통신, 수송, 서비스업무, 물자교류 분야의 경제협력을 강화해 민족경제를 발전시키는데 이바지한다고 규정했다. 관련법은 27개의 조문으로 구성됐으며 (1) 경제협력 대상의 정의 및 적용 대상, (2) 중앙민족경제 협력지도기관의 임무, (3) 남북경제협력 사업방법 및 장소, (4) 승인절차, (5) 출입검사검역, 체류, 거주, (6) 관세, (7) 남북합의서에 기초한 사업 등으로 사업의 내용을 규제한다.

① 개성공업지구

개성공업지구는 남북 사이의 경제협력을 추진하기 위해 개성에 창설된 특수경제지대이다. 개성공업지구는 2002년 11월 13일에 공포된 북한 최고인민회의 상임위원회 정령 '조선민주주의인민공화국 개성공업지구를 내옴에 대하여'에 의해 창설됐다. 같은 해 8월 현대아산과 '공업지구개발에 관한 합의서'를 채택했다. 2003년 6월 30일 개성공업지구 건설 착공식이 진행됐고 12월에 첫 제품이 나오면서 본격적으로 가동되었다고 볼 수 있다.

개성공업지구는 이 지역의 토지를 한국 측의 개발업자가 임대 받아 부지 정리와 기초공사를 하고 한국기업을 유치하는 방법으로 개발됐다. 여기에서 생산된 제품은 전량 한국으로 반입한다. 토지임대기간은 토지이용증을 발급한 날부터 50년이며 토지임대기간이 끝나더라도 기업의 신청으로 임대 받은 토지를 계속 이용할 수 있다. 애초에 개성공업지구 개발 계획에는 2010년 10월까지 2,000만 평을 3단계에 걸쳐 개발하게 되어 있으나 지금까지 1단계에 해당되는 100만 평만을 개발한 상태다. 1차로 노동집약형, 2차로 기술집약형, 3차로 첨단과학기술형 기업이 입주하는 것을 약속했다. 2003년부터 2016년까지 개성공업지구가 정상적으로 가동되는 기간에 남측 기업의 투자회수율이 1 : 30이 될 정도로 수익률이 높았다는 통계도 있다.[11]

개성공업지구는 2013년 4월부터 8월까지 잠정 중단되는 위기를 겪은 적이 있다. 북측의 인공위성 '광명성 3호' 발사와 한미연합군사훈련인 키 리졸브 훈련으로 남북관계가 교착상태에 빠지면서 일어났던 일이다. 이후 곧

---

11) 개성공업단지 지원재단 이사장 김진형, 「개성공업단지와 남북경제협력」, 『제17차 세계한상대회 포럼문집』, 2018년 10월 24일, 34쪽.

재개되었지만 2016년 2월 10일 박근혜 정부가 북한의 핵실험과 미사일발사를 좌시하지 않겠다는 이유로 협력을 전면적으로 중단시켰다. 이는 개성공단이 시작된 이후 12년 만에 중단된 것으로 아직까지도 재개될 조짐이 보이지 않는다. 중단 시점에 남측 기업은 총 124개 있었고 그곳에서 일하는 북측 근로자는 약 52,000명 정도였다. 남측 입주기업은 대체로 만족하는 상태였고 상품의 품질과 경제적 이익은 그 어디서도 비교할 대상이 없을 만큼 좋았다. 생산경영에 대한 숙련된 경험과 우수한 노동력이 더해져 고품질의 제품을 생산할 수 있는 최적의 조합이었다. 북한 노동자의 이직률과 임금, 근로조건 및 복지에 대한 요구조건도 남한의 노조에 비하면 까다롭지 않았다. 뿐만 아니라 운송거리가 짧아 물류에 매우 유리한 조건을 제공하고 무관세로 비용을 절약할 수 있다는 점도 매력적이었다. 언어장벽이 없고 문화적 유사도가 높아 북한 노동자도 쉽게 일을 배우고 책임감을 가지고 업무에 임했다. 개성공업지구는 어떻게 보면 남북통일을 위한 하나의 시도로 볼 수 있다. 이처럼 상호호혜적이었던 개성공업지구는 중단된 이후 아직까지 재개 소식이 들려오지 않는다.

한국에서는 개성공업지구를 개성공업단지라고 부른다. 북한에서는 개성공업지구를 특수경제지대로 지정하고 관련 법규도 제정했지만 내부적으로는 개성공업지구를 대외사업의 범주로 인정하지 않는다. 즉 개성공업지구를 국내의 특수경제지대로만 보고 있으며 이와 관련해 내부에서 정식으로 합의를 보았다.

② 금강산 국제관광

금강산 관광사업은 개성공업지구 개발보다 먼저 진행됐다. 북한이 한국인의 금강산관광을 승인한 후 1998년 11월 18일 2,000명의 한국 관광객을 태운 크루즈선이 처음으로 북한 동해안에 위치한 금강산에 도착했다. 이후 남측의 관광객이 본격적으로 금강산관광을 할 수 있는 길이 열렸다. 금강산관광의 시작은 한국 현대그룹 정주영 회장의 공로가 큰데, 1998년 11월 1일 500마리의 소떼를 몰고 북한을 방문하면서 얼어붙었던 남북의 문을 열게 되었던 것이다.

2002년 11월 13일 조선 최고인민회의 상임위원회는 정령 제3,413호로 '금강산관광지구법'을 채택했다. 이를 바탕으로 금강산의 생태관광 원칙과 질서를 규제한 금강산관광지구 관리운영기본법이 나왔다. 금강산관광지구는 특별히 제정된 국제적인 관광지역이다. 그러므로 관광지구 외의 지역에서 적용되는 법을 동일하게 적용하지 않으며 특수경제지대의 특성에 맞게 따로 제정된 법을 적용한다. 금강산관광지구에서는 남측 및 해외동포의 관광을 위주로 하며 외국인도 정해진 질서에 따라 자유롭게 관광할 수 있다고 규정한다.

금강산관광지역 내 숙박시설이 없었던 초창기에는 한국 관광객이 유람선을 타고 금강산 앞바다에 위치한 장전항까지 가서 오전에 소형 선박을 이용해 육지로 이동하고, 밤에는 유람선으로 다시 돌아와 숙박하는 방식으로 4박 5일의 여행을 했다. 그러다가 크루즈선이 개통된 지 10개월 만인 2004년 1월부터 해로관광을 중단했다. 2003년 9월부터 육로관광을 시작했기 때문이다. 2004년 7월부터 금강산관광은 1일 관광, 1박 2일 관광을 시작해서 한국 관광객의 편의성이 높아졌다. 2005년 6월에는 금강산 방문 한국 관광객이 100만 명을 돌파하기도 했다. 2007년 5월 내금강 관광을, 2008년 3월에는 승용차관광을 시작했다. 이렇게 인기를 끌던 금강산관광은 2008년 7월 11일 한국관광객 박왕자 씨가 북한군에게 피격당해 사망하는 사건이 발생하면서 중단됐다.

그 뒤로 한국의 이명박 대통령은 2010년 대국민 담화를 통해 천안함 피격사건을 '대한민국을 공격한 북한의 군사도발'이라 규정하고 북한에 책임을 묻기 위해 남북관계 단절을 선언한 '5.24 조치'를 직접 발표했다. '5.24 조치'에는 북한 선박의 남측 해역 운항 및 입항 금지, 남북 간 일반 교역 및 물품 반출입금지, 남측 국민의 방북불허 및 북한 주민과의 접촉제한, 대북 신규투자금지, 인도적 지원을 제외한 대북지원사업의 원칙적인 보류 등이 포함돼 있다. 이 조치 이후 남북 간에는 모든 교류가 단절됐고 남북경협기업들은 도산위기를 맞으면서 남북관계가 경색되었다. 남측의 정치권과 시민단체, 경협기업들은 '5.24조치'를 해제해야 한다고 주장해왔으나 국제사회의 대북제재까지 겹치면서 여전히 복잡하게 엉킨 실타래를 풀지 못하고 있다.

결국 남북경제협력의 상징인 개성공업지구와 금강산관광은 모두 중단된 상태에서 재개를 기다리고 있지만 해빙의 조짐이 보이지 않는다. 2019년 신년사에서 김정은 위원장은 아무런 전제조건이나 대가 없이 개성공업지구와 금강산관광을 재개할 용의가 있다고 밝혔다. 한국에서도 개성공단 재개를 위한 노력을 최대한 기울여왔지만 결국 아무런 해결책을 내놓지 못했다. 남북관계도 급속도로 얼어붙었다. 북한은 한국에 대한 여러 불만을 표출했다. 탈북자들의 대북전단 살포를 방기해 북한의 존엄을 훼손시키는 등 남측이 남북 간의 합의를 이행하지 않는다고 여겼다. 2020년 6월 16일 북한은 개성공업지구 내에 건설된 남북공동연락사무소 청사를 폭파하면서 남북 간의 모든 관계가 단절됐다. 외국의 일부 언론은 북한이 한국의 협력의지를 신뢰할 수 없다는 판단에서 청사 폭파를 단행했다고 보도했다. 남측이 '4.27 판문점선언', '9.19 평양선언'을 체결하고도 이행하지 않아 북한은 '남북공동연락사무소가 하나의 장식품처럼 되어' 아무런 역할을 못했다는 것이다. 이후 미국과 한국에서 정치권력이 교체되면서 단기간에 남북관계의 개선을 희망하기란 녹록치 않아 보인다.

2019년 10월 23일 조선중앙통신사의 보도에 따르면 금강산지구 관광시설을 현지 지도하던 김정은 위원장은 "우리의 땅 위에 건설되는 건축물은 민족성이 짙은 조선식 건물이여야 하며 우리의 정서와 취미에 맞게 창조되어야 한다"고 말했다. 그러면서 예전에 한국이 투자해 건설한 호텔과 관광시설이 "낡아빠져 보기만 해도 기분이 나빠진다"면서 모두 철거하고, 대신 금강산의 자연미와 조화를 이루는 북한식의 현대화된 서비스 시설을 새롭게 건설해야 한다고 지시했다. 아울러 금강산이 남북관계의 상징물이고 공유물이라는 착각을 시정하고 금강산은 북한의 관광자원이라는 점을 강조했다. 문화관광구의 관리가 허술하고 경관에 큰 손상을 입히는 현상을 질책했다. 남측 동포들이 와서 금강산을 유람하는 것은 환영하지만 남측에 관리를 맡기는 것은 잘못된 생각이라고 꼬집었다. 김정은 위원장은 금강산에 고성항해안관광구, 비로봉등산관광구, 해금강해안공원구와 체육문화구를 건설해야 한다고 지시했다. 우선 금강산관광구의 총체적인 개발계획을 세우고 심의를 거쳐 연도별로 3~4개의 단계로 나누어 건설하라고 요구했다. 금강산관광구 일대를 세계의 일류 관광지가 되도록 건설해야 하며 금강산, 갈마 해안관광구와 마식령스키장을 하나로 연결한 문화관광구로 만들어야 한다고 했다.

세금제도

북한은 세금제도를 폐지한 1974년 이후 세금이라는 개념을 자국민에게 사용하지 않는다. 기업이나 개별 주민이 납부해야 할 소득세는 없다. 비록 북한에 투자한 외자기업에게 세금을 부과하지만, 북한에 정식으로 등록해서 경제활동을 하는 외자기업이 적다보니 세금제도가 보편화 혹은 정상화되었다고 보기 어렵다. 북한은 외국인 투자기업과 외국인 세금제도에 대해 법률적으로 명확하게 규정하고 있다. 세금 종류를 보면 기업소득세, 거래세, 영업세, 자원세, 개인소득세, 재산세, 상속세, 지방세 등이 있다. 북한 정부가 장려하는 부문에 투자할 경우 세금 우대를 해준다.

〈외국투자기업과 외국인 세금법〉에서 규정한 세금의 종류 및 세율은 다음과 같다.[12]

- 기업 소득세: 일반적인 경우 결산이윤의 25%, 특수경제지대 14%, 장려부문 10%의 세율을 적용한다.
- 개인 소득세: 소득액의 5~30% 세율을 적용한다.
- 영업세: 해당 수입금의 2~10% 세율을 적용한다. 업종별로 차이가 있다. 건설, 교통운수, 동력 부문은 수입금의 2~4%, 금융과 보험 부문은 수입금의 3~5%, 상업, 무역, 여관업, 요식업, 오락업, 위생 서비스업과 같은 편의 서비스 부문은 수입금의 4~10%의 세율을 적용한다.
- 거래세: 생산물 판매 수입금 또는 건설공사 인도 수입액의 1~15%, 국가가 제한하는 제품과 기호품의 거래 세율은 생산물 판매 수입금의 16~50%로 한다.
- 상속세: 상속받은 금액의 6~30% 세율을 적용한다.
- 재산세: 등록된 재산의 가격에 따라 적용한다. 건물은 1%, 선박과 비행기는 1.4%이다.
- 자원세: 자원의 종류에 따라 내각이 정하며 통상적으로 0.1~1%를 적용한다. 국가가 제한하는 자원의 세율은 2~8%이다.
- 도시경영세: 외국투자기업은 월 임금 총액의 1%, 외국인은 월수입액의 1%를 적용한다.
- 자동차 이용세: 자동차 대당 또는 좌석 수, 적재량 1톤당 1,500~1만 5,000원 (북한화폐 기준)을 적용한다.

---

12) 조선민주주의인민공화국, 「외국투자기업과 외국인세금법」, 2011년 12월 21일 수정보충.

법률사무소

북한의 법률사무소는 현재 4곳이 있으며 특허대리소와 상표대리소도 2곳이 있다. 법률사무소로는 고려변호사사무소, 조선대외경제법률상담소, 대외법률봉사센터, 용남산변호사사무소가 있다. 고려변호사사무소는 북한 재판소 산하 기구이고, 조선대외경제법률상담소는 대외경제성 산하 기구이며, 대외법률봉사센터는 조선사회과학원 소속이고, 용남산변호사사무소는 김일성종합대학 소속이다. 이런 기구에서 현재 소수의 변호사들이 일을 시작하는 단계로 아직 전문 변호사가 많지 않은 상황이다. 변호사는 대학에서 법률을 전공한 사람으로 구성되어 있다. 북한의 변호사는 국내법정에서 변호하는 경우가 드물며 북한을 대표한 변호사 자격으로 국제중재기관에 나가 변호한 사례는 있다. 외국인 투자자와의 협력 사례가 많아지고 분쟁이 늘어날 경우 변호사의 역할을 필요로 하는 상황을 대비해 곧 변호사 시험제도가 도입될 것으로 보인다.

북한에서 특허사무소와 상표사무소는 기본적으로 하나의 개념이다. 국가과학기술위원회의 평양지식재산교류소와 모란봉 특허 및 상표사무소는 특허 및 상표사무의 처리를 위한 기관이다. 이러한 법률서비스 기구는 이제 막 대외서비스를 시작했는데, 당장은 서비스 대상이 한정되어 있고 법률서비스 경험이 부족하다. 북한은 지난 2년 동안 외국의 로펌과 로스쿨을 적극적으로 유치했으며 상호협력관계를 맺거나 외국 법률전문가를 초청해 특강을 하는 등 교류활동을 추진해 왔다. 상표등록의 경우 이미 구체적인 합작사업을 전개 중이고, 중국의 동종 회사들은 이미 여러 차례 북한을 방문해 합작조약을 체결하는 등 활발한 움직임을 보이고 있다.

김일성종합대학에는 북한 유일의 법률대학이 있다. 최고인민회의 법률위원회 소속의 법률 담당 인원들은 모두 김일성종합대학 법률대학 졸업생이며, 이들이 북한의 입법을 위한 법률초안을 작성한다. 재판소, 검찰소, 세관 관련 간부의 대부분도 김일성종합대학 법률대학 출신이며, 변호사 역시 마찬가지이다. 대외경제 분야에서 분쟁이 생겨 중재 단계로 넘어가는 경우 재판소의 판결에 맡길 수밖에 없었지만 변호사의 참여로 공정한 판결이 나와야 외국인 투자자를 안심시킬 수 있다는 점을 북한도 잘 알고 있다. 물론 이런 제도가 자리 잡기 위해서는 시간이 필요하겠지만 북한이 새로운 시대의 요구에 부응하는 중이라고 볼 수 있을 것이다.

제3장

병진노선 완성 후의
북한경제

병진노선 완성 후의 북한경제는 4월 전원회의 이후 경제건설에 총력을 집중하는 시점부터의 경제를 말한다. 2017년은 북한이 4월 전원회의에서 핵무력 완성을 선언하고 선군정치의 막을 내리면서 경제건설에 몰입하기 시작한 원년이라고 말할 수 있다. 2018년은 국내정치의 대전환이 시작되고 동북아 정세가 완화 국면에 접어드는 시기였다. 이때 북한은 전당, 전군, 전민이 모든 힘을 경제건설에 집중하고 경제건설에 집중하겠다는 의지를 국내외에 밝혔다.

장기간 국제사회와의 갈등이 너무 깊게 쌓여 있었던 탓에 북한의 비핵화에 대한 회의적 시각이 사라지기는 어렵다. 한반도의 비핵화 문제를 해결하기 위해서는 관련국 사이의 신뢰 관계가 선행되어야 한다. 또한 이 문제의 해결은 다자간 공동의 노력에 달려있다. 이미 북한은 수차례 입장을 표명하고 그런 의지를 재차 확인하는 시도 역시 보여주었다. 그러나 국제사회는 핵무력의 우선 포기를 강조하면서 북한이 주장하는 단계적 해소 방안을 받아들이지 않는다. 즉 북한과 국제사회 간의 팽팽한 힘겨루기만 계속되는 상황이다. 그럼에도 불구하고 시간이 얼마나 소요될지 알 수 없으나 관련국의 노력이 계속되는 한 타협점을 찾는 날이 올 것이라고 본다.

시작이 절반이라는 말이 있다. 북한은 이미 내부적으로 새로운 출발을 시작했으며 국제사회와의 공조와 신뢰를 구축하려고 한다. 북한의 이런 모습은 과거에 없었다. 2019년 4월 12일 북한 최고인민회의 제14기 제1차 회의에서 김정은 위원장의 '현 단계에서의 사회주의 건설과 공화국 정부의 대내외 정책에 대하여'란 시정연설에 주목할 필요가 있다. 시정연실은 총 3개 부분으로 되어 있다. 첫째, 김일성–김정일주의 국가건설사상을 모든 사업의 지침으로 삼을 것을 강조한다. 둘째, 현 단계의 경제 현황과 개선 사항을 주문한다. 셋째, 대내외 정책에 대한 주장을 피력한다. 여기서 경제 부분 관련 가운데 '경제적 자립'이라는 키워드에 집중할 필요가 있다. 이번 장에서는 북한이 내부적으로 어떤 경제발전을 구상하고 있는지, 그리고 그 실현 가능성을 검토해보려 한다.

1 4월 전원회의

이 회의의 정식 명칭은 조선노동당 중앙위원회 제7기 제3차 전원회의이며 2018년 4월에 열려서 4월 전원회의라고 부른다. 4월 전원회의의 핵심 포인트는 사회주의 경제건설에 총력을 기울인다는 것으로, 자력자강, 자주적이고 창조적인 방법으로 사회주의 경제건설을 견지하자는 것이다. 북한은 병진노선을 추진한 지 5년 만에 핵무력 완성을 선언하고 선군정치의 막을 내렸다. 김정은 위원장은 경제건설 역시 과학기술을 앞세워 나아가야 하는 만큼 과학자, 기술자가 주력이 되어 달라고 주문했다. 그리고 교육으로 미래를 담보하기 위해 유치원부터 소학교, 중학교, 대학교에 이르는 모든 교육기관이 더 큰 역할을 해달라고 요구했다. 전국 인민들은 만리마 속도로 생산의 정상화를 높은 단계에서 실현하며 산업의 현대화, 과학화, 정보화에 박차를 가해 경제건설을 한 단계 끌어올릴 것을 주문받았다.

조선노동당 중앙위원회 제7기 제3차 전원회의

2018년 4월 20일 조선노동당 중앙위원회 제7기 제3차 전원회의가 평양에서 열렸다. 회의에서는 혁명발전의 새로운 높은 단계의 요구에 맞게 '사회주의 건설을 더욱 힘 있게 추동하기 위한 당의 과업에 대하여', '과학 교육 사업에서 혁명적 전환을 일으키는 것에 대하여', '조직문제에 대하여' 등 3가지 내용이 토의되었다.

김정은 위원장은 회의에서 "병진노선 집행의 험난한 노정에서 로동당은 오직 자기 위업의 정당성과 인민에 대한 굳은 믿음을 안고 시련과 난관을 이겨내며 쉬지 않고 달려왔다"고 이야기했다. 그리고 "당과 인민의 일심일체의 거대한 위력은 북한을 핵강국으로 재탄생시키고 세계정치구도의 중심에 당당히 설 수 있게 만든 원동력이고 근본 비결"이라고 강조했다. 또 김정은 위원장은 2013년에 제시한 병진노선의 역사적 사명이 완수됐다고 선언했다. 이로 인해 자립경제를 수립할 수 있는 기회가 열리고 전반적인 경제수준이 상승궤도에 들어설 수 있는 조건이 마련되었다고 평가했다. 이미 역사적 사명을 완수했기 때문에 이제부터 전당, 전국이 사회주의 경제건설에 총력을 집중하는 것이 당의 전략노선이라고 제시했다. 조선노동당 중앙위원회 제7기 제3차 전원회의는 북한이 당 사업의 구심점을 경제건설로 전환하는 계기가 됐으며 경제건설을 인민정치의 핵심으로 부각시킨 첫 시발점이다.

병진노선의 사명완수

북한은 핵개발의 제반 과정이 순차적으로 진행됐고, 운반타격수단의 개발사업 역시 과학적으로 진행돼 핵무기 병기화 완결이 검증된 상황에서, 이제는 그 어떤 핵실험과 중장거리, 대륙간탄도미사일 시험발사도 필요없게 돼 북부핵시험장도 자기의 사명을 끝마쳤다고 선언했다. 4월 전원회의에서는 '경제건설과 핵무력건설 병진노선의 위대한 승리를 선포함에 대하여'라는 결정서를 채택했다. 결정서에는 아래와 같은 내용이 들어있다.

첫째, 당의 병진노선을 관철하기 위한 투쟁과정에 임계 핵실험과 지하

핵실험, 핵무기의 소형화, 경량화, 초대형 핵무기와 운반수단 개발을 위한 사업을 순차적으로 진행해 핵무기 병기화를 수행했다.

둘째, 2018년 4월 21일부터 핵실험과 대륙간탄도미사일 시험발사를 중지할 것이다. 핵실험 중지를 투명성 있게 담보하기 위해 공화국 북부핵시험장을 폐기할 것이다.

셋째, 핵실험 중지는 세계적인 핵군축을 위한 중요한 과정이며 북한은 핵실험의 전면 중지를 위한 국제적인 지향과 노력에 합류할 것이다.

넷째, 북한에 대한 핵위협이나 핵도발이 없는 한 핵무기를 절대로 사용하지 않을 것이며 그 어떤 경우에도 핵무기와 핵기술을 이전하지 않을 것이다.

다섯째, 국가의 인적, 물적 자원을 총동원해 강력한 사회주의 경제를 일으켜 세우고 인민생활을 획기적으로 높이기 위한 투쟁에 모든 힘을 집중할 것이다.

여섯째, 사회주의 경제건설을 위해 유리한 국제적 환경을 마련하며 북한반도와 세계의 평화와 안정을 수호하기 위해 주변국 내지는 국제사회와 적극적으로 대화하고 긴밀한 연계를 가질 것이다.

북한은 이렇게 병진노선과 선군정치의 역사적 사명 완수를 선언했다.

당의 중심사업은 경제건설

북한은 경제건설과 핵무력건설의 병진노선을 완수했다고 선언하고 전당, 전국이 최후의 승리를 향해 사회주의 경제건설에 총력을 집중하자고 호소했다. 북한은 핵무력건설을 완성한 과학자, 기술자 진영을 확보한 상태에서 자립적 민족경제의 토대를 닦기 위해 경제건설에 총력을 집중하는 전략노선은 과학을 우선시해야 한다고 확신했다.

새로운 전략노선을 실현하기 위한 당면 목표는 국가경제발전 5개년 전략 수행 기간에 모든 공장과 기업에서 생산 정상화를 완성하고 농촌의 마을마다 풍요로운 가을을 맞이하는 것이다. 즉 인민경제의 주체화, 현대화, 정보화, 과학화를 높은 수준에서 실현하며 북한의 인민들이 풍족하고 문명생활을 할 수 있게 만드는 것이다. 이 전략노선의 실현 과정은 반드시 자력갱생 정신과 과학기술에 의거해야 하며 하루빨리 자강력을 키워 생산의 비약을 이룩해야 한다고 말한다. 경제건설 과정에서 당의 역할과 조직사업이 잘 이뤄져야 하며 내각의 지휘를 따르는 통일적 체계를 갖춰야 한다는 것이다.

4월 전원회의에서 채택된 결정서 '혁명발전의 새로운 높은 단계의 요구에 맞게 사회주의 경제건설에 총력을 집중할 데 대하여'의 주요 내용은 아래와 같다.

첫째, 당과 국가의 전반적인 사업을 사회주의 경제건설에 집중시키고 모든 힘을 동원할 것이다.

둘째, 사회주의 경제건설에 총력을 집중하기 위한 투쟁에서 당 및 근로단체조직과 정권 기관, 법 기관, 무력 기관의 역할을 높일 것이다.

셋째, 각급 당 기관과 정치 기관은 당 중앙위원회 제7기 3차 전원회의 결정집행 정형을 정상적으로 장악 및 총화하면서 철저히 관철하도록 할 것이다.

넷째, 최고인민회의 상임위원회와 내각은 당 중앙위원회 결정서에 제시된 과업을 관철하기 위한 법적, 행정적, 실무적 조치를 취할 것이다.

당 중심사업의 방향 전환은 경제건설에 대한 갈망과 인민생활 향상 요구에 응답하려는 노동당의 의지를 보여준다.

자립경제

2019년 4월 11일 김정은 위원장은 북한 최고인민회의 제14기 제1차 회의에서 '시정연설'을 통해 당의 중심사업은 경제건설에 총력을 집중하는 것을 거듭 강조했다. "사회주의 강국건설을 위한 현 단계의 투쟁에서 우리 공화국 앞에 나서고 있는 중심과업은 국가의 모든 힘을 경제건설에 집중하여 사회주의의 물질적 기초를 튼튼히 다지는 것이다."[1] '자립경제'는 김정은 위원장이 '시정연설'에서 강조한 두 번째 키워드이다. "경제적 자립은 자주적인 국가건설의 물질적 담보이고 전제이다. 자립적이고 강력한 경제력에 의해서만 국가의 존엄을 지키고 정치 군사적 위력도 끊임없이 강화해 나갈 수 있다."[2]

북한은 최근의 정세가 자립, 자력의 기치를 더 높게 세울 것을 요구한다고 판단한다. 인민경제 각 부문에 종전의 주체화, 현대화, 정보화, 과학화를 계속해서 주문하면서 지방 경제발전과 대외경제 활성화에도 사회주의 자립경제의 잠재력 발양 또한 요구한다는 것이다. 이를 위해 북한은 자립적 민족경제를 틀어쥐는 동시에 대외경제협력과 기술교류, 무역활동을 다각적으로, 주동적으로, 전략적으로 추진할 필요가 있다. 자립경제의 기본 동력은 인재와 과학기술이다. 인재 중시, 과학기술 중시의 기조를 확고히 하고, 인재를 널리 찾아 적재적소에 등용하고, 생산과 기술발전을 주도해 나가도록 해야 하며, 과학기술 부문에 대한 국가적 투자를 끊임없이 늘려야 할 것이다.

나는 이 부분이 과거의 자력갱생과 다른 주장이라고 본다. 과거에는 대

---

1) 김정은, 「현 단계에서의 사회주의건설과 공화국정부의 대내외정책에 대하여」, 북한 최고인민회의 제14기 1차 회의에서 한 시정연설.
2) 위의 글.

외경제협력에 대한 준비가 되어있지 않은 상태에서 외부의 영향을 받지 않고 스스로 헤쳐 나가자는 의미가 담겨 있었다. 반면 현재는 더 적극적으로 외국의 선진기술을 받아들여 국산화에 성과를 내자는 전술적 의미가 내포되어 있다. 북한 스스로 문을 닫은 것이 아닌 국제사회가 북한으로의 접근을 제한하는 상황에서 밖으로 진출할 수 있는 방법을 동원해 국제교류와 투자유치, 협력을 추진하자는 뜻이다. 물론 외국기술에 얽매이는 교류가 아니라 외국기술을 하루빨리 북한화하는 작업을 촉진하라는 의미로 해석된다. 과거 폐쇄적이었던 대외교류의 틀에서 벗어나 외국과의 폭넓은 접촉 시도는 북한이 외부로 나갈 수 있는 방법을 모색하는 과정인 것이다. 그리고 국제교류를 광범위하게 진행해 투자유치도 늘리고 경제협력의 방식을 다양화하겠다는 의지의 표명이기도 하다. 북한의 이런 시도를 통해 길이 열릴지는 국제환경의 영향과 국내의 정책의 지속성 여하에 달려있다고 본다. 타이밍 역시 중요한 요소인데 현시점에서는 국내요소보다 대외 요소가 더욱 중요한 작용을 할 것으로 생각된다. 코로나 사태의 종식을 계기로 북한은 국제관계 개선에 박차를 가할 것이다.

과학기술과 교육육성정책

북한은 경제건설을 과학기술과 교육을 기본 축으로 실현한다는 개념을 내놓았다. 김정은 위원장은 조선노동당 중앙위원회 제7기 제3차 전원회의에서 '과학으로 비약하고 교육으로 미래를 담보하자'는 전략구호를 제시했다. 국제적 발전수준에 뒤떨어진 현 시점에서 선진수준에 도달하려면 과학기술이 제고되어야 하며 미래를 담보하는 교육이 중시되어야 한다는 것이다. 전국의 인민이 과학기술 지식을 학습하고 사람마다 품격을 갖추어야만 진정한 북한의 미래를 맞이할 수 있다고 호소한다. "과학과 교육은 국가건설의 기초이며 국력을 결정하는 중요한 지표이다. 우리의 과학기술 역량과 교육수준을 높여야만 자주강국 건설의 웅대한 목표를 실현할 수 있다."[3]

현시대는 과학기술의 시대, 지식경제의 시대이며 과학기술 인재의 역할에 따라 국가와 민족의 운명이 좌우된다고 강조한다. 그래서 지식경제시대를 인재 중시의 시대라고 말한다. "전사회적으로 과학기술 중시 기풍을 세우며 전민 과학기술 인재화의 구호를 높이 들고 모든 일군(일꾼)들과 근로자들이 현대 과학기술을 열심히 배우도록 하여야 합니다."[4] 김정은 위원장이 강조하는 '한 손에 과학기술을 틀어쥐고 다른 한 손에 교육을 틀어쥐어야 한다'는 정치이념은 북한 전역에 퍼지고 있다. 전국에서 과학자와 교육자를 존중하는 기조가 조성된다는 것은 북한이 과학기술을 얼마나 중요하게 생각하는지 보여준다. 이러한 정책에 힘입어 과학기술 보급의 열풍이 전국 각지에서 일고 있다.

국력의 중심인 인재를 육성하기 위해서는 교육이 중요하다. 전민의 과학기술 인재화, 인재 강국화를 촉진하기 위해 전국에 교육혁명이 일어나고 있다. 국가는 교육에 투자를 아끼지 않고 교원의 자질과 책임감을 높여 보다 우수한 인재를 양성하도록 독려한다. 조선노동당 중앙위원회 제7기 제3차 전원회의에서는 '과학교육사업에서 혁명적 전환을 가져올 데 관한 결정서'가 채택됐는데 그 주된 내용을 살펴보면 다음과 같다.

첫째, 과학기술의 위력에 의거해 경제 강국 건설사업의 탄탄대로를 개척하자.

둘째, 기술경제 시대의 요구에 맞게 북한을 사회주의 교육 강국, 인재 강국으로 만들자.

---

3) 김정은, 「조선노동당 제7기 3차 전원회의에서 한 연설」, 2018년 4월 20일.
4) 『로동신문』, 2014년 9월 14일.

셋째, 과학교육 부문에서는 따라잡고 본받고 경험을 교류하는 운동을 대대적으로 벌여 본위주의를 철저히 없애자.

넷째, 국가는 과학기술과 교육 사업에 대한 투자를 대폭 늘리고 온 사회는 과학과 교육을 중시하는 기풍을 수립하자.

다섯째, 각급 당조직은 구체적인 조치를 강구해 당 중앙위원회에서 내린 결의를 관철하며 집행상황을 경상적으로 요해하고 제때에 경험과 교훈을 총화해야 한다.

여섯째, 내각은 행정업무적 조치를 강구해 당 중앙위원회의 결의를 관철해야 한다.

이런 상황 속에서 북한의 교육체계는 큰 변화를 겪었다. 우선 종합대학 체계를 도입하기 위해 각 지역에 소재한 대학을 전공과 지역별로 통합해 종합대학으로 승격시켰다. 이 조정 사업은 2015년에 시작해 2017년에 개편을 마쳤다. 김일성종합대학과 김책공업종합대학을 제외한 기타 대학은 모두 교학내용과 수준의 전국 일원화를 실현했다. 건설종합대학은 건설 부문 산하의 모든 교육기관을 흡수했고 평북종합대학 등 지방대학은 각 도의 특성에 맞게 농업과학의 자원을 합쳤다. 한덕수경공업대학을 한덕수경공업종합대학으로 승격시켰으며 식품일용공업대학을 식품일용종합대학으로 고쳤다. 단과대학은 모두 종합대학으로 귀속시켰다. 대학별로 목표를 부여해 김일성종합대학은 국가가 필요로 하는 전략적 안목을 갖춘 경제관리형 간부를 양성하는데 집중한다. 원산경제대학은 공장기업의 업무관리 간부를 양성해 생산 단위에 필요한 관리 간부를 양성하도록 했다.

현재 북한이 실시하는 학점제, 학위제도 역시 과거에 불합리하다고 인정되는 규정을 개선했다. 예를 들어 본과를 졸업하면 졸업증과 전업증서를 다 받을 수 있었던 제도를 졸업증만 발급하는 방식으로 바꾸고, 전문 자격증은 현장에 진출한 후 시험을 통과해야만 취득할 수 있도록 했다. 과거에 김일성종합대학 법률대학을 졸업하면 졸업증과 변호사 자격을 동시에 얻을 수 있었다면 이제는 졸업 시 졸업증만 받을 수 있고 변호사 자격증은 취직 후 시험을 봐서 취득해야 한다. 본과를 졸업한 학생 가운데 성적이 우수한 학생은 추천을 받아 학사과정에 진학할 수 있다.[5]

김정은 위원장이 주장하는 온 사회가 과학, 교육, 인재를 중시하자는 이념이 실천에 옮겨질 수 있는가는 영도 간부들의 솔선수범에 달려있다. "오늘 우리에게 제일 걸린 것은 식량 부족을 비롯한 생활상 곤란보다도 우리 일군(일꾼)들이 지식의 빈곤, 지식 부족에서 벗어나지 못하는 것이다."[6] 북한은 모든 간부들이 높은 실력가, 과학기술 인재가 되지 않고서는 당의 전민 과학기술 인재화 사상을 관철할 수 없다고 생각한다. 과학과 교육문제의 세부사항에 대해서는 '5. 과학기술을 원동력으로 경제발전 추동'에서 보충 설명하겠다.

2 경제건설 속의 사회주의 원칙 고수

북한은 생산수단의 사회적 소유를 기본원칙으로 한다. 생산수단의 사적소유를 지향하는 국가의 사람들은 북한경제를 이해하는 데 어려움을 많이 겪는다. 왜냐하면 생산관계가 전혀 다르기 때문이다. 북한의 사회주의 경제관리는 다섯 가지의 기본원칙이 있다. 첫째, 사회주의 원칙을 고수하는 것, 둘째, 국가의 통일적 지도와 매개 단위의 창조성을 올바르게 결합하는 것, 셋째, 민주주의와 집중적 지휘체제를 올바르게 결합시키는 것,

---

5) 북한에서 말하는 학사는 중국의 석사와 대등하며 학점을 마치고 졸업 논문이 통과되면 학사 학위를 받을 수 있다.
6) 김정은, 『전민과학기술인재화에 관한 주체의 이론』, 조선사회과학출판사, 2017, 192쪽.

넷째, 정치도덕적 자극과 물질적 자극을 올바르게 결합시키는 것, 다섯째, 가장 큰 실리를 보장하도록 하는 것이다. 그러므로 사회주의 경제관리 체계는 사회주의 경제제도의 본질에 적합하게 세워야 한다. 사업 체계와 관리기구 체계도 사회주의 경제관리의 기본원리와 원칙을 지킬 것을 요구한다.

생산수단의 소유형태

북한의 생산수단은 전 인민적 소유와 협동적 소유로 이루어져 있다. 이처럼 생산수단의 사회적 소유를 기본으로 하는 사회에서는 통일적인 경제관리 원칙을 세워야 한다. 북한은 자본주의 사회가 사적소유 위주로 구성되었기 때문에 통일적인 관리가 아닌 개개인의 선택에 따라 각자 운영된다고 본다. "사회주의적 소유제도는 근로자들의 집단적 소유제도이다. 사회주의적 소유제도의 특성은 우선 소유와 노동이 결합된 근로자들의 소유이며 또한 집단주의 이념에 의해 결합된 사회적 집단의 공동소유라는 데 있다. 여기에서는 소유와 노동이 사회적 집단을 단위로 해서 결합되어 있다."[7] 생산수단이 사회적 소유로 되어있다 보니 모든 소속 성원들은 국가의 주체 자격을 갖게 된다. 주체로서의 사명은 이런 생산수단을 공동으로 지키고 공동으로 운영해 공동으로 발전시키는 권리와 책임이 부여되는 것을 말한다. 사회적 소유에 기초한 사회주의 경제는 사회의 모든 인적, 물적 자원을 전사회적 범위에서 통일적으로 장악하고 공동의 목적을 실현하기 위해 계획적으로 이용할 것을 요구하고 있다.

계획경제에서는 인민경제 총체뿐만 아니라 개별 경제 부문, 지역의 경제 발전 속도, 핵심제품의 생산규모와 구조, 국민소득의 성장과 축적, 소비 분

---

7) 『경제의 원리적 문제』, 김일성종합대학출판사, 2018, 23쪽.

배, 생산수단의 생산과 소비, 재생산 간의 균형, 과학기술 발전, 노동생산능률의 성장 등 중요 경제 지표를 계획으로 규정한다. 그리고 도시와 농촌 간, 상이한 지역 간의 경제적 연계와 인민생활의 향상, 재정, 금융, 대외 경제적 연계 등 경제활동의 기본 분야를 국가계획으로 제시한다. 북한에서 국가계획은 당과 국가의 지시이며 인민의 자주적 요구와 이익을 반영한다. 그러므로 인민은 국가계획의 수행을 법적 의무로 생각한다. 계획 달성의 관건은 공동체를 이루는 개인이 어떤 존재이며 얼마나 주체적으로 맡은 역할을 다할 수 있는가이다. 북한에서는 개인적 소유가 허용되지 않는 사회주의 사회다. 이 지점이 바로 외국인이 북한을 이해하지 못하는 근본적인 요인이다.

북한이 사회주의 경제관리 방식을 유지하는 것은 사회주의의 성격을 보존하고 사람들의 노동 열의를 동원해 경제적 효과를 높이기 위함이다. 그러므로 사회주의 경제관리방법의 개선이 필요하다.

집단노동의 성격

사회주의 사회에서는 생산수단을 사회적으로 소유하기 때문에 인민이 곧 생산수단의 주인이 된다. 따라서 경제관리 측면에서도 집단주의적 관리방법을 통해 집단적 요구를 구현해야 한다. 그리고 사회주의 사회는 사회적 집단의 단결과 협조를 기본으로 집단에 속한 모든 구성원의 창조성을 발휘하는 방법으로 관리된다.

생산수단이 사회적 소유이고 근로자 대중이 주체로 자격을 가지고 있지만 그렇다고 모든 근로자들이 다 관리자가 되는 것은 아니다. 관리자는 인민대중의 공동의 이익을 보장할 수 있어야 하며 근로자는 소속 기업이나 단체의 관리자를 중심으로 집단의 이익을 지킬 수 있는 노동에 임해야 한다.

집단노동의 생산성 최대화는 국가적 차원에서 경제관리의 방향 설정과 동원수단의 사용 방식에 달려있다. 노동의 양과 질, 노동의 성격, 기계화 및 자동화를 했을 때 근로자의 역할은 꾸준히 연구해야 할 과제이며, 생산성을 높여 모든 근로자의 생활을 향상시키는 것이 중요하다. 그래서 북한식 사회주의 경제관리를 비롯해 공장과 기업의 기업책임관리제, 협동농장의 분조책임제 하의 포전담당제 같은 제도를 시행했다. 집단적 노동의 성격은 변함없지만 노동을 조직하는 수단과 방법을 새롭게 하는 것이다. 이러한 제도의 최종 목표는 근로자의 노동 적극성과 창조성을 최대한 발휘하게 만드는 것이다.

3 경제관리에서 기업의 창조성 강조

사회주의 경제관리는 경제발전을 위해 근로자의 생산활동을 조직적으로 지휘하고, 노동과정에서 인민 대중이 생산과 관리의 주인이라는 책임과 역할을 다하게 만드는 사업이다. 이것이 북한이 주장하는 사회주의 경제관리의 본질이다.

생산자 대중이 사회의 주인, 경제관리의 주인이 된 사회에서 국가의 지휘 기능은 사람들의 자주성, 창조성, 의식성을 더욱 발양하기 위한 사회적 기능으로 작용한다. 경제관리란 사람들의 경제활동에 대한 지휘 기능이다. 생산수단의 사적 소유에 기초한 경제제도에서는 개인주의 사상이 지배적이고, 생산수단에 대한 사회적 소유에 기초한 경제제도는 집단주의 사상에 의해 유지된다. 경제활동에 대한 지휘 기능에는 사람을 조식 빛 동원하는 기능이 포함된다. 사람을 경제활동에 동원하는 방법으로는 정치사업도 있고 물질적 자극도 있다. 물질적 자극이 과도하면 개인주의 성향이 늘어나 집단주의에 기초한 사회주의 경제제도를 변질시킨다. 그러나 경제관리를 잘하지 못하면 사회주의 우월성이 약화되기 때문에 생산성을 높이고 소득분배와 상품공급이 원활히 되도록 과학적인 경제관리방법을 실행해야 한다.

자본주의 사회에서는 기업마다 경영방식이 다르지만 사회주의 사회에서는 모든 부문, 모든 단위의 경제관리 체계와 방법을 동일하게 규제한다. 당의 영도를 확고히 하면서 국가의 통일적 지도를 수용하고 기업이 실질적인 경영권을 가지고 생산과 관리를 주도적으로 그리고 창의적으로 하는 것이 바로 사회주의 경제관리방법이다. 국가의 통일적 지도를 받는다고 해서 공장과 기업에게 상대적 독립성을 부여하지 않으면 생산성을 최대한으로 높이기 어렵다. 이 점을 고려해 독립채산제 같은 경제관리방법이 도입된 것이다.

공장, 기업소의 독립채산제

북한에서의 독립채산제는 사실 김일성 주석 때부터 실시한 경제관리방법이다. 그리고 사회주의 경제관리체계와 방법을 김정일 국방위원장 시대에 한층 심화 발전시켰다. 2중 독립채산제와 일 생산 및 재정 총화 지도를 도입한 새로운 경제관리방법이 실시됐다.

북한이 시행하는 독립채산제는 사회주의 사회의 과도기적 특성에 맞게 노동력과 생산수단을 국가가 기업에 제공한다. 또한 생산과정을 스스로 파악해 수지 균형을 맞추도록 국가생산계획을 전달한다. 기업이 적은 지출로 더 많은 수입을 얻기 위해 노력하는 과정에서 사회적 노동을 합리적으로 이용할 수 있게 한다. 이는 물질적 관심성의 원칙에 기초한 합리적인 기업 관리 방법이다. 한마디로 독립채산제란 자체의 생산 경영활동으로 수지타산을 맞춰 나가는 것이다. 기업은 계획과 노동 정량, 생활비 또는 임금, 가격, 원가, 이윤 등과 같은 가치 공간을 경제원리와 법칙에 이용하고 경제기

술적 지표를 과학기술적 요구에 맞게 정하는 것이 중요하다. 김정일 국방
위원장 시기에도 독립채산제에 의거해 기업이 물질 기술적 토대와 잠재력
을 발굴하면서 관리운영 수준을 크게 제고했다.

김정은 위원장은 2014년 5월 30일 당, 국가 경제기관 책임간부들과의 담화
를 통해 '현실 발전의 요구에 맞는 우리식 경제관리방법을 확립할 데 대하여'
와 '조선노동당 제7차 대회에서 한 중앙위원회 사업 총화 보고'를 비롯해 여
러 차례에 걸쳐 독립채산제를 오늘의 현실적 요구에 맞게 조절하며 기업책
임관리제의 실시를 지시했다. 공장, 기업, 협동단체는 국가로부터 부여받은
노동력과 생산수단, 독자적 경영권을 가지고 기업활동을 하면서 자체의 수
입으로 지출을 책임져야 한다. 더불어 사회주의 기업은 국가에 이익이 되어
야 하며 경제발전과 인민생활 향상에 적극 이바지해야 할 의무가 있다.

북한은 기업에 대한 통일적 지도를 전제로 하는 대신 기업이 주어진 조
건과 환경에서 예비와 가능성을 찾아 경영활동을 주도적으로, 창조적으로
진행할 수 있게 만드는 방식을 통해 기업을 관리 및 운영한다. 이러한 기업
관리방법이 다름 아닌 독립채산제이다. 독립채산제는 경제규모도 비교적
크지 않고 대외경제 거래도 유리한 조건에서 국가가 기업의 경영활동에 필
요한 설비와 자재, 노동력 등 모든 것에 대해 전적인 책임을 전제로 한다.
기업이 경영 활동을 잘 해서 높은 수입을 얻게 되면 그만큼 기업의 몫으로
처분할 수 있는 것이 많아지고, 그것을 밑천으로 생산을 확대하고 기술을
발전시켜 근로자의 문화후생 사업에 더 많은 몫을 배분할 수 있다. 또한 생
산과 관리의 주인인 인민 대중은 누구나 국가와 사회의 재산을 최대한 절
약하고 합리적으로 이용해 책임과 역할을 다해야 한다.

그러나 사회주의 사회의 과도기에서는 근로자가 자기 집 재산처럼 국가
와 사회의 재산을 아끼고 절약해야 한다는 자각이 충분하지 않으며 물질적
관심성도 일정하게 갖고 있다. 이런 상황에서 기업이나 생산단위에 노동력

과 생산수단을 지급하고 계획 과제만 하달하게 되면 생산자는 같은 자원으로도 더 효율적인 생산을 하지 못할 수 있다. 그렇게 되면 생산의 효율성 하락과 국가계획의 미달성이 발생하게 된다. 이런 현상을 극복하기 위해 물질적 관심성의 원칙에 따라 경영의 독자성을 부여하게 됐다. 과거 국가에서 설비, 원자재 등 모든 것을 지원했던 독립채산제 시절의 기업은 생산만 하면 그만이었다. 또한 기업이 자체적으로 수입과 지출의 균형을 맞추어 나갈 수 있었고, 독자적 경영권을 행사하는 데에 큰 어려움이 없었다. 하지만 최근에는 경영활동에 필요한 설비나 자재의 일정한 몫을 자체적으로 해결하면서 기업활동을 해야 한다. 기업이 종전에 부여받은 경영권만으로는 수입과 지출 균형을 맞추기 어렵다.

현재 북한에서 실시하는 경제관리방법은 기존의 기능 외에 계획작성권과 노력조절권, 제품개발권과 생산한 제품에 대한 가격제정 및 판매권, 노동보수권, 인재관리권, 무역 및 합영 합작권 등 국가에서 일괄적으로 적용했던 기능 가운데 많은 세부항목을 기업의 독자적인 경영권으로 부여해 기업 자체에서 해결하게 했다. 확대된 경영권을 부여받은 기업은 오늘의 변화된 조건과 환경에 있는 예비와 가능성을 최대한 동원해 기업활동을 주도적으로, 창조적으로 수행해야 한다. 기업에 이익이 생겨야 국가에 더 많은 기여를 할 수 있다. 먼저 국가의 이익을 보장해야 기업의 몫이 늘어날 수 있다는 논리는 독립채산제를 통해 체현된다. 이런 제도를 통해 기업은 더 많은 이윤을 창출하고 생산과 사업 영역의 확장을 위해 노력하고 있다.

생산의 독자성

국가는 상품을 생산하는 기업의 독자성을 법적, 제도적으로 보호하며, 사회주의 기업책임관리제의 규정을 시달하는 등 기업관리 운영세칙을 내놓았다. 상품 생산 시 기업의 독자성은 기본적으로 생산품의 종류와 수량의 선택에서 나타난다. 과거에는 기업이 국가계획에 따라 생산할 상품의 종류와 수량을 결정했다. 하지만 지금은 기업이 국가계획에 기초하지만 자체의 생산조건에 맞춰 상품의 종류와 생산량을 조절 및 확정한다. 이제 남은 것은 기업이 독자적인 경영권을 이용해 생산을 늘리고 품질을 높여 수입과 지출의 균형을 맞추는 것이다.

이미 북한의 많은 기업이 자유로운 조건에서 경영활동을 활발히 전개하고 있다. 생산 품종을 늘리고 상품의 품질을 향상시켰다. 경쟁력 있는 상품을 만들기기 위해 상호경쟁도 마다하지 않는다. 내가 목격한 여러 기업의 지배인들은 과거와 달리 기업을 살리기 위해 부지런히 뛰고 있다. 그들의 노력으로 생산의 효율성과 서비스 수준이 현저하게 제고됐다. 과거 오래된 국영기업은 생산 가동률이 20~30% 밖에 되지 않았을 뿐 아니라 대부분 피동적인 생산자였다. 그런데 요즘 국영기업의 책임자는 가만히 앉아 있을 겨를이 없다. 간부들이 주도적으로 하지 않으면 '보금자리'를 지킬 수 없기 때문이다. 이런 압력은 공장 내부에서도 발생한다. 노동자의 눈에 다른 기업은 잘 나가는데 자기 기업이 뒤떨어지면 지배인의 능력에 문제가 있다고 생각하기 마련이다. 생산기업은 상품의 품질로 평가되고 서비스 업체는 고객의 숫자로 평가되기 때문에 지배인이 잘못하면 국가계획도 제대로 수행할 수 없고 종업원의 신뢰도 얻을 수 없다.

사회주의 경쟁

기업에 실질적인 경영권이 부여된 후 수입과 지출의 균형은 기업의 책임이 됐다. 기업이 얼마나 경쟁력 있는가에 따라 다른 기업과의 경쟁 속에서 우위를 차지할 수 있기 때문이다. 과거처럼 장마가 오든 가뭄이 오든 수

확이 가능했던 때와 다른 세상이라는 것을 기업도 알게 됐다. 경쟁력을 확보하는 길만이 살길이라는 사실을 깨달은 것이다. 근래에 이런 경쟁은 북한의 도처에서 일어난다. 경쟁을 통해 품질을 높이고 상품의 종류가 다양해지는 양상이 나타나는 것이다. 물론 이런 경쟁은 사회주의적 경쟁, 집단주의적 경쟁이다. 이것은 시장 주도의 경쟁과 다른 북한식 경쟁이지만 경쟁으로 촉발된 생산 열의는 긍정적 요소가 아닐 수 없다. 평양곡산공장은 원래 오래된 국영기업으로 식품을 소품종 대량생산하던 기업이었다. 하나의 상품을 대량생산하다 보니 크게 신경 쓸 일이 없었다. 그러나 상업망에 새로운 식품이 쏟아져 나오기 시작했다. 품질이 좋아진 다양한 종류의 상품이 계속 출시된 것이다. 그 결과 평양곡산공장은 국가의 대표 식품생산기업으로서 소비자의 수요와 성향을 따라가지 않을 수 없게 됐다. 그래서 국가에서 지정한 생산 품종과 생산량을 완료한 후 소비시장의 눈높이에 맞게 다품종 소량생산의 길을 택하게 되었다.

가격경쟁 역시 치열하다. 동종의 상품이라도 가격이 낮으면 수요가 증가하기 마련이다. 다른 기업의 상품보다 가격이 조금이라도 저렴하면 소비자는 그 상품을 선택한다. 이런 소비자의 수요를 맞추면서 기업의 이윤을 확보하기 위해서는 원가를 절약하는 길밖에 없다. 과거 국가에서 배급해주는 대로 받아쓰던 인민들이 자기 호주머니를 털어 물건을 구매하기 시작하자 점차 까다로워진 소비자로 변한 것이다. 한마디로 시대가 달라졌다. 금컵체육인종합식료공장이 식품업의 선두에 서게 된 데는 남다른 노력이 있었기 때문이다. 가장 먼저 평양 시내에 팔리고 있는 식료품을 몽땅 구매해서 가격을 비교했고 그에 따라 제품의 가격을 적절하게 책정했기에 판매량을 확대할 수 있었다.

원자재 확보 경쟁 또한 치열하다. 남보다 차별화된 자재를 쓰거나 좋은 원료를 사용해야 품질 좋은 상품을 생산할 수 있다. 북한에서는 품질만 좋으면 비싸게 팔 수 있는 가능성이 보인다. 대동강식당은 양고기 전문점인데 사실 북한에서 양고기를 구하는 것은 쉽지 않다. 좋은 양고기는 중국에서 수입을 해야 한다. 이 식당은 중국 내몽골에서 양고기를 수입해 경쟁력을 높였다. 북한의 일반 식당과 다른 고유 아이템으로 경영을 하니 뒤따라올 경쟁업체가 많지 않다. 고정적으로 질 좋은 양고기를 공급받기 때문에 고객들은 단골이 되어 재방문하게 된다.

인재영입 경쟁도 만만치 않다. 요즘 곳곳에서 새로운 식당이 개업을 하는데 어느 식당의 음식이 맛있다거나 어느 요리가 괜찮다고 소문이 나면 다른 식당의 지배인들은 몰래 손님으로 가장해 먹어보러 간다. 먹어보고 음식 맛이 좋으면 그 요리사를 스카우트하기 위해 작전을 벌이기도 한다. 그래서 경력 있는 요리사는 요즘 인기가 대단하다. 주방장으로 모시려는 식당이 많아졌기 때문이다.

자체 상품이 많아지다 보니 상품의 디자인에 대해서도 신경을 써야만 한다. 식료품만 보더라도 이제는 수백 가지의 제품이 상업망에 나오기 때문에 기업마다 포장에 신경을 쓰고 있다. 이에 따라 포장인쇄업 역시 경쟁에 돌입하게 됐다. 공장이나 기업에도 소속 디자이너가 있지만 인쇄공장도 자체적으로 디자이너를 고용해 예쁜 디자인을 제공하면서 고객을 확보하기 시작했다. 출판물 수출입사의 인쇄공장도 국가의 임무를 완료한 후 달력을 인쇄해 판매하는데 이제는 인쇄공장마다 달력을 만들다 보니 더 좋은 달력 만들기 경쟁이 벌어졌다. 앞서 소개한 '길동무' 책가방은 240여 종의 상품을 개발하는데 모든 역량을 동원했다. 공장 내의 디자이너뿐 아니라 일반 근로자도 아이디어를 제출하도록 해서 새로운 상품개발을 위해 전 직원이 동참하게 됐다. 이런 노력이 밑바탕이 되어 공장의 경쟁력을 높이며 소비자인 학생의 다양한 기호에도 부합하는 효과를 거두었다.

경쟁은 기업 내에서도 이루어진다. 부서별 계획을 정하고 평가체계를 도입해 경쟁이 벌어져 서로 더 잘하려는 노력이 보인다. 예를 들어 부서 대항 배구경기를 보면 같은 기업 내 조직이라고 하더라도 이기려는 경쟁심이 높아 상대팀의 전술이나 출전명단 같은 정보를 미리 입수해 대응 전략을 세우는 등 암암리에 불꽃튀는 경쟁이 벌어진다. 어떤 형태의 경쟁이든 선의의 경쟁은 상승 효과를 거두기 마련이다.

경제원리 존중

북한의 새로운 경제관리방법은 현 시점의 경제원리에 부합하는 조치로 보인다. 북한이 공급과 수요의 기본원리를 경제관리에 도입했다는 것은 하나의 전환점이다. 과거 국가는 공급을 위한 생산에 치중했다면 이제는 소비자의 수요에 맞춰 인민이 원하는 제품을 만드는 단계로 진입했다. 시대의 변화에 따라 적합한 경제관리방법을 제시한다는 것은 경제원리를 존중하고 자연스러운 경제 흐름에 맞게 경영해야 한다는 사실을 알기 때문이다. 여기에서 말하는 경제원리는 수요에 따라 공급이 제공된다는 의미다. 과거에는 공급 위주의 경제관리를 했다면 이제는 수요에 맞춰 생산을 한다. 팔리지 않는 물건을 만들거나 수요가 없는 제품을 만들어 봤자 낭비일 뿐이다. 소비자의 수요를 파악하고 그에 걸맞은 상품을 개발해 생산해야 경제적 이익도 따라온다.

최근 북한에서는 소비자의 수요가 다양해지면서 새로운 상품개발에 모든 노력을 쏟는 중이다. 공장은 다품종 소량생산체계로 돌입했다. 소비자의 수요는 날이 갈수록 높아지고 있어 생산자는 새로운 상품개발을 위해 노력해야 한다. 이제 북한에서도 국가 배급 의존도가 하락하고 인민 스스로 필요한 상품을 직접 구매하는 현상이 점차 늘어나고 있다. 평양 시내의 '미래상점'은 새로운 판매방식을 도입했다. 배급과 자가 구매를 결합한 판매

방식이라고 할 수 있다. 교원과 과학자에게 보너스를 카드로 지급하면 이들은 상점에 가서 자기가 원하는 상품을 골라서 구매한다. 카드 금액이 부족하면 본인이 더 보태서 살 수 있다. 과거에 내가 필요하든 필요하지 않든 똑같은 물건을 배급받던 시기와는 다른 선택이 주어진 셈이다. 이제 단순히 배급을 위해 생산을 하는 것은 시대에 뒤떨어진 방식이 됐다. 물질이 풍부해지면서 다양한 상품에 대한 수요가 증가하는 것 또한 자연스런 일이다.

경제의 객관성을 존중한다는 측면에서 봤을 때 또 다른 중요한 변화는 돈의 원리에 대한 존중이다. 기업의 이익창출 목표 또한 기본적으로 재정수입을 높여야 가능하다. 돈이 있어야 확대재생산도 가능하고 새로운 설비를 도입할 수 있다. 궁극적으로 근로자의 대우도 높여 줄 수 있다. 이를 위해 서로 신뢰할 수 있는 사람 혹은 기업과 손을 잡아야 한다. 신용이 없는 합작은 오래 갈 수 없으며 크게 성장할 수 없다. 북한에서 돈은 신용을 따라다닌다는 원리를 깨닫고 신용을 지키려는 기업의 노력이 경영 노하우로 축적되고 있다는 사실은 눈여겨 볼만하다. 이러한 예로 '영광가구'를 들 수 있다. 북한의 영광가구는 성공 경험을 쌓은 대표 기업이다. 영광가구의 성장사는 신용을 지킨 대가로 얻은 게 많다는 점을 보여주는 사례이다. 영광가구에 처음 자금 지원을 한 곳은 중국 장춘의 모 기업이었다. 투자를 받은 후 투자금 상환을 위해 허리띠를 졸라매며 노력한 영광가구는 끝내 중국 투자가를 감동시켰고 점점 더 많은 투자를 받을 수 있었다. 중국 측이 상대방의 경영상태를 감독하기 위해 파견했던 재무인력도 철수하게 되면서 영광가구는 성장가도를 달리게 되었다. 상대방과의 신뢰를 바탕으로 한 영광가구는 해마다 더 큰 성장을 거듭할 수 있었고 이미 북한에서 가장 유명한 가구공장이 되었다. 체육관건설, 주택건설 분야의 대표기업으로 성장한 영광가구는 향후 발전가능성이 더 큰 기업이다.

4	## 자력자강은 경제발전의 핵심

자력자강은 북한 특유의 생존방식이기도 하다. 김정은 위원장은 "우리가 믿을 것은 오직 자기 힘밖에 없으며 누구도 우리를 도와주려고 하지 않는다. 자기 힘을 믿으면 만리길도 지척이고 남의 힘을 믿으면 지척도 만리가 된다"고 말했다.[8] 강원도 세포지구의 축산기지 건설은 자력자강의 힘으로 해냈다. 북한은 국방건설을 추진할 때도, 당의 중심 사업인 경제건설을 추진할 때도 '자력자강'을 결코 빼놓지 않았다. 미국을 중심으로 한 국제사회의 제재 강도가 고조되는 상황에서 축산기지 건설은 외부의 힘에 의존하지 않는 자력자강 정신의 체현이다. 북한 사람들은 평화가 저절로 찾아오지 않는다는 사실을 잘 알고 있으며, "가는 길 험난해도 사회주의 신념을 버리지 말고 자력자강의 길을 버리지 말자"는 구호에 공감하고 있다.

제재 속 자립성 강화

북한 사람들이 흔히 하는 말이 있다. "우리가 제재를 하루 이틀 받아왔나?" 이 말인 즉 "국제제재로 북한을 항복시키려는 시도는 어림없다"는 말이기도 하다. 70여 년 동안 지속된 봉쇄로 인해 이제 면역력이 생길 대로 생겨 어지간한 제재는 아픔으로 느끼기 어렵다는 말이다. 복잡한 국제관계 속에서 북한이 받은 고통은 이제 하나의 체질처럼 자리 잡혔다. 주체사상을 가장 중요하게 내세우는 북한은 자력갱생의 역사를 만들었다고 한다. 타국의 힘에 의존하지 않고 '자력갱생으로 사회주의를 건설하자'는 구호를 수십 년간 외쳐온 북한은 그 길을 확신한다. 그리고 그 길만이 살길이라는

---

8) 「김정은 위원장이 순천 화학연합기업을 현지지도하면서 한 연설」, 조선중앙통신사, 2016년 8월 13일.

것을 굳게 믿고 있다.

공장의 현대화 과정을 보면 해당 대학의 교수와 전문기술 간부가 함께 공장에서 문제 해결을 위해 머리를 맞대고 밤새 연구개발하는 일이 통상적이다. 해결해야 할 문제가 한두 가지가 아니지만 문제 해결의 의지와 노력의 결과물이 계속해서 새로운 성과를 만들고 있다. 이는 봉쇄 속에서 살아가기 위한 몸부림으로 보일 수도 있지만 북한은 모든 사람이 자강력을 키워야 한다는 신념을 갖고 있다.

자강력 제일주의

김정은 위원장은 2016년 신년사에서 이런 말을 남겼다. "사회주의 강성국가 건설에서 자강력 제일주의를 높이 들고나가야 한다. 사대와 외세 의존은 망국의 길이며 자강의 길만이 우리 조국, 우리 민족을 살리고 혁명과 건설의 활로를 열어나가는 길이다." 김위원장의 발언은 자기 것에 대한 믿음과 애착, 긍지와 자부심을 가지고 자기의 힘, 기술, 자원으로 사회주의 강국 건설, 인민의 아름다운 꿈과 이상을 달성해야 한다는 의미다. 이를 강조하게 된 계기는 2015년 10월 23일 김종태 전기기관차연합기업소를 현지지도하면서 지하전동차를 만들어 낸 것을 높이 평가하면서였다. "오늘 우리가 믿을 것은 오직 자기의 힘밖에 없다. 누구도 우리를 도와주려고 하지 않기에 자력자강의 정신을 가져야만 그 어떤 시련과 난관도 뚫고 나갈 수 있으며 최악의 조건에서도 최상의 성과를 낼 수 있게 된다."[9]

혁명은 자체의 힘으로 해야 한다는 것이 자강력 제일주의의 기본 방침이다. 북한은 제재의 압박 속에서 생존하는 길은 자강력뿐이라고 믿는다. 기

---

9) 「경애하는 김정은동지께서 김종태전기기관차련합기업소에서 새로 만든 지하전동차를 보시였다」, 『로동신문』, 2015년 10월 23일.

름 한 방울 안 나오기 때문에 북한은 석유 의존도가 높은 국가이다. 그래서 화학산업의 탄소화 및 관련 기술개발에 집중한다. 2.8 비날론 연합기업을 대신하는 화학지구가 순천지구에 새로 건설 중이다. 조선노동당 제8차 대회에서는 화학산업을 우선적으로 발전시켜야 한다고 강조했는데 북한경제의 돌파구는 화학산업에 달려 있다고 말할 정도다.

북한은 줄곧 자력갱생을 내세우면서 '간고분투' 하는 것을 강조해왔다. "우리의 힘, 우리의 기술, 우리의 자원으로 사회주의 강국 건설을 이룩하자"는 구호 아래 각 경제 분야에서 자강력 제일주의를 내세우며 자강력의 실천 경험을 널리 알리고 있다. 『로동신문』의 기사를 보면 한 해 동안 각 분야에서 자체의 힘으로 생산의 과학화를 해결해 증산 목표에 달성했다는 소식을 적지 않게 찾을 수 있다. 자체의 원료로 완제품을 생산하고 판매하자는 주장은 다시 말해서 경제활동을 일관되게 '우리 것'으로 하자는 말이다. 그런데 경제적 측면에서 '우리의 기술'로 생산하라고 하지만 모두 그렇게 해야 한다는 것이 아니다. 필요한 부분은 외부와의 연계를 통해 적극적으로 배우고 그 대신 수입한 기술을 하루빨리 '우리 것'으로 만들라는 것이다.

자력갱생의 측면에서 봤을 때 전기생산능력 제고를 위한 전력공업성의 노력을 살펴볼 필요가 있다. 부족한 전력문제의 해결을 위해 전력공업성에서는 중소형 발전소를 자체 건설해 전기를 생산하고 있다. 유명한 희천발전소, 백두산영웅청년발전소가 앞장서고 그 뒤를 따라 강계청년발전소, 원산청년발전소, 부전강발전소, 서두수발전소, 장진강발전소, 어랑천발전소, 허천강발전소, 위원발전소, 금야강군민발전소, 태천발전소, 장자강발전소, 대동강발전소 등 다수의 발전소들이 자강력 제일주의를 달성했다.

화력발전소도 중요한 역할을 했다. "북창화력발전 연합기업소는 미루감속기 20대를 질적으로 개조해 종전보다 호기 당 출력을 8,000kw 이상 더 높이고 30대의 현대적인 장치들을 도입해 순환수 펌프의 기술적 능력을 높여 수십만 kw의 발전 능력을 높였다"는 기사가 『로동신문』에 실린 적이 있다. 또한 이 기사에는 "청천강 화력발전소는 현존 화력발전설비의 기술경제지표 계산과 평가에서 나타나는 편향을 극복하고 생산지휘의 과학화를 실현시켜나가고 있다. 순천 화력발전소도 기술혁신을 통해 발전량을 늘리면서 날마다 증산한다는 첩보를 올리고 있다"는 소식도 전했다.[10]

평양은 주로 화력발전에 의존하는데 평양화력발전 연합기업, 동평양화력발전소가 평양에 전력을 공급한다. 평양의 전력사정이 이전에 비해 많이 좋아졌다고 하지만 설비노화로 먼지가 걸러지지 않는 문제가 있다. 특히 발전소 주변에서 먼지가 많이 날려 자주 눈에 들어가는 등 불편함이 많다. 그래서 이 두 발전소를 평양에서 멀리 떨어진 곳으로 옮겨야 한다는 의견도 있지만 당장 사용할 전기가 부족한 상황에서 발전소 이전은 현실적인 대안이 될 수 없다.

북한 전력부문의 또 다른 난제는 송전선의 노화로 인해 송전 손실이 크다는 점이다. 전력부문에서는 다양한 방법을 동원해 손실문제 개선을 위해 노력하고 있으며 종종 성공 사례가 『로동신문』을 통해 보도되곤 한다. "송변전관리국에서는 100여 대에 달하는 대용량 변압기를 질적으로 정비보수하며 전압단계를 종전보다 2~3배로 높여 수만kw의 도중 손실을 줄이도록 하기 위한 사업을 줄기차게 내밀고 있다. 전력공업성의 해당 부서에서도 전국 범위에서 수요에 따르는 전력공급을 과학적으로 할 수 있는 프로그램의 개발과 도입 사업을 1/4분기 안으로 다그쳐 끝내며 근 5만 개에 달하는 카드식 적산 전력계를 새로 받아들여 전력관리를 보다 짜고들 수 있도록 경제조직 사업을 잘하고 있다. 함경남도에서는 유연전력공급체계를 도입하여 전력 공급을 착실하게 해 나가고 있다."[11] 이에 더하여 2018년 4월부터

---

10) 『로동신문』, 2018년 3월 21일.

전국적으로 전기계량기 도입과 사용량에 따른 전기요금 납부 정책의 실행으로 가정과 기업에서 전기를 효율적으로 사용하게 됐다.

경제순환의 과정을 통해 석탄이 안정적으로 공급되면서 화력발전에서도 지속적으로 자력갱생의 효과를 보고 있다. "광산들과 제철소들에서도 기술개건과 혁신 운동을 일으켜 인민경제계획을 넘쳐 완수했다는 소식들을 전하고 있다. 광산들을 보면 무산광산 연합기업, 라남탄광기계 연합기업, 검덕광업 연합기업, 사리원 탄광. 온성령 남탄광, 룡강 화강석공장, 오석산 화강석광산, 함남지구 탄광연합기업, 득장지구 탄광연합기업, 순천지구 청년탄광연합기업, 북창지구 탄광연합기업, 화대 광산, 은파 광산, 재령 광산, 룡양 광산, 대흥 청년영웅광산들에서 모두 신년사에서 내놓은 목표 달성을 위해 과학적인 탐구 방법으로 계획을 100%~200%씩 완수했다는 희소식을 전해오고 있다. 제남 탄광에서는 석탄 생산량을 부쩍 늘려 북창의 전력 생산 기지에 공급하고 있다. 맹산 탄광에서도 혁신의 불길 높이 추켜들고 석탄 생산량을 부쩍 올리고 있다."[12]

김책 제철연합기업은 산소열법 용광로 조업 이래 철생산 시 용광로의 용해시간을 단축하고 차지 당 쇳물 생산량을 늘리는 과정에서 합리적인 작업방법을 찾아내며 생산실적을 올렸다. 천리마 제강연합기업은 증산을 위해 각고의 노력을 벌여 1호 초고전력전기로 압연공들이 계획을 초과완수했다고 한다. 사리원 강철공장에서도 철강생산과 압연생산의 계획을 앞당겨 완수했다고 하며, 문철 강철공장도 마찬가지로 계획을 초과해 수행했다는 소식이 있다. 그 외 협동농장에서도 포전담당책임제 실시 이후 곳곳에서 증산 소식을 전하고 있다. 이런 소식들은 전력공급이 좋아졌기 때문에 가능

---

11) 『로동신문』, 2018년 3월 21일.
12) 『경제강국건설대강』, 조선노동당출판사, 93쪽.

했다. 하지만 애써 생산한 전기의 낭비를 막기 위해서는 반드시 북한 전역의 송전선을 개선하는데 큰 힘을 쏟아야 할 것이다. 전력공업 부문에서는 자강력 강화를 통해 설비노화 문제를 해결하려 하지만 워낙 자본과 인력투자가 많이 필요한 프로젝트라서 단기간에 근본적 해결은 어려워 보인다.

5 과학기술을 원동력으로 경제발전 추동

2014년 1월 김정은 위원장은 국가과학원을 현지지도하면서 "우리는 과학기술이라는 기관차를 앞세우고 모든 부문이 세계를 향하여 힘차게 달려 나가도록 하여야 한다. 오늘날 과학 전선은 사회주의 수호전의 전초선으로서 주체적 과학기술의 위력으로 미국을 위수로 하는 세력들과 싸워야 하며 사회주의 제도를 과학기술 성과로 옹호하고 빛내어가야 한다"고 했다. 북한은 특히 우주과학기술을 중시한다. 우주 관련 첨단기술을 달성해 짧은 시간에 국제적 지위를 높일 수 있었던 것처럼 과학기술 사업에서 비약적인 발전을 통해 북한을 과학기술 강국의 지위에 올리고 싶다는 희망을 갖고 있다.

1980년대에 김일성 주석이 제시한 우주기술의 획득을 목표로 과학자와 기술자들이 연구에 박차를 가했다. 1998년 8월 31일에 첫 시험 위성인 '광명성-1호'를 발사했고 2009년 4월 5일에는 두 번째로 시험 통신위성 '광명성-2호'를 발사했다. 김정일 국방위원장은 '광명성-2호' 발사 때 위성관제 종합지휘소에서 국가의 과학기술을 발전시키려면 기상위성과 통신위성 같은 실용위성을 쏘아야 한다고 밀했다. 김정은 위원장 시대에 들어서도 멈추지 않고 2012년 4월 14일에 '광명성-3호'를, 2017년 2월 7일엔 '광명성-4호' 발사에 성공했다. 고무된 북한 정부는 어느 부문이나 단위 할 것 없이 과학기술

수준을 높여야 한다고 강조한다.

북한은 이미 확보한 우주과학기술의 성과와 첨단과학기술을 경제건설로 전화하는 데 주력하고 있다. 이런 노력은 기술전환을 담당하는 국방과학자의 책무이기도 하지만 기술을 수용해야 할 경제 전문가나 기술자도 잘 배워야 한다. 다 함께 과학기술 수준을 높여야 경제건설의 어려운 과업을 완수할 수 있다. 국가는 과학기술 보급망의 건설을 지도하고 각 지역, 각 부문의 전민 과학기술 인재화전략 목표를 실현해야 한다. 물론 인재육성은 교육기관이 담당하기 때문에 인재의 질은 교육기구와 교원의 질적 향상이 선행되어야 한다.

과학 중시, 인재 중시, 교육 중시

현 시대는 과학과 기술의 시대다. 과학기술의 발전이 모든 부문의 발전을 촉진하며 과학기술 수준에 따라 사회 전반의 발전 수준과 속도가 결정된다. 국력도 최신 과학기술로 뒷받침되어야 더 탄탄해질 수 있다. 과학연구사업은 자립적 민족경제의 위력을 충분히 발휘하는데 이바지해야 하며, 과학기술자가 창의력을 충분히 발휘해 실제 경영 활동에서 부딪히는 어려움을 해결하는데 도움을 줄 수 있어야 한다. 현실과 동떨어진 이론은 창고에 보관된 책이나 다름없으며 과학기술의 연구 성과는 바로 현장에 도입되어야 한다. 과학연구사업은 이론과 실천을 밀접히 연결시켜 진행해야 현실성이 있다.

김정은 위원장은 조선노동당 제7차 대회에서 과학기술 강국 건설을 위한 과업과 방도를 구체적으로 제시했다. '과학기술 부문에서 첨단 돌파전을 추진하는 것에 대한 문제, 과학기술이 경제 강국 건설에서 기관차 역할을 하는 것에 대한 문제, 인재를 중시하며 전민 과학기술 인재화를 실현하는 것에 대한 문제, 국가의 과학기술 발전을 위한 국가적인 작전과 지도 관리를 바로하고 연구개발 체계를 정연하게 세우는 것에 대한 문제, 과학기술 부문에 대한 국가적인 보장 사업을 잘하는 것과 함께 전사회적으로 과학기술 중시 기풍을 세우는 데에 대한 문제' 등을 구체화했다. 2013년 11월 김정은 위원장은 전국 과학자, 기술자 대회에서 '우주 과학 부문의 과학자, 기술자들이 이룩한 성과를 토대로 온 나라의 과학자, 기술자들이 분발하여 떨쳐나서자', '남들이 걷는 길을 따라만 갈 것이 아니라 단계를 뛰어넘어 비약적인 발전을 이룩하자'는 등의 발언을 했다.

인재는 과학기술 강국 건설의 핵심 역량으로서 국가의 귀중한 자산이다. 북한은 과학기술 강국의 지위에 오르기 위해 인재를 중시하며 전민 과학기술 인재화 실현을 강조했다. 전민 과학기술 인재화는 말 그대로 특정한 과학자, 기술자만이 아닌 노동자, 농민을 비롯한 전체 인민 누구나 현대 과학기술을 소유하고 활용해 나갈 수 있게 한다는 사업이다. 그것도 보통의 지식수준이 아니라 대학졸업 정도의 지식수준이라는 높은 목표를 제시했다. 김정은 위원장은 2017년을 과학교육의 해로 정하고 전 국가적, 전 사회적으로 과학교육 시설과 환경을 일신시키기 위한 사업에 박차를 가해야 한다고 요구했다. 공장, 기업과 협동농장마다 과학기술 보급실을 마련하고 근로자와 농장 구성원에게도 현대 과학기술 교육의 학습을 지시했다. 또한 국가과학원과 과학기술전당은 21세기에 적합한 과학기술의 연구와 보급을 위해 더 잘 준비되어야 한다고 당부했다.

2016년 2월 7일 북한은 지구 관측 위성인 '광명성-4호' 발사에 성공해 세계에서 10번째로 인공위성 기술을 확보한 국가가 되었다고 한다. 이러한 성과는 당의 과학기술 중시 정책의 결실로 받아들여져 북한 전역의 과학자, 기술자들은 희망을 가질 수 있었다. 북한은 '과학이 없으면 미래가 없다. 과학자를 위해서는 아까울 것이 없다. 모든 역량을 동원하여 과학자, 기술자의 생활과 연구활동을 보장하겠다'고 약속했다. 국가에서는 곧바로 연풍호 과학자 휴양소를 건설해 과학자, 기술자가 휴식할 수 있는 쾌적한 공간을 마련하기도 했다.

김정은 위원장의 지시로 과학자, 기술자의 주택문제 해결을 위해 대량의 물적, 인적 자원이 투입됐으며 사회적으로 과학자와 교원을 존중하는 분위기가 형성됐다. 또한 은하과학자거리, 김일성종합대학 교육자주택, 위성과학자주택지구, 김책공업종합대학 교육자주택에 이어 미래과학자거리와 려명거리가 연이어 건설되면서 과학자, 기술자, 교원, 연구자에게 '금방석'을 만들어주었다. 려명거리에서만 1,700세대 넘는 주택을 김일성종합대학 교원, 연구자에게 공급해 대학의 위상뿐만 아니라 교원과 연구자의 의욕이 높아졌다.

과학기술이 사회발전에 결정적 역할을 하는 지식경제시대, 인재에 의해 국력과 경제, 문화의 발전이 좌우되는 시대이기 때문에 교육사업을 발전시켜 북한은 자국의 대학을 국제 일류대학의 수준으로 끌어올려야 한다고 생각한다. 지식경제시대의 핵심이 과학과 기술이고 관건이 인재라면 인재육성의 기초는 교육이다. 국가의 문명 수준은 해당 사회에서 사는 사람들의 창의력과 문화 수준에 의해 규정된다. 사람들의 창의력과 문화 수준은 체계적인 교육을 통해 높일 수 있다. 2014년 9월 북한에서는 제13차 전국 교육 간부대회를 소집하고 '새 세기 교육 혁명을 일으켜 우리나라를 교육의 나라, 인재 강국으로 빛내자'는 새로운 세기의 교육 목표를 제기했다. '모든 청소년 학생을 강성국가의 믿음직한 역군으로 키우자'고 호소하면서 누구나 고등교육과 평생교육을 받을 수 있는 교육체계와 환경을 마련해, 대학이 원격교육체계를 세우고 더 많은 근로자들이 일하면서 고등교육을 받을 수 있도록 해야 한다는 것이다.

북한 정부는 고등교육 기관인 대학이 현실의 수요에 입각해 인재유형과 양성목표를 과학적으로 수립하고 학제, 학부, 학과, 강좌를 합리적으로 조정해야 하며 첨단부문의 필요 학과를 신설해야 한다고 주문했다. 김일성종합대학, 김책공업종합대학, 평양건축종합대학 등 주요 대학에 학술센터, 정보센터, 자료서비스센터, 원격교육센터를 마련해 대학 내 교원과 종사자는 물론 대학 외부 인원에게도 서비스를 제공하도록 했다. 일 하면서 배울 수 있는 원격교육체계를 완비해 온 사회에 대학의 문을 열어야 하며 건설 일선에서 일하는 노동자와 생산현장의 농민에게도 학습기회를 제공해야 한다. 공장대학, 농장대학, 어장대학 등을 개설해 배움에 열정을 보이는 청년에게 고등교육의 기회를 줘야 한다는 것이다.

2012년 9월에 진행된 북한 최고인민회의 제12기 제6차 회의에서는 12년제 의무교육에 대한 법령이 채택됐다. 과거 11년제에서 의무교육 기간을 1년 더 늘린 것이지만 이는 단순한 기간 연장이 아니라 발전하는 시대에 맞춰 중등교육의 질을 높이기 위한 것이다. 교육체계를 완비하고 교육내용과 방법, 교육조건과 환경을 개선한다. 이를 통해 학생이 실제로 사용할 수 있는 지식과 기술을 습득하고 일생동안 계속 공부를 할 수 있는 기초를 튼튼히 다지게 하려는 것이다. 북한도 나무를 키우는 데 10년이 걸리고 인재를 육성하는 데 100년이 걸린다는 원리를 알고 있다. 북한의 교육사업 투자는 미래에 훌륭한 결실로 맺어질 것이다.

사실 전국적 범위에서 전액 국가부담으로 시행되는 교육기간을 1년 더 연장하는 것은 결코 쉬운 일이 아니다. 만약 단순히 경제지표만 고려했다면 이런 결정을 내리기 어려웠을 것이다. 국제제재가 강화되고 국가의 경제사정이 어려운 와중에 1와트의 전기, 1g의 석탄, 한 방울의 물도 아껴 쓰지 않으면 안 되는 형편에서 12년제 의무교육 무상제공은 감당하기 어려울 수도 있다. 12년제 의무교육제도는 소학교 학제를 1년 늘여 6년제로 하고, 3년제 초급중학교와 3년제 고급중학교로 운영하는 제도다. 북한에서는 도시든 농촌이든 공부할 나이가 되면 돈 한 푼 내지 않고 국가에서 제공하는 12년제 의무교육을 받을 수 있다. 이에 대한 사회 각계의 지지도 커지고 있으며 교육은 당연히 국가의 책임이라고 간주한다. 그래서 사소한 학용품이라도 국가에서 지급하려고 노력한다. 북한의 민들레학습지공장은 전국의 유치원부터 대학에 이르는 어린이와 학생에게 공급할 학습장을 전문적으로 생산하는데, 여기서는 연간 5,000만 권의 학습장을 만들어 무료로 전국에 배포하고 있다.

과학기술과 지식경제

북한은 경제건설이 과학에 의한 발전이 되어야 한다고 강조한다. 구호만 외치는 게 아니라 실제로 국가 차원에서 특강과 학술 토론회를 자주 개최한다. 이런 현상은 과거에 볼 수 없었던 것으로 새로운 학풍이 학계에서 불고 있다는 느낌이 든다.

2017년 11월 28일 신형 대륙간탄도미사일 시험 발사 전 날, 과학기술전당에서는 '우주 과학기술 토론회–2017'이 개막했다. 조선과학기술 총연맹 중앙위원회 주최로 열린 토론회에는 김일성종합대학, 김책공업종합대학, 국가과학원, 사회과학원, 체신성, 국토환경보호성의 연구기관들이 참석했다. 『로동신문』은 "토론회는 평화적 우주개발이 가지는 의의와 중요성, 인공지구위성의 제작과 조종기술 등 우주정복에서 이룩한 성과와 응용 경험들을 비롯한 280여 건의 가치 있는 논문들이 소개되었다"고 보도했다. 토론회는 인공지구위성, 우주 재료 및 요소, 기초과학, 응용, 사회과학 분과로 나뉘어 진행되었는데 '우주 환경에 대하여', '우주 재료에 대하여', '우주 정복'을 비롯한 강의와 함께 녹화 편집물 시청도 있었다.

북한은 교육을 우선시하는 국가다. 특히 21세기에 접어들면서 지식경제라는 시대적 특징을 정시(正視)하고 지식 우선주의를 내세워 12년제 무상교육 정책을 내놓았다. 경제면에서도 지식을 떠난 경제란 있을 수 없다는 주장을 하며 지식의 중요성을 재차 강조하고 있다. 지식경제시대의 경제발전은 지식과 정보, 첨단 과학기술을 떠나서 생각할 수 없다. 지식경제는 첨단 과학기술에 의거해 최소한의 노력, 자원, 에너지로 더 많은 물질적 부를 창조하는 경제다. 세계는 이미 첨단과학기술 중심의 지식경제시대에 진입했다. 북한에서도 '지식경제'라는 말을 흔히 들을 수 있는데 이는 세계적 흐름에 낙후되지 않겠다는 의지를 표명한 것으로 들린다.

첨단과학기술이 산업화에 적용되려면 연구개발비와 신제품 개발비용이 점차 증가할 수밖에 없다. 과학연구사업에 종사하는 인원도 계속 늘어나기 때문에 결국 자금문제가 첨단산업화의 발목을 잡게 된다. 북한은 이 문제를 해결하기 위해 국가지원 외에 각 무역회사들이 과학기술 발전기금을 조성하도록 동원했다. 이 기금을 과학연구비로 사용하도록 대학과 연구기관에 지원한다.

현 시기 첨단기술산업 부문으로 정보산업, 나노산업, 생물산업, 신식재료산업, 신식에너지산업, 우주산업, 핵기술산업, 해양산업이 있다. 주요 지식상품은 해당 국가의 첨단기술산업의 발전 정도와 경제 전반의 지식화 정도, 경제 강국의 지식화 수준을 보여준다. 지식경제시대에 사회주의 경제 강국의 물질 기술적 토대는 현대화, 정보화된 노동수단의 체계화에 달려있으며 그 발전수준은 전적으로 과학기술의 높이에 달려있다. 그러므로 첨단과학기술산업 위주의 경제구조를 형성해 과학기술의 힘, 지식경제의 힘으로 발전하는 지식경제강국이 되어야 한다.

과학기술전당

　과학기술전당은 지식경제시대에 걸맞은 과학기술 보급기지 기능을 수
행하기 위해 세워진 전민 학습의 대전당이다. 과학기술전당은 2015년 10월
25일에 준공했고 2016년 새해 첫날 준공식이 있었다. 김정은 위원장은 준공
테이프를 끊는 것으로 새해의 현지지도를 시작하며 한 해의 첫 사업으로
과학의 문을 열었다.

　오늘날 과학기술전당은 인민대학습당과 함께 과학자, 기술자, 연구자, 대
학생은 물론 전체 인민이 찾아와 지식을 배우는 전민 학습의 새 전당이며
특히 청소년에게 과학보급의 기지로 활용된다. 과학기술전당은 매일 수만
명의 참관단을 받고 있으며 참관자에게 해설을 하는 강사들이 여러 가지
언어를 구사할 수 있어 외국인의 참관도 가능하다. 참관자는 일부 시설을
직접 체험할 수도 있으며 컴퓨터를 이용해 원하는 과학자료를 검색할 수도
있다.

　과학기술전당은 국제 과학기술 교류의 장이 되기도 한다. 각종 국제토론
회나 전문가 초청 특강을 개최해 전국 각 분야의 전문가들이 모여 학술토
론을 벌인다. 과학지식 교류의 창구이자 플랫폼 역할을 수행하는 과학기술
전당은 국제 인터넷망 접속이 허용돼 학자와 전문가들이 자주 찾는 곳이다.
전문가와 일반인이 모두 이용할 수 있는 과학기술 교류와 보급의 기능을
더욱 활성화하기 위해 과학기술전당의 간부들은 다양한 아이디어를 생산
중이다.

　과학기술전당은 전자도서관과 최신 과학기술 정보를 제공하며 대규모
전자통신 서비스시설이 갖춰져 있다. 어린이꿈관, 장애인 열람실, 기초과학
관, 첨단과학기술관, 응용과학기술관으로 구분되며, 인공위성기술을 포함
해 북한 과학기술의 성과를 보고 체험할 수 있다. '은하-3호' 모형이 전당 중

간에 세워져 있어 국방과학기술의 최신 성과를 근거리에서 볼 수 있도록 해 놓았다. 이와 함께 전국에서 원격으로 접속할 수 있는 과학기술 보급망을 운영하며 과학기술지식에 관련된 질의응답도 수시로 제공한다. 전국 도처에 과학기술 보급실이 마련되고 이를 통한 서비스체계가 세워져 과학기술 자료가 중앙에서 말단까지 보급된다.

원격교육 확대 보급

원격교육은 북한에서 비교적 중시하는 분야로 전국 어디서나 원격교육을 통한 과학기술 보급이 이루어지고 있다. 김일성종합대학과 김책공업종합대학이 전 사회를 대상으로 실시하는 원격교육은 한마디로 전민 학습체계이다. 사회과학이든 자연과학이든 모두 수강이 가능하며 공장, 농촌 어디서든 과학기술 보급실에서 교육을 무료로 받을 수 있다.

원격교육은 북한이 국제적인 교육시스템을 도입해 전국에 과학지식 보급과 교육 실현을 목적으로 하며 이미 보편화되어 실질적 효과를 보고 있는 교육형태다. 김일성종합대학 전자 도서관에 설치한 원격교육시스템은 전국에서 수강이 가능하다. 전국의 공장, 기업, 협동농장에 가보면 어느 곳이든 다 이런 원격교육을 받을 수 있는 보급실을 갖춰놓았다. 공장에서는 노동자가 현대화 과정에 부족한 지식을 보충한다. 농민도 마찬가지인데 농번기가 지나면 젊은이들이 보급실을 찾아 학습을 통해 지식을 넓힌다. 꿈이 큰 청년은 일하면서 대학과정을 수료할 수 있다. 원격교육은 전국 어디서나 똑같은 교육을 온라인으로 받기 때문에 대학에 직접 가지 않아도 교수의 강의를 수강할 수 있다. 그러므로 공장의 노동자나 농장의 농민이라도 대학과정을 신청한 후 교육을 이수하고 시험에 통과하면 대학 졸업장을 받을 수 있다.

교원대학의 경우 전국의 유치원과 소학교 교원을 양성하는 대학으로서 전국 15개의 교원대학에서 정기교육을 원격으로 진행한다. 이처럼 원격교육을 통해 전국의 교학수준이 통일되고 전국 어디서든 실시간으로 동일한 교육을 받을 수 있는 시스템이 갖춰졌다. 원격교육은 이미 북한의 필수적인 교학수단이 됐다.

교육, 과학연구와 생산의 일체화

2016년 10월 김일성종합대학 건학 70주년을 맞아 김정은 위원장은 친서를 종합대학에 전달했다. 김 위원장은 친서에서 대학이 나아갈 길을 제시했다. 대학의 교육과 연구부터 생산에 도입될 수 있는 일체화를 실현해야 한다는 내용이었다. 다시 말하면 죽은 지식을 가르치는 게 아니라 실질적으로 생산에 도입될 수 있는 살아있는 지식을 가르쳐야 한다는 의미이다. 또한 경제건설에 총력을 집중하는 오늘의 현실에서 과학연구 성과를 응용해야 한다고 주문한 것이다. 그래서 김일성종합대학과 김책공업종합대학에 연구결과를 생산에 적용할 수 있는 첨단기술 연구원을 설립했다.

김일성종합대학 교원의 과학연구 성과를 실제로 생산에 응용한 사례도 늘고 있다. 교원이 직접 공장과 기업에 내려가 생산 일선에 있는 기술자와 머리를 맞대고 문제를 해결하는 등 일정한 효과를 보고 있다. 하지만 사회주의 강국 건설이라는 목표를 이루려면 더 많은 과학기술 연구 성과가 나와야 한다. 더불어 시대에 뒤떨어진 기술적 난관을 하루빨리 개선하기 위해 보다 많은 실용적 창의성을 갖춘 인재들이 필요하다. 대학 교원은 생산현장의 문제해결 경험을 대학 강의에 접목해 교학과 응용이 유기적으로 결합하도록 노력해야 한다.

결론적으로 대학은 교육, 과학연구와 생산의 일체화를 실현해야 한다.

김일성종합대학과 김책공업종합대학은 과학기술 전환을 목적으로 하는 응용기지를 세워 첨단개발 연구원의 역할을 강조하면서 교원이 연구 성과를 더 많이 낼 수 있도록 앞장선다. 첨단개발 연구원은 과학기술 상품을 배태하는 기능을 수행하면서 생산에 응용할 수 있도록 해야 한다. 김정은 위원장은 지난해 폐막한 조선노동당 제8차 대회에서 과학기술이 경제건설에 미치는 영향의 중요성을 이렇게 강조했다. "새로운 5개년 계획 기간 국가의 과학기술 수준을 한 단계 올려야 하며 과학자, 기술자들과 생산자들 사이의 창조적 협조를 강화하여 경제건설과 인민 생활 향상에서 제기되는 과학기술적 문제들부터 즉각적으로 풀어나가야 한다."[13]

첨단기술개발원

첨단기술개발원은 북한에서 새롭게 도입한 산업기지다. 2017년부터 본격적으로 공사를 시작해 2019년 김일성종합대학과 김책공업종합대학에 첨단기술개발원 청사를 동시에 완공했다. 약 2만m² 면적의 첨단기술개발원에는 현재까지 많은 연구소들이 입주해 있다. 생물실험실, 전자설계실, 선반기계 같은 업종이 생산과 관련된 쪽으로 연구를 하며 높은 생산성을 목표로 연구 및 생산이 결부된 과학기술의 발전의 교두보가 될 예정이라고 한다.

김일성종합대학의 경우 지능무역회사, 지흥과학기술회사 등이 대학소속 기업으로 운영 중이며 이제 여러 산업연구소와 생산기지를 모아 공동연구를 통해 응용기술로의 전환을 시도한다. 외국업체와의 과학기술 협력사업도 적극 추진할 계획으로 해외출장을 진행한다. 또한 외국의 전문가나 투자자를 초청하기도 하면서 상업 면담을 추진하고 있다. 대학에는 산업화

---

13) 조선노동당 총비서 김정은, 「조선노동당 제8차대회서 한 결론」, 2021년 1월 13일.

전 단계에 이를 수 있는 구체적인 아이템들이 적지 않다. 물론 자체의 연구 성과만으로 산업화의 모든 것을 달성할 수 있지 않다. 세계적으로 앞서있는 첨단과학의 연구 성과를 빠르게 받아들이고 그것을 북한 실정에 맞는 기술로 전환하는 작업을 이곳에서 수행하게 된다. 김일성종합대학의 첨단기술개발원에 들어서면 입구에 이런 글이 붙어있다. "세계와 경쟁하라, 세계에 도전하라, 세계를 따라 앞서라." 이것은 김정은 위원장이 과학기술 간부들에게 요구하는 사항이기도 하다.

상기한 노력은 김책공업종합대학에서도 이루어지고 있는데 실용적인 연구를 가장 많이 하는 대학이기에 국가의 기대도 그만큼 크다. 다른 대학과 연구단체도 이 두 대학을 본받아 응용차원의 기술개발과 기술전환에 많은 관심을 기울이기 시작했다. 2014년에 북한에서는 응용기술연구소 440개를 내각에 귀속시켜 생산과 과학기술 일체화를 실현하라는 김정은 위원장의 지시가 있었다.

김정은 위원장은 각 대학과 연구기관에 새로운 요구를 제기했는데, 세계 각국의 분야별 전문저널(SCI)에 논문을 발표하도록 권장했다. 그전에는 자체 간행물에만 연구 성과를 발표했다면 이제부터는 국제적인 시각에서 연구하라는 요구가 제기된 것이다. 그래서 각 대학과 연구단체는 지금 곳곳에서 분야별 SCI 저널을 구하려 노력하고 있다. 일단 열람이라도 해야 국제적인 눈높이에 닿을 수 있기 때문이다. 세계의 선진기술이 어느 정도이며 어디까지 왔는지 알아야 그 수준에서 연구하고 성과를 낼 수 있다. 아직 적은 수량이지만 이미 북한 학자의 논문이 국제간행물에 발표되기 시작했으며 앞으로 더 많은 연구논문이 공개 및 게재될 것으로 예상된다.

6 개선 중에 있는 일부 문제

변혁의 시대를 맞은 북한에 전례 없던 변화들이 나타나기 시작했고 특히 경제분야에서 새로운 현상이 많이 출현했다. 변하는 것과 변하지 않는 것 사이의 모순 발생은 자연스러운 일이지만 그것을 직시하고 정확히 해결하는 것이 중요하다. 시대정신에 부합하는 사고로 전환해야 하며 국제 변화를 통찰하는 안목이 필요하다. 맹목적으로 시장경제관리방식을 도입할 것이 아니라 북한 실정에 적합한 경제관리방법을 찾아야 한다. 북한은 희망을 갖고 새로운 변화에 순응해야 한다.

2021년 새해를 맞아 개최된 조선노동당 제8차 대회에서 김정은 위원장은 처음으로 북한의 경제건설에서 나타나는 엄중한 문제들을 꼬집었다. 그리고 경제발전 전략과업을 완수하지 못한 원인을 하나씩 나열했다. 북한의 최고지도자가 당대회에서 공개적으로 반성하는 모습은 전례 없었던 사건이다. 최고지도자의 반성은 전 당, 전 사회에 큰 파장을 일으켰을 뿐 아니라 국제사회의 주목을 끌었다. 이런 문제점들은 제8차 당대회를 개최하기 전 당 중앙에서 조사팀을 보내 충분한 기층연구를 거친 상태에서 제기된 문제점이었기에 반드시 해결해야 할 대상으로 지적한 것이다. 김정은 위원장이 내부의 문제를 공식화했다는 것은 지도자의 실사구시적 태도를 엿볼 수 있음과 동시에 경제건설에서 확실히 개선해야 할 문제가 산재해 있다는 점을 보여준다. 이후 북한에서는 간부들 사이에서 비판과 자아비판 운동이 벌어졌고 다년간 형성된 문제점을 풀어가기 위해 노력한다고 전해진다. 문제를 정시(正視)하고 시정하는 노력은 경제발전에 도움이 된다. 이어지는 내용에서는 개선 중인 문제와 현재 북한이 직면한 어려움이 무엇인지 짚어보려고 한다.

개선과정에서의 몇 가지 문제

앞에서는 대부분 긍정적인 시각으로 북한을 바라봤다면, 이제 북한 앞에 풀기 어려운 문제도 산재해 있다는 점을 밝히면서 구체적으로 해결해야 할 문제를 짚어보려고 한다. 최근 북한에서는 새로운 경제정책으로 노동 적극성을 한 단계 끌어올리는 성과가 뚜렷해진 반면 주인의식, 본위주의, 평균주의, 가격문제, 화폐문제 등이 아직 발목을 잡고 있다. 이런 문제를 과거에는 언급할 수 없었다. 앞으로 나아가는 과정에서 문제는 항상 존재하는 법이고 이 정도는 별문제 아니라고 보는 시각이 지배적이었기 때문이다. 그러나 지금은 사실에 입각해서 문제를 직시하고 회피하지 않으며 해결하려는 의지를 보인다. 과거의 규정과 정책을 부단히 수정 및 개선하는 측면에서 생각한다면 연구해야 할 과제는 계속되기 마련이다. 문제를 회피하지 않고 있는 그대로 수용하며 해법을 찾기 위한 노력을 하다 보면 새로운 방법이 속속 나오게 된다.

① 주인의식

"조선민주주의인민공화국의 사회제도는 노동 인민이 주인이 되고 일체는 노동 인민을 위해 봉사하며 사람을 중심으로 하는 사회제도이다."[14] 북한에서 인민은 국가의 주인이므로 주인으로서의 자각을 깊이 하고 주인으로서의 역할을 올바로 하는 일은 헌법이 부여한 권리라고 한다. 인민은 국가의 주인으로서 정치, 경제, 문화생활에서 주인의식을 발휘해 사회주의 건설에 응분의 기여를 해야 한다. 현실 생활에서 주인의식을 가늠할 수 있는 척도는 책임과 권한이다. 간부는 인민이 부여한 하나의 직책이다. 간부들

---

14) 「조선민주주의인민공화국 헌법」, 제1장 제8조.

의 책임과 권한에 대한 이행 여부가 국가발전의 미래를 결정한다. 국가에서 주로 강조하는 것은 당원과 간부의 역할에 대한 것이다. 일부 간부들이 주인의 본분을 잃고 직권을 남용해 공공재산에 손실을 입히거나 생산효율을 저하시키는 현상을 초래할 경우 확실하게 책임을 물어야 한다.

오늘날 북한에서는 사회주의 기업책임관리제를 도입해 생산의 실질적 주인인 생산자의 책임과 역할을 강화하고 있다. 그 결과 진심으로 주인의 역할에 동참하는 현상이 나타나며 덩달아 경제적 효과도 높아졌다고 한다. 하지만 조선노동당 제8차 대회에서 김정은 위원장은 노동당이 "일하는 당, 투쟁하는 당, 전투력 있는 당"이 되어야 하며 간부는 항상 솔선수범해야 한다고 강조했다.[15] 특히 "혁명의 지휘성원인 일군(일꾼)들이 전진하는 대오의 최전방에서 자기의 책임과 본분을 다해 나가야 한다. 일군들의 능력과 역할에 한 개 단위, 한 개 부문의 운명이 달려있다."[16] 즉 작금의 북한 현실에서 간부의 솔선수범 역할은 인민이 바라는 요구와 거리가 멀다는 점을 꼬집은 것이다. 영도 간부들이 앞장서서 주인공 의식을 보여주고 청렴결백하며 국가의 재산을 아끼고 국가건설을 위해 더 많은 기여를 해야 한다. "지금이야말로 당과 국가의 고민과 걱정을 하나라도 덜기 위해 애쓰는 일군(일꾼), 오직 혁명밖에, 일밖에 모르고 인민을 위해 무엇인가 해놓겠다고 뛰어다니는 일군, 과업을 맡겨주면 눈에 띄게 일자리를 푹푹 내는 일군이 절실히 필요한 때이다."[17]

간부의 주인의식은 사회주의 건설의 성패와 관계되며 당원 간부의 소질은 강국 건설과 연계된다. 김정은 위원장은 전당, 전국, 전민이 교육을 강화하고 규율을 세워 직권을 남용하는 탐관과 부정부패를 저지르는 모든 범죄

---

15) 김정은, 「조선노동당 제8차대회에서 한 결론」, 2021년 1월 12일.
16) 위의 글.
17) 위의 글.

행위를 엄벌해야 한다고 반복적으로 강조한다.

② 본위주의[18]

본위주의 현상은 결국 간부가 자기 울타리를 우선적으로 보호하며 다른 사람과 자원을 공유하지 않는 데서 나타난다. 문제를 전체적으로 바라보지 않고 객관적이지 못하며 전반적인 발전전략에서 출발하지 않는 문제를 보인다. 이런 현상은 북한에서도 예외가 아니다. 다 같이 국가소유 기업이라 하여도 기업마다 경영의 상대적 독자성을 갖고 있다. 또한 기업의 실적, 성공이 직접적으로 책임자의 실력과 관련돼 있어 본위주의 현상이 나오게 된다. 이는 지극히 자연스러운 일이다. 하지만 자기 단위의 특권만을 추구하는 본위주의는 국가자원의 독점과 낭비를 초래한다. 그래서 자기만의 노하우와 자원을 타인이 알게 될까 두려워해서 서로 숨기는 현상이 나타난다.

본위주의는 개인이익을 집단이익 위에 놓고 부문의 이익을 전체의 이익 위에 놓는다. 개인이나 집단 모두 이런 생각을 갖기 쉽다. 북한에서는 집단의 이익을 특별히 강조하는 국가이기에 태업이나 소집단의 이익 추구를 허용하지 않는다. 특권을 가진 기관은 영향력을 확대하려 하거나 명철보신(明哲保身)하며 자신의 이익만을 추구하고 사회적 자원을 챙기려 한다. 일부 간부는 현재의 자리를 지키려고 인맥을 넓히고 승진의 기회만을 노린다. 다수의 기층 단위들은 눈앞의 경제적 이익만을 따지면서 힘은 적게 들이고 많은 것을 가져가려는 궁리만 한다.

본위주의 현상은 도처에서 감지된다. 예를 들어 평양에 있는 어느 서비스 시설을 가더라도 규모는 작더라도 모든 시설을 다 갖춘 상황을 흔히 목

---

18) 본위주의란 확대된 개인주의이다. 본위주의는 자기 단위, 자기 부문, 자기 지역의 이익만 챙기려 하며 전체의 이익과 국면을 고려하지 않는 데서 발생한다.

격할 수 있다. 상점, 식당, 목욕탕, 커피숍, 운동실 등 서비스 업종을 종합적으로 갖춰 놓지 않으면 손님을 경쟁자에게 뺏긴다고 생각한다. 한 곳에서 모든 걸 다 해결한다는 생각에서 비롯된 것이다. 밥 먹는 사람이 물건도 구입해야 하고 운동도 해야 한다고 생각한다. 그러다 보니 어느 것 하나 잘하는 바 없이 두루 갖춰 놓는 방식으로 손님을 끈다. 다시 말해서 전문성을 가진 특화전략으로 차별성을 두거나 경쟁력을 높여야 하는데 그럴 생각이 없다. 그러다보니 자연스럽게 손님은 서비스에 불만을 갖게 되고 전문성도 떨어져 오히려 경쟁력이 저하되는 것을 느끼지 못한다. 다시 말해서 자원을 공유하려는 생각이 없고 자기 장점을 특화하려는 경영전략도 희박해 결국 서로 손해를 입는 경향을 볼 수 있다. 자신의 몫만 챙기려다 가진 것마저 잃는 결과를 초래한다. 이제 북한도 소문난 집을 찾아다니는 시대이기에 남보다 잘하는 부분을 발굴해서 인지도를 높여야 한다. 내 것, 우리 것만 챙기다보면 좀 더 큰 틀에서 생각하지 못하고 자기 울타리 안에서만 맴돌게 된다.

이와 같은 이유로 북한에서는 본위주의를 국가발전을 가로막는 장애물로 보고 강하게 비판한다. 그리고 따라 배우기, 따라 앞서기, 경험 교환 등의 교류방식에 기초한 사회주의적 집단경쟁을 요구한다. 국가의 지도자가 당대회에서 본위주의를 신랄하게 비판한 이유는 우선 간부의 자질향상에 걸린 문제를 해결해야 한다는 지적에 따른 것이다. 기업이 합리적인 기업전략, 경영전략을 세워 능력을 향상시킨다면 자연스럽게 경제적 수익도 높일 수 있다. 자기 울타리에서만 맴돌지 말고 일을 제대로 해내는 능력있는 간부가 필요한 시점이다. 북한이 말하는 훌륭한 간부는 실적으로 보여주는 사람이다. 그러므로 인정을 받기 위해서는 착실하게 일해야 하며 우연한 행운만 노려서는 안 된다. 본위주의는 하루아침에 저절로 없어지지 않는다. 하지만 북한이 경제발전을 원한다면 반드시 해결해야 할 문제인 것은 확실하다.

③ 평균주의

평균주의는 흔히 집단주의 환경에서 쉽게 나타나며 공평을 강조하지만 결국 노동의 효율성을 저하시킨다. 사회주의는 모든 사람이 평등한 생활을 누려야 한다는 전제 하에서 정책을 실시한다. 사람마다 다 국가의 주인이기에 정치적인 권리가 평등하며 물질 소비생활의 차이도 없어야 한다. 하지만 노동의 권리가 동일하다고 노동의 분배에서 평균주의를 실시하면 일한만큼 분배를 받는 사회주의 원칙에 어긋나게 된다. 노동 분배에서의 평균주의는 서로 불만을 낳게 하고 게으름을 양산하며 궁극적으로 노동의 효율성을 낮추고 경제발전을 저해한다.

북한에서는 평균주의로 생기는 문제 해결을 위해 노동의 양과 질에 따른 분배원칙을 적용한 사회정책을 실시한다. 물론 분배에서의 평균주의 문제는 해결하기 쉬울지 몰라도 소비생활의 차이를 없애고 모든 사람이 잘 사는 이상적 목표는 달성하기 어려울 것이다. 예를 들면 북한의 이동통신 사업이 급속히 늘어나면서 휴대폰의 수요량이 급증하게 되었다. 종류도 다양한 이런 제품은 공급용품이 아니라 소비제품이다. 질 좋고 디자인이 예쁜 휴대폰과 일반통화만 가능한 휴대폰의 가격은 차이가 많이 난다. 소비자는 자기가 받아들일 수 있는 한도에서 선택이 이뤄질 수밖에 없다. 같은 값이라면 기능이 좀 더 좋은 물건을 갖고 싶기 마련이다. 하지만 현실 생활에서 품질은 가격과 관련되기에 서로 비교하는 현상이 나타날 수밖에 없다. 남들이 가진 것을 보면 나도 갖고 싶어지기 마련이다. 구매력이 없으면 돈을 빌려서라도 좋은 휴대폰을 구매하는 경우도 발생하게 된다. 지불하는 요금 또한 사람마다 같을 수 없다. 규정된 한도 내에서 제공하는 통화시간 외에 더 사용하다 보면 추가로 요금이 나오게 된다. 내국인도 사용량에 따라 추가비용을 지불해 카드를 구매할 수 있기에 사람마다 사용량이 같을 수 없다. 장사하는 사람은 많이 벌기도 하지만 휴대폰 사용이 더 많다. 그러므로 사실상 사람들의 생활을 평균화시킬 수 없다. 그렇다고 이를 방치해 경제적 격차가 벌어지면 빈부격차가 늘어나고 소득이 적은 사람의 사회 불만이 높아질 가능성이 커진다.

북한 정부는 평균주의 현상도 극복하고 빈부격차도 줄여야 하는 과제가 있다. 경제건설 시대에는 반드시 다른 이보다 먼저 부유해지는 사람이 생기기 마련이며 빈부의 차이는 점차 벌어질 것이다. 발전과정의 이러한 문제는 어느 국가에서나 나타나는 일반적인 현상이다. 하지만 사회주의 사회를 견지하는 북한은 부담이 점차 커질 수밖에 없다. 이런 문제를 해결하려고 하면 분배문제도 불거진다. 평균 이하의 분배는 노동 적극성을 저하시키고, 일을 많이 한 사람에게 이익을 많이 주면 빈부격차가 발생하기 때문이다. 북한은 오랜 시간 평균주의에 준하여 분배하다 보니 전반적으로 노동의욕이 고취되지 못했다. 그런데 갑자기 분배에서 차이가 생긴다면 머지않아 빈부격차가 날 수밖에 없다. 북한 앞에 놓인 선택은 이미 후자 쪽으로 기울어지고 있다. 경제발전 과정에서 발생하는 일반적인 문제라고 하지만 사회주의를 실시하는 북한에서 분배의 문제는 무엇보다 심각한 사안이다.

④ 가격문제

북한은 계획경제를 실시하는 국가다. 따라서 국가는 통상적으로 모든 상품의 가격을 결정한다. 하지만 현실에서 보면 국정가격과 시장가격이 존재하기 때문에 상품가격의 혼란을 초래한다. 같은 상품이라도 국영상점에서 판매하는 상품, 주민공급용 상품은 매우 저렴한 국정가격에 공급되는 반면 시장에서는 국정가격보다 훨씬 높은 시장가격으로 판매된다. 그래서 가격차이를 이용하는 현상이 자연스럽게 발생한다. 국가의 공급가격은 원가 수준에서 결정하지만 시장가격은 원가에 이윤을 더한 가격이라 두 가격이 결코 같을 수 없다. 국가가 공급을 충족시키지 못하는 상황에서 원자재 가격이 점점 상승하기 때문에 상품가격의 상승은 자연스러운 일이다. 국가가 세금을 걷지 않아 국가재정 형편이 어려워 상품공급에 한계가 있다. 인민의 수요는 점차 증가하지만 국가의 공급은 부족해서 시장의 보충이 확대될 수밖에 없다. 현 단계에서는 인민의 기본소비생활 문제를 해결해 주는 정도에서 국정가격으로 공급하고 나머지는 시장을 통해 수요를 충족시키고 있다. 이는 시장가격을 인정한 것이나 마찬가지이며 결국 국가가 이중가격을 인정한다는 의미이기도 하다.

북한은 경제관리 개선조치를 통해 민생과 직접적으로 관련 있는 상품 외 일용품의 가격 지정권을 기업에게 부여했다. 국가의 계획을 납부한 다음 기업의 여유 생산량을 시장에 내놓게 해 손실을 최소화했다. 이런 현상이 확대되면 시장에 나오는 물품도 늘어나고 자연히 시장가격의 비율도 높아진다. 기업의 손실이 많으면 생산 적극성이 나오지 않기 때문에 국가가 아무리 독촉해도 기업의 효율성을 제고하기 어렵다. 국가는 이런 모순을 해결하기 위해 협동가격을 시행했는데, 이는 국정가격과 시장가격 사이에 있는 가격을 의미한다. 공급과 수요 측이 국가의 감독 하에 협의를 거쳐 적절한 가격으로 거래를 한다. 이러다 보니 통제불가의 일들이 벌어지면서 투기를 하거나 숫자를 속이는 사건이 생긴다. 국가에서는 이런 현상을 비사회주의 현상, 반사회주의 현상이라고 규정했다. 양심을 팔아버리는 현상에 대해 엄벌 조치를 내리고 있지만, 상품의 가격차이가 존재하는 한 이런 현상의 근절은 쉬운 일이 아니다.

가격제정권을 국가가 가질 것인지 아니면 기업이 가질 것인지는 하나의 숙제처럼 여겨진다. 국가가격제정위원회는 가격제정의 권위기관인데 만약 이 기관에서 정한 가격이 기업의 생산원가보다 낮으면 기업의 생산적극성이 떨어지게 된다. 그렇다고 가격제정권을 모두 기업에 맡기면 가격폭등을 초래할 수 있어 결국은 인민이 그 부담을 떠안게 된다. 북한에서는 고민 끝에 국가가격제정위원회를 국가가격감독위원회로 변경했다. 기업이 원가계산에 따른 가격을 제안해오면 국가감독위원회에서 검토하고 비준한다. 국가의 공급상품이 한정적이고 인민의 소득수준이 높지 않은 상황에서 가격문제는 국가의 안정을 담보하는 중요한 사안이다. 가격은 경제계산의 기초이며 경제계산은 경영활동의 필수적인 사업이다. 때문에 가격문제의 해결은 매우 중요한 실천적 문제라 할 수 있다. 북한에서는 가격, 원가 같은 경제적 공간을 경제원리와 법칙에 부합한 이용을 강조한다. 그리고 재정, 금융분야의 사업을 개선해나가기 위한 여러 조치를 취하고 있다.

⑤ 화폐문제

화폐는 유통과정의 필수적인 수단이며 사회경제 발전을 가늠케 하는 척도이다. 화폐의 가치는 경제현황을 보여주는 가장 중요한 지표로서 국가의 경제상황을 진단할 수 있다. 북한의 화폐는 지극히 불안정한 상황이며 화폐사용, 화폐가치, 환율 등의 방면에서 적신호가 켜져 있다.

북한은 주택, 교육, 의료 및 일상생활을 국가가 책임지고 있다. 그래서 완전시장경제를 실시하는 국가에 비해 인민이 화폐로 상품을 구매하는 일이 적은 편이다. 그러므로 인민들은 화폐사용에 대해 큰 불편을 느끼지 않았다. 그러나 국가의 경제정책이 조정되면서 기업 간의 원자재 거래 방식이 변했다. 기존에 통용되던 수표거래 방식이 현금거래로 바뀌게 되자 기업이 생산한 상품은 시장 유통과정에서 화폐로 교환되어야 했다. 따라서 인민은 수중에 현금이 있어야 물건을 구매할 수 있게 됐고 기업은 벌어들인 돈으로 재생산에 들어가는 순환이 형성됐다. 문제는 적지 않은 상품이 달러 같은 외환으로 직접 구매하게 돼 있어서 북한 화폐가 무용지물이 된 것이다. 주유소에서 기름을 넣을 때는 100% 외화를 지불해야 하며 휴대폰의 추가요금을 지불하거나 고급 전자제품을 구매할 때 모두 외화로 직거래를 해야 한다. 택시를 타도 외화를 사용해야 할 때가 있으며, 식사 시에도 외화를 받는 경우가 있는데 이런 상품은 거의 태반이 외국에서 수입하거나 외국과 합작하는 업종에 적용된다. 외국에서 물건을 수입하려면 외화가 필요하고 외국인 투자자의 투자금을 상환할 때에도 외화가 필요하기 때문이다. 이런 현상은 기업 측면에서 보면 이해가 되지만 소비자 입장에서는 받아들이기 어려운 상황이다. 왜냐하면 일반 사람들이 외화를 구하는 게 쉽지 않기 때문이다. 따라서 정상적인 소비활동을 하는데 어려움이 발생하기 마련이다. 더 큰 문제는 자국의 화폐가 무시되는 현상인데 이는 국가경제에 매우 위험한 일이 될 수밖에 없다.

북한 화폐의 가치가 절하되면서 통화팽창 현상이 초래됐으며, 상업기구나 개인의 북한 화폐 소유는 부담스럽게 됐다. 가치가 언제 떨어질지 모르는 불안감을 안고 있어야 하기 때문이다. 북한은 2009년에 화폐개혁을 실시한 바 있는데, 이는 인민들 손에 외화를 갖지 못하게 하는 조치였으며 북한 화폐마저 과도하게 소지할 수 없도록 한 것이다. 이 화폐개혁은 2개월 만에 실패로 돌아갔다. 국가에서는 장마당과 일반 슈퍼에서 외화 사용을 금지한다. 하지만 외화 사용이 빈번한 상황에서 암거래 시장이 등장하는 일은 극히 일반적인 현상이다. 국가에서는 단속을 하는 것뿐만 아니라 장마당과 상점 안에 환전소를 설치하고 국가가 직접 환전을 해주면서 암거래를 막았다. 아직까지 북한 사람들은 은행을 믿지 못하는 경향을 보이고 있다. 따라서 현금으로 보관하는 일이 보편적이며 간혹 은행에 저축을 한다고 해도 은행의 자금 부족으로 제시간에 돈을 인출할 수 없는 일이 벌어지기도 한다.

북한을 여행하는 외국인들은 현지에서 외화를 직접 사용할 수 있기 때문에 크게 불편을 못 느끼지만 북한에서 사업하는 외국인들은 오히려 매우 큰 불편함을 느낀다. 외국인들이 북한에서 가장 헷갈려 하는 사안이 국정환율과 시장환율의 동시 적용이다. 협동환율은 시장의 수요에 따라 달라지는데 특히 북한 돈의 가치가 해마다 15~20%씩 평가절하되어서 해마다 환율에 큰 차이가 발생한다. 상점이나 식당에 표시된 가격은 국정환율 시세표인데 사실 실제 유통 과정에서는 시장환율로 환산을 해야 하기 때문에 혼란이 발생한다. 예를 들면 2019년을 기준으로 북한의 국정 환율시세는 1달러에 북한 돈 106.03원이었다. 그러나 협동환율은 1달러에 북한 돈 8,250원으로 차이가 80배에 달한다. 쉽게 계산하는 방법이 있는데 호텔이나 상점에 붙어 있는 가격표에 '0' 두 개를 붙이면 대체로 달러 가격과 일치한다. 북한에서 붙이는 가격표는 사실 유로 가격이다. 이 가격은 유통가격이 아니며 환전하는 숫자에 불과하다. 외국인들은 거의 납득할 수 없는 환산법을 사용하고 있다.

북한에서는 외국인이 이용 가능한 식당이나 호텔 카운터에는 모두 환율시세표를 비치한다. 다른 말로 바꾸면 이런 외화시세표가 없는 곳은 외국인의 출입을 불허하는 곳이다. 외국인이 북한에서 호텔비를 계산하거나 식사비를 지불하거나 전화카드를 충전하는 등의 소비는 모두 환율시세표에 따른다. 그러나 광복거리 상업센터나 통일거리시장에서는 북한 돈으로 유통되기에 협동교환소에서 시장환율에 따라 환전해야 한다. 북한 돈의 지폐는 5,000원, 2,000원, 500원, 200원, 100원 등이 있다. 그런데 호텔이나 식당에서 정산할 때 외화 잔돈이 없는 경우가 많으며 대부분은 시장환율로 환산해 북한 돈으로 잔돈을 내준다. 문제는 외국인이 북한 돈을 사용할 곳이 별로 없다는 데 있으며 기념으로 북한 돈을 가져가려고 해도 공항세관에서 몰수당하는 일이 벌어진다. 이렇게 외국인들이 난감한 처지에 놓일 때가 종종 있다.

현재 국가적 조치로 협동화폐거래소가 운영되면서 협동환율로 외화를 교환하고 있다. 이것은 국정환율과 시장환율의 차이를 줄이고 통일적인 환율제도를 실시하기 위한 조치다. 하지만 이미 크게 벌어진 화폐 가치의 차

이를 없애려면 더 큰 진통을 겪어야 될지도 모른다.

어려운 문제

김정은 위원장은 조선노동당 제8차 대회에서 미래국가발전 5개년 전략을 발표하기에 앞서 제7차 당대회에서 내놓은 전략목표를 실현시키지 못한 근본적 원인을 총화했다. 첫 번째는 전략목표를 과학적으로 설정하지 못하고 맹목적으로 제정한 것, 두 번째는 과학기술이 경제 부문을 견인하는 역할을 제대로 수행하지 못하고 구호로만 외쳤다는 것, 세 번째는 경제건설 사업체계와 질서를 바로 잡지 못했다는 것이다. 8차 당대회에서는 경제전략의 총 목표를 다음과 같이 제시했다. "경제사업체계를 바로잡고 해당 부문들과의 유기적인 연계를 회복하여 자립적 경제 토대를 튼튼히 다져 외부의 영향을 받지 않는 전제하에서 경제가 정상적으로 돌아가게 해야 한다."[19]

김정은 위원장은 9시간의 긴 연설을 통해 북한이 직면한 내부 문제와 외부 요인을 분석했던 것이다. 분량을 비교해 보면 외부 요인에 대한 부분보다 내부 문제를 더욱 많이 언급했으며 주로 해당 문제의 원인을 찾기 위한 분석을 내용에 담았다. 김 위원장이 밝힌 내부적 어려움은 경제건설에서 국가의 주도의 통제능력을 강화하면서도 기업의 자주경영 능력을 높이는 문제를 잘 풀어가는 것이다. 기업의 경영관리 경험 부족에서 비롯되는 문제와 국가의 통일적 지휘 사이에는 원칙성과 유연성의 정도를 조절하는 문제가 제기된다. 외부적 어려움은 주로 국제환경의 영향과 국제신뢰를 얻는 문제를 말한다.

---

19) 김정은, 「조선노동당 제8차 대회에서 한 결론」, 2021년 1월 12일.

① 내부적 어려움

북한식 경제관리 방식을 몇 년간 꾸준히 실시하면서 북한의 공장과 기업, 농장은 현저한 변화를 겪었다. 생산의욕도 높아졌고 생산물도 질적으로 향상됐다. 그러나 기초가 약하기 때문에 단시일 내에 모든 것을 바꾸기는 극히 어렵다. 현 체제하에서 효율을 높이고 증산하는 것은 어려운 과제이기 때문에 국가경제 지도기관도 현재의 국면 타개를 위해 많은 시도를 하고 있다. 문제는 한 문제를 해결하면 다른 사안과의 형평성이 깨지는 일이 동반되는데 북한에서 이런 충돌이 갈수록 많아지며 또한 심각해지는 상황이다.

경제는 정책에 의해 발전동력을 얻고 발전은 자본의 뒷받침이 따라야 이루어질 수 있으며 거래는 신용을 지켜야 규모를 늘릴 수 있다. 북한은 이 세 가지 면에서 모두 어려움에 봉착해 있으며 가장 취약한 고리이기도 하다.

먼저 경제정책의 유도 방향에 대한 문제를 알아보자. 북한식 사회주의 경제관리방법은 북한이 경제건설로 방향 전환을 한 이후의 정책이기 때문에 전술 차원의 조치로 봐야 한다. 총체적인 방향은 잡혔지만 당 사업이 경제 중심으로 전환된 지 몇 해 안 되었기 때문에 세부적인 법 규정의 완성도가 아직은 미비한 생태에 놓여있다. 새로운 정책을 발표할 때마다 기존의 규정과 모순되는 일이 발생해 정책추진의 부담이 적지 않다. 구체적인 정책이 없으면 하위 기관에서 일을 할 때 근거가 부족하게 된다. 법적 근거가 약한 현 단계에서 간부들은 우유부단하거나 조심스러울 수밖에 없고 대담하게 정책을 추진할 수 없다. 간부들이 몰라서 못하는 경우도 있겠지만 알아도 정확히 알지 못하거나 심지어 아예 일을 안 하는 것이 상책이라고 생각하기도 한다. 북한에서는 '일군(일꾼)이 일을 안 하면 애군(애꾼, 말썽을 부리는 사람)이 된다'는 말이 있다. 이는 간부들의 심리상태를 나타내는 말이기도 하다. 일부러 일을 찾아나서는 간부들이 적어지면 경제의 돌파구를 찾기 어렵다. 애꾼이 되는 간부가 많아질 경우 경제성장의 장애요소가 될 것이다.

다음 문제는 자금난이다. 전반적으로 국가경제가 아직 낮은 단계에 머물러 있어 공장과 기업에 권한을 주어도 자금이 부족해 일을 못하는 경우가 많다. 공장설비의 현대화를 실현하려고 해도 국가지원 없이 자체적으로 해결해야 하는 경우가 보편화되다 보니 선진설비를 구입할 형편이 안 되는 것이다. 그래서 핵심부품을 수입해 개조하거나 외국에서 중고설비를 들여오는 사례가 많다. 이렇게라도 해서 현 단계의 고비를 넘겨야 가동이 유지될 형편이라 선진 기술과 설비를 보고도 엄두를 못내는 현실이다. 더구나 가까스로 투자를 받아 설비를 마련했어도 유동자금이 부족해 기계를 돌리지 못하는 안타까운 사례도 있다. 북한에 자금난으로 발이 묶인 기업이 한둘이 아니다.

　국가재정 측면에서 세수가 없고 수출이 막히다 보니 합리적인 방법으로 재정수입을 늘리는 데 큰 어려움이 있다. 기업이 납부하는 국가계획으로 국가재정을 확보하는 상황에서 기업마다 살림이 넉넉하지 않다 보니 납부액도 한계에 부딪히게 된다. 또 하나의 통로는 외자기업 유치를 통해 합영 및 합작하는 방법이 있지만 역시 대북제재가 풀리지 않은 상황에서 단기간에 성과를 보기 어렵다.

　마지막으로 신용 문제다. 기업활동에서 가장 중요한 것이 바로 신용이다. 신용이 없으면 협력을 할 수 없다. 기업 경영에서는 영원히 부족한 것이 자금이다. 남의 돈을 빌려 오기 쉽지 않고 설상 빌리려고 해도 기한 내에 상환을 못할 수도 있다는 우려 때문에 누구도 선뜻 빌려주려고 하지 않는 것이다. 하지만 기회가 없는 것은 아니다. 북한이 곧 개방한다고 생각하는 외국기업들은 북한에 투자할 기회를 보고 있다. 외국인이 투자를 하려고 할 때 북한에서 누가 신용을 지키는 기업인지 찾게 될 것이다. 즉 북한에서는 해외자본을 끌어들이려면 우선 신용을 지키는 것부터 배워야 한다. 과거 북한 사람들이 '외국인의 돈을 떼먹는다'는 소문이 퍼져서 외국인들이 조심스럽게 접근할 수밖에 없기 때문이다.

북한의 경우 조금이라도 여유가 생기면 생산을 확장하려고 하지 원금을 갚는다는 생각을 하지 않는 경향이 있다. 이 과정에서 신용은 약화될 수밖에 없다. 이런 현상이 소수의 기업에서 발생하는 문제라면 이해할 수 있으나, 만약 관례처럼 굳어져 버리면 국가의 투자환경 문제로 취급될 것이다. 국가에서 무슨 일이 있어도 빌린 돈을 갚아야 한다고 강조하지만 기업에게 그 주장이 제대로 실현되지 않는다. 당연히 북한 기업 중에서도 신용을 중요하게 생각해 성공한 사례가 적지 않다. 북한의 기업들은 경제교류 과정에서 신용이 있는 기업과 그렇지 못한 기업이 받는 대우가 얼마나 다른지 인식해야 한다. 이런 차원에서 북한 기업은 신용거래 부분에 있어 더 노력해야 한다.

② 외부적 어려움

오랜 세월 미국을 중심으로 한 서방국가들의 제재로 인해 북한의 상품경제는 큰 영향을 받았다. 이러한 상황에서 북한 사회주의 계획 체제도 엄준한 도전에 직면했다. 계획경제는 북한이 일관적으로 주장하는 원칙이지만 국내외적으로 어려움에 봉착하게 되면서 기업에게 자율성을 부여하니 시장을 통한 조절기능이 작동하게 됐다. 그러나 계획체제의 부작용은 사라지지 않았고, 국제제재로 인해 북한경제가 국제화의 길에 들어서는 시기가 더욱 늦어지고 있다.

북한에 대한 국제제재는 북한의 정상적인 경제질서와 국제무역을 파괴하는 결과를 초래했다. 이것은 한두 마디 말로 설명할 수 없다. 즉 역사적인 문제이면서 근래 가장 민감한 문제이기도 하다. 북한은 국방안보를 위해 핵실험과 미사일 발사시험을 진행했고 그 대가로 국제제재를 받게 됐다. 핵을 포기하면 제재를 풀어주겠다는 국제사회의 요구와 안보를 우선시하는 북한의 입장은 대립 상태를 유지하고 있다. 일부 사람들은 이런 제재가 곧 풀릴 것이라 예상하지만 가까운 시기에 완화될 조짐이 보이지 않는다.

북한의 공장과 기업이 외국과의 거래를 활성화하려고 몸부림치지만 외국자본의 실질적인 투자는 진행되지 않고 있다. 또한 정상적인 경로를 통해 필요한 설비와 자재를 구입하지도 못한다. 설상가상으로 북한경제는 원가 상승과 자금 부족이라는 어려움이 겹쳐있다. 코로나19 바이러스가 창궐하기 전에 적지 않은 외국인 투자자들이 너도나도 북한을 방문해서 관심을 보여 북한 사람들은 기대를 잔뜩 했다. 그런데 외국인 투자자들이 투자하겠다는 의향을 밝히고 나서 귀국해서는 시치미를 떼는 결과가 다반사였다. 이런 일이 비일비재하다 보니 점차 북한 사람들의 기대감은 식어갔다. 그렇다고 외국인 투자자들을 비난할 수도 없다. 그들도 당장 투자할 수 없는 제약이 있기 때문이다. 대부분의 외국인 투자자들은 국제제재가 풀려야 대북투자에 대해 본격적으로 고민해보겠다는 입장을 보이고 있다.

외국회사와의 합작 방식에도 검토해야 할 문제가 있다. 북한은 법적으로 외국인 투자자의 독자, 합영, 합작을 다양하게 허용하지만 사실상 합영보다는 합작을 원한다. 국가적 차원에서 합영보다는 합작을 권유하는 것이다. 외국기업과의 합작이 국가에서 추진하는 국산화, 자주화에 부합해 북한기업으로서는 현대화의 실적을 쌓아 정치적으로 더욱 인정을 받기 위해 합작을 주로 추진한다. 그런데 여기에는 외국인 투자자들이 '어떻게 북한을 믿고 맡길 수 있는가'라는 문제가 있다. 외국인 투자자들은 좀 더 안정적이고 오래갈 수 있는 기업과 함께 하려고 한다. 반면에 북한은 당장 눈앞의 어려움을 해결하는 것 즉 설비와 자금이 필요할 뿐이다. 현 단계에서 북한은 아직 외국인 관리가 엄격하고 외국기업의 세금 규정도 차이가 있다. 기업은 불편함을 피하는 게 상책이라고 생각하는 쪽이 더 많다. 이 모순을 어떻게 풀어가느냐가 관건이다. 다들 자기 입장에서 생각하는 것은 인지상정이지만 외국의 자본과 투자를 희망한다면 앞으로 투자자의 투자심리에 맞는 준비와 대책을 갖고 접근해야 한다. 눈앞의 고비를 넘기기 위해 돈을 투자해달라는 식의 접근은 큰 사업을 추진하는 데 장애물이 될 뿐이다. 종합하면 투자하는 쪽과 투자를 받는 쪽이 얼마만큼이나 상호신뢰 속에서 이익을 공유하는가에 달려 있다. 일방적으로 어느 한쪽이 이익을 추구하는 합작은 오래 갈 수 없다. 원원의 입장에서 쌍방 모두 이익을 얻고 상대적인 안정성을 느낄 때 더 큰 틀에서의 합작이 가능할 것이다.

7 조선노동당 제8차 대회

2021년 1월 5일 조선노동당 제8차 대회는 제7차 대회 이후 5년 만에 예정대로 열렸다. 이는 조선노동당의 영도 기능이 정상적으로 작동하고 있다는 증거다. 제8차 당대회는 형식적으로 대회를 개최한 것이 아니라 북한의 현실문제를 해결하기 위한 대회였다. 실사구시의 태도로 목적성을 가지고 현존하는 문제를 찾아내고 반성하고 개선하려 하는 노동당의 의지를 표명한 대회인 셈이다. 조선노동당 제8차 당대회는 제7차 당대회에서 제기한 5개년 전략과업의 관철 상황을 총화하는 시점에 맞춰서 열렸다. 당시에 국제제재가 한창이었고 세계적인 코로나19 사태를 겪게 된 데다가 역사상 가장 심각한 태풍피해를 입는 등 각종 악재가 맞물렸던 시기이기도 하다. 북한이 봉착한 어려움은 한두 가지가 아닌 국내외의 요소들이 겹친 복합 원인이라는 데서 그 어려움의 크기를 설명할 수 있다.

제8차 당대회에서 김정은 위원장은 장장 9시간의 보고를 통해 제7차 당대회의 사업 정형을 심도 있게 분석하고 사회주의 건설의 획기적인 진전과 전략전술적 방향을 제시했다. 조국통일사업과 대외관계 발전을 추진하고 당의 사업 강화를 위한 중요 과제를 천명했다. 보고에서는 5년간 진행해 온 성과와 문제점을 총화하면서 특별히 존재하는 문제점을 해부하고 개선방향을 제시했다. 제7차 당대회 이후 이룩한 성과도 적지 않은데 우선 인민대중 제일주의를 국가의 정풍, 당풍, 국풍에서 체현한 것이다. 인민대중 제일주의는 국내외에서 비롯된 어려움과 정세 변화에도 흔들림 없이 인민대중의 정신적 힘과 창의력을 최대한 발휘시켰다고 스스로 평가했다.

비록 경제건설의 전략목표에는 도달하지 못했으나 북한은 자강력에 기초해 경제발전을 추진하는 자립경제의 기초를 닦았다고 주장한다. 그리고 북한식 사회주의가 생존할 수 있는 물질적 기초와 생명선을 유지했으며 사회주의 경제의 기초와 명맥을 지켜냈다. 북한은 병진노선 기간에 핵무력건설을 했고 경제건설로 전환해 방향을 명백히 했다. 이처럼 노선의 전환과 국제관계 개선에 힘을 쏟아 외교 분야에서 중대한 성과를 거뒀다. 특히 북한은 북중관계 복원에 큰 의미를 부여한다.

조선노동당 제8차 당대회에서는 경제건설, 국방건설, 국가사회관리와 대중단체 사업에서 부딪히는 문제를 하나씩 분석하고 새로운 과제를 제시했다. 보고에서 김정은 위원장은 복잡다단한 국제 및 국내정세를 분석하고 전례 없던 준엄한 도전에 직면하면서 얻게 된 교훈을 제기했다. 주요 문제로 경제건설 사업에서 혁명적인 개선을 일으키지 못하고, 국가가 세운 경제성장 목표를 달성하지 못했으며, 민생 개선에 큰 진전이 없었다고 꼬집었다. 이는 새로운 발전단계에 들어선 사회주의 사업의 전진 과정에 나타난 문제들이다.

전면적 성찰

조선노동당 제8차 대회의 가장 큰 의미는 국가 차원에서 전반적인 성찰을 했다는 데서 찾을 수 있다. 최고지도자가 국가경제 발전전략을 집행하는 과정에서 드러난 문제점을 공개적으로 인정하면서 전당, 전국에서는 전면적 성찰운동이 일어났다.

외부 요소들이 북한에 미치는 영향은 결코 적지 않다. 하지만 실패의 원인을 모두 외부로 돌리는 것은 아주 위험한 처사다. 외부 요소를 해결했다 하더라도 내부 조정이 적절하지 않으면 아무 일도 할 수 없다. 제8차 당대회 소집의 중대한 의의는 내부적으로 제7차 당대회에서 제기한 발전전략 목표를 달성하지 못한 원인을 진지하게 분석하고 총화했다는 데 있다. 오늘까지 만연한 잘못된 사상 관념을 고치지 않고 사업 태도에서 무책임하며 종전과 같은 사업 방식을 고집했던 것들이 큰 교훈이 되었다고 밝혔다.

집행 차원에서도 여러 가지 문제점이 발생했다. 각급 당 조직은 당의 정책을 관철하는 조직자이면서 기수 역할을 해야 한다. 하지만 당 조직이 마땅한 역할을 하지 못했다. 당원 간부들은 소극적이고 명철보신의 사상을 가지고 있기에 전략방침을 실현하는 장애요소처럼 변질됐다. 이와 같은 문제는 제때에 시정해야 한다. 새로운 시기에 직위가 높은 간부일수록 보다 큰 책임감을 느끼고 다변하는 시기에 맞춰 모범적 역할을 할 필요가 있다. 그리고 당이 제정한 과업을 완수해야 한다. "일군(일꾼)들은 혁명의 지휘성원들이다. 사업을 설계하고 작전하며 지휘하는 것도 일군이며 대중을 당의 두리에 묶어세우고 당 정책 관철에 조직 동원하는 것도 일군이다. 당적 책임감이 높은 일군에게서는 당이 맡겨준 과업을 놓고 흥정하려 하거나 책임 한계를 따지며 저울질하는 현상, 당 정책집행에서 연구와 창발성이 없이 그저 되받아넘기면서 말이나 듣지 않을 정도로 적당히 일하는 현상, 자기 단위 사업이야 어떻게 되든 제 살 궁리만 하는 현상이 절대로 나타날 수 없다. 대담성과 적극성, 무한한 헌신성과 투신력은 오직 높은 당적 책임감에서 나오게 된다."[20]

북한 앞에는 적지 않은 엄중한 문제들이 놓여있다. 당의 간부는 이런 문제를 핑계 삼아 책임을 회피해서는 안 된다. 인민이 부여한 사명을 짊어지고, 국가를 사랑하는 마음으로 인민을 위해 봉사해야 하며, 실제 행동으로 자신의 능력을 보여줘야 한다. 간부는 문제의식, 위기의식을 갖고 책임감있게 앞장서 난관을 헤쳐 나가야 한다.

개선 방향

조선노동당 제8차 대회는 제7차 대회에서 내놓은 국가경제 발전목표를 달성하지 못한 문제를 총화하고 새로운 5개년 국가경제 발전전략을 제시했다. 이 전략적 목표를 관철하는 정책의 방향을 '질서 있게 정돈하고 견고하게 다지자'로 확정하고 자립적 경제토대를 공고히 다지는데 중점을 두었다. 북한은 계획경제체제 하에서의 자립적 경제체계를 바로 세워 전당, 전국 인민이 과학기술과 인재를 중시하면서 공장의 현대화 과업을 잘 수행하고 기술수준을 높여 자립적 경제토대를 튼튼하게 다질 것을 요구한다. "당과 국가의 전반사업을 새로운 혁신, 대담한 창조, 부단한 전진을 지향하고 장려하는 데로 확고히 전환하며 우리의 전진을 구속하는 낡은 사업체계와 불합리하고 비효율적인 사업방식, 장애물들을 단호히 제거하기 위한 조치들을 강구하여야 한다."[21]

제8차 당대회에서 제기한 새로운 국가경제발전 5개년 계획의 중심과제는 다음과 같다. 금속산업과 화학산업을 발전의 관건적 고리로 삼는 것, 주요 공업부문 간의 유기적 연계를 가져 경제를 비약적으로 발전시키는 것,

---

20) 「높은 당적책임감은 일군들이 지녀야할 필수적품성」, 『로동신문』, 2021년 2월 24일.
21) 김정은, 「조선노동당 제8차 대표대회에서 한 보고」, 2021년 1월 5~7일.

농업 부문의 물질 기술적 토대를 높이는 것, 경공업 부문의 국산화 비중을 높여 인민의 생활을 한 단계 더 높이는 것 등이다.

금속산업 부문에서는 철 생산체계를 완비해 생산능력을 확대하고 철강 생산량을 최종적으로 높여야 한다. 새로운 5개년 전략에 반영된 철강재 생산목표를 실현하기 위해 북한은 주요 제철, 제강소의 생산공정을 선진기술로 개조하고 에너지 절약형 제철로를 건설해 생산능력을 확장해야 한다. 그리고 철광석 생산을 활성화하고 북부지구 갈탄을 선철생산에 이용하기 위한 과학기술적 문제를 해결해야 한다. 화학산업은 자립적 경제건설과 민생을 개선하는 근본이며 국가의 핵심 산업이다. 화학산업은 화학산업체계를 창립하는 과정에 첨단과학기술을 이용해 국가의 화학산업 구조를 개조하고 국산 원료 문제를 풀어나가야 한다. 전력산업, 석탄산업, 기계산업, 채취산업, 임업, 교통 운수 등의 부문들은 국가의 기초산업으로서 과학적인 태도를 바탕으로 안전하고 효과적인 방법을 찾아내 관리능력을 제고하고 인민의 수요를 충족시켜야 한다. 건설 부문에 대한 요구는 비교적 구체적으로 내놓았다. 새로운 5년 이내 평양에 5만 세대의 주택을 건설하고 검덕지구에 2만 5,000세대의 주택을 건설하는 것이다. 건축자재에 대한 요구도 높아져 800만t 시멘트 생산기지를 건설해야 하며 높은 수준의 마감 자재를 해결할 수 있도록 격려해야 한다.

국영상점, 식당 등 서비스 부문에서는 사회주의 성격의 기능을 살리는 것을 상정해 인민생활을 담보하고 물질적 복지를 증진시키며 인민을 위해 서비스하는 사회주의 상업의 본질을 복원해야 한다. 이는 편의·서비스 부문이 돈 버는 데만 치중해서 경쟁하다 보니 인민생활을 담보하는 기능이 약화되었다는 점을 지적한 것이다.

대외경제 부문에는 주로 관광산업을 활성화하는 문제를 강조했다. 관광대상을 잘 꾸리고 관광선전사업을 잘 진행하며 관광노선을 완비하고 안내원의 자질을 높여야 한다. 금강산 관광구의 건설을 중점적으로 강조하면서 연차별로, 단계별로 건설하며 민족 특색과 자연경관이 잘 어우러진 북한식 현대화 관광문화구역으로 건설해야 한다.

경제관리 개선의 요구는 원가절하와 품질제고에 있으며 인민들의 생활 수요와 이익을 우선시하는 것이다. 북한경제는 자립경제, 계획경제, 인민을 위해 복무하는 경제로 정의한다. 국가는 경제 조직자로서의 기능을 강화하고 경제사업이 인민의 복지를 증진시키는 것을 원칙으로 해 생산물의 통일적 관리를 실현해야 한다. 전반적인 인민경제의 범위 내에서 생산력을 합리적으로 재배치해 경제 효율성을 높이고, 경제 부문들의 약한 고리를 찾아내 경제의 균형적 발전을 보강해야 한다. 새로운 5개년 계획기간에 인민이 의식주문제 해결을 체감할 정도의 실질적인 변화를 이뤄낼 필요가 있다.

농업생산을 향상시켜 식량생산을 늘려야 하며 인민의 식량문제, 먹는 문제를 해결해야 한다. 농업문제를 중요한 의제로 놓고 과학적으로 농사문제를 해결해야 한다. 중점적으로 종자, 비료, 수리화, 기계화 등을 개선해야 한다. 농산, 축산과 과수를 발전시켜 식량의 자급자족을 실현하고 인민이 부유하고 문명의 생활을 누릴 수 있는 조건을 제공해야 한다. 수산업을 인민의 식생활과 직결된 3대 부문 중 하나로 편입시켜 어업의 여러 사업을 주도하고 양어와 양식사업을 크게 벌려야 한다.

경공업 부문은 원자재의 국산화와 재자원화 문제를 해결하는데 중점을 둘 필요가 있다. 선질후량(先質後量)의 원칙에서 제품의 질을 높이며 새 제품 개발에 힘을 넣어야 한다. 지방 경제를 살리는데 있어서 정책에 의거해야 한다. 그리고 지방의 자원을 살려 사회주의 농촌을 건설하고 도시관리 사업을 개선해 농촌과 도시가 균형적으로 발전할 수 있도록 해야 한다.

새로운 5개년 계획기간에 국방건설을 보다 높은 차원에서 주도하고 과학기술과 교육을 중요한 연결고리로 삼아 우수한 인재를 배양해 새로운 역량을 비축해야 한다. 사회주의 보건 사업을 중점적으로 발전시키고 인민에게 건강보건 서비스를 제공하며 의료설비와 기구의 현대화를 갖춰 의료수준을 높여야 한다.

사회주의 문화를 건설하는 과정에 나타난 비사회주의 현상과 반사회주의 현상을 쓸어버리고 북한식 사회주의 문명사회를 건설하는 양호한 기풍을 형성해야 한다.

조국 통일문제와 남북관계에 대해서도 원칙적 입장을 내놓았다. 상대방에 대한 적대행위를 전면적으로 중단하고 남북이 합의한 내용을 무겁게 대하고 성실히 이행해야 한다. 보고에서는 대외관계를 확대발전시키는 것에 대한 북한의 총체적 방향과 정책적 입장을 밝히고 대외활동에서 자주적 원칙의 견지를 강조했다. 특히 미국에 대해서는 강대강, 선대선의 원칙을 취할 것이며 북한의 국제적 지위를 수립해 나가야 한다고 천명했다.

이런 일련의 목표를 실현하기 위해서는 반드시 과학기술의 힘으로 현대화, 국산화 과정을 추진해야 한다. 경제관리 체계를 개선해 경제 분야에 대한 국가의 관리능력을 높여 나가야 한다. 북한은 경제 분야에서 해결해야 할 문제가 산재해 있다는 점을 인지하고 있다. 또한 북한은 경제를 하루빨리 정상궤도에 올려놓기 위해 노력 중이다. 노동당의 영도 하에 내각의 지휘기능을 강화해 경제전선의 지휘체계를 정비하고, 실제적인 대책을 세워 경제의 내각중심제를 실현시켜야 하며, 힘을 합쳐 경제관리조치를 개선하고 경제의 관리체계를 회복해야 한다는 것이다.

기업은 자신의 생존 능력을 보강하기 위해 조절을 해야 한다. 맹목적으로 외부에 기대를 거는 사고방식을 개조하고 효과적인 경영관리 방식을 찾아내야 한다. 그러기 위해서는 경제의 비약을 실현하기 위한 전략을 설계하고 착실하게 물질적 토대를 쌓아가야 한다. 경제발전은 정책에 의해 달라지는 만큼 경제관리방법을 찾아낸 과거의 사례를 참고할 필요가 있다.

기업의 자주성, 능동성을 촉발시키려면 보다 새로운 정책이 나와야 한다. 이런 저런 문제들이 나타난다고 해서 전에 이룩한 성과를 부정하거나 다시 옛날 방식으로 돌아간다면 금방 돋아나려고 하던 새싹을 눌러버리는 격이 될 수 있다. 이 같은 잘못된 판단은 기업의 적극성을 위축시키는 결과로 이어질 수 있다. 축적된 경험과 교훈을 어떤 방식으로 파악해 난관을 극복할 수 있는 교훈을 찾아낼 것인지의 문제가 바로 북한 앞에 당면한 중대 과제다. "기업관리에서 효과적인 경영관리 경험을 연구하여 우리나라 실정에 맞는 최적의 경제관리방법을 찾아내야 한다."[22]

오늘날 북한은 대내외적으로 엄중한 시련을 겪고 있다. 김정은 위원장은 위기의식을 갖고 있으며 뭔가 바꿔보려고 하는 결심도 강하다. 경제를 부양하려면 북한의 현 단계에 적합한 관리방법을 반드시 찾아내야 한다. 그래야만 기업이 마음 놓고 국가가 희망하는 방향에서 기여할 수 있다. 김정은 위원장은 인민경제 여러 부문에 다음과 같이 호소했다. "모든 진부한 관념과 결렬하고 새로운 혁신과 대담한 창조력으로 앞으로 나아가자."[23] 회의에서는 국가의 경제지도 기관들이 목표를 제정하는 과정에서 나타난 소극적이고 보수적인 행위를 엄격하게 질책했다. 소극적이고 명철보신하며 패배주의 사상을 근절하지 않고서는 당의 방침을 관철할 수 없고 인민 앞에 약속한 맹세를 실행할 수 없다.

국가의 경제발전 전략은 당의 명령이며 법적 강령이다. 그러므로 국가의 경제발전 전략을 제정하고 실행에 옮기는 과정에서 법적규정을 세밀하게 내놓고 법률적 측면에서 감독해야 한다. 또한 법적 수단으로 경제발전 전략을 관철하는 데서 나타나는 모든 장애요소를 제거해야 한다. 국가 법률

---

22) 김정은, 「조선노동당 제8기 제2차 전원회의에서 한 연설」, 2021년 2월 8일.
23) 위의 글.

기관의 기능을 강화하여 경제 분야의 불법과 범죄행위를 단호히 근절해야 하며 각 부문의 능동성을 발휘시키는 동시에 법적 구속력을 가지도록 해야 한다. 2021년은 조선노동당 제8차 대회에서 제기한 새로운 5개년 국가발전 전략을 실행하는 첫해이다. 북한은 비평과 자아비판의 방식으로 충분한 토론을 거쳐 내놓은 새로운 발전 목표이기에 보다 효과적인 방법으로 경제 분야의 활성화를 기대해본다.

제8기 제4차 전원회의

2022년 1월 1일 『로동신문』은 2021년 12월 27일부터 31일까지 열린 조선노동당 중앙위원회 제8기 제4차 전원회의의 내용을 보도했다. 주목할 점은 농업문제를 집중적으로 토의하고 북한의 농촌문제를 해결하기 위한 당면과제를 제기한 부분이다. 북한에서 농업문제를 거론한 것은 하루 이틀의 일이 아니다. 그러나 이번 언급은 2021년 농업 분야의 여러 위기를 극복하면서 거둔 성과에 대한 자신감을 표출한 것이다. 그리고 더욱 중요한 발언의 동기는 식량문제, 먹는 문제를 진정으로 해결하지 않고서는 인민에 대한 약속을 지킬 수 없다는 인식이 나타났다는 점이다.

다시 말해 이번 대회는 인민의 의식주 문제를 실속 있게 해결하겠다는 선언을 한 셈이다. 또한 농민을 정책적으로 무장시키고 농촌을 현대적 기술과 문명을 겸비한 부유한 사회주의 농촌으로 변화시키겠다는 당의 의지를 전달하는 대회이기도 하다. 김정은 위원장이 "우리식 사회주의 농촌발전의 위대한 새시대를 열어나가자"는 보고에서 '농촌진흥'이라는 말을 주목해야 한다. 이는 북한이 직면한 엄중한 현실을 타개하는 새로운 전선을 농촌으로 정하고 농업문제 해결을 통해 인민의 마음을 결집시키고 실질적인 결실을 일궈내겠다는 의도다. "당면한 농촌 발전 전략의 중심 과업은 모든 농업 근로자를 노동당 시대에 어울리는 혁명적인 농업 근로자로 개조하고 국가의 식량 문제를 완전히 해결하며 농촌 주민들의 생활환경을 획기적으로 개변시키기 위한 투쟁을 힘 있게 벌려 농촌을 지속적인 발전 궤도에 확고히 올려 세우는 것이다."[24] 대회에서는 농업생산을 증대시켜 국가의 식량 문제를 완전히 해결하는 것을 농촌발전전략의 기본 과업으로 규정하고, 앞으로 10년 동안 단계적으로 달성해야 할 알곡 생산목표와 축산물, 과일, 채소, 공예 작물, 잠업 생산목표를 밝혔다.

국가적으로 농촌의 교육과 의료서비스 수준을 높이는 데 힘을 쏟고 수도의 문화, 노동 계급의 문화, 시대의 본보기 문화를 지방과 농촌에 끊임없이 전파, 확대해 농촌문화혁명을 추진하여야 한다고 강조했다. 또한 농민에게는 3대 혁명의 방식으로 사상의 전환, 기술의 향상, 문화의 문명화를 위한 노력 강화를 주문했다. '인민의 식생활 문화를 흰쌀밥과 밀가루 음식 위주로 바꾸자'는 소박한 목표 역시 제시되었다. 국가의 알곡생산 구조를 바꾸고 벼와 밀농사를 강하게 추진한다는 방향이 드러난 셈이다. 이를 위해 재배방법을 새롭게 연구해야 할 뿐만 아니라 영농방법의 기계수단 이용문제, 건조시설의 확충 문제, 밀가공 능력을 높이는 문제 등 구체적인 방안도 제기되었다.

농촌에 대한 국가의 지원을 강조하면서 농촌 경리의 수리화, 기계화, 화학화, 전기화를 실현하기 위한 국가투자에 대해 실효성 있는 분석이 앞서야 한다고 강조하기도 했다. 가뭄과 홍수에도 끄덕하지 않는 국가의 관개 체계를 정비 보강하며 종자문제, 비료문제를 실속 있게 해결할 수 있는 방도를 찾아야 한다. 또한 풍요로운 식탁을 위해 축산, 어업, 과수, 채소 등 업종을 과감하게 확대하며 농촌 간부들이 허위로 보고하는 일이 없도록 감

---

24) 「조선노동당 중앙위원회 제8기 제4차 전원회의에 대한 보도」, 『로동신문』, 2022년 1월 1일.

시 감독의 필요성도 제기됐다. 결국 농촌문제 해결은 국가의 지원이 뒷받침되어야 하지만 농촌 초급간부들의 자질이 따라주지 못한다면 지속적인 발전으로 이어질 수 없다는 것을 지적한 것이다. "총비서 동지께서는 어려운 형편에서 경영 활동을 하고 있는 협동농장들의 전반적인 재정 실태를 세세히 분석하시고 우리 농촌이 제 발로 일어서게 하고 농장들의 경제적 토대를 보강해주기 위한 중요한 대책의 일환으로서 협동농장들이 국가로부터 대부를 받고 상환하지 못한 자금을 모두 면제할 것에 대한 특혜조치를 선포하였다."[25]

새로운 사회주의 농촌건설강령이 제기된 것으로 볼 수 있는 이번 대회는 북한식 사회주의 농촌 테제를 심화 발전으로 정의했다는 점에서 중대한 의의를 가진다. 농민의 주택해결에 대해서도 언급했는데 삼지연 건설과정에서 얻은 경험을 살려 농촌건설의 독창성, 현대성, 문화성, 정치성을 보장해야 한다고 지적했다.

1월 21일 북한 최고인민회의에서는 농업성을 농업위원회로 격상시킨다는 결정을 정식으로 보도했다. 이는 농업 분야에 큰 힘을 싣겠다는 결정이다. 10년 안에 농촌의 면모를 개혁시키겠다는 국가의 결정이 계획대로 이루어질지 단언하기 어렵다. 하지만 국가의 힘으로 밀어붙이는 방식을 통한 주택건설의 결과물로 미루어 보건대 기대할 만하다. 제8차 당대회에서 내놓은 5만 세대 주택건설은 정상적으로 진행중이며 계획대로 완성시켜나가고 있다. 첫해의 목표인 평양의 1만 세대 주택건설은 송신, 송화지구와 보통강강안주택의 준공을 제때에 완성함으로써 다음해의 화성지구 1만 세대에 대한 기대를 확신할 수 있게 해주고 있다. 삼지연 지역의 3차 개발도 정상적으로 추진되었으며 검덕지구의 5,000세대 건설도 완공된다는 희소식을

---

25) 위의 글.

전하며 계속해서 새로운 주택건설의 폭을 늘려가겠다는 결심도 발표했다.

『로동신문』은 2월 13일에 평양 화성지구 1만 세대 주택건설 착공식을 12일에 가졌다고 보도했다. 5만 세대 살림집 건설목표를 실현하기 위해 지난해 진행한 1만 세대 건설에 이어 두 번째로 진행되는 것이라서 전체 목표달성이 가능해 보인다. 화성지구는 평양의 북쪽에 위치한 농촌 지역인데 여기다 새로운 주택단지를 크게 건설할 것으로 보인다. 이는 신도시를 형성하는 의미도 있겠지만 평양시를 지방으로 확장하려는 의도이기도 하다. 과거에는 평양 시내의 재개발을 중심으로 진행했다면 이제부터는 재개발과 함께 신도시 건설의 개념을 도입해 발전하는 북한의 모습을 보여주겠다는 의지로 보인다.

2022년 2월 7일 조선중앙통신사는 '사회주의 문명국의 휘황한 미래를 펼친 건설의 대번영기—위대한 당 중앙의 독창적인 건축 발전 구상과 탁월한 영도 밑에 지난 10년 간 건설에서 일대 혁명이 일어난데 대하여'라는 보도를 내보냈다. 북한은 김정은 집권 10년 간 건축 분야에서 이룩한 성과를 하나씩 나열하고 이 10년을 '인민 대중 제일주의 건축의 시대, 주체 건축 예술의 비약적인 발전시대, 세월을 주름잡는 건설 신화를 창조한 대변혁의 시대'라고 평가했다. 수도 건설의 전성기를 계속 이어나가며 지방이 변하는 시대를 열어놓고 앞으로 20~30년을 기한으로 삼아 인민의 생활환경을 근본적으로 개조시키기 위해 새로운 건설 혁명을 일으킨다는 웅대한 구상을 천명했다. 북한에는 '당이 결심하면 우리는 무조건 한다!'라는 말이 유행처럼 전해진다. 이 말대로라면 조선노동당이 결심을 했기에 남은 것은 인민이 일심단결해 관철 및 집행하는 일만 남은 것이다.

부 록

참 고 자 료

1. 조선민주주의인민공화국

조선민주주의인민공화국 즉 북한은 1948년 9월 9일에 창건했다. 한반도의 전체면적 223,936km² 중 북한의 면적은 123,138km²이다. 영토의 80%가 산지다. 연 평균기온은 8~12℃, 연 평균 강수량은 1,000~1,200mm, 연 평균 일조 시간은 2,280~2,780시간이다. 전체 인구는 2,528.7만이고 평양시 인구는 3,160.3만 명이다. 행정 구역은 9개의 도와 3개의 직할시로 구성됐다. 도 행정 구역에는 평안남도, 평안북도, 황해남도, 황해북도, 강원도, 자강도, 양강도, 함경남도, 함경북도가 포함되고, 직할시로는 평양시, 남포시, 라선시가 있다.

북한 정치는 인민대중의 이익을 중심으로 모든 성원을 통일적으로 조직하고 지휘하는 인민의 정치를 표방한다. 주체사상을 유일한 지도사상으로 내세운다. 주체사상은 사람 중심의 철학적 원리, 인민대중의 사회 역사적 원리, 혁명과 건설의 지도적 원칙을 중심으로 구성된다. 선군사상은 군사 중시와 군사 선행의 원칙에 기초하고 군사력 강화를 최우선으로 여긴다. 이에 따라 혁명군대를 주력군 즉 국가의 기둥으로 삼아 사회주의를 전진시키려는 것이다.

김정은 위원장은 선대 지도자의 정치적 이념을 계승해서 경제건설과 핵무력건설을 두 축으로 하는 병진노선을 강력하게 추진해 왔다. 또한 자주성과 자강력을 북한식 사회주의 강국 건설의 핵심으로 삼았다. 북한은 당과 수령 중심의 유일영도체계를 견고하게 유지하고 있다. 이런 맥락에서 조선노동당은 '위대한 김일성―김정일 주의를 지도적 지침으로 하는 새로운 형태의 혁명적 당'이라고 규정된다.

북한의 최고 주권기관은 최고인민회의이며, 최고인민회의의 상설기관은 최고인민회의 상임위원회다. 최고 주권기관은 국가의 법령과 정책을 입안하고 행정집행기관과 사법기관을 직접 조직하며, 해당 기관의 활동에 대한 지도·감독·통제 활동을 수행한다. 국가의 최고지도 기관은 북한의 국무위원회다. 내각은 중앙행정 집행기관으로, 주권기관에게 위임받은 권한으로 국가사업을 직접 조직·집행하고, 지방의 행정집행기관은 지방주권기관의 결정과 지침 및 관할 지역의 정치, 경제, 문화 분야의 과업을 조직·집행한다. 북한의 사법기관은 최고검찰소와 최고재판소를 중심으로 산하 지방검찰소와 지방재판소가 상응하는 기능을 수행하는 체계를 갖는다.

북한의 근로단체로는 김일성－김정일주의 청년동맹, 조선직업총동맹, 조선농업근로자동맹, 조선민주여성동맹이 있다.

북한의 경제는 생산수단에 대한 사회주의적 소유 원칙에 따라 국가의 통일적 지도와 기업의 상대적 독자성의 유기적 결합으로 운영되는 계획경제다. 또한 경제운용을 자체 자원과 기술에 기초하는 자립적 민족경제를 표방한다. 사회주의적 소유는 전 인민적 소유와 협동적 소유로 구성되지만, 생산수단에 대한 사적 소유는 허용되지 않는다.

공장과 기업은 북한식 사회주의 경제관리 방법인 사회주의 기업책임관리제로, 농장은 농장책임관리제를 중심으로 운영한다. 농장책임관리제는 협동농장이 실제적인 경영권을 행사하는 형태와 분조관리제 안에서 포전담당책임제를 실시하는 형태가 있다. 현재 북한식 사회주의 경제관리 방법은 노동에 대한 근로자의 적극성을 유인하는 방향으로 변화 중이며, 이는 국제제재가 강화되는 환경에서도 북한이 경제성장을 유지하는 기반이 됐다.

물론 경제와 관련해 북한이 해결해야 할 숙제는 여전히 많다. 주요 문제는 조선노동당 제8차 대회에서 북한이 스스로 밝힌 것처럼 제7차 당대회의 전략목표를 달성하지 못했다는 점이다. 내부와 외부 모두에 원인이 있었다. 외부적 요인에는 국제사회의 지속·강화된 대북제재, 자연재해와 코로나19

등이 있다. 내부적 요인에는 발전계획에 참여하는 각 직능 부서가 우후죽순 내세운 계획의 근거 부족, 경제문제 앞에서 근본적 해결보다는 수입 등의 방식을 활용해 문제를 해결하는 소극성 등이 자리한다. 이에 북한은 제8차 당대회에서는 내부의 질서와 역량을 새롭게 정비하여 모든 난관을 정면으로 돌파하겠다는 의지를 표명했다. 어떤 기관 및 영역의 특권도 불허하고 일심단결해 사회주의 강국 건설의 돌파구를 만들자는 호소였다. 자력자강 정신과 과학기술로 당이 제시한 전략목표를 관철해야만 사회주의 경제건설과 인민생활 개선이 가능하다는 주장이다.

북한의 문화는 독특하다. 북한은 북한의 사회주의 문화가 노동계급을 비롯한 인민대중의 주도로 만들고 나누며 사회주의 위업에 이바지한다고 말한다. 민족적 형식과 사회주의적 내용을 결합시키는 사회주의 문화가 바로 북한 고유의 문화라는 주장이다. 여기서 북한 문화의 범위는 교육, 과학, 문학예술, 보건, 체육, 출판 보도 등을 망라하며, 넓게는 사회주의 건설 과정에서 구축된 물질적 재산까지도 포함된다.

북한은 12년제 무상 의무교육제를 실시하고 있으며 과학기술 노선을 중시한다. 문학예술 분야는 민족의 전통 형식을 구현하는 작품 창작을 장려하는 특징을 갖고 있다. 체육에서는 대중화와 생활화를 강조하고, 보건 영역은 무상치료체계를 운영 중이다. 출판 보도 부문에서는 『로동신문』, 『민주조선』, 『청년전위』를 비롯한 중앙 언론과 지방 언론이 당의 목소리를 전파한다.

북한은 지하자원과 생물자원이 풍부하고 관광자원과 인적자원이 뛰어난 편이다. 따라서 북한은 보유 자원을 과학적·합리적으로 개발하고 활용하기 위한 방법을 모색하고 궁리한다. 북한에는 활용 가능한 200여 종의 광물이 매장돼 있다. 철, 연, 아연, 금, 은, 동, 몰리브덴, 망간 등 흑색 및 유색금속 광물과 석탄, 석회석, 마그네사이트, 흑연 등 비금속 광물이다. 이 가운데 마그네사이트와 흑연의 매장량이 상당하다. 상술한 광물자원은 북한 외화벌이의 주요 상품이었지만 지금은 국제제재로 인해 수출길이 막혔다. 유엔안전보장이사회는 2016년 3월 2일에 대북제재 2270호 결의안을 통과시켰다. 2270호는 북한의 황금, 티타늄, 바나듐, 희토류 광물을 수출금지 품목으로 정하고, 민생 관련 활용을 제외한 북한의 석탄, 철강, 철광석 등도 수출금지품목에 포함시켰다. 이어 2016년 11월 30일 유엔안전보장이사회는 대북제재 2321호 결의안을 통과시키고 북한의 동, 니켈, 은과 아연 등을 수출금지 품목으로 추가했다. 그리고 2017년 8월 6일에 유엔안전보장이사회가 발표한 2371호 결의안은 북한의 석탄, 철강, 철광석, 아연과 아연광석 수출을 전면적으로 금지하며 제재의 강도를 높였다. 2017년 9월 12일, 유엔안전보장이사회는 2375호 결의안으로 북한의 방직품 수입과 회원국의 대북한 액화유·액화 천연가스·정유 제품 수출을 금지했다.

북한의 생물자원은 동물자원과 식물자원으로 나뉜다. 동물자원에는 97종의 가축류와 394종의 조류가 있다. 국토의 양면이 바다이므로 수산자원은 풍부한 편으로 약 850여 종에 이른다. 수목 자원에는 100여 종, 약초 식물은 900여 종, 산열매 식물은 300여 종, 향료 식물은 170여 종, 식유 식품은 100여 종이 있다.

북한의 관광자원 역시 풍부하다. 산, 호수, 바다 등의 관광자원에는 명승지가 적지 않다. 대표적인 산으로 백두산, 금강산, 묘향산, 구월산, 칠보산 등을 꼽는다. 용문대굴 역시 널리 알려졌다. 그리고 혁명 사적지, 혁명 전적지, 역사 유적 유물, 대기념비 같은 혁명 전통 교양기지가 있다. 풍습, 생활양식, 문화유산, 문학예술, 축전, 전람회 등의 관광 유인 요소와 극장, 박물관, 동물원, 식물원, 공장, 기업, 목장, 과수원, 대학, 소년궁전 등의 사회적 관광 자원을 보유했다. 이 장소들은 최근 현대화를 거쳐 크게 변모한 상태다.

인적자원은 북한이 특별하게 여기며 자랑하는 자원이다. 북한은 지식과 인재를 중시한다는 사실을 수시로 표방한다. 일정 수준 이상의 지적 수준을 가진 성실한 노동자군을 보유하고 있다. 또한 대부분의 인민이 군대 및 조직 생활을 경험했기 때문에 집단화 방면에서 탁월하다. 북한의 국화는 목란, 국조는 참매, 국수는 소나무, 국견은 풍산개이다.

2. 조선노동당의 유일영도체계

북한의 집권당은 조선노동당이다. 김정은 위원장은 2014년 2월 28일 조선노동당 제8차 사상사업일군대회에서 노동당의 유일영도체계를 강조했다. 현재 북한은 국가 단결력과 전투력을 제고하고 선대 지도자의 유훈을 관철하기 위해 노동당 유일영도체계 수립과 운용을 중시한다.

북한은 노동당과 수령과 인민의 일체화를 강조하고 있다. 전국 인민 사상 단일화는 북한노동당의 핵심 노선이자 방침이다. 조선노동당 제8차 대표대회에서 김정은은 노동당 총비서에 추대됐다. 이제 김정은은 명실공히 조선노동당과 북한 인민 모두의 최고지도자로 자리매김한 상태다. 김정은은 노동당에게 전당에 대한 노동당 유일영도체계를 확실하게 수립하고 인민 대중 제일주의 정치 이념을 실현하라고 요구했다. 이 요구에 따라 북한의 노동당이 수행해야 할 의무는 다음과 같다.

먼저 당 조직과 간부는 당 중앙의 위상과 윤리를 절대로 위반하면 안 된다. 힘을 다해 당의 핵심 역량을 공고히 하고 간부들의 사상 수준을 높여 당의 대오를 순결하게 유지해야 한다. 또한 당의 사업체계와 방법 중 불합리한 것을 개선해서 인민에게 다가서고 현실적인 역할을 수행해야 하며, 인민대중이 당의 위상에 승복하고 당의 영역에서 굳게 단결할 수 있게 지도해야 한다. 당원 간부는 직권을 남용하거나 관료주의를 이용해 사리사욕을 챙겨서는 안 된다. 또한 당에 대한 절대적 충성을 갖고 현존하는 문제를 철저하게 고찰하여 원인을 찾는 노력을 멈추지 말고 나아가서 김일성-김정일주의의 깃발을 높이 들어 당을 중심으로 결집해 사회주의건설의 결정적 승리를 쟁취하고, 국가와 인민을 위해 분투해야 한다.

3. 인민대중 제일주의

인민대중 제일주의는 김정은 위원장이 가장 강조하는 집권 이념이다. 김정은 위원장은 여러 차례의 연설에서 인민대중 제일주의를 강조했다. 이후 조선노동당 제8차 대표대회를 거친 후 인민대중 제일주의는 북한의 핵심 정치이념으로 자리매김했다. 인민대중 제일주의는 이전 지도자와 구별되는 김정은 위원장의 통치이념이라고 할 수 있다. 김정은 위원장은 집권 초기 인민을 위해 멸사복무(滅私服務), 인민을 위해 죽음을 불사하면서 인민을 위해 복무하라고 강조했었다. 북한의 선대 지도자 역시 당 간부에게 인민을 위해 복무하는 공복의 자세를 자주 표명했지만, 김정은 위원장 시대에 이르러 그 정도가 훨씬 강화된 것이다.

2015년 10월 10일 북한은 노동당 창립 70주년 평양시 군중열병식을 진행한다. 여기서 김정은 위원장은 '인민 대중을 위해 멸사복무하는 것은 조선노동당의 존재 방식이며 필승불패의 힘의 원천으로 되고 있다'며 인민대중 제일주의를 제창했다. 조선노동당은 인민을 하늘처럼 받들어 인민을 존경하고 인민을 사랑하며 인민을 스승으로 모시는 당이 되어야 한다고 주문하면서, 당의 역사는 인민이 걸어온 길이고 당의 역량은 인민의 역량이며 당이 위대한 것은 인민이 위대하기 때문이고 당이 이룩한 성취는 위대한 인민의 승리라는 방침이다.

"나는 전체 당원 동지들에게 위대한 인민을 위해 멸사복무하자고 호소한다."

"모든 것은 인민을 위하고 또한 인민 대중에 의거해야 한다."

이런 구호는 인민을 위해 헌신하는 북한지도자의 강한 의지를 보여주기 위한 것이다. 현재 북한에서는 직권을 남용하는 간부를 가장 위험한 사상적 독소로 간주하고, 이에 관한 지도부의 엄중한 인식을 수시로 드러내고 있다.

김정은 위원장은 제8차 당대회에서 인민대중 제일주의에 간부 자질의 제고가 필요하다고 언급했다. 그의 발언을 살펴보자. "지금은 훌륭한 간부가 필요한 시점이다. 당과 국가를 위해 걱정하고 사업에 매진하는 간부가 필요하다. 훌륭한 간부는 혁명을 위해 노고를 마다하지 않으며 인민을 위해 일하고 임무를 맡으면 끝까지 해내는 간부가 되어야 한다. 모든 간부는 인민의 기대를 저버리지 말아야 하며 시시각각 맡은 바 사업을 충실히 이행하여 더욱더 분발하여야 한다."

4. 일심단결의 위력

'일심단결'이라는 구호는 현재 북한에서 제일 쉽게 만날 수 있는 구호다. 전체 인민의 집결을 강조하는 구호다. 북한은 수령과 당과 인민이 혼연일체를 이뤄야 한다고 말한다. 인민에 대한 수령과 당의 사랑과 믿음을 사회주의의 기본적인 정치방식으로 규정하고, 당과 국가의 활동에서 구현해야 한다는 뜻이다. 당과 국가의 모든 활동에서 인민대중 제일주의를 구현하겠다는 언설은 곧 인민에 대한 지도부의 사랑과 신임을 보여주기 위한 것이다. 이처럼 김정은 위원장의 인민관은 인민중시, 인민존중, 인민 사랑이자 인민과의 혼연일체를 중심으로 구성됐다.

"북한이 장기간에 걸치는 제재 속에서도 주저앉지 않고 더 높이 솟구치고 있는 것은 지향과 이념, 이념과 정치, 정치와 현실이 인민을 대전제로 하여 완전히 통일을 이루었기 때문이다. 이런 의미에서 영도자와 인민의 일심단결은 북한 특유의 생산력이라고 말할 수 있다. 북한의 일심단결은 그 출발점이 수령의 인민 사랑인 것으로 하여 진리이고 수령에 대한 인민의 신뢰가 절대적인 것으로 하여 불가항력적이며 총적 지향이 인민대중 중심의 사회주의인 것으로 하여 비가역적이다. 북한사람들은 이 세상에 못할 것도, 두려울 것도 없다고 확신하고 있다. 그것은 그들에게 원자탄보다 더 강한 힘이라고 자부하는 일심단결이라는 재부가 있기 때문이다."[1]

연변대학의 김일 박사는 '일심단결은 북한 특유의 생산력이다'라고 주장한다. 김정은 시대 북한에서 일궈 낸 일단의 경제적 성과에 힘입은 주장이다. 김정은 통치 이후 많은 개발이 이뤄졌다. 위성과학자 주택지구, 마식령 스키장, 원산 육아원과 애육원, 백두산영웅청년발전소, 과학기술전당, 미래과학자거리, 려명거리, 송화거리, 보통강강안주택구 등이 김정은 시대 북한에 새로 등장한 건설과 건축의 결과다. 북한은 이 거대한 변화가 전국 인민이 하나로 단결된 성과라고 주장한다.

조선노동당 제8차 대표대회에서 '이민위천(以民爲天)', '일심단결(一心團結)', '자력갱생(自力更生)'의 숭고한 이념을 명심하고 북한식 사회주의건설의 새로운 승리를 이룩해야 한다고 재차 강조한 것을 기억해두자.

---

1) 김일, 「김정은 시대 조선의 모습」, 『평양신문』, 2018년 10월 18일.

5. 조선노동당의 역대 당대회와 당 대표자회

조선노동당은 당대회를 통해 당의 새 목표를 설정하고 당 규약을 수정 및 보충하며 당발전을 위해 당당 조직을 개편한다. 당대회는 당 사업 결산 보고, 당의 노선과 전략전술 결정, 당 중앙위원 선출, 당 규약을 수정하는 당의 최고지도기관이다.

조선노동당 제1차 대표대회는 1946년 8월 20일~30일까지 3일 동안 열렸으며, 당 창립에 대한 보고와 당 규약에 대한 보고, 당 중앙위원 및 중앙 검열위원회 선출이 있었다.

제2차 당대회는 1948년 4월 27일~30일까지 진행되었으며 당 사업 결산 보고와 당 규약 수정이 있었고 중앙 지도기관 선출이 있었다.

제3차 당대회는 1956년 4월 23일~29일까지 7일간 진행되었으며 당 중앙 사업보고에서 '조국의 평화적 통일을 위해'가 채택됐다.

제4차 당대회는 1961년 9월 11일~18일까지 열렸으며 대회에서 인민경제 발전 7개년 계획이 발표됐다.

제5차 당대회는 1970년 11월 2일~13일까지 열렸으며 대회에서 인민경제 발전 6개년 계획을 발표하였고 사회주의 공업국 건설목표를 달성했다고 선포했다.

제6차 당대회는 1980년 10월 10일~14일까지 열렸으며 80년대 10대 경제 전망 목표를 제시하고 고려민주연방공화국 창립방안을 천명했다. 김정일 국방위원장이 후계자로 확정됐다.

제7차 당대회는 2016년 5월 6일~9일까지 열렸다. 36년 만에 다시 개회한 당대회에서 국가경제발전 5개년 전략이 제시됐다.

제8차 당대회는 2021년1월5일~12일까지 열렸으며 새 국가경제발전 전략 목표를 제정하고 당 규약을 수정했다. 새 지도부가 선출됐고 김정은 위원장이 조선노동당 총비서로 추대됐다. 수정된 당 규약에는 당 대표대회를 5년 단위로 개최하며 노동당 조직건설을 제도화·절차화 한다고 명시했다.

당대회와 당대회 사이에 당 중앙은 필요에 따라 당의 노선과 전략을 토의하거나 중대한 인사를 결정하기 위해 당 대표자회를 소집할 수 있다. 임시적인 성격을 띠기는 하지만 당대회의 보충 역할을 한다.

제1차 당 대표자회는 1958년 3월 3~6일까지 열렸으며 인민경제발전 1차 5개년 계획을 정하고 당의 통일과 단결을 강화하는 문제를 토의했다.

제2차 당 대표자회는 1966년 10월 5~12일까지 열렸다. 이때 국방과 경제의 병진노선이 채택됐다. 사회주의 경제건설의 당면 과업과 인민경제발전 7개년 계획 3년 연장을 발표했다. 당 조직을 총비서제로 개편하는 안건도 이때 통과됐다.

제3차 당 대표자회는 2010년 9월 28일에 열렸고, 김정은을 조선노동당 군사위원회 부위원장으로 추대했다.

제4차 당 대표자회는 2012년 4월 11일에 열렸다. 이때 북한은 김정일 국방위원장을 조선노동당 총비서로, 김정은 위원장을 조선노동당 제1비서로 추대했다.

6. 사회주의 최후승리를 쟁취하기 위한 투쟁

김정은 위원장은 2012년 김일성 주석 탄생 100주년 기념 연설에서 '최후의 승리를 위해 앞으로!'라는 구호를 외치면서 인민의 생활 향상을 위해 함께 전진하자고 호소했다. 북한은 자신이 김일성 주석이 창시한 주체사상으로 사상강국, 김정일 국방위원장의 선군정치로 군사강국이 됐고, 김정은 위원장의 인민정치를 통해 경제강국으로 발돋움할 것이라고 말한다. 북한의

70년 역사는 지도자 세 명의 통치 핵심어로 살피면 쉽게 이해할 수 있다. 북한의 문법에서 김일성 주석은 국가를 세운 개국 수령, 김정일 국방위원장은 사회주의 강산을 지킨 국가의 수호자, 김정은 위원장은 사회주의 강국을 건설하는 지도자다.

북한은 사회주의 제도를 철저하게 고수하는 국가다. '고난의 행군'과 '강행군'을 거치면서도 사회주의의 깃발 수호를 포기하지 않았다. 수차례 이어진 국제제재에도 사회주의를 주창하고 있다. 김정은 위원장은 경제 발전의 새 방향을 설정하고 추진했다. 그 결과 북한경제는 일정 부분 회복세를 보이는 중이다. 다수의 북한 인민은 이런 방향이 사회주의의 승리로 이어진다고 믿는다. 현재 북한은 사회주의 수호 외에 다른 길이 없다고 이야기한다. 70여 년을 지켜온 사회주의 제도가 결실을 맺을 것이라는 판단이다.

이런 판단만으로 사회주의가 승리를 거둘 수는 없다. 특히 북한은 국제제재의 한복판에 놓여 있는 국가다. 그래서 북한은 외부 압력 때문에 자신의 노선을 포기해서는 안 된다고 선전한다. 오히려 외부의 압력이 세질 수록 전체 인민의 일심단결과 최대한의 노력을 다해 경제건설에 집중하여 경제적으로 성공하는 사회주의를 건설해서 사회주의 사회의 성공을 보여줘야 한다는 주장이다. 북한은 사회주의 수호와 사회주의의 성공적 실현의 조기 달성을 명분으로 인민을 총동원해서 경제에 집중하고 있다.

7. 북한이 건설하는 사회주의 강국

'사회주의 강국'이란 말은 김정일 국방위원장 시대에 등장한 용이다. 처음에는 '강성국가'라는 단어를 썼지만 지금은 '사회주의강국'이라는 표현을 주로 쓴다. 북한이 말하는 사회주의 강국은 '국력이 강하고 모든 것이 번영

하며 인민이 걱정 없이 행복한 삶을 영위하는 천하제일강국'을 뜻한다. 북한
이 제시하는 사회주의 강국은 크게 정치군사강국, 과학기술강국, 경제강국,
문명강국으로 나누어 볼 수 있다. 이에 대한 북한의 해설은 다음과 같다.

정치군사강국은 정치사상강국과 군사강국이라는 두 가지 의미를 포함하
고 있다. 정치사상강국은 군민 전체가 사상적 의지로 결속된 국가를 말한
다. 정치사상적 위력이 국력 중 제1인 이유는 정치가 사회발전에서 결정적
이며, 사상의 위력은 국가와 민족의 무궁무진한 발전을 위한 힘이기 때문
이다. 하나의 사상, 자주 사상이 온 사회를 지배하고 그에 기초하여 전체
인민이 굳게 단결된 국가, 하나의 정치적 역량으로 굳게 뭉친 인민 대중의
힘에 의거해 대내외적으로 자주 정치를 실시하는 국가가 강력한 정치 사상
적 위력을 지닌 진정한 강국이라는 뜻이다. 군사강국은 상대적으로 이해하
기 쉽다. 강한 군사력 없이는 국가와 민족의 자주권과 생존권, 사회주의를
지켜낼 수 없다. 특히 아직 남북이 대치 상태로 70여 년을 살아온 비극적
현실 앞에서 군사력의 중요성은 아무리 강조해도 부족하다. 군사강국은 군
대가 정치사상적·군사기술적으로 우월한 무적의 혁명 강군으로 거듭나고,
전민이 무장하고 전국이 요새화된 국가, 나아가 자립적이고 현대화된 국방
산업을 가진 국가를 만드는 것이다. 화성-17형 미사일발사 직후 북한은 '절
대적 힘을 키워 국가와 인민의 안전이 담보되는 군사적 위력을 충분히 과
시했다'는 입장을 피력했었다.

북한에서 말하는 과학기술 강국은 국가의 모든 과학기술 부문이 세계의
가장 높은 수준에 올라서고, 과학기술을 통해 경제와 국방, 문화 등 모든 부
문이 발전하는 국가를 뜻한다. 현재 북한은 과학과 교육 부문에 국가의 역
량을 최우선적으로 집중하고 있다. 이는 과학 분야의 국제화와 이를 통한
경제 성장에 대한 북한의 신념을 보여준다.

북한에서 말하는 경제 강국은 자립적이고 주체성이 강한 경제를 가진 국

가와 과학기술이 기본 생산력인 경제를 가진 국가를 건설한다는 뜻이다. 북한이 말하는 경제 강국은 국가와 사회의 주인인 인민에게 물질적으로 여유 있는 생활을 보장하고, 자주적인 정치와 자위 역량이 충분한 군사력을 경제적으로 담보할 수 있는 경제력을 보유한 국가다. 북한은 자립적 민족경제 발전과 현대화·정보화된 경제 건설을 위해서는, 최고 수준의 현대적 기술화와 생산과 경영 활동의 현대화에 기반하는 경제 구조를 조성해야 한다고 주장한다.

북한이 말하는 문명강국은 전체 인민이 높은 창조력과 문화 수준을 가지고 최상의 문명을 최고의 수준에서 향유하는 국가이다. 문명화된 생활환경에서 살려는 인민의 지향과 요구에 맞게 도시와 마을, 공장과 일터를 현대적으로 바꾸고 전군중적 운동으로 모든 국토를 수림화, 원림화 해야 한다고 말한다.

8. 경제강국 건설노선

김정은 위원장은 조선노동당 제7차 당대회 중앙위원회 사업총화보고에서 '사회주의 경제 강국 건설을 당과 국가가 모든 역량을 집중해야 하는 기본 전선으로 삼아야 한다'고 말했다. "우리 당이 경제 강국을 건설하는 전략노선은 자립자강의 정신과 과학기술을 힘 있게 틀어쥐고 국민경제의 고도의 주체화, 현대화와 과학화를 실현하는 것이며 인민에게 풍족하고 문명한 문화생활을 제공하기 위한 것이다."[2] 사회주의 경제 강국은 경제 강국 건설에 대한 조선노동당의 전략노선이다.

---

2) 김정은, 「조선노동당 제7차 대회 사업총화보고」, 2016년 5월 7일.

북한에 따르면 '국력이 강하고 끝없이 융성 발전하며 인민이 세상에 부러움이 없는 행복한 생활을 마음껏 누리는 사회'가 사회주의 강국이다. 사회주의 강국이 건설되면 경제생활 분야에서 생산력과 국민 소득이 높아질 뿐 아니라 인민에게 충분한 문명 생활을 보장할 수 있다. 북한이 건설하려는 경제 강국은 자립성과 주체성이 강하고 과학기술을 기본 생산력으로 삼아 발전하는 국가다. 다시 말해 국방건설, 경제건설, 인민생활에 필요한 물질적 수단을 스스로 생산하고 확보하는 자립 경제 강국이자 과학기술과 생산이 일체화되고 첨단기술 산업이 경제 성장에서 주도적 역할을 하는 지식경제강국이다.

경제 강국 건설의 전략적 노선을 관철하기 위한 북한의 과제는 다음과 같다.

1) 인민경제의 자립성과 주체성 강화: 원료와 연료, 설비의 주체화를 실현하는 것, 에너지, 동력, 식량 문제를 해결하는 것, 다원화와 종합성에 기반한 경제 구조를 갖추고 이를 개선 및 완비하는 것.

2) 인민경제의 현대화·정보화를 통한 지식 경제로의 경제 체질 전환: 모든 생산 공정을 자동화·지능화하고 공장 기업을 무인화하는 것. 인민경제 전반을 현대적 기술로 재건하고 모든 부문을 첨단 수준으로 제고하는 것. 인민경제의 모든 부문에서 과학기술과 생산의 일체화를 실현하는 것, 첨단기술 산업을 구축 및 확장하는 것.

3) 인민 향유를 고려한 경제 발전 지향: 국가의 경제발전이 인민의 복지 증진에 기여하는 방향으로 진행되는 것. 경제건설 방면에서 인민의 요구와 이익을 핵심 기준으로 삼는 것. 근로자에게 훌륭한 노동 생활 조건과 물질문화 생활조건을 마련해주는 것. 인민 생활에 직접적인 영향을 미치는 농업, 수산업, 경공업 발전을 중시하고 이 부문에 힘을 집중하도록 하는 것.

9. 북한의 인민경제 발전계획

북한의 사회주의 경제관리체계는 김일성 주석 통치 시기부터 시작됐다. 북한은 조선노동당의 인민경제복구 발전 방향에 따라 1947년과 1948년, 두 차례에 걸쳐 단일 년도 인민경제계획과 1949년~1950년 2년간 인민경제계획을 시행했다. 이를 통해 인민경제 발전과 자립적 민족경제의 토대를 보장하는 국가경제건설의 기초를 닦았다.

1947년도의 인민경제계획은 일제 식민지배가 조성한 식민지적 편파성을 일소하고 민족경제의 자립적 발전토대를 쌓기 위한 것이었다. 1948년도 인민경제계획의 목표는 중공업 복구, 경공업과 지방 산업 발전을 통한 인민 생활필수품 대량 생산, 이를 통한 농촌경제 성장과 주민 식량 확보 및 공업 원료 보장 등이었다.

1949년~1950년 2개년 인민경제계획은 자립적 민족 경제의 토대를 목표로 삼았지만 한국 전쟁으로 인해 중지됐다. 1951년에 입안된 전시경제계획은 파괴된 인민경제 복구를 통한 군수품 생산과 농업 생산 보장을 목표로 삼았다. 이때는 해마다 연간 계획과 목표를 세웠다.

1954년 입안된 전후 3개년 인민경제계획은 전후 복구 건설의 지침이었다. 이 시기 국가의 집중된 투자로 대규모의 공업건설과 복구사업을 주도했고, 그 결과 공업 부문이 크게 발전했다.

상술한 일련의 과정을 거친 북한은 기술 재건 시기에 접어들었다. 이 시기 사회주의 기초 건설을 완성하기 위한 5개년 인민경제 발전계획(1957~1961)이 입안됐다. 북한은 이 계획을 집행하면서 사회주의 공업화의 기초를 구축했고, 사회주의 공업농업국가로 거듭났다.

북한은 1961년 9월 제4차 당대회에서 제1차 7개년 계획을 선포하고 사회주의 공업화 실현과 자립적 민족경제체계를 확립을 추진했다. 이 기초 위에서 북한은 더 높은 수준의 목표를 설정한 6개년 계획에 진입했고, 이 시기 북한의 공업생산액과 농업생산액은 모두 목표치를 초과 달성했다. 생산량과 질적 측면 모두에서 만족스러운 성과를 거둔 것이다.

제2차 7개년 계획(1978~1984년) 기간에는 농업경제와 화물 수송량 증대 부문에서 비약적인 발전을 이뤘다. 또한 화력 발전소 건설, 선철, 강철, 압연강 생산 같은 국가 기간산업 영역에서 많은 성과를 거둔다.

1990년대에 진입한 후 북한은 건국 이래 가장 힘든 시기와 맞닥뜨린다. 이른바 '고난의 행군', '강행군'으로 인해 북한경제는 치명적인 타격을 입고 북한 인민 전체가 심각한 경제적 압박을 견뎌야만 했다. 이 시기 '강계정신', '성강의 봉화' 등 선군시대 경제 전선의 표상이 등장한다.

이 시기부터 2016년 노동당 제7차 당대회의 개최까지, 북한은 계획경제에 입각한 경제 발전을 이루지 못했다. 80년대 말 김정일 국방위원장은 집행 가능한 계획을 시달하라고 지시한다. 이는 수정 가능한 계획을 뜻한다. 북한이 발표하는 자국 경제 관련 수치는 입체적이다. 경제 관련 수치는 존재하지만 외부에 알려진 수치는 상대적 수치일 뿐이고, 절대적 수치는 극비에 부친다. 외부 세력에게 압박의 실마리를 주지 않으려는 조처다. 2016년 조선노동당 제7차 당대회는 북한경제의 전환점이기도 하다. 제7차 당대회에서 북한은 새 5개년 경제발전전략을 공표했다. 다시 계획 경제를 추진하기 시작한 것이다. 이때 김정은 위원장은 북한의 경제계획은 내각의 통일적인 지도 아래서 진행해야 한다는 점을 거듭 강조했다. 북한의 국가계획위원회는 이러한 계획을 구체화하기 위한 조직이다.

10. 북한의 자원과 인프라

북한은 중국과 국경을 맞대고 있다. 북중 국경선은 1,369.37km에 달한다. 북한은 서쪽의 황해를 사이에 두고 중국과 마주하고, 동쪽의 동해를 사이에 두고 일본과 마주하고 있다. 이와 같은 지리 조건은 대륙과의 연계와 해상 운수 발전 및 수산 산업 발전에 유리하다.

북한 지형의 특징은 산, 강, 하천이 많고 해안선이 길다는 것이다. 국토 면적에서 산지가 차지하는 비율은 80%에 달하고, 대부분 구릉과 저산 지역이며 고산지구는 많지 않다.

북한은 풍부한 지하 광산 자원을 보유하고 있다. 현재 발견된 광물자원만 약 400여 종인데, 이 중 200여 종은 경제적 가치가 있는 광물이다. 금, 동, 연, 아연을 비롯한 유색금속 및 희유금속 광물과 마그네슘, 흑연, 중정석, 인회석과 같은 비금속 광물이 있다. 북한이 보유한 지하자원은 종류가 다양하고 광상이 많은 것이 특징이다. 또한 광맥은 수천 여 개, 광종은 수십여 개이다. 북한처럼 작은 면적의 국가에 이처럼 많은 지하자원과 광맥이 있는 경우는 드물다.

흑색금속광산으로는 무산광산, 회령광산, 이원광산, 허천광산, 덕성광산, 덕현광산, 천동광산, 용원광산, 은률광산, 재령광산, 태탄광산, 송림광산, 흥산광산, 청계광산, 신원광산 등이 있다. 비철금속광산은 전국 각지에 분포돼 있다. 부천, 선천, 금야, 정평, 운산, 동창, 대유동, 천마, 수안, 홀동, 옹진, 낙연, 회창 등에는 금광이 있다. 동광산은 혜산, 갑산, 신파, 홀동, 운흥, 용암, 부포, 상농 등에 있다. 아연광산은 검덕, 성천, 은파, 마전, 창평, 낙연 등에, 니켈광산은 부윤, 삼해, 정평, 판교, 옹진 등에, 중석광산은 만년, 연풍, 인평, 만풍, 상서 등에, 크롬광산은 부령에, 카리장석광산과 하석광산은 화평, 청단, 삭주, 평강, 길주 등에, 티탄광산은 벽성, 평강 등에, 리티움광산은 법동에, 몰리브덴광산은 3월 5일 청년광산, 용흥 등에 위치한다, 망간은 김화, 철원, 부령, 명천, 순천, 중화에 매장돼 있다.

비금속 광물도 많다. 흑연 광산은 8월 8일 광산, 태천, 덕성 등에, 중정석 광산은 남계, 이원, 대흥, 금천 등에, 형석 광산은 신원, 평산 등에, 운모 광산은 길주, 운전에, 석면 광산은 광천에, 인회석 광산은 삭주, 영유, 동암, 쌍룡 등에, 마그네사이트 광산은 룡양, 대흥, 백바위, 남계, 장산 등에, 석회석 광산은 순천, 성산, 문무리, 청룡, 상원, 부래산 등에 위치하며 회망초는 12월 5일 청년광산에 매장되어 있다.

국토의 80%가 산림이다. 산림 축적의 약 65%는 침엽수다. 북한에서는 산림 조성을 임업발전의 첫 번째 단계로 지정하고 해마다 나무모를 심는다. 최근 임산자원이 늘어났으며 경제림 조성 사업도 개선 중이다. 대표적인 임산 사업소로 삼지연군의 이명수, 유곡림 산사업소, 백암군의 유평, 연암 임산 사업소, 보천군의 대평, 백자 임산 사업소, 운흥군의 생장 임산 사업소와 풍서 임산 사업소, 갑산 임산 사업소가 있다.

수산자원, 특히 해양자원 개발을 적극적으로 추진하고 있다. 해양생물자원인 어류, 게, 새우류, 낙지, 조개류, 바다 동물류, 바다 식물류, 해양광물자원인 티탄철광, 자철광 등을 비롯한 퇴적층 광물자원, 석탄, 보크사이트, 마그네사이트를 비롯한 기반암 광물자원, 해양화학자원인 소금을 비롯한 80여 종의 화학 원소 등이 대표적인 북한 보유 수산자원이다. 해양공간자원은 해수면과 수중, 해저와 해안을 이용한 항만 건설, 해양 도시 건설, 간석지 건설 등을 활용 중이다. 해양에너지자원(재생에너지)에는 조수력, 파력, 해류 등이 있다.

해양국가의 면모를 가진 북한은 수산업의 종합적 발전을 추진한다. 어렵, 해안 양식, 양어 사업 모두 발전 중이며, 수산물 생산과 가공과 연계 가능한 생산구조가 갖춰진 상태다. 북한 어렵의 80%는 동해에서 이뤄진다. 동해에서 잡히는 어종 가운데 대표적인 것은 명태, 멸치, 가자미, 꽁치, 이면수, 까나리, 청어, 송어, 도루묵, 정어리, 고등어, 낙지 등이다. 황해에서는 멸치, 까나리, 전어, 삼치, 상치어, 조기, 오징어 등의 물고기와 굴, 바지락, 대합, 동조개와 같은 조개류가 많이 잡힌다. 그리고 황해 지구에서는 천해 방식으로 김, 다시마 등을 양식하고 있다.

북한의 교통은 주로 철도, 도로, 항만 등의 운수수단으로 구성된다. 철도는 전국 각지에 연결되어 있고, 최근 철도 전기화를 추진하며 철도망을 완비하는 사업을 진행 중이다. 철도 관련 시설을 생산하는 공장 및 기업으로는 김종태 전기기관차 연합기업, 원산 철도 차량연합기업, 나흥 철도공장, 나흥 콘크리트 침목공장, 청진 철도공장, 청진 차량 부품공장, 구장 철도공장, 평양 차량 수리공장 등이 있다.

고속도로는 평양－원산(1970년대), 평양－개성(1980년대), 평양－향산(1990년대), 평양－남포(2000년대 초) 등이 있다. 1급도로는 평양－신의주, 평양－만포, 사리원－해주, 원산－우암(선봉), 원산－고성, 원산－김화, 북청－혜산 노선이다. 2급도로는 도 소재지들 구간, 3급도로는 도 소재지와 군 소재지 구간과 군 소재지와 군 소재지 구간, 4급도로는 군 소재지와 리 소재지 구간, 5급도로는 리 소재지와 리 소재지 구간, 6급도로는 리 안의 마을과 마을 구간이다.

항만은 동해 방면에 나진항, 청진항, 흥남항, 원산항이 있고 황해 쪽에는 남포항과 해주항이 있다. 하천 운수 항로는 압록강, 대동강, 청천강, 재령강이다.

전력공업은 북한이 항상 그 중요성을 강조하는 대상이다. 수력발전소와 화력발전소가 중점이다. 수력발전소는 함경남도에 장진강 발전소, 부전강 발전소, 허천 발전소, 금진강 발전소, 금야강 군민발전소가, 함경북도에 부령 발전소, 서두수 발전소, 어랑천 발전소가 있다. 강원도에는 통천 발전소,

안변 청년 발전소, 내평 발전소, 원산 청년 발전소, 원산 군민 발전소 등이 있다. 양강도에는 삼수 발전소와 백두산 영웅 청년 발전소가 있다. 자강도에는 장자강 발전소, 강계 청년 발전소, 운봉 발전소, 위원 발전소, 흥주 발전소, 희천 발전소 등이 있다. 평안북도에는 수풍 발전소와 태천 발전소가 있다. 평안남도에는 대동강 발전소, 영원 발전소가 있으며 평양시에는 남강 발전소가 있고 황해북도에는 예성강 발전소가 있다.

화력발전소는 동부지구에 청진 화력발전소와 선봉 화력발전소가 있다. 서부에는 수력과 화력이 모두 배치되었지만 화력발전소의 비중이 더 크다. 평양시에 평양 화력발전 연합기업과 동평양 화력발전소가 있고, 평안남도에는 북창 화력발전 연합기업, 청천강 화력발전소, 순천 화력발전소 등이 있다. 갑문 발전소도 빼놓을 수 없다. 성천 갑문발전소, 봉화 갑문발전소, 순천 갑문발전소, 미림 갑문발전소, 향산 갑문발전소가 있다. 이 밖에도 매시, 군마다 수많은 중소형 발전소가 있다.

통신 분야를 보자. 북한은 전신자동중계 교환장치를 자체적으로 제작해 망체계프로그램 구축을 완료했다. 90년대 초반부터 모든 도에 자동중계 교환장치를 설치했다. 국제통신센터가 국제통신 기능을 담당하고 있고, 국제우편국은 국제우편물 교류를 맡는다. 21세기에 이동통신체계를 갖췄는데 이용자가 급증했다. 현재 북한의 이동통신 이용자는 약 700만 명에 달한다.

11. 국가예산의 제정

북한의 재정체계는 사회주의 재정체계다. 재정성이 국가예산을 편성한다. 기업 재정관리 체계를 사회주의 재정체계와 연동하고 중앙예산과 지방예산을 기본적인 재정계획에 입각해 배분한다.

재정체계는 소유 주체에 따라 국가재정과 협동단체재정으로 구분된다. 국가재정은 국가적 소유에 기초하며 사회주의재정을 대표한다. 국가재정은 국가예산과 인민경제 부문 및 기업재정으로 이루어진다. 협동단체재정은 협동농장재정과 생산협동조합재정, 수산협동조합재정, 편의협동조합재정 등으로 구성된다. 또한 관리 주체에 따라 중앙재정과 지방재정으로 구분할 수도 있다.

북한의 재정관리 체계는 내각의 재정성부터 기관·기업 재정관리 부서에 이르기까지, 모든 재정관리 단위가 연동된다. 재정은 철저하게 국가의 방향에 복무한다. 재정성은 당의 노선과 정책에 의거해서 국가예산의 편성과 집행, 결산과 총화에 관한 통일적 지도와 종합사업을 진행한다.

사회주의 국가예산은 국가의 전반적인 살림을 통제하는 기본재정계획에 입각해서 집행된다. 국가예산체계는 반드시 중앙집권제 원칙에 맞게 조직된다. 예산 자금의 조성, 분배, 이용은 지방의 상대적 독자성을 보장해야 한다. 또한 각급 주권 기관 체계에 따라 예산이 조직된다.

국가예산의 구조는 국가예산 수입 항목의 원천을 알려준다. 사회주의 사회에서 예산수입은 인민경제 내부축적, 개인소득, 기타 소득이 원천이다. 그 중 인민경제 내부축적이 가장 기본적인 수업이다. 이 수입은 주로 국영기업을 통해 이뤄지는 내부축적이다. 국가예산 수입원천은 주로 공업 부문의 내부축적이다. 하지만 조세는 국가예산 수입의 원천이 아니다. 북한은 1974년에 세금제도를 완전히 폐지했다. 즉, 세금이 없는 독특한 국가인 것이다. 국가예산 수입형태에는 거래 수입금, 국가 기업 이익금, 협동단체 이익금, 부동산 사용료 수입금, 사회 보험료 수입금, 재산 판매 및 가격 편차 수입금, 기타 수입금 등이 포함된다. 국가예산 지출도 중요하다. 사회주의 국가예산 지출은 국방 지출, 인민경제 지출, 사회문화 정책 지출, 국가관리 지출로 구성된다. 국가 예산의 편성은 기관, 기업, 도 및 인민경제 부문에서의 재정 계획 및 경비 예산서의 작성과 제출, 내각과 지방주권기관에서의 예산 초안 작성과 검토, 최고주권기관과 지방주권기관에서의 예산 초안의 심의, 승인 등의 절차를 거쳐 이뤄진다.

2018년에 북한이 발표한 국가예산 수입과 국가예산 지출 수치는 중요한 참고 자료다. "국가예산수입은 101.4%로 수행되었고 국가예산지출은 99.9%로 수행됐다. 인민경제 발전에 지출 총액의 47.6%를 돌려 전력 생산능력을 확장하고 금속공업과 화학공업 부문에서 주체화의 성과를 확대하며 석탄 생산과 알곡 생산을 늘리고 각종 운전기재와 경공업 제품의 질적 수준을 한 단계 높이는데 이바지했다. 거창한 대건설을 통이 크게 벌려나가는데 맞게 국가적인 투자를 전해에 비하여 104.9%로 늘림으로써 삼지연군 꾸리기, 원산-갈마 해안 관광 지구 건설, 어랑천 발전소와 단천 발전소 건설이 힘 있게 추진되고 도들에 현대적인 양묘장을 건설하는 것을 비롯하여 국가의 중요 대상 건설을 재정적으로 뒷받침했다. 과학기술 부문에 대한 투자를 전해에 비하여 107.4%로 늘여 과학기술 발전을 추동하고 인민경제 활성화에 이바지하는 가치 있는 연구 성과를 내놓는데 기여했다. 사회주의 문화를 전면적으로 발전시키는데 지출 총액의 36.4%를 돌려 교육 조건과 환경을 개선하고 보건 부문을 추켜세우며 체육과 문학예술을 발전시키는데 이바지했다. 국가의 자주권과 사회주의 위업을 굳건히 수호하기 위한 방위력을 튼튼히 다지는데 지출 총액의 15.8%를 돌림으로써 혁명 군대의 전투력 강화와 군수 공업의 주체적인 생산 구조, 생산 공정의 현대화에 이바지했다."3)

---

3) 『로동신문』, 2019년 4월 12일.

12. 경제 부문의 구조개선, 각 부문 간 균형 보장

북한의 경제 구조는 중공업, 경공업, 농업경제 등 경제의 모든 부문을 갖춘 다원적 경제 구조이며, 국방산업이 중요한 역할을 수행한다. 김일성 주석 시대는 중공업 발전을 우선시하면서 동시에 경공업과 농업 발전을 도모하는 방식이 사회주의 경제건설의 기본 노선이었다. 김정일 국방위원장 시대의 북한은 선군정치를 실시해 모든 힘을 국방산업에 집중했다. 국방산업을 우선적으로 발전시키면서 경공업과 농업 발전을 동시에 추진한다는 경제 노선이다.

국방산업은 중공업 발전을 토대로 성장했다. 중공업은 석탄, 전력, 금속, 기계, 화학, 목재 가공을 비롯해 국가의 국수공업과 경제 발전에 필요한 모든 생산수단을 자급하게 해주는 경제 영역이다. 따라서 북한 공업체계에서 중공업은 가장 중요한 부문이다. 최근에는 경제 구조 내 정보산업 분야의 중요성이 커졌다. 정보산업 영역의 성과는 각 주요 경제 부문에 응용되고 있다.

북한 경공업은 중앙과 지방에 골고루 분포되어 있으며 방직, 신발, 도자기, 식료 등 업종은 기본적인 자급자족이 가능하다. 그러나 경공업은 아직 중공업에 비해 낙후한 상태다. 경공업 제품의 질이 개선되지 않았기 때문에 북한 경공업은 인민이 소비하는 제품을 풍족하게 제공할 수 없다. 물론 최근 몇 년간 북한의 경공업 부문 지표는 꾸준히 개선되고 있다. 특히 식료품 부문은 빠르게 성장 중이다. 하지만 전반적으로 보면 북한 경공업은 여전히 초급단계에 머물러 있는 수준이다.

농업문제는 식량문제로 골머리를 앓는 북한이 매우 중시하는 산업분야다. 북한 지형은 대부분 산간 지대이므로 농경지 면적이 매우 부족하다. 토지개량사업을 벌이고 있지만 식량의 자급자족은 아직 요원하다. 북한 정부는 인민에게 적합한 땅에 적합한 작물을 재배하는 방법으로 식량 생산을 하라고 강조하고 있다. 평지에는 벼농사를, 신간지대는 옥수수와 감자 등을 재배하라는 이야기다. 하지만 종자가 퇴화되고 화학비료가 절대적으로 부족한 상태에서 식량생산 목표 달성은 사실상 불가능에 가깝다. 그래서 북한은 얼마 전부터 축산업에 국가 역량을 쏟기 시작했다. 소, 염소, 돼지, 오리, 닭, 거위, 타조 등이 보충 식량 역할을 해주고 있다. 과수업의 중요성도 줄곧 강조된다. 최근 사과 등을 재배하는 과일 생산기지가 각지에 생기면서 식량 구조 다양화에 기여하고 있다.

전반적인 경제구조 측면에서 보면, 각 부문들은 산업조건을 개선하여 각 부문의 기능을 최대한 발휘하려고 노력 중이다. 그러나 각 부문 간 발전이 균형적이지 않은 상태이므로 국민총생산의 수치는 답보 상태다. 이 상황은 국가재정의 부족으로 이어지고, 재정의 부족은 다시 각 산업분야의 정상지출에 직접적인 타격을 주는 악순환을 초래한다. 국가의 보장을 받지 못하는 산업부문은 자체 해결을 모색하지만, 이런 상황 속에서는 일부 특수 부문에 국가 지원이 집중되기 때문에 활로를 찾기가 어렵다. 특수 부문이 국가 자원 대부분을 점유하면, 다른 부문에게 분배되는 물량이 줄어들고 부문별 균형은 깨진다. 조선노동당 제8차 대표대회에서 김정은 위원장이 '전면적으로 내부의 힘을 재정비하고 모든 어려움을 정면 돌파하여 전진의 길을 새롭게 개척하자'는 보고를 제안한 이유다. 이 제안에는 특수 부문의 특권 행위 금지, 내각이 주도하는 국가 자원 배치 등에 관한 지시가 포함됐다.

13. 인민경제 현대화와 정보화

최근 북한에서 가장 많이 쓰이는 말은 현대화와 정보화다. 그만큼 국가적 차원에서 현대화와 정보화를 중시하고 있다는 뜻이다. 인민경제 현대화는 후진적인 기술을 선진기술로 개조해서 인민경제의 기술 수준을 높인다는 의미다. 인민경제 정보화는 생산과 경영 활동을 비롯한 모든 경제 활동에 정보기술을 받아들이고 응용한다는 말이다. 북한은 조선노동당 제7차대회에서 미래 5개년 발전전략을 제시했다. 여기에 해당하는 분야는 전력공업, 석탄공업, 금속공업, 철도 운수업, 기계공업, 화학공업, 건설업, 건자재업이다. 북한은 이 분야에서 현대화와 정보화를 반드시 구현해야 한다고 강조했다.

경제 전 분야에서 현대화와 정보화가 빠르게 추진되면서 현대적 기계설비 수요가 급증했다. 북한이 강조하는 현대화는 외국의 힘을 빌려 이루는 현대화가 아니다. 북한은 자신의 힘과 기술에 의한 현대화를 목표로 삼았다. 이는 적은 노력으로 생산의 양적·질적 제고를 보장하는 현대화다. 그러므로 현대화와 정보화를 추진하는 모든 부문에서 첨단수준의 기계설비를 개발하고 더 많이 생산해야 현대화와 정보화를 추진할 수 있다.

국가 경제를 지식경제로 전환하는 과정의 구체적인 지표는 생산 공정의 자동화, 지능화, 무인화다. 첨단기술산업을 지식경제의 기간산업으로 육성하는 일이다. 북한의 공장 기업에서 가장 많이 쓰는 단어는 '개건 현대화'다. 대학에서 가장 많이 사용하는 말은 '정보화'다. 지금 북한에서 현대화와 정보화는 입에 달고 다니는 말에 가깝고, 개건 현대화에 관련한 성취는 큰 자랑거리가 됐다. 기술에 문외한인 내가 북한이 도달한 현대화와 정보화의 수준을 가늠하기는 힘들다. 하지만 현재 북한이 현대화와 정보화에 대한 목표를 갖고 있으며 이를 위해 상당한 수준의 노력을 기울이고 있다는 사실은 확실하다.

14. 북한 선군시대 경제건설 노선

북한의 선군시대는 김정일 국방위원장 집권 시기의 선군정치에서 유래했다. 선군시대에도 경제건설을 진행했으니 선군시대 경제건설 노선이 존재하는 것이다. 선군시대 경제건설 노선을 한마디로 정의하면 '국방산업의 선제적 발전과 경공업과 농업의 동시적 발전'이다.

선군시대의 출발과 관련한 경제건설 노선의 결정을 이해하려면 그 배경을 먼저 살펴봐야 한다. 당시 김정일 국방위원장은 김일성 주석의 선군혁명영도를 이어받아 선군혁명노선을 제시했다. 국방을 중시하고 국방을 선행한다는 원칙에 입각해서 사회주의 건설을 진행하겠다고 공표한 이 시기를 선군정치 건설 시기라고 규정한다. 이때부터 북한 선군시대의 막이 열렸다.

1980년대 말~90년대 초, 사회주의 제도를 고수하던 여러 국가가 줄지어 붕괴하면서 북한경제는 막대한 타격을 받았다. 당시 북한은 주로 사회주의 시장에서 경제건설에 필요한 주요 전략물자, 일부 원료, 자재를 해결했었다. 사회주의 진영 외부 시장과는 관심도 교류도 없었던 상태에서 갑자기 사회주의 시장이 사라져버린 것이다. 부랴부랴 시장경제권에서 필요한 주요 전략물자, 일부 원료, 자재를 해결하려고 했지만 쉽지 않았다. 수출구조 조정도 쉽지 않았고, 상대국에서 요구하는 거래 방법 역시 북한을 당혹스럽게 만들었다. 게다가 경제 관념의 거리와 기술 격차도 존재했다. 한편 미국을 필두로 하는 서방 세력은 사회주의를 고수하는 북한을 압박했다. 북한은 정치경제적으로 고립됐다. 북한에 대한 경제봉쇄도 더 강화된다. 상술한 국제 정세와 경제 조건은 북한의 경제와 생활에 큰 영향을 미쳤다. 이런 상황에서 여러 해 연속 들이닥친 자연재해는 북한을 '고난의 행군'으로 이끌었다.

나의 김일성종합대학 경제학 박사 졸업논문은 "북한의 선군시대 경제건설노선 및 실천"이다. 논문의 핵심 내용은 다음과 같다. 대내외적으로 위기 국면에 봉착한 북한이 시대와 혁명의 요구에 맞게 국방 건설, 경제건설, 민생 문제를 어떻게 종합해서 해결해 나갈지에 대한 원칙과 실천 방안을 제시했다. 선군시대 경제건설 노선을 실시한 시기는 김정일 국방위원장의 본격적인 통치기인 90년대 중반부터 김정은 위원장의 초기 통치 시기인 2017년까지로 볼 수 있다. 북한은 2018년 4월 21일 조선노동당 중앙위원회 제7기 제3차 전원회의에서 경제건설과 핵무력건설의 병진노선 사명 완료를 선언했다. 이 시점에서 선군시대의 막이 내렸다. 핵무력건설과 경제건설의 병진노선은 김정일 국방위원장의 선군정치를 계승 및 발전시킨 것으로 해석된다. 2018년 이후 북한은 국가가 새로운 발전 단계에 접어든 만큼 시대적 요구에 적합한 새 방법으로 경제건설에 총력을 집중한다는 방향을 제시했다.

선군정치에서 선민정치. 북한 정치는 중요한 전환 중이다. 국가가 총력을 기울여 경제건설을 진행하겠다는 의지를 표명한 북한은 더는 경제건설을 미루기 힘들다. 물론 북한은 지금도 여전히 국방산업의 중요성을 강조한다. 강력한 국방력이 없다면 경제건설을 전면적으로 추진하기 어렵다는 논리에 기초한 인식이다.

15. "가는 길 험난해도 웃으며 가자"

'가는 길 험난해도 웃으며 가자'는 말은 북한의 현실을 그대로 드러내는 구호다. 비장하면서도 낙관을 놓지 않는 의지가 담겼다. 힘든 시기를 겪는 인민을 고무하려는 북한 당국의 고심이 반영됐다. 북한 사람은 '고난의 행군'을 겪으면서도 '당이 결심하면 우리는 한다'는 구호를 외치며 어려움을 감수하는 중이다.

'고난의 행군'을 상징하는 대표 사례로는 평양−남포 구간 고속도로 건설이 있다. 평양의 청년이 남녀불문하고 총동원됐다. 그들은 맨몸으로 흙, 마대 등을 메고 나르면서 42km에 달하는 고속도로를 건설했다. '청년영웅도로'로도 불리는 이 도로는, 북한에게 있어 맨몸으로 가장 힘든 시기를 이겨낸 상징이다. '가는 길 험난해도 웃으며 가자'는 바로 이 도로 건설 시기에 나온 말이다. 모두가 고통을 겪던 시기, 사람의 의지로 국가 주요 공사를 수행하며 불굴의 투지를 보여준 청년돌격대원의 모습에 북한 인민은 크게 고무됐다고 한다. 이 시기, 청년돌격대원을 응원하기 위해 일터 현장에 찾아가 공연으로 사기를 북돋아주는 선전선동 방식이 나타났다. 국가예술단도 각종 공연을 준비하며 협력했다. 노동의 피로를 해소하고 일의 효율을 높이기 위한 일련의 지원이었다. 일터에서 노래 소리가 울려 퍼지는 풍경은 북한 특유의 노동촉진 방식이라고도 할 수 있다. 당면한 많은 어려움을 어떻게든 이겨내려는 북한의 의도가 엿보인다.

북한은 자립경제에 필요한 원료 · 연료 · 동력기지 건설, 공장과 기업의 현대화와 정보화 추진이 절실하다. 최근 이런 기조의 경제정책으로 민생경제의 핵심 부문과 기초공업이 조금씩 회복되는 성과를 이뤘다. 외부와 단절된 상황에서 북한은 자력을 강조할 수밖에 없다. 농업에서 곡물 수요를 충족할 수 있는 토대를 일정 정도 확보했다. 경공업에서는 기술 개조와 원료 및 자재의 국산화를 적극 추진해서 과거보다 질이 좋아진 상품을 생산할 수 있는 여건을 구축하고 있다. 북한 사람들은 늘 '우리가 제재 받고 산 날이 하루 이틀이 아니다, 하지만 우리는 한 번도 외국의 도움을 받거나 외국에 의한 변화를 기대해 본적이 없다'고 말한다. 결국 '가는 길 험난해도 웃으며 가자'라는 구호는, 주체사상에 뿌리를 둔 북한의 자강력 제일주의의 구체적인 표현인 것이다.

16. '고난의 행군'과 '강행군'

북한은 1990년대 중반 극심한 경제난을 겪었다. 몇 해 연속 들이닥친 자연재해의 영향도 컸지만, 더 본질적인 원인은 냉전 종식의 여파였다. 80년대 말부터 90년대 초, 소련을 비롯한 동유럽의 사회주의 국가들이 사회주의 노선을 포기하고 시장경제의 길을 택했다. 하지만 이 와중에도 북한은 사회주의의 깃발을 고수했다. 북한과 대립하던 미국 및 서방국가들이 북한을 상대로 각종 제재와 압박을 가했던 시절이다. 하지만 북한은 계속해서 자립과 자주를 표방했다. 결국 북한은 미국의 주요 타깃이 됐다.

1994년 김일성 주석이 사망했다. 세계 주요 언론은 북한이 얼마 버티지 못할 것이라고 예측했다. 그리고 1994년, 1995년, 1996년. 3년 연속 재앙적 수준의 자연재해가 북한을 강타한다. 내부적으로 경제난에 시달리고 외부적으로는 각종 봉쇄와 제재에 봉착했던 것이다. 작황이 좋지 않아 식량이 수요에 비해 절대적으로 부족했다. 배급이 끊기고 먹을 것이 없어서 나무껍질을 벗겨 먹고 벼 뿌리를 말려서 죽을 끓여 먹는 사람도 부지기수였다. 전국에서 아사자가 속출했다. 식량난에 이어 전력난도 북한을 괴롭혔다. 전력난으로 인해 주요 생산 시설 운용이 중단됐고, 열차의 정상 운행도 불가능한 상황으로 치달았다. 국가는 준마비상태에 가까웠다.

1996년 1월 1일, 새해를 맞으며 북한의 3대 매체인 『로동신문』, 『조선인민군』, 『청년전위』가 신년 공동사설을 발표했다. 사설에서 '고난의 행군'을 언급하며 '모자라는 식량을 함께 나눠 먹으며 일본군에 맞서 투쟁했던 항일 빨치산의 눈물겨운 고난과 불굴의 정신력을 상기시켜 오늘의 어려움을 이겨내자'고 호소했다. 하지만 극악의 고통이 3년 이상 지속되면서 국가와 민생이 모두 파탄에 이르렀다. 당시 북한의 모든 사람은 상상하기 힘든 난관과 고통을 겪었다.

1997~1998년 무렵부터 상황이 조금씩 나아졌지만, 고난의 행군 시기를 온전히 극복할 수는 없었다. 북한은 계속해서 회복을 위한 강행군을 추진했다. '강행군' 시기, 북한은 '자력갱생'의 기치 아래 군민의 단결을 유도하고, 그 힘으로 국가를 재건하려 애썼다. 북한 사람에게 '고난의 행군'과 '강행군'은 떠올리기도 싫은 고통의 역사다.

17. 70일 전투, 200일 전투, 80일 전투

북한은 계획경제체제로 경제를 운용한다. 그러다 보니 주요 사업 추진 때 인민을 동원한돌격전으로 목표를 달성하는 경우가 잦다. 70일 전투, 200일 전투 같은 운동은 생산 증산의 목표를 달성하기 위해 국가적으로 추진된다. 이런 운동에는 전당 · 전민이 동원돼 '생산고조현상'이 일어난다.

70일 전투는 조선노동당 제7차 대회를 위해 2016년 2월 23일~5월 2일까지 진행된 노동운동이다. 이 운동의 목적은 건축물 건설과 운동을 통한 당원 간부와 근로자의 사상 및 신념 강화다. 이런 맥락에서 70일 전투 과정에 큰 성과를 올린 사업 단위를 전형 단위로 지정하고, 당 중앙위원회 명의의 축전을 발송한다. 또한 따라 앞서기, 따라 배우기, 경험 교환 운동을 도처에서 활발히 진행시켜 단위 간 경쟁을 유도하며 운동의 영향을 키운다. 70일 전투 기간, 많은 공장과 기업이 상반기 인민경제계획 목표를 조기 완료했다. 공업 생산액 144% 초과 달성, 공업생산 1.6배 증가 등의 성과를 거뒀다. "4월 20일까지 전국적으로 1,640여 개 생산 단위에서 당이 제시한 70일 전투

목표를 돌파하였으며 그중 상반 연도 인민경제 계획을 앞당겨 수행한 단위는 560여 개, 연간 인민경제계획을 완수한 단위는 70여 개에 달했다. 앞서 4월 상순에 비해볼 때 70일 전투 목표를 수행한 단위는 850여 개나 더 늘어났으며 상반 연도, 연간 인민경제계획 완수 단위는 각각 230여 개, 50여 개나 더 장성했다."[4]

70일 전투에 이어 200일 전투(6월 1일~12월 15일)에 돌입했다. 거의 1년 동안 노동운동을 벌인 것이나 다름없었다. 이 시기 함경북도 북부 지역이 뜻밖의 홍수 피해를 입었다. 이에 따라 200일 전투의 목표는 함경북도 북부의 피해복구로 전환했다. 북한은 가용 가능한 모든 인력과 자원을 총동원하여 불과 2개월 만에 11,900여 세대를 수용 가능한 주택을 건설해서 재해지구 인민의 겨울나기 문제를 해결했다. 200일 전투 역시 목표를 조기달성한 것이다. 자력갱생의 기치 아래 원료, 자재, 설비가 도처에서 개발 생산됐고, 북한식 현대화가 추진됐으며, 북한 상표를 단 경공업 제품이 더 많이 생산되며 북한식 자립경제의 토대는 더 강화됐다.

"200일 전투 기간에 공업 부문에서 200일 전투 생산목표를 119% 넘쳐 수행하고 수천 개의 공업 기업이 연간 인민경제계획을 기한 전에 초과 완수하였다. 구장지구 탄광 연합기업에서는 70일 전투 기간에 공업 총생산액의 136.3%, 석탄 생산 계획은 117% 완수하였으며 200일 전투 기간에는 인민경제계획을 119.8%, 국가 예산 납부액을 118.4%로 초과 완수하였다. 순천시멘트 연합기업에서는 공업 총 생산계획을 154.7%, 국가 예산 납부액을 215.2%로 초과 수행하였다고 한다. 강원도에서는 원산 군민발전소와 함께 공업 총 생산액계획을 151%, 지방 예산 수입계획을 120.5%, 국가 알곡 생산계획을 완수하였고 회령시에서는 공업 생산액을 120%, 지방 예산 수입액은 104%

4) 『조국번영의 새시대를 펼치시여』, 평양출판사, 2018, 90쪽.

향상시켰다고 한다. 희천발전소도 전년 대비 전력생산 계획을 106.8%, 국가 예산 납부계획을 169%로 완수하였다. 철도 운수 부문에서는 철도 화물수송 계획을 121%, 기계 공업성에서는 공업 총생산액을 142.7%, 국가 예산 납부 액을 126.6%를 넘쳐 완수하였다."[5]

80일 전투는 2020년 10월 12일에 시작했다. 조선노동당 제8차 대회를 맞이하기 위한 생산운동이었다. 이때는 북한이 코로나 방역사업에 중점을 두고 있을 때였는데, 북한 전역에 영향을 미친 제9호 태풍으로 인해 함경남도 검덕지구가 큰 피해를 입었다. 코로나19 방역과 태풍 피해지구의 복구 건설을 동시에 진행해야 하는 어려운 상황 속에서 제7차 당대회에서 제시한 경제 전략 목표도 달성해야 하는 상황이었다.

2020년 10월 13일, 『로동신문』은 전체 당원 간부와 근로자가 최선을 다해 이 상황과 결사적으로 싸우자고 호소한다. "80일 전투의 첫째가는 임무는 악성 전염병을 막아내고 태풍과 폭우로 인해 재해를 입은 지역의 복구사업을 틀어쥐는 것이며 농업과 공업의 증산임무를 달성하는 것이다." 80일 전투를 강화한 방역 조치 덕분에 북한은 제로코로나를 이루고, 태풍 피해 지역에 2만 세대의 주택을 건설하여 인민의 생명과 안전을 지켜냈다. 비록 경제 방면에서 큰 타격을 받았지만 80일 전투를 통해 이중삼중으로 들이닥친 재난을 극복할 수 있었다. "이런 업적은 우리 당의 전투 기록부에 씌워질 것이며 자부심을 가질 만한 한 페이지를 남기게 됐다."[6]

---

5) 『조국번영의 새시대를 펼치시여』, 평양출판사, 2018, 94쪽.
6) 김정은, 「조선노동당 제8차대회에서 한 개막연설」, 2021년 1월 5일.

18. "식탁에서부터 노동당 만세 소리가 울려 퍼지게 하라"

김정은 위원장은 2015년 12월 28일 조선인민군 제3차 수산부문 열성자회의 참가자에 대한 당 및 국가 표창 수여식에서 "황금해로 전변된 바다에서 풍년소리가 울려 퍼지고 온 나라 가정들에 바다향기가 풍기게 해야 하며 인민의 식탁에서부터 사회주의만세 소리, 노동당만세 소리가 울려 나오게 해야 한다"고 강조했다. 인민들이 고기국에 쌀밥을 먹도록 하라는 선대 지도자들의 유훈을 구현하고 민생을 조금 더 챙기겠다는 이야기다. 경제적인 어려움이 이어지는 가운데 당이 인민의 민생을 챙겨서 좀 더 풍족한 식생활이 가능하도록 노력하라고 주문했다. 그게 인민의 마음을 얻는 중요한 방법이라는 것을 당 간부, 기관 간부, 기업 간부에게 재차 강조한 것이다. 구호만으로는 인민의 신뢰를 얻을 수 없다는 고민이 담겨 있다. 그러므로 김정은 위원장은 자주 당에게 실질적인 업무 추진을 요구한다.

김정은 위원장은 통치를 시작한 이후 '인민'이라는 단어를 연거푸 강조하며 민생을 중시하는 태도를 보인다. 그의 민생 강조는 추상적인 수준과 구체적인 수준, 두 영역을 오간다. 사상의 측면과 민생의 측면에서 인민의 중요성을 강조하고, 당이 인민의 사상과 민생 영역의 수준 제고에 전념해야 한다는 주문이다. 특히 후자를 언급할 경우에는 구체적인 사례와 사안에 관한 지시를 병행함으로써 인민 친화적인 지도자의 형상을 구축하려 한다. 나는 인민을 위해 멸사복무하고 함께 '인민의 나라'를 건설하자는 김정은 위원장의 구체적인 요구가 어떻게 구현될 것인지 지켜보고 있다.

19. '수입병'을 없애는 것도 사회주의 수호전이다

자력갱생 정신에 따라 국가의 자강력을 높이는 것은 북한이 일관적으로 강조하는 부분이다. 기업의 경우 기계 설비의 현대화를 진행할 때 기간과 효과를 고려하면 외국에서 완제품을 수입하는 쪽이 훨씬 빠르고 효율적이다. 국내 생산만으로는 계속 높아지고 있는 인민의 수요를 충족하기 힘들다. 생산력도 부족하고 품질도 보장되지 않는다. 게다가 북한의 고질적인 원자재 부족 문제도 많은 기업을 힘들게 만드는 원인이다. 이런 현실적 어려움이 존재하는 가운데 기업이 수입 권한을 보유하게 되면, 기업은 손쉽게 외부에 의존하게 될 것이다. 수입에 대한 의존도가 높을수록 자강력의 길과는 동떨어지게 된다. 결국 국가 내부의 공업 체계를 보유하고 운용할 수 있어야 자국 인민의 기호와 요구에 맞는 물건을 더 많이 생산할 수 있다.

국가의 요구와 기업의 현실이 상충하고 있는 과도기에 기업은 수입으로 품질을 보장하고 수익성을 높이려는 경향을 보인다. 국제제재가 강화된 현재 수입은 과거에 비해 더 많은 비용이 필요하다. 그러므로 국가 내부의 원료와 자재로 제품을 만들어야 하는 것이다. 넉넉하지 않은 국가 재정을 계획적으로 운용하며 절약해야 경제를 살릴 수 있다. 기업은 당장 불편이 있어도 자금을 절약하고 국산화율 제고에 주력해야 한다. 그래야만 다소 시간이 걸려도 자체 역량으로 사업을 운용할 수 있게 된다. 관세를 높인다고 해결될 문제도 아니다. 중요한 것은 수입을 제도화해서 경영 단위가 반드시 필요한 것만 수입하게 하고, 그 외 영역은 자체 역량으로 생산하는 시스템을 만들어야 한다는 점이다.

북한이 기업의 '수입병'을 고치겠다고 결심하자 국산화 열풍이 불었고, 여러 업종에서 국산화를 실현한 사례가 속속 등장했다. 건자재의 경우, 천리마 타일공장이 설립된 후 극소수의 타일을 제외한 모든 영역에서 수입 금지령이 공표됐다. 그러자 국산 타일이 시장의 선택을 받았다. 식료품의 경우도 비슷하다. 많은 공장과 기업이 자체적으로 식품을 생산했다. 제품의 질도 더 좋아졌다. 현재 북한의 슈퍼와 상가에서 판매되는 식료품은 대부분 북한산이다. 상술한 일련의 국산화 노력은 국산 제품 품질 상승 효과를 가져왔다. 또한 인민의 국산품 신뢰도도 높아지는 효과도 거뒀다. 이런 변화는 사회주의 제도를 지키는 과정에 반드시 필요한 단계다.

원자재, 설비, 기술이 부족한 상황에서 수입에 의존하는 게 생산 정상화의 가장 빠른 길일수도 있다. 하지만 북한은 빠른 정상화가 경제의 지구력을 보장한다고 생각하지 않는다. 오히려 빠른 정상화를 위해 수입을 과도하게 용인하는 '수입병'을 고치지 않으면 민족 경제를 영원히 발전시킬 수 없다고 강조한다. 일부 모순이 있어도 북한 입장에서는 국산화를 권장하지 않을 수 없는 상황이다. 특히 국제제재의 한복판에 놓인 북한경제의 상황을 감안하면 북한의 입장이 이해된다. 현재 북한은 합영과 합작이 필요한 경우에도 설비와 원자재 모두를 수입해야 하는 업종은 제한 정책을 시행 중이다. 합영과 합작 기한이 끝난 후에도 원자재를 외국에서 수입해야 하는 품목이라면 완전한 국산화를 실현할 수 없기 때문이다. 결국 가능한 외국 의존도를 줄이려는 노력의 일환이다. 다만 선진기술 도입과 관련된 원자재 및 설비 수입이 필요한 경우 무턱대고 수입을 금지하기 보다는 국산화의 비중과 품질향상의 효과를 세심하게 검토해서 합리적인 선택을 할 수 있어야 한다.

20. 자기 땅에 발을 붙이고 눈은 세계를 보라

김일성종합대학 전자도서관의 홀에 들어서면 김정일 국방위원장의 친필로 쓴 구호가 방문객을 반긴다. '자기 땅에 발을 붙이고 눈은 세계를 보라.' 이 구호는 2010년 4월 김일성종합대학 전자도서관 준공을 앞두고 김정일 국방위원장이 대학에 보낸 친필서한에 적힌 내용이다. 애국주의 교양에 바탕을 두면서 동시에 세계적인 안목을 키워야 한다는 점을 강조하는 말이다. 세계의 선진적인 과학기술 성과를 빨리 파악하고, 동시에 강한 민족자존의 정신력으로 사회주의 강국 건설을 위한 과학기술 성과를 이루기 위해 노력하자는 호소다.

현재 이 구호는 대학뿐 아니라 국가의 모든 영역에서 널리 쓰이고 있다. '세계적인 안목'이라는 단어가 유행 중인 북한에서 저 구호는 우물 안 개구리가 되지 말자는 다짐이기도 하다. 외국을 경험하고 외국의 뛰어난 분야를 배우려는 북한의 의지도 엿보인다. 현재 북한은 대학 교원과 과학자에게 SCI급의 권위 있는 국제 간행물에 연구논문을 발표하라고 요구하고, 국제적인 각종 학술 교류를 활발하게 진행 및 참여해서 선진적인 연구 성과를 흡수하라고 강조한다. 물론 여기서의 '흡수'는 외국의 성과를 있는 그대로 받아들이라는 뜻이 아니라 자기화를 진행하라는 의미다.

나는 김일성종합대학에서 박사과정을 밟으며 학교 측에 국제학술교류를 종종 제안했다. 2011년 대학에서는 개교 60주년 기념 국제학술토론회를 열게 됐고 나도 적극적으로 참여하고 지원했다. 80여 명의 외국학자를 초청했는데 중국, 러시아, 베트남, 독일 등 14개 국가의 학자들이 참여했다. 북한 측에서는 김일성종합대학만이 아니라 조선사회과학원, 김책공업종합대학 등 유명 대학과 권위 있는 학술연구 기관의 구성원들이 참가했다. 포럼은 총 9개 분과로 나뉘어 진행되다. 북한 역사상 최초의 대규모 국제학술토론회였다. 준비 과정에서 일부 우려가 있었지만 포럼이 성황리에 막을 내리자 김일성종합대학에서는 해마다 국제학술토론회를 개최하게 됐다. 나아가 다른 국가의 유명 대학과 자매결연을 맺고 대학 간 교류를 활성화하는 단계에 진입했다. 이 무렵부터 북한의 학계가 국제학술교류의 분위기에 적응하는 모습을 보여줬다. 국제학술대회에 참가한 북한의 발표자들은 초기에는 경직된 모습을 보이기도 했지만 점차 능숙해졌다. 영어 발표도 큰 문제가 없어 외국학자들의 긍정적인 반응을 이끌어냈다.

김일성종합대학은 매년 외국에서 진행하는 국제 학술포럼에도 참가하고 있다. 그들이 참여하는 가장 대표적인 학술회의는 중국 연변대학이 개최하는 '두만강포럼'이다. 조선사회과학원도 해마다 연구원을 해외에 파견해 고려학회에서 주관하는 국제포럼에 정기적으로 참가하고 있다. 국내 학자는 해외 경험을 쌓고, 동시에 외국 학자를 국내로 초청해서 다양한 방식으로 외부와 학술 교류를 조직하고 진행하는 중이다. 조선과학기술전당, 인민대학습당도 외국 전문가 및 학자를 초빙하여 특강을 진행하는데, 북한 학계 구성원들이 적극적으로 참가하는 모습을 볼 수 있다. 또한 국내 전문가와 학자를 해외에 파견하여 연수나 단기교류 성격의 프로그램을 운영한다. 이는 주로 외국의 대학이나 국가 기관에서 북한의 관련자를 초청하는 방법으로 진행된다. 중국 상무부가 북한의 세관 및 무역 업종에 종사하는 관료를 초청해 교육과 참관을 겸한 단기 교류를 진행하기도 했다. 연변대학은 중단기 프로그램을 개설해 북한의 경제 분야 간부를 양성하는 프로그램도 운영했었다. 일부 대학과 연구기관은 외국에 전문가를 파견해 프로젝트를 공동으로 개발 및 합작한다. 때로는 타국의 요청으로 해당국의 프로젝트를 북한의 전문가가 완성하는 방식의 교류도 추진된다. 최근 북한의 학자와 전문가는 국제학술교류를 통해 실력 향상을 도모하며, 그 과정의 일환으로 국제 학술지 논문 투고 및 국제 학회 참가 및 발표 등을 진행하고 있다.

21. 북한의 상업은행

북한의 금융체계는 사회주의 경제의 기본 틀 속에서 중앙집권적 원칙에 따라 일률적으로 은행체계를 수립하고, 중앙은행이 계획적으로 자금 융통 사업을 진행하는 방식이다. 은행체계는 중앙부터 도, 시, 군에 이르기까지 은행 지점 네트워크를 구축해서 중앙은행의 계획에 따라 지방의 금융 사업을 책임지고 조직하는 방식으로 운영 중이다. 대내적 기능과 대외적 기능을 구분해 중앙은행과 무역은행으로 구분된다. 중앙은행은 발권은행이다. 주로 대내 금융사업을 전문적으로 다루며 타국의 발권은행과 연계를 맺고 있다. 무역은행은 대외금융 사업을 담당하는 은행기관이다. 외화 관리를 주관하며, 타국의 은행과 국제결재와 국제신용거래를 진행하고 있다. 또한 북한은 금융은행 거래의 전문화를 위해 농민은행, 건설자금은행 등을 만들었다.

최근 북한의 금융체계는 일부 변화의 조짐을 보이고 있다. 특히 외국과 합작해서 운영하는 상업은행이 줄지어 만들어졌다는 점이 주목을 끈다. 이런 상업은행은 기존의 은행 시스템에 속하지 않고, 영향력 있는 기관이 외국과의 거래를 통해 새로 만든 금융기관이다. 북한의 주요 상업 은행으로는 무역은행, 대성은행, 고려상업은행, 일심국제은행, 조선통일발전은행, 황금의 삼각주은행 등이 있다. 그 외 합영은행도 적지 않다. 하나은행, 대중화상업은행, 대륙은행, 만덕상업은행 등이 대표적이다. 상업은행은 현재 30여 개에 달하며 주요 기능은 외국 자본의 영입으로 자기 기관 산하의 프로젝트에 융자하는 형식을 취하고 있다. 지금까지는 자금량이 한정적이지만 은행이라는 수단을 이용해 국제 금융업무를 개척하는 것은 안전성과 신용도를 높이는 면에서 일정한 기여를 하게 될 것이다. 북한이 국제협력의 돌파구를 금융체계에서 찾으려는 것은 아닌지 생각되는 대목이다.

아직까지 북한에서 상업은행 개설의 문턱은 그다지 높지 않다. 그래서 일부 기업은 합영 및 합작 방식으로, 기업에 직접 투자를 하기보다는 합작은행을 통해 투자 가능성 분석을 실시하는 형식으로 외국 자본의 안전성을 지원하는 방법을 모색한다. 외국 기업도 이런 금융 체계에 관심을 갖고 있다. 이 방식을 활용하면 제품 생산에 관심이 적은 기업도 작은 자본으로 금융 업무를 다룰 수 있기 때문에 북한 투자에 더 많은 관심을 보일 수 있다.

22. 청산리정신과 대안의 사업체계

대안의 사업체계와 청산리정신은 김일성 주석 통치기에 등장한 공업 및 농업 개발의 전형으로, 북한의 경제발전체계를 구축한 모델이며 경제발전의 뿌리다. 청산리정신은 1960년에 김일성 주석이 농업전선으로 식량증산을 해야 한다고 제창하고 청산리 협동농장을 방문하면서 탄생했다. 청산리정신은 1960년 2월 5일에 제안됐고, 1965년 10월 10일 창당 20주년에 '청산리정신'이라는 명칭이 공식적으로 발표됐다.

청산리 협동농장은 김일성 주석이 85차례나 현지 지도했던 유서 깊은 농장이다. 이 마을 뒷산에는 멀리서도 한 눈에 들어오는 큼지막한 구호가 새겨져 있다. '위대한 청산리정신, 청산리방법 만세!' 청산리정신과 청산리방법은 당시 북한의 총체적인 영도사상이자 영도방법이다. 또한 북한은 청산리정신과 청산리방법이 주체사상과 혁명군중노선을 견지하는 조선노동당의 전통적인 사업 방법으로, 북한 지도부의 경험인 항일 유격대의 정신과 방법을 사회주의 현실에 맞게 구현하고 발전시킨 실천적 성과라고 한다.

청산리정신과 청산리방법의 기본 원칙은 첫째, 상위 기관이 하위 기관을, 윗사람이 아랫사람을 도와 상하가 합심해 당의 노선과 정책을 관철하는 것이다. 둘째, 늘 현지에 내려가 실정을 알아본 다음 적확한 해결 방책을 세우는 것이다. 셋째, 모든 사업에서 정치 사업, 사람과의 사업을 앞세우고 대중의 자각적 열성과 창조성을 동원해 혁명과업을 수행하도록 하는 것이다. 김일성 주석은 농장을 시찰하면 항상 농민과 마주 앉아 농민의 의견에 귀를 기울였다고 한다. 한 일화를 보자. 시찰 때 만난 농민이 일 년 내내 일해도 정작 연말에 돈 한 푼 손에 쥐지 못한다는 불만을 제기하자, 김일성 주석은 즉각 그 의견을 수용했다. 김일성 주석은 관련 기관에 농장 구성원이 헛일을 하게 만들면 안 된다며 농민이 한 해에 적어도 400kg 정도의 생산물을 가져갈 수 있게 만들라고 지시했다.

대안의 사업체계는 1960년에 먼저 실행한 청산리정신과 청산리방법에서 얻은 경험에 기반하여, 공업 분야의 문제를 해결하기 위해 김일성 주석이 1961년에 제기한 새로운 사회주의 공업관리체계이다. 김일성 주석은 대안 전기공장을 찾아 기존 사업체계의 부족한 점과 사업 방법에서 나타난 결함을 분석하고, 북한의 실정에 맞는 공업관리체계의 필요성을 제기했다. 이후 대안의 사업체계는 북한의 공업 전반 분야에서 광범위하게 사용됐다.

대안의 사업체계의 기본 내용은 공장과 기업이 당 위원회의 집체적 지도 아래 모든 경영 활동을 진행하고 정치사업을 우선하며, 생산 대중을 일깨워 제기된 경제 과업을 수행하고, 상부가 하부를 담당하고 지원하는 것이다. 즉 당의 영도와 국가의 중앙집권적·계획적 지도를 군중노선과 결합시킨 경제관리체계다. 여기서 국가적 지도관리 체계는 내각을 중심으로 하는 관리체계를 뜻한다. 또한 당과 국가가 제시한 인민경제 발전방향에 입각해서 계획을 세워야 하므로, 모든 공업 부문의 공장과 기업은 국가계획위원회의 조직 지도를 받아야 한다고 규정했다. 공장과 기업 스스로 감당할 수 있는 분야는 지원을, 스스로 감당할 수 없는 문제에 대해서는 기관이 직접 대책 수립 및 집행을 주도한다는 뜻이다. 북한은 새로운 공업관리체계가 당과 근로 대중이 인민경제의 관리와 운영을 주관하는 효과적인 경영관리 방법이며, 사회주의 제도의 본질과 집단주의 정신에도 부합되는 경제관리 방법이라고 주장한다.

이렇게 공업관리에서 대안의 사업체계가 확립됐다. 농업지도체계 방면에서는 군 협동농장 경영위원회와 도 농촌 경리위원회가 창설된다. 또한 중앙에서 지방까지, 모든 부문과 모든 단위에서 국가계획위원회의 통일적 지도 아래 인민경제 계획화 사업의 일원화 체계가 확립됐고 계획의 세부화가 실현됐다. 북한은 새로운 경제관리 체계의 수립으로 경제관리 방면에서 사회주의 경제법칙의 요구를 구현하고, 정치도덕적 자극과 물질적 자극 및 통일적 지도와 민주주의를 배합해 나갈 수 있게 되었으며, 경제관리의 사대주의와 교조주의 및 좌-우경적 편향을 극복할 수 있게 됐다고 평가한다.

23. 청년강국

북한은 타국에 비해 청년의 역할을 강조하는 편이다. 북한의 모든 건설장에서 군인 건설근로자를 포함한 청년의 모습을 볼 수 있다. 북한에는 수백만의 청년들이 청년전위조직과 청년동맹에 소속돼 있다. 이중 선봉대, 돌격대 역할을 수행하는 젊은이들의 피땀으로 북한의 곳곳이 만들어졌다. 조선청년동맹은 1946년에 설립됐다. 초기 명칭은 '북조선민주청년동맹'이다. 1951년에 '남조선민주청년동맹'과 합쳐져 '조선민주청년동맹'이 됐다. 1964년에 '사회주의노동청년동맹', 1996년에 '김일성사회주의청년동맹', 2016년에 다시 '김일성-김정일청년동맹'으로 개명했다.

2015년 4월 19일 백두산 선군 청년발전소 건설장을 찾은 김정은 위원장은 청년돌격대원의 역할에 대해 높은 평가를 내렸다. 청년돌격대원들은 열악한 환경 속에서 1호 발전소 콘크리트 댐 공사와 2호 발전소 수로 터널 건설의 기초 공사를 완수했고, 침수지역 주민의 주택까지 건설했다. 김정은 위원장은 청년 돌격대원이 국가의 전기문제 해결에 특별한 기여를 했다며 격려했다. 백두산 선군 청년발전소의 청년돌격대원은 발전소 건설에서 큰 역할을 담당하고 국가 전역의 전력 문제 해결에 공헌하면서 북한 특유의 청년강국 이미지를 재확인시켜줬다.

북한은 백두산 영웅 청년발전소 건설에 참여한 청년돌격대원의 활약을 '선군청년문화'라고 규정하고 전국 각지에 보급했다. 북한은 청년의 정신세계와 투쟁 기풍, 성실한 업무태도와 혁명적 낙관주의가 시대의 본보기라고 말하며 애국심을 고취하고 있다. "나는 청년들을 믿고 청년들은 나를 믿고 우리 함께 강국건설을 하루 빨리 앞당기자"고 한 김정은 위원장의 호소가 북한 청년들의 노동 열정을 불렀다. 북한은 청년의 타락과 변질을 크게 우려하며 관리한다. 청년은 건전한 문화를 창조하고 민족정서에 맞는 춤과 노래를 불러야 하며 북한식의 멋을 부려야 한다는 주장이다.

북한은 선군청년문화를 어려우면 어려울수록 혁명노래를 높이 부르면서 활기에 넘쳐 전진해 나가는 것이라고 규정한다. 항일 유격대원들은 눈보라를 무릅쓰고 폭탄이 터지는 고지에서도 혁명가요를 부르면서 승리를 거듭했다. 백두산 영웅 청년돌격대원은 항일 유격대원의 전통을 이어받아 '가리라 백두산으로', '죽어도 혁명정신 버리지 말자'를 부르며 혁명열, 투쟁열, 애국열을 보여주었다. 연료가 떨어져 기계가 멈추면, 청년들이 어깨로 마대를 메고 날랐다. 착암기가 모자라면 청년들은 망치로 바위를 깨면서 발전소 건설 임무를 제시간에 완성한다. 북한은 이런 사례들이 청년들의 애국 열정을 보여주는 것이라고 말한다.

북한이 말하는 청년 문화는 사회주의 생활 문화를 뜻한다. 청년강국이란 이런 건강한 문화가 탄탄한 국가라는 의미다. 북한은 정치사상강국, 군사강국, 청년강국을 자청하고 있는데, 이 가운데 청년강국이 가장 중요하다고 말한다. 청년문제가 국가의 가장 중요한 문제이므로 청년교양사업에 많은 힘을 쏟는다는 것이다. '수령의 사상과 위업에 대한 끝없는 충실성', '수령결사옹위정신'은 북한 청년이 지녀야 할 사상–정신적 풍모의 핵심이다. 또한 청년의 조직력, 단결력, 전투력을 키워 새시대의 투사, 혁명의 계승자, 당의 익측부대, 최고사령관의 예비전투부대, 별동대로 성장하도록 만들어야 한다는 것이 노동당의 방침이다.

북한청년동맹 제10차 대표대회는 2021년 4월 29일에 거행됐다. 『로동신문』은 5월 3일 사설에서 제10차 대표대회가 북한청년운동을 한 단계 끌어올린 중요한 변곡점이라고 평가했다. '현시기 북한청년운동을 새로운 발전 단계에 올려 세우는 것은 우리 혁명의 절박한 요구이다'라고 하면서 청년운동의 전성기를 열어젖히자고 격려한 것이다. 또한 사설은 "제8차 당대회에서 가리키는 전진도로 따라 혁명의 새로운 고조기, 변혁기를 열어 제껴야 하며 청년운동은 강력한 전투적 역할을 수행해야 한다", "당대회가 밝힌 진로 따라 혁명의 새로운 고조기, 격변기를 열어나가는 데서 청년 운동은 마땅히 강력한 전투적 역할을 하여야 한다. 사회의 가장 활력있는 부대인 청년 대군의 거대한 힘을 남김없이 발양시키고 청년 운동을 사회주의 건설의 강력한 추진력으로 전환시킬 때 당대회 결정 관철을 위한 오늘의 총진군은 더욱 활력있게 다그쳐지게 된다."고 말했다.

이 대회에서는 청년동맹의 명칭 수정과 관련한 결의가 통과돼 기존 명칭에 포함됐던 "김일성–김정일주의"를 삭제했다. 4월 30일에 발표된 결의 내용은 "김정은 동지는 우리나라 혁명과 청년 운동발전의 새로운 요구를 통찰하시고 전체 청년동맹 간부와 청년의 한결같은 의시와 염원을 담아 청년동맹의 이름을 '사회주의 애국청년동맹'으로 바꾸도록 지시했다"고 밝혔다.

24. 김일성종합대학

김일성종합대학은 김일성 주석의 주도로 1946년 10월 1일 창립된 북한 최초의 인민 대학이다. 김일성 주석은 국가 상황이 열악하지만 인재 육성을 위해 대학건설을 지원하자고 호소했었다. 창립 당시 김일성종합대학은 7개 학부로 구성됐고 교원은 60여 명, 학생 수는 1,500여 명이었다. 현재는 9개의 단과 대학과 경제학부, 역사학부, 수학부, 물리학부를 비롯한 42개의 학부, 28개의 연구소, 570여 개의 강좌와 연구실을 갖춘 북한 교육의 최고 전당이자 민족 간부양성의 기지로 거듭났다. 원사 9명, 후보원사 39명, 교수, 박사급 학자 700여 명 등 3,500여 명의 연구자와 6,000여 명의 교원, 연구원이 교육과학사업을 진행하고 있다. 학생은 본과 학생이 2만여 명, 박사원생이 4,000여 명 정도다. 본과 학제는 4년 6개월, 박사원제는 석사반 3년, 박사반 3년, 박사후 과정은 3년이다.

대학에는 1974년 9월 8일 용남산 마루에 세워진 김일성 주석의 동상이 있다. 2013년 10월 1일에는 전자도서관 앞마당에 김정일 국방위원장의 동상을 새로 세웠다. 용남산을 중심으로 김일성종합대학 혁명사적관, 전자도서관, 1호 교사, 2호 교사, 3호 교사, 4호 교사와 자연박물관, 체육관, 수영관, 학생기숙사가 종합대학 캠퍼스를 형성하고 있다. 지금의 전자도서관은 원래 김일성 주석이 1947년 9월 용남산 마루에 터를 잡고 1948년 10월 준공식에서 테이프를 끊었던 본관 건물이었다. 김일성종합대학 설립을 세상에 알린 건물이다. 이 건물은 김정일 국방위원장의 지시로 2010년 4월에 전자도서관으로 개관해 김일성종합대학의 세계화 추진을 상징하게 됐다.

김정일 국방위원장도 김일성종합대학 출신이다. 그는 1960년 9월 김일성종합대학 경제학부에 입학하여 1964년 3월에 졸업했다. 김일성종합대학 사적관에는 김정일 국방위원장의 학생시절을 세세하게 전시하고 있다. 사적

관은 그는 학생시절에 무려 1,400여 건의 논문을 발표했고 우수한 성적으로 학업을 마쳤다고 기록하고 있다. '김일성 주석은 김일성종합대학의 강화 발전을 위해 100여 차례의 현지지도와 900여 차례의 강령적 교시를 주었다. 김정일 국방위원장은 27차의 현지지도와 1,900여 차의 귀중한 가르침을 주었다'는 기록이다.

김일성종합대학은 교학 청사를 건설연대와 번호 순서로 명명한다. 1호 교사는 1965년에 준공됐고 연 건축면적이 4만 6,000㎡이며 5개 동으로 구성된다. 과학도서관은 1970년에 준공됐으며 연 건축면적이 1만1,900㎡, 열람좌석이 1,200석, 장서량은 200여만 권에 달하며 사회과학, 자연과학 등 10여 개의 열람실을 가지고 있다. 2호 교사는 1972년에 준공됐고 연 건축면적은 5만 2,000㎡이며 22층이다. 건설 당시 평양시에서 제일 높은 건물이었다. 자연박물관은 대학창립 30돌 기념을 위해 1976년 4월 15일에 개관됐고 연 건축면적이 2,000㎡이며 3층으로 되어있다.

체육관은 1989년 6월 21일에 준공된 지하 1층, 지상 3층 건물이다. 총 부지면적은 10만㎡이고 연 건축면적은 약 2만㎡이다. 관람석 수는 2,000석이며 바닥에는 3,000석의 의자를 놓을 수 있어서 대규모 모임과 행사 진행이 가능하다. 체육관은 배구, 농구, 핸드볼, 정구, 탁구와 권투, 레슬링, 예술 체조, 기계 체조 등을 모두 할 수 있는 현대 시설이다. 2층과 3층에는 1,500여㎡의 경기홀과 4개의 훈련실, 120여 개의 크고 작은 방이 있다.

수영관은 2009년 3월 19일에 준공한 지하 1층과 지상 2층의 건물이다. 총 부지면적은 25,000㎡, 연 건축면적은 근 8,300㎡, 관람석 수는 760석이다. 수영관에는 국내, 국제경기를 진행할 수 있는 8개의 주로와 도약대를 갖춘 수영장이 있다. 거기에 있으며 노교수들을 위한 물놀이장, 목욕탕과 샤워실, 치료실을 비롯한 시설도 갖췄다. 수영관이 개장할 때 국가는 모든 교직원과 학생들에게 수영복과 모자, 안경 등을 보급했다. 이 수영관은 대학 교원과 학생의 활용할 수 있는 체육시설이자 해외 관광객의 참관이 허용되는 관광지이기도 하다.

김정은 위원장은 김일성종합대학의 발전을 위해 5차례나 대학을 방문해서 대학이 나아갈 방향을 제시했다. 그는 대학창립 67주년인 2013년 10월 대학의 교원과 연구원을 위해 현대적인 교육자 주택 300세대를 분배하고 주택에 입주하는 교원 및 연구자와 기념사진을 찍는 파격적인 행보를 보였다. 2017년 려명거리 건설이 완공되자 1,700여 세대에 달하는 현대적 주택을 교원과 연구진에게 제공했다. 려명거리를 건설할 때 대학에도 3호 교사, 4호 교사, 화학부 청사, 15호 기숙사와 16호 기숙사, 6호 식당을 지어줬다. 또한 2016년 대학창립 70주년 때는 전체 교직원과 학생에게 '주체혁명의 새 시대 김일성종합대학의 기본임무에 대하여'라는 서한을 보냈다. 김정은 위원장은 이 서한에서 '김일성종합대학이 명실공히 수령님과 장군님의 대학, 당의 대학으로서의 본태를 고수하고 주체혁명 위업의 최후 승리를 앞당기기 위한 투쟁에서 자기의 사명과 임무를 다해야 한다'고 대학 건설의 방향을 제시했다.

현재 김일성종합대학은 본과와 단과대학을 포함해 사회과학과 자연과학으로 나뉘어 있다. 사회과학에는 경제학부, 역사학부, 철학부, 법률대학, 문과대학, 외국어문학부, 재정대학 등이 있다. 자연과학에는 수학부, 물리학부, 에너지학부, 정보과학대학, 생명과학부, 화학부, 지구환경과학부, 지질학부, 역학부, 재료과학부, 전자자동화학부, 산림과학대학이 있으며 원격대학과 교육학부가 있다. 현재 김일성종합대학의 각종 연구기구는 지속적으로 증가하는 추세다. 연구소로는 정보기술연구소, 전자재료연구소, 에너지연구소, 촉매연구소, 과학실험기구연구소, 분석연구소, 생물산업연구소, 통신산업연구소, 나노기술연구소, 교육과학연구소 등이 있다.

생물산업연구소는 설립된 지 약 20년 정도 됐다. 7명의 권위 있는 교수와 박사를 포함해 20여 명의 젊고 능력 있는 연구원들을 보유했다. 연구소에는 1,500㎡ 규모의 생화학, 미생물학, 생리학, 유전자 공학 관련 실험 설비와 분석 설비를 갖춘 연구센터와 2,000㎡ 규모의 의약품, 건강식품, 화장품 생산공정을 갖춘 생산공장이 있다. 연구센터는 생물약품, 각종 기능성 생물 제품을 전문적으로 연구 및 개발하고, 공장은 3교대로 돌아가면서 관련 제품을 생산하고 있다.

생물 산업 연구소는 기원이 다른 피브린 분해효소, 프로테아제 등의 효소제, 인체에 유익한 미생물을 주성분으로 하는 뇌혈관 계통 및 소화기 계통의 질병 치료 및 예방용 약품을 생산하고 있다. 연구소가 보유한 제약공장은 현재 북한의 약품 GMP 인증을 받았으며, WTO에서 조직한 프랑스 CERTIPHARM 인증기관의 심사에서도 높은 평가를 받았다. 이 연구소는 약품, 식품, 화장품 분야의 국가품질시험기관 역할도 수행 중이다. 또한 전통 약품 개발, 첨단 생물공학기술에 기초한 유전자 재조합체인 우로키나제, 상어간 활성 펩티드, 인슐린 유사 성장인자-1진통 펩티드 등의 유전자 공학제품도 개발해서 현재 임상 실험을 진행 중이다.

25. 북한의 인재(엘리트) 교육

북한은 12년제 무상교육을 실시하고 있는 국가로 알려져 있다. 하지만 이 숫자는 청소년 일반교육 관련 지표일 뿐이다. 북한은 의무교육을 실시하면서 한편으로는 특수인재 육성에도 많은 힘을 쏟는다. 영재교육 체계도 운용하고 있는 것이다. 집단의 발전을 보장하는 가운데 개인의 재능을 특화하는 체계적인 교육이 실시되고 있다. 영재교육은 보통교육부터 고등교육까지 나름의 체계를 갖췄다. 보통교육 부문은 평양시 및 각 도의 제1중학교가 담당한다.

김정일 국방위원장 통치 때 북한은 컴퓨터 전문인재 양성을 위해 현대적인 정보기술 인재육성 기지를 구축했다. 전국적으로 뛰어난 학생을 선발해서 조기에 전문적인 컴퓨터 관련 학습을 받게 한 것이다. 북한의 제1중학교 체계가 중앙부터 지방까지 운용되고 그 결실을 전문교육을 담당하는 대학에서 거두게 된다. 가령 평양 제1중학교와 각 도의 제1중학교는 보통교육 부문의 영재교육을 담당하는 학교다. 제1중학교 학생이 국제수학올림픽 경연에 참가해 좋은 성적을 거두는 일은 비일비재할 정도다. 제1중학을 졸업한 학생들은 대부분 김일성종합대학, 김책공업종합대학 같은 유명 대학에 진학해 더 심화된 전문교육을 받고 국가의 중요 인재로 성장한다.

김일성종합대학을 비롯한 모든 대학은 자연과학 부문 학부에 영재반을 개설하고 실정을 고려해 교육 연한을 설정한다. 그리고 제1중학교를 졸업한 우수한 학생이 대학 학부를 마친 다음에는 박사원에 들어가 엘리트 교육을 지속해서 받게 한다. 제1중학교의 우수한 졸업생이 20대 혹은 30대에 박사가 되는 것은 흔한 일이다. 그들은 국가의 핵심 과학기술을 담당하는 근간이자 국가 건설의 핵심 엘리트 역할을 수행한다. 해방 후 제로베이스에서 시작한 인재 육성사업의 결과, 현재 북한은 약 300만 명에 달하는 지식인을 보유하고 있다. 이런 지식인들이 전민 과학기술 인재화를 목표로 하는 북한의 기둥인 것이다.

26. 북한의 상표권 보호

북한에도 상표법이 존재한다. 상표권 소유자는 상표법에 의해 그 권익을 보호받는다. 상표권은 상표 등록기관에 상표를 등록한 기관, 기업, 단체와 공민이 소유한다. 공동의 명의로 등록한 상표권은 공동 상표 소유권을 가진다. 「조선민주주의인민공화국 상표법」에는 상표권 소유자의 권리를 다음과 같이 규정하고 있다.

① 등록된 상표의 사용권

② 등록된 상표의 전부 또는 일부에 대한 양도 및 사용허가권

③ 상표권 침해 행위를 중지시킬 데 대한 권리와 손해보상청구권

④ 등록된 상표의 취소권

상표권의 보호기간은 상표 등록을 신청한 날부터 10년이며 기간 연장이 가능하다. 보호기간에 해당하는 상표권은 양도할 수 있다. 그러나 상표 등록이 취소되었거나 상표를 등록한 날부터 5년 동안 사용하지 않았을 경우, 상표권의 효력은 없어진다. 상표를 인정받으려면 우선 관리기간에 등록하여야 한다.

1) 상표 등록의 신청

상표 등록을 신청하려는 기관, 기업, 단체, 공민은 상표 등록 신청문건을 만들어 상표 등록 기관에 직접 또는 우편으로 보내야 한다. 부득이한 경우에는 전자우편, 팩스 같은 전자통신 수단을 이용하여 제출할 수 있다. 북한에 상표를 등록하려는 외국법인, 공민은 대리기관을 통하여 북한어로 된 신청문건을 상표 등록 기관에 내야 하는데, 이 경우 대리기관은 대리 위임장을 제출해야 한다. 상표 등록의 신청 날짜는 상표 등록 기관이 신청문건을 접수한 날이다.

북한에서 진행하는 전람회, 전시회에 상표를 출품할 때는 등록 신청에서 우선권을 가진다. 그러므로 상표가 출품된 날부터 3개월이 되기 전, 상표 등록 기관에 우선권을 요구하는 신청을 하여야 한다. 다른 국가의 법인, 공민이 자국에서 받은 상표의 등록 신청에 대한 우선권은, 기존 상표 발급일

로부터 6개월 안에 북한의 상표 등록 기관에 해당 문건을 내야 효력이 생긴
다. 취소된 상표나 보호 기간이 지난 상표의 등록 신청은, 그 등록의 취소
일 혹은 보호기간 종료일부터 1년이 지나야 가능하다.

2) 상표 등록의 심의

상표 등록 기관은 상표 등록 신청문건을 접수한 날부터 6개월 내에 심의
한다.

① 상표로 등록할 수 없는 표식, 표기

   i. 이미 등록된 상표와 같거나 유사한 표식

   ii. 국호 또는 그 약자로 만들었거나 국장, 국기, 훈장, 메달과 같거나
     유사한 모양으로 만든 표식

   iii. 북한의 법과 공중도덕, 미풍양속에 맞지 않는 표식

   iv. 상품 또는 봉사에 대한 허위적 내용을 담은 표식

   v. 상품의 이름, 조성, 특성 같은 것만 있는 표기

   vi. 검사 표식이나 단순한 수자, 기하학적 표식

   vii. 전람회, 전시회에 출품되었던 상표와 같거나 유사한 표식

   viii. 북한에 가입한 국제기구의 표식으로 되었거나 국제법과 국제관례
     에 어긋나는 표식

   ix. 널리 알려진 상품, 유명한 상표와 같거나 유사한 표식

등록이 결정된 상표는 국가 상표 등록부에 등록되며 상표등록을 신청
한 기관, 기업, 단체와 공민에게 상표 등록증을 발급해준다. 등록한
상표는 상표 공보를 통하여 공개한다.

27. 북한의 저작권 보호

북한에서 저작권은 사회주의 헌법과 저작권법 관련 법규에 의해 보호된다.

1) 보호 저작물의 대상
북한의 저작권법에 따라 보호되는 저작물은 다음과 같다.

① 과학논문, 소설, 시 같은 창작품

② 음악저작권

③ 가극, 연극, 요예, 무용 같은 무대 예술 저작물

④ 영화, 텔레비전 편집물 같은 무대 예술 저작권

⑤ 회화, 조각, 공예, 서예, 도안 같은 미술 저작물

⑥ 사진 저작물

⑦ 지도, 도표, 도면, 약도, 모형 같은 도형 저작물

⑧ 컴퓨터 프로그램 저작물

2) 저작권자의 권리보호
저작권자는 저작물을 직접 창작한 자, 또는 그의 권리를 넘겨받은 자로서 저작물에 대한 인격적 권리와 재산적 권리를 가진다.

① 저작권자의 인격적 권리

   ⅰ. 저작물의 발표를 결정할 권리

   ⅱ. 저작물에 이름을 밝힐 권리

   ⅲ. 저작물의 제목, 내용, 형식을 고치지 못하도록 한 권리

   저작권자의 인격적 권리는 저작물을 창작한 자만이 가지며 양도, 상속할 수 없고 무기한 보호된다.

② 저작권자의 재산적 권리

    ⅰ. 저작물을 복제, 공연, 방송할 권리

    ⅱ. 저작물의 원작이나 복제물을 전시 또는 배포할 권리

    ⅲ. 저작물을 편작, 편곡, 각색, 윤색, 번안, 번역 같은 방법으로 개작하여 새로운 저작물을 만들 권리

    ⅳ. 저작물을 편집할 권리

    ⅴ. 저작권자의 재산적 권리는 전부 또는 일부를 양도하거나 상속할 수 있다.

③ 저작물의 재산적 보호 기간

창작가가 사망한 후 50년까지 보호하며 법인 저작물에 대한 재산적 권리의 보호기간은 저작물이 발표된 때부터 50년으로 한다. 보호기간의 재산은 저작물이 발표되었거나 창작가가 사망한 다음 해 1월 1일부터 한다.

3) 저작물을 이용할 때의 저작권보호 주요내용

① 저작권자가 아닌 기업, 단체, 공민이 저작물을 이용할 때에는 저작권자의 허가가 필요하다.

② 기관, 기업, 단체, 공민이 저작물의 이용을 허가 또는 승인받았을 경우에는 저작권자에 정한 요금을 내야 그 이용권이 양도 가능하다.

③ 저작권 침해 시에는 손해 배상을 하거나 행정적 및 형사적 책임을 진다.

28. 북한의 투자정책 안내

1) 외국인투자관련 법규(최고인민회의 상임위원회)

조선민주주의인민공화국 외국인투자법(1992. 10. 5)

조선민주주의인민공화국 합영법(1984. 9. 8)

조선민주주의인민공화국 합작법(1992. 10. 5)

조선민주주의인민공화국 외국인기업법(1992. 10. 5)

조선민주주의인민공화국 외국투자기업등록법(2016. 1. 25)

조선민주주의인민공화국 외국투자기업회계법(2016. 10. 25)

조선민주주의인민공화국 토지임대법(1993. 10. 27)

조선민주주의인민공화국 외국투자은행법(1993. 11. 24)

조선민주주의인민공화국 외국투자기업 및 외국인세금법(1993. 1. 31)

조선민주주의인민공화국 외국인투자기업파산법(2000. 4. 19)

조선민주주의인민공화국 외화관리법(1993. 1. 31)

외국인투자기업 명칭제정규정(1999. 3. 13. 내각)

외국인투자기업 노동규정(1999. 5. 8. 내각)

외국인투자기업 재정관리규정(1999. 12. 4. 내각)

조선민주주의인민공화국 라선경제무역지대법(1993. 1. 31)

조선민주주의인민공화국 황금평, 위화도경제지대법(2011. 12. 3)

조선민주주의인민공화국 개성공업지구법(2002. 11. 20)

조선민주주의인민공화국 금강산관광지구법(2002. 11. 23)

조선민주주의인민공화국 경제개발구법(2013. 5. 29)

조선민주주의인민공화국 대외경제계약법(1995. 2. 22)

조선민주주의인민공화국 대외경제중재법(1999. 7. 21)

외국인투자기업 최신기술도입규정(22001. 8. 24. 내각)

외국투자법률사무소 설립운영규정(2004. 11. 17)

2) 외국인 투자정책을 제정한 목적

자주, 평화, 친선의 이념과 평등 호혜의 원칙하에 북한의 주권을 존중하고 북한에 우호적인 세계 각국의 인사들과 경제 합작 및 교류를 확대 발전시키는 것은 북한이 일관되게 견지하는 정책이다. 북한이 제정한 외국인 투자정책의 목적은 국가의 자립적 민족 경제에 기초하여 선진기술을 받아들여 국민경제를 발전시키고 인민의 생활 향상을 위해 외자를 유치하는 것이다.

3) 외국인 투자 허용부문, 장려 부문 및 상응한 장려 정책

외국인 투자자는 북한의 공업, 농업, 건설, 운수, 통신, 과학기술, 관광, 유통, 금융 등 부문에 여러 가지 방식으로 투자할 수 있다. 정부가 장려하는 외국인 투자 및 우대 정책 부문은 외국투자 기본법인 '외국인투자법', '합영법', '합작법', '외국인기업법' 등 관련 법규에 명확히 규정되어 있다. 특별히 장려하는 투자 부문은 첨단 과학기술 부문, 기반 시설 부문, 과학 연구 및 기술 개발 부문, 국제적 경쟁력이 있는 제품 생산 부문 등이다. 외국투자기업이 장려 기업으로 등록된 후에는 소득세 등 감면, 토지 사용 우대, 은행 우선대출 등의 우대를 받을 수 있다. 정부는 경제특구 내의 외국투자기업에게 물자의 구매와 반출, 제품 판매, 노동력 채용, 세금 납부, 토지 사용 등 면에서 특별한 우대와 경영 조건을 마련해준다. 북한은 외국인 투자자가 투자한 자산, 이익, 합법적 소득에 대해 법적으로 보호해주며 외국인 투자자의 투자 자산을 국유화하거나 몰수하지 않는다.

4) 외국 투자의 제한 및 금지 항목

북한은 외국 투자의 제한과 금지 항목을 아래와 같이 규정한다.

① 국가의 안전과 인민의 건강, 그리고 사회 도덕 생활에 해로운 항목

② 가공되지 않은 자원을 수출하기 위한 항목

③ 환경보호 규정에 부합되지 않는 항목

④ 기술이 낙후한 항목

⑤ 경제적 효율성이 떨어지는 항목

⑥ 식당, 상점 같은 서비스업의 항목

5) 우대정책

북한은 외국인 투자자의 투자를 촉진하고 이익을 담보하기 위해 외국투자기업에 아래와 같은 우대정책을 실시한다.

① 출자비례

　외국인 투자자의 출자비례는 법적 제한이 없다. 외국인 투자자의 출자비례는 북한 측 당사자와 외국 측 당사자 사이에 상호협의 하여 결정한다.

② 세금우대

　ⅰ. 기업 소득 특혜

　　첨단 과학기술 부문, 기반 시설 부문, 과학 연구 부문 등에 투자한 기업은 기업 소득세율을 10%로 정한다. 외국 정부, 국제 금융 기구에서 북한에 대출을 해주거나 외국 은행이 우월한 조건으로 북한 기업에 대출을 해주는 경우, 또는 외국 기업이 북한에 상주기구를 두지 않고 소득을 취득한 경우에는 기업득세를 면제한다. 장려 부문에 투자하여 15년 이상 유지된 외국인 투자 기업에 한해서는 3년 간 면제하며 면제 기간이 지난 후 50% 범위 내에서 기업

소득세를 2년간 감면한다. 생산 부문(국가가 제한하지 않는 부문)에 투자하여 10년 이상 경영한 기업에 한해서는 2년간 기업 소득세를 면제한다. 지정한 봉사 부문에 투자하고 10년 이상 경영한 기업에 한해서는 기업 소득세를 1년간 면제한다.

존속 기간이 10년 이상인 장려 부문의 기업이 투자 당사자의 취득한 이윤을 재투자하여 등록 자본금을 늘린 경우 투자가 인정된 시점부터 재투자한 부분의 기업 소득세를 전부 반환한다. 존속 기간이 10년 이상인 기업이 투자 당사자가 취득한 이윤을 재투자하여 등록 자본 또는 신설 기업을 꾸려 10년 이상 경영을 한 경우 투자를 인정하는 시점에서 재투자한 부분의 기업 소득세를 50% 반환한다. 경제특구나 경제개발구 내에 투자한 기업은 기업 소득세율을 14% 적용한다. 경제특구와 경제개발구 외에 창설한 기업은 외국 투자 측이 해외 공민일 경우 기업 소득세율은 20%만 적용한다.

ii. 거래세 특혜

기업이 국제 경쟁력을 가진 상품 또는 수출에 제한받지 않는 제품을 생산하고 수출하여 얻은 판매 수익, 또는 국가의 요구에 따라 국내 기관, 기업에 저렴한 가격으로 제품을 판매하여 얻은 수익은 외국 투자기업 및 외국인 세금법의 시행규정에 따라 거래세를 감면한다.

iii. 영업세 특혜

기업이 도로, 철도, 항만, 비행장 등 기반 시설 부문 또는 오물 처리 부문에 투자하여 그 서비스로 얻은 수익은 일정 기간 내에 영업세를 면제 또는 감면한다. 기업이 첨단 과학기술 서비스 등 특정 서비스를 통해 취득한 수익은 일정 기간 내에 영업세를 감면받을 수 있으며 그 폭은 50% 이내이다.

iv. 자원세 특혜

석유, 천연가스 등 자원에 투자한 기업은 5~10년간 자원세를 면제한다. 기업이 직접 자원을 판매하지 않고 현대 기술 공정으로 고부가 가치의 가공품을 생산하여 수출하거나 또는 국가의 조치에 따라 북한의 기관, 기업, 단체에 위의 제품을 판매하는 경우 자원세를 감면한다. 장려 부문의 외국 투자 기업은 생산에 필요한 지하수를 사용할 경우 자원세를 감면한다.

v. 도시 경영세 특혜

북한에 투자한 외국투자기업, 외국투자은행 또는 외국은행 지점이 도시 경영세를 납부한 경우에는 그 기업에 소속된 개인은 도시 경영세를 면제한다. 외국투자기업, 외국투자은행, 또는 외국은행 지점의 개인이 취득한 수익(재산세, 유산세 등 징수 대상)은 도시 경영세를 면제한다.

③ 관세 면제

외국인 투자 기업의 고정 자산(투자에 속하는 몫)과 생산 경영에 필요한 원료, 자재, 경영성 물자는 수입 관세를 면제한다. 외국인 투자 기업이 생산 또는 가공된 제품을 수출하는 경우에는 수출 관세를 면제한다.

④ 경영 우대

외국인 투자 기업은 연속 4년간 경영 손실을 다음 해로 넘길 수 있다. 외국인 투자 기업은 감가상각을 가속화할 수 있다. 예를 들면 건축물의 사용 기간은 25년으로, 설비 사용 기간은 10년으로, 운수 도구의 사용 기간은 4~5년으로 할 수 있다. 장려 부문의 기업에 한해서는 토지사용세를 감면할 수 있으며 유효 기간은 10년 범위 안에 할 수 있다. 외국인 투자 기업은 수출입 허가를 따로 받을 필요가 없으며(허가

받은 업종에 한해) 자신들의 계획에 따라 설비와 원료, 자재, 경영성
물자 등을 들여올 수 있으며 자체의 제품을 수출할 수 있다.

6) 합작기업과 합영기업의 구별

〈표〉 합작기업과 합영기업의 구별

구분	비교항목	합작기업	합영기업
1	책임형태와 등록자본비율	유한 책임 기업	유한 책임 기업
2	창설의 법적 근거	외국인투자법, 합작법과 그 시행규정	외국인 투자법, 합영법, 외국투자은행법과 그 시행규정
3	법인 자격	공화국법인	공화국법인
4	관리 기구	기업 자체기구 또는 비상설협의기구	최고 결의 기관 이사회, 경영 기구
5	경영 방식	북한 측 운영, 경영책임자 및 기타 관리성원임명	쌍방이 공동운영, 이사회가 기업책임자, 부책임자를 비롯한 관리성원임명
6	납세자	기업	기업
7	분배	계약 조건에 따라 상대측 투자몫 상환 또는 이윤분배	출자몫에 따른 이윤분배
8	기간 완료 때의 재산분배	재산의 순가치는 무상으로 북한 측 당사자가 소유	등록 자본이 비율에 따라 재산의 순가치를 분배

7) 북한의 경제지대 및 경제개발구[7]

① 중앙급

ⅰ. 경제지대(5개)

- 라선무역경제지대(함경북도) (1991년 12월 28일)

- 황금평, 위화도경제지대(평안북도) (2011년 12월 3일)

- 금강산국제관광특구(강원도) (2011년 5월 31일)

---

7) 북한에서는 경제지대와 경제개발구를 통칭하여 특수경제지구라고 한다. 특수경제지구는 현재 총 29개이며 그 중에서 5개의 경제지대와 4개의 경제개발구가 중앙급에 속한다. 나머지 20개는 지방급 경제개발구이다. 개성공업지구는 대외경제사업이 아닌 국내경제 협력으로 보기 때문에 일반경제협력지구로 취급한다. 해주경제개발구는 계획한다고 했지만 최종 통과된 결과 발표는 아직 없다.

- 신의주국제경제지대(평안북도) (2013년 11월 21일)
- 원산－금강산국제관광지구(강원도) (2014년 6월 11일)

ii. 경제개발구(4개)

- 강령국제녹색시범구(황해남도) (2014년 7월 23일)
- 은정첨단기술개발구(평양시) (2014년 7월 23일)
- 진도수출가공구(남포시) (2014년 7월 23일)
- 무봉국제관광특구(양강도) (2015년 4월 22일)

② 지방급

i. 경제개발구(20개)

- 만포경제개발구(자강도) (2013년 11월 21일)
- 위원공업개발구(자강도) (2013년 11월 21일)
- 송림수출가공구(황해북도) (2013년 11월 21일)
- 신평관광개발구(황해북도) (2013년 11월 21일)
- 현동공업개발구(강원도) (2013년 11월 21일)
- 흥남공업개발구(함경남도) (2013년 11월 21일)
- 북청농업개발구(함경남도) (2013년 11월 21일)
- 청진경제개발구(함경북도) (2013년 11월 21일)
- 어랑농업개발구(함경북도) (2013년 11월 21일)
- 온성섬관광개발구(함경북도) (2013년 11월 21일)
- 경원경제개발구(함경북도) (2015년 10월 8일)
- 남양수출가공구(함경북도) (2020년 2월 20일)
- 무산수출가공구(함경북도) (2021년 4월 29일)
- 혜산경제개발구(량강도) (2013년 11월 21일)
- 와우도수출가공구(남포시) (2013년 11월 21일)
- 청남공업개발구(평안남도) (2014년 7월 23일)

- 숙천농업개발구(평안남도) (2014년 7월 23일)
- 압록강경제개발구(평안북도) (2013년 11월 21일)
- 청수관광개발구(평안북도) (2014년 7월 23일)
- 강남경제개발구(평양시) (2019년 12월 21일)

29. 북중 경제무역관계

　북중 무역의 역사는 오래됐다. 하지만 거래 방식은 시기마다 다양한 형태를 보인다. 1990년대 이전에는 주로 정부 간의 물물교환 형식 위주였다. 하지만 1990년 이후부터는 중국의 기업과 북한 기업 간의 실무적인 무역거래 형식이 자리를 잡아갔다. 북한의 대외무역은 대부분 중국과 연관된다. 북한의 대중국 수입은 대중국 수출을 압도한다. 무역수지의 불균형 현상이 최근 심해졌다. 이는 북한을 향한 국제제재 항목에 북한의 주요 수출품인 광물 대부분이 포함됐기 때문이다.

〈표〉 북중무역 교역액

연도	2012	2013	2014	2015	2016	2017	2018	2019	2020
교역량 (억 달러)	59.32	65.5	63.6	54.3	52.9	50.6	25.8	28	5.6

출처: 중국세관통계

　중국 상무부의 발표자료에 따르면 2018년부터 북중 양국의 무역 거래액은 현저하게 감소됐다. 2020년부터는 무역이 거의 중단 상태에 이르렀다는 것을 볼 수 있다. 이는 세계를 휩쓴 코로나19의 확산에 따른 세관 폐쇄의 영향 때문이다.

북중 무역 관계는 두 국가의 정치외교 관계에 영향을 받으므로, 때로는 활발하고 때로는 제한적으로 진행됐다. 하지만 두 국가 간의 정치·경제 관계는 분리될 수 없는 전략적 관계이기 때문에 큰 틀에서의 문제는 없었다. 다만 거래방식은 상당한 변화가 있었다. 예전의 물물거래는 줄어들고 정상적인 화폐 거래를 중심으로 한 무역이 정착되고 있다.

국제제재가 지속되는 상황에서 북한의 해외자본 유치는 쉽지 않다. 그러나 투자 잠재력이 있는 곳을 향한 기업인의 발길을 완전히 끊을 수는 없는 노릇이다. 중국의 많은 기업인은 국제제재 해제를 염두에 두고, 경제적인 매력이 있는 분야에 대한 선점을 위해 북한에 대한 산업 고찰을 다방면에서 진행했다. 그들은 국가 차원의 투자 설명에도 많은 관심을 갖고 참여한다. 그 기업인들은 북한의 시장이 작기 때문에 개방 즉시 투자 열기가 급상승한다고 믿는다.

또한 중국 동북지역의 경제 진흥과 '일대일로' 정책은 북중 무역 관계를 발전이 필요하다. 게다가 중국은 주변국과의 안정적인 동반 성장이 가능한 환경을 조성하기 위해서라도 북한과의 경제 교류를 확대할 필요가 있다.

북한과 중국은 최근 10년 새 지도자의 통치를 받고 있다. 양국의 두 지도자는 이미 여러 차례의 회담을 통해 양국의 우호 관계를 확인했다. 중국 단동과 북한 신의주를 잇는 압록강 신교는 여러 해 고착 상태였던 공사를 마무리하고 개통식을 예고했다. 단동 측은 오래전에 모든 준비를 마친 상태이므로 북한 신의주 측에서 세관 및 물류창고 등의 시설을 완비하면 개통이 가능하다. 신교가 개통되면 양국 교역량은 크게 증가할 것이다. 구 철교의 일방통행 시대가 마침표를 찍게 될 것이다. 신교를 활용하면 북중을 오가는 화물차로 인한 단동 시내의 교통체증 문제도 해소될 전망이다. 압록강 신교는 북중 간에 새로운 물류시대를 열고 교역량 증가와 더불어 북한의 대외 경제 교류 확대의 큰 계기가 될 것이다.

코로나 19로 인해 2년 동안 중단됐던 북중 간의 물류는, 2021년 12월 17일의 단동-신의주 철도 시범 운수를 기점으로 재개됐다. 또한 해상 운수 등 다른 물류 운용 방식의 개방과 인적 유동의 회복을 기대하는 사람도 적지 않다.

「경애하는 김정은동지께서 김종태전기기관차련합기업소에서 새로 만든 지하전동
차를 보시였다」, 『로동신문』 2015.10.23.

「김정은 위원장이 순천화학연합기업을 현지지도하면서 한 연설」, 조선중앙통신사,
2016.8.13.

「높은 당적책임감은 일군들이 지녀야 할 필수적품성」, 『로동신문』 2021.2.24.

「조선노동당 중앙위원회 제8기 제4차 전원회의에 대한 보도」, 『로동신문』 2022.1.1.

「조선로동당 제8차대회에서 한 결론: 김정은」, 『로동신문』, 2021.1.13.

「조선은 시진핑의 방문을 위하여 특별히 창작한 공연을 펼쳤으며 현장이 아름답고
장관을 이루었다」, 『중국신화통신사』 2019.6.21.

「외국투자기업과 외국인세금법」, 조선민주주의인민공화국, 2011.

『조선민주주의인민공화국 라선경제무역지대법』, 법률출판사, 2012.

『조선민주주의인민공화국 법규집(대외경제부문)』, 조선법률출판사, 2014.

「조선민주주의인민공화국 헌법」

『강국건설의 생명선』, 평양출판사, 2018.

『경애하는 최고령도자 김정은 동지께서 밝히신 전민과학기술인재화에 관한 주체의
이론』, 사회과학출판사, 2017.

『경제강국건설의 대강』, 조선노동당출판사, 2018.

『경제연구』, 과학백과사전출판사, 2006~2019.

『경제의 원리적 문제』, 김일성종합대학출판사, 2018.

『고난의 행군을 락원의 행군으로』, 평양출판사, 2002.

『김정은 문헌집』

『로동신문』, 2012~2019.

『만리마시대의 북녘사람들』, 평양출판사, 2018.

『불가피한 선택』, 평양출판사, 2016.

『사회주의강성국가건설』, 외국문출판사, 2014.

『사회주의문명강국건설에 관한 주체의 이론』, 사회과학출판사, 2017.

『우리민족끼리』, 2020.1.16.

『위대한 전환의 해 2016년』, 평양출판사, 2017.

『일심단결의 나라』, 평양출판사, 2010.

『젊음으로 비약하는 청년강국』, 평양출판사, 2016.

『조국번영의 새시대를 펼치시여』, 평양출판사, 2018.

『조선민주주의인민공화국 투자안내』, 조선대외경제투자협력위원회, 2018.

김일, 「김정은 시대 조선의 모습」, 『평양신문』 2018.10.18.

김정은, 「조선노동당 제7기 3차 전원회의에서 한 연설」, 2018.4.20.

김정은, 「조선노동당 제7차 대회 사업총화보고」, 2016.5.7.

김정은, 「조선노동당 제8기 제2차 전원회의에서 한 연설」, 2021.2.8.

김정은, 「조선노동당 제8차 대회에서 한 개막연설」, 2021.1.5.

김정은, 「조선노동당 제8차 대회에서 한 결론」, 2021.1.13.

김정은, 「조선노동당 제8차 대회에서 한 보고」, 2021.1.5~7.

김정은, 「조선노동당중앙위원회 2013년 3월 전원회의에서 내린 결론」, 2013.3.31.

김정은, 「조선민주주의인민공화국 최고인민회의 제14기 1차 회의에서 한 시정연설」,
　　　2019.4.12.

김정은, 「현 단계에서의 사회주의건설과 공화국정부의 대내외정책에 대하여」, 조선
　　　민주주의인민공화국 최고인민회의 제14기 제1차 회의 시정연설, 2019.4.12.

김정은, 『전민과학기술인재화에 관한 주체의 이론』, 조선사회과학출판사, 2017.

김진형, 「개성공업단지와 남북경제협력」, 『제17차 세계한상대회 포럼문집』, 2018.10.24.

리봉애, 「현 시기 사회주의분배원칙을 철저히 지키는 것은 사회주의경제관리의 중
　　요한 요구」, 『경제연구』 2015년 제1호, 2015.

「신년사」, 2013~2019.

조선대외경제성통계, 2016.

어렵게 『김정은 시대 북한경제: 만리마 속도』라는 책이 세상에 나왔다. 비록 마카오에서 출판되기는 했지만 북한에 관한 책을 시중에서 찾아볼 수 없는 상황에서 '독보적 존재'가 된 듯하다. 특히 북한의 경제 관련 서적 분야에서는 더욱 그러하다. 책이 출판된 후 주변에서 관심을 보이는 사람이 많아졌고 이런 저런 조언을 주는 고마운 분들도 늘어났다. 평소 잘 알고 지내던 성균관대학교의 이희옥 교수께서 한국어판 출판을 제안하고 번역과 교열작업을 도맡아 주셨고, 국가안보전략연구원장을 지낸 이화여대 조동호 원장이 추천사도 써 주셔서 더욱 의미가 커졌다.

원래는 북한에 관심을 가지는 중국 기업인들에게 투자 안내서가 되기를 바라는 마음에 책을 쓰게 됐다. 무턱대고 북한이 개방되리라 기대하는 것도 금물이지만 기회가 온 다음에 관심을 가져도 늦지 않겠지라고 생각한다면 그때는 이미 늦은 것이다. 가장 적극적이면서도 안전한 방법은 북한을 객관적으로 이해하는 것이 아닐까, 왜곡되거나 자의적 해석에 기초해 '아마 그럴 거야', '그렇게 되어야 해'라는 식의 추측은 실패하기 십상이다.

이는 한국에서도 크게 다르지 않다. 기업인이든 연구자든 북한에 대해 알고 싶어 하는 사람이 적지 않은 반면 제대로 알기에는 역부족이다. 공식에 의한 해법을 내듯이 북한에 접근하거나 "당연히 이럴 것이다" 하는 전제 속에서 연역적으로 추리해 답을 찾는 것은 허공에 하는 삿대질과 같다.

현재 북한은 경제 분야에서 여러 해 동안 각종 시도를 해오면서 경제원리 측면을 존중하기 시작했기 때문에 외부의 상품경제 활동에 대해 생소하지 않다. 즉 북한에 상업적 파트너의 자격을 일정하게 갖춘 사람이 대폭 늘어났다. 물론 대외경제협력은 국제적인 분위기 조성과 함께 북한의 정책적 담보가 전제되어야 한다. 정책이 있고 실천이 있다면 외국과 경제교류를 할 수 있는 기본 조건이 구비된 셈이다. 하지만 국제제재가 풀리지 않고 있기 때문에 본격적인 협력이 이루어지기는 어려운 상황이다. 그런데 북한사람이 항상 하는 말이 있다. "남들이 다할 때는 기회가 있겠는가?" 맞는 말이다. 비즈니스는 어려운 가운데서도 기회를 찾는 것이다. 남이 잘 모를 때 기회를 포착해야만 성공할 수 있다.

북한은 이미 당의 중심사업이 경제건설로 전환된 만큼 경제활동이 점차 활발해질 것이다. 대내적으로는 경제구조와 경제관리의 변화가 이루어지고 있고 대외적으로는 다양한 접근을 시도하고 있다. 외국에서는 북한이 중국처럼 개혁개방을 하면 엄청나게 빨리 발전할 수 있다고 본다. 굳이 개혁개방이라는 단어를 쓰지 않더라도 국내경제의 선순환이 이루어지고 국제경제의 틀로 접근한다면 언젠가는 하나의 경제권 안에서 교류가 활발히 이루어질 것이라고 확신한다.

최근 『앞으로 5년 한반도 투자 시나리오』라는 책이 나올 정도로 한국언론에 짐 로저스가 소개되고 있다. 그는 늘 한반도의 투자가치를 긍정적으로 전망하는데, 한반도의 자원 구성과 기술수준 및 인적 자원을 분석한 결과에 따른 것이다. 더욱이 중국은 일대일로 이니셔티브의 연장선에서 동북3성을 살리는 길이 한반도와 긴밀하게 연관되어 있다고 본다. 한국도 유라시아와의 물류 통로를 개척하려면 반드시 북한을 거쳐야 한다. 하지만 한반도는 세계가 주목하는 경제성장의 잠재력을 가지고 있으나 그 보물을 발굴하지 못하는 안타까운 현실이 눈앞에 있다.

물론 북한에 대한 국제제재가 언제쯤 풀릴 것인가에 대한 관심도가 가장 주된 화제이다. 하루아침에 풀릴 수도 혹은 장기화될 수도 있다. 그러나 국제사회의 평가에 무관하게 북한은 지금도 변화하고 있다. 그리고 그 변화는 국제사회의 낙관적 시나리오에 맞춰져 있지는 않다. 어느 순간 북한이 경제적 차원에서 보다 성숙한 모습으로 국제사회와 마주하게 되는 날이 오지 않을까 생각된다. 그때 가서야 좀 더 일찍 알아 두지 못한 것을 후회되는 사람도 있을 것이다. 확실하지 않을 때 조금 더 신경을 써서 접근하면 남들보다 앞서 기회를 포착하게 될 것이다. 이처럼 확실하지 않은 단계에 처해 있는 사람들에게 작은 도움이 될 수 있도록 이 책을 세상에 내놓는다.

워낙 정세가 급격하게 돌아가는 세상이라 이 책이 출판되는 시점에서 세상은 어떤 변화가 있을지 모를 일이다. 그러나 지금까지의 연구를 바탕으로 진전이 있을 것이기 때문에 그 뒤에 일어나는 일 또한 다시 후속 연구의 대상이 될 것이다.

2019년 상반기 이후 남북문제는 또다시 냉각기를 맞았다. 안타까운 일이 나타나고 있으며 얽힌 매듭을 풀 실마리는 아직 찾지 못하고 있다. 통일의 길이 아직 얼마나 요원한 지는 모르지만 노력 없이 저절로 이뤄지는 일은 없다. 남북이 상대의 관심사에 대해 이해하려는 시도가 우선해야 할 시점이 아닐까. 현실은 남북 간의 노력과 국제사회의 지지가 맞물려야 한다. 희망과 속도만이 해답이 아니라는 사실에 공감하고 더욱 효과적인 방안을 찾는 일에 공들일 필요가 있다. 코로나의 기세가 잦아들고 북한의 관문이 다시 열리면 일단 중국 기업인들의 북한투자열풍은 빠르게 회복할 것이다. 그때 가서 강 건너 불 보듯 하지 말고 언젠가는 교류가 재개될 것이라는 믿음을 가지고 연구하고 접근해야 한다. 이 책이 북한에 대한 관심을 다시 끌어울리는 촉매가 되기를 바란다. 다시 한 번 이 책을 출판하는 데 애쓰신 이희옥 교수와 어려운 가운데 이 책의 출판에 공을 들인 선인출판사에 고마움을 전한다.

2022년 여름
베이징에서 리춘르

북한사회, 특히 북한의 경제상황을 정확하게 이해하는 것은 쉽지 않은 일이다. 북한 관련 각종 통계와 지표들이 발표되고 있지만, 이를 둘러싼 전문가들의 해석도 갈리고 있다. 이것은 폐쇄성과 암상자로 불리는 중국정치보다 복잡한 북한식 정치과정, 북한경제에 대한 외재적 이해와 과도한 일반화의 요소들이 섞여있기 때문이다.

특히 북핵실험 이후 유엔안보리 제재가 본격화되고, 코로나 팬데믹이 겹쳐 북한경제가 더는 회복할 수 없는 상황에 놓여 있다는 평가가 있지만, 실제 북한의 국가행동은 이러한 평가와는 다르게 나타나기도 한다. 상황이 이렇다보니, 수집한 작은 정보에 큰 의미를 부여하거나 북한이 생산한 문건을 꼼꼼하게 읽는 방식으로 북한이해에 접근하려고 한다. 이 과정에서 믿고 싶은 것을 믿으려는 경향도 함께 나타났다. 실제로 북한경제를 경험한 많은 탈북자들도 자신들의 생활세계를 체계적으로 풀어내지 못하거나, 경험한 것을 과도하게 일반화하는 오류들이 나타난다. 북중관계도 마찬가지이다. 중국의 대북한정책에 비해 북한의 대중국정책을 소홀히 다루면서 연구의 공백이 발생하기도 한다.

이처럼 북한과 북중관계 연구에 갈증이 있던 차에 오랫동안 알고 지내던 리춘르 회장이 이와 관련한 책을 집필하고 있다는 소식을 접했고, 책이 출판되면 한국에도 소개해 한국의 북한연구, 그리고 남북경제협력에 기여하면 좋겠다는 대화를 나눈 적이 있다. 실제로 이러한 논의가 결실을 맺게 되어 참으로 기쁘게 생각한다. 사실 리춘르 회장은 중국에서 대북사업을 포함해 다양한 기업을 운영하고 있는 사업가지만, 베이징대학 광화관리학원에서 EMBA학위를 취득하고 김일성대학에서 경제학 박사학위를 받아 이론과 실제 모두 겸비했다. 이 책은 북한경제의 현실과 이를 체계적으로 분석하여 독자들에게 상당한 호소력을 지니고 있다.

베이징 등지에서 리춘르 회장과 만날 때마다 실제로 작동하고 있는 북한경제에 대한 목격담을 들을 기회가 있었다. 특히 생활현장의 다양한 에피소드를 통해 전해준 북한경제 소식은 북한과 북중관계를 이해하는 데 크게 도움이 되었다. 이 책에 소개된 개별 기업의 운영원리 등은 그때의 이야기들도 담고 있어 감회가 새로웠다.

물론 이 책은 북한내부의 흐름을 포착하는 데 주안을 두고 있어서 일부 북한의 논리를 차용하고 있어 거부감을 불러일으킬 수도 있겠다. 그러나 북한을 실사구시적으로 이해하고 분석적으로 재평가해 온 우리 북한학계의 연구 성과 바깥의 새로운 내용을 상당히 담고 있을 뿐 아니라, 국내에 이처럼 북한경제를 교과서 수준으로 체계적으로 정리한 서적이 없다는 점에서는 매우 돋보인다. 이 책의 번역작업에는 예의 성균중국연구소 식구들이 참여했다. 번역과정에서 북한의 노동신문을 비롯해 연설문과 공식문헌을 중국어 원문과 일일이 대조하며 번역하고 재교열했고 여전히 미진한 부분은 다시 리춘르 회장과 상의해 반영했다. 번역작업에는 북한사회 연구로 박사학위를 받고 연구소에 합류한 최선경 책임연구원을 비롯해 최정우, 최소령, 강애리 등 중국을 연구하는 필자의 제자들이 참여했다. 원문을 해치지 않으면서도 우리말 답게 그리고 정확한 용어 등을 사용해 번역하고 교열하는 데 발군의 역량을 보여주었다. 그리고 이 책을 읽고 한국에서의 출판의 의미를 일깨워 준 이화여대 통일학연구원의 조동호 원장 등에게도 감사의 인사를 전한다.

번역작업을 마무리 하면서 코로나 팬데믹이 북한사회에 널리 퍼져 있다는 소식을 접했다. 북한경제에 새로운 변수가 출현한 셈이다. 그럼에도 불구하고 북한경제의 작동원리는 여전히 유효하다고 생각하고 있다. 이 책이 북한과 북중관계 연구에 크게 기여하기를 희망한다. 독자들의 일독을 권하며 아낌없는 질정을 바란다. 남아 있는 번역의 질 문제는 전적으로 역자들의 몫이다.

역자들을 대표해

성균관대학 성균중국연구소장 이희옥

[성균중국연구총서 39]

김정은 시대 북한경제

지 은 이   리춘르(李春日)
옮 긴 이   성균관대학교 성균중국연구소

초판인쇄   2022년 8월 1일
초판발행   2022년 8월 10일

발 행 인   윤관백
발 행 처   ▨선인
등   록   제5-77호
주   소   서울시 양천구 남부순환로 48길 1
전   화   02-718-6252
팩   스   02-718-6253
이 메 일   sunin72@chol.com

정 가 26,000원
ISBN 979-11-6068-725-5 93300